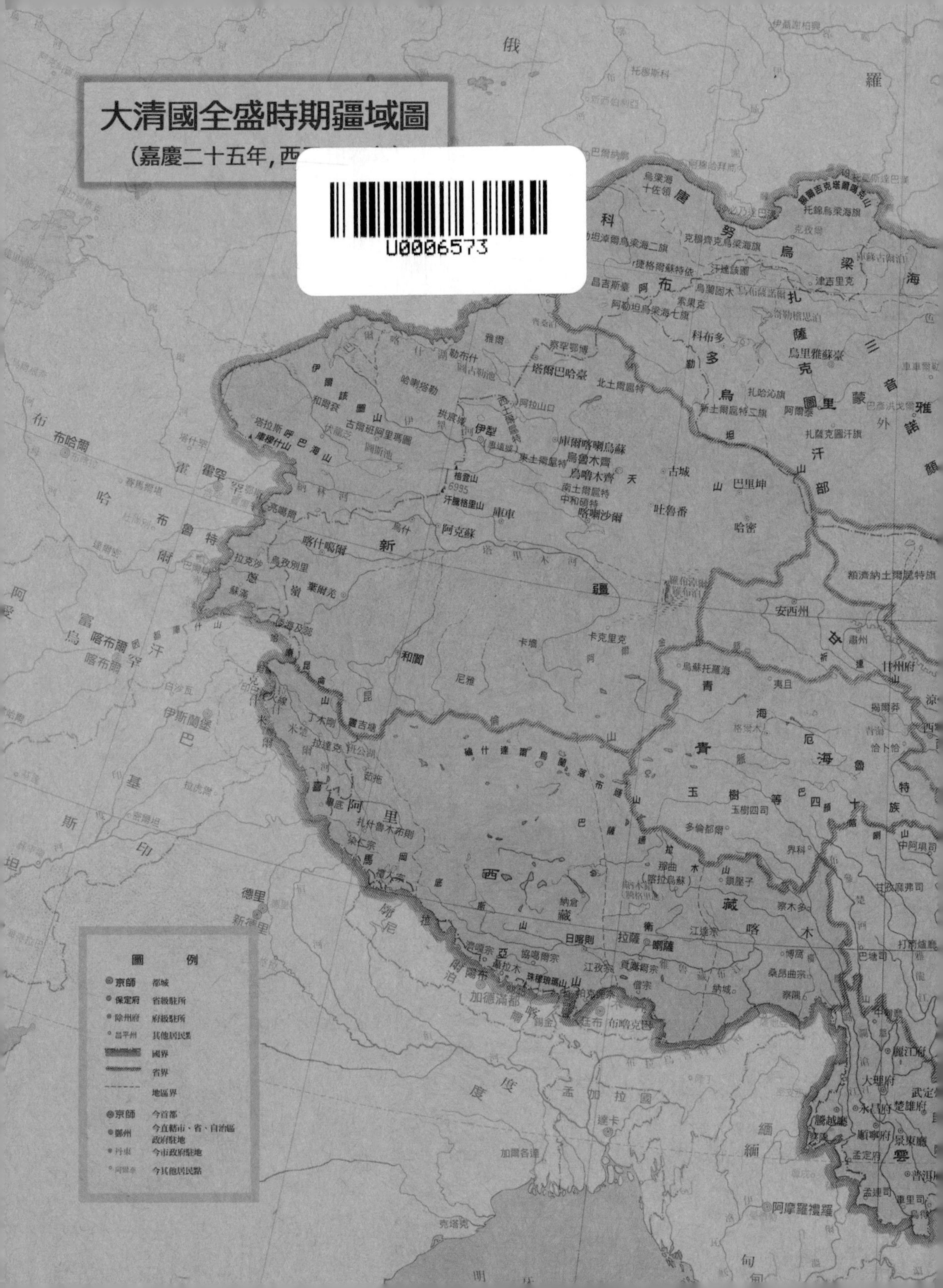
大清國全盛時期疆域圖
(嘉慶二十五年,西
圖例
京師 都城
保定府 省級駐所
徐州府 府級駐所
昌平州 其他居民點
國界
省界
地區界
京師 今首都
鄭州 今直轄市、省、自治區政府駐地
丹東 今市政府駐地
今其他居民點
新疆
西藏
青海
和闐
伊犁
哈密
吐魯番
古城
安西州
阿里
喀什噶爾
葉爾羌
阿克蘇
庫車
德里
加德滿都
大理府
永昌府
楚雄府
順寧府
騰越廳
阿摩羅補羅

導讀　運際郅隆——《乾隆傳》

莊吉發

清高宗乾隆帝弘曆（一七一一—一七九九），是雍正帝胤禛第四子，在位六十年（一七三六—一七九五）。康熙帝雖然並不寵愛胤禛，但他卻十分疼愛胤禛的第四子弘曆，由愛孫而及子，在歷史上確有先例。明成祖先立朱高熾為太子，後來因不滿意，而常想更換。當廷議冊立太子時，明成祖想立漢王朱高煦。明成祖雖然不喜歡朱高熾，但他卻很鍾愛朱高熾的兒子朱瞻基。侍讀學士解縉面奏明成祖說朱高熾有好兒子，明成祖有好聖孫，這才打動了明成祖的心，最後決定立朱高熾為太子。清朝康熙帝一家的三代，有些雷同。康熙帝有好聖孫弘曆，也有好兒子胤禛，祖孫三代，都是盛清時期的三位好皇帝。

唐文基先生、羅慶泗先生合著《乾隆傳》，除前言、附錄〈乾隆帝弘曆年表〉外，全書共計五章。原書第一章〈從皇孫到初政〉，弘曆六歲就學，先後受業於庶吉士福敏、署翰林院掌院學士朱軾、編修蔡世遠等名儒。弘曆自己說「於軾得學之體，於世遠得學之用，於福敏得學之基」。樂善堂是弘曆的書齋，他把自己的讀書處命名為「樂善堂」，「蓋取大舜樂取於人以為善之意也」。雍正八年（一七三〇）秋，年僅二十歲的弘曆，將他從十四歲以來的詩文，選出一部分，輯成《樂善堂文鈔》付梓。《乾隆傳》指出，弘曆刊刻《樂善堂文鈔》是有政治意圖的，目的在於為日後當皇帝作輿論準備。

康熙年間，皇太子再立再廢，皇子們各樹朋黨，骨肉相殘，動搖國本。為了杜絕皇位的爭奪，雍正元年（一七二三）八月十七日，雍正帝採行儲位密建法，在傳位詔書上親自書寫皇四子弘曆名字。儲位密建法對於穩定政局，鞏固皇權，起了正面的作用。雍正十一年（一七三三），弘曆受封為和碩寶親王。雍正十三年（一七三五）八月二十三日，雍正帝駕崩，寶親王即位，改明年為乾隆元年（一七三六）。乾隆帝即位後，最急迫的莫過於西南和西北的民族問題。原書討論苗疆用兵，平定古州台拱叛亂；與準噶爾部息兵議和，完成雍正帝未竟之業。原書指出，乾隆帝是位有志向有抱負的年輕皇帝，擺在他面前的任務，不是對乃祖乃父政策全面地改弦更張，而是有針對性地就某些政治經濟政策，作局部調整。其中政治政策的調整，包括：強調實政，革除官場惡習；重新處理允禩團體和曾靜案；調整宗室內部關係和弘晳集團案。經濟政策的調整，包括：財政政策的調整；農業政策的調整和水利的興修；恤商政策，對非法經商嚴厲打擊，對商人的正當貿易，則採取保護政策；甄別僧尼道，頒給僧道度牒，改革民間婚喪侈靡陋習，維護契尾合法性等社會經濟政策的調整，一方面改變某些政策，另方面完善某些政策。

原書第二章分析了乾隆六年（一七四一）至十五年（一七五〇）的歷史。乾隆帝在即位的第六年恢復木蘭秋獮，並非偶然。原書指出，乾隆帝堅持行圍木蘭，確非狩獵取樂，其目的是「遵循祖制，整飭戎兵，懷柔屬國」。所謂「整飭戎兵」，就是寓習武於打獵的活動。乾隆帝曾多次就軍隊中貪圖安逸、武備廢弛的現狀，斥責將領。木蘭秋獮，就是鍛鍊滿洲貴族士兵吃苦耐勞與尚武精神的大好機會。清朝統治者藉秋獮的機會，出關會見蒙古各部王公台吉，加強中央政府與蒙古地方政權的關係，這就是所謂「懷柔屬國」。

乾隆帝「冀為成康」之治，除了木蘭秋獮整飭戎兵之外，還必須解決糧價上漲、民食艱難的問題。原書將乾隆帝平抑糧價，解決糧荒所採取的措施歸納為六個方面，包括：關心農業，重視糧食生產；普免錢糧，散財於下，以促進農業生產；減少國家糧儲，通過平糶以控制糧價；通過截漕、撥運等辦法，解決災區糧食供應問題；鼓勵商人長途販賣糧食，嚴禁囤積居奇；鼓勵糧食進口，禁止糧食出口。除了糧價上漲之外，錢貴銀賤也是乾隆朝前期的大難題。為了解決制錢短缺，乾隆採納臣僚建議，添爐鼓鑄幣，改革鑄幣材料，嚴禁囤積制錢，亦不許販運錢幣投機倒賣。經過清朝政府採取的種種措施，降至乾隆十七年（一七五二），大多數省分的錢文，已漸趨平穩。

八旗兵和滿洲貴族是清朝政權的支柱。旗人謀生路窄，不少人因而遊手好閒，生計困難。乾隆帝即位以後，採取了重要措施，包括：以生息銀兩為旗人謀福利；不時賞賜旗人銀兩；撥給土地，移駐屯墾；回贖旗地；出旗為民。其中「出旗民」政策，實質上是解放旗地莊園上農奴的政策，確實收到釋農奴解放生產力的實效。

礦冶業在經濟生活中具有重要意義。雍正帝採取禁礦政策，乾隆帝開放礦禁政策，他最重視銅的開採和冶煉，以供鑄幣，解決錢貴銀賤問題。在經營方面，乾隆帝對礦廠的管理，礦冶產品的銷售、價格以及礦來源等方面，控制尤其嚴格。原書指出，乾隆帝保守的礦冶政策，阻礙了中國礦冶業的更快發展，從而延緩了整個社會生產領域中動力改造與工具革命，使中國社會生產力發展水平與歐洲的差距更大了。

朋黨之爭會從內部瓦解中央政權。原書指出，乾隆帝對鄂爾泰、張廷玉兩大政治集團呼朋引類，黨同伐異，壟斷仕途，拓展營壘的鬥爭，不能不予置理。他採取的是利用、限制到最後鏟除的策略。康熙帝、雍正帝都曾從釐正制度入手，大力整頓吏治。乾隆帝並未改革已有的官僚機構，而是針對中央九卿、科道和各省督撫、地方府縣衙門存在的不同問題，從傳統官吏職責規範化的角度，有針對性地提出整治要求。乾隆帝要求九卿大臣作為皇帝股肱，應深謀遠慮國家大計，有所建樹。科道、御史承擔監察職責，必須慎重言官選拔。督撫身繫一方國計民生重任，乾隆帝以察吏為安民根本，視作封疆大臣首責。他還十分重視州縣地方官的人選，能採取有效措施，發展地方經濟，又能關心百姓疾苦的，才是好官。要整頓吏治，就要加強對官吏的考核。乾隆前期，對官吏的考核十分認真，不少地方官因考核不及格或罷或降或休致，並非徒具形式。

由於民間祕密宗教的信仰背離了正統思想，其組織和活動與中央政權相對立，所以被清朝政府目為「邪教」。原書對取締大乘教，鎮壓福建老官齋教徒的暴動，都作了詳盡的論述。

從四川打箭爐以西至西藏，是藏族聚居地。在雅礱江上游夾江而居的是瞻對。分上中下三瞻對，是內地經打箭爐通往西藏的交通要道。瞻對四面環山，地方險阻，時常劫掠行旅。乾隆帝決定用兵瞻對，嚴禁夾壩。大小金川地處青藏高原，與大小金川接壤相錯的有雜谷、瓦寺、沃日、木坪、明正、革布什咱、巴底、巴旺、綽斯甲布等土司。為了爭奪土地與權力，各土司之間常互相攻殺。乾隆初年，大金川屢次發兵攻打革布什咱。乾隆十二年（一七四七），乾隆帝降旨派兵進勦大金川。大金川在清軍圍困之下，堅持了一年又八個月，因糧盡兵疲而投降。大金川戰火甫熄，西藏又發生叛亂。清軍平定西藏叛亂後，藏王制被取消，噶隆權力受限制，重大問題須經達賴喇嘛及駐藏大臣核准。這是西藏政治體制的重大改革，它強化了清朝中央政府對西藏的統治，有利於西藏政局的穩定。

原書第三章將乾隆十六年（一七五一）至三十八年（一七七三）的歷史，稱為乾隆盛世。原書指出，乾隆帝省方問俗下江南的主要目的，就是要親自視察水利工程，解決江南頻繁的水害。江南是清代經濟重心，在以農業為本的傳統社會中，一個關心民瘼、孜孜求治的帝王，自然要關心水利工程。

清朝西北地區的安定與否，關鍵在於能否遏制準噶爾割據勢力的膨脹。康、雍兩朝，多次用兵，問題未能徹底解決。噶爾丹策零之死，引起準噶爾汗位之爭，西北邊陲大亂，乾隆帝趁機戡定準噶爾。清軍平定阿睦爾撒納叛亂後，清朝政府直接統治四衛拉特，引進內地郡縣政治體制，遷移人口，大興屯田，開臺設卡，駐兵換防，開創清朝統治邊疆地區的新局面。阿睦爾撒納叛亂甫定，又發生回部大小和卓叛清分裂的嚴重事件。清軍平定回部叛亂後，為了加強中央對回城的控制，在喀什噶爾設參贊大臣節制南路各回城，同時又受北路伊犁將軍的管轄。

乾隆帝以回治回的政策，維護了南疆地區少數上層統治集團的權益。他們居功恃寵，需索無度。清朝駐烏什辦事大臣蘇成父子久有惡名，強徵回人，採辦官糧，從不給價。乾隆三十年（一七六五），烏什回人掀起了一場官逼民反的抗暴事件。烏什暴動失敗後，清朝重新釐定回部事宜條例，包括：阿奇木之權宜分；格訥坦之私派宜革；回人之差役宜均；都官伯克之補用宜公；伯克等之親隨宜節；賦役之定額宜明；民人之居處宜別；伯克等與大臣官員相見之禮宜定。烏什事變後，清朝政府對回政策的更定，彌補了種種漏洞，重視解決回部大小伯克與駐劄大臣勾結擅權、貪贓勒索等問題。

乾隆二十年（一七五五），英商洪任輝率商船到達寧波。乾隆二十七年（一七五七），洪任輝第二次率商船到寧波貿易。乾隆帝指示採取三項措施，包括：提高浙海關關稅；洪任輝外國商船，令其原船返回廣州，不准入浙江海口；不許在寧波開設洋行及天主教堂。同年十一月，宣布洋船只許在廣州交易，而把閩、浙和江海關都關閉了，採取閉關政策，加強對廣州海關的外貿管理。

中俄簽訂《恰克圖條約》後，俄羅斯繼續蠶食清朝東北、西北和蒙古地區。乾隆二十三年（一七五八），乾隆帝批准黑龍江將軍綽勒多奏請，在靠近俄羅斯邊界添設卡座。乾隆三十年

（一七六五），清朝組織力量，查勘精奇里江等河源，添立鄂博，加強巡查。清軍平定準噶爾阿睦爾撒納叛亂前後，清朝加強了對唐努烏梁海、阿爾泰烏梁海和阿爾泰淖爾烏梁海的管轄，設旗分佐領，確定貢賦。採取各項防禦性措施，以遏制俄羅斯的蠶食。

土爾扈特本是西北厄魯特蒙古四衛拉特之一，游牧於塔爾巴哈台所屬額什爾努拉一帶。明朝崇禎年間（一六二八—一六四四），土爾扈特內受準噶爾部威脅，外受俄羅斯威脅，被迫離開故土，舉族西遷伏爾加河下游。乾隆年間，清軍平定準噶爾叛亂之後，西北邊疆局勢穩定，良好的政治環境，吸引遠離故鄉的土爾扈特蒙古回歸故土。乾隆三十六年（一七七一），土爾扈特部回歸故土後，在清朝中央政府統一管轄下，設置了地方政權。其中舍楞所部被稱為新土爾扈特，建青色特啟勒圖盟，設有兩扎薩克，游牧於阿爾泰山一帶，受科布多參贊大臣管轄，定邊左副將軍節制。渥巴錫所部被稱為舊土爾扈特，建立烏訥恩蘇克圖盟，設有十個扎薩克，游牧於珠勒都斯河、塔爾巴哈台、庫爾喀喇烏蘇、精河等地，受伊犁將軍節制。

清朝與緬甸的戰爭，起因於緬甸對清朝邊境的侵擾，經過四次戰爭，勝負不分，直至乾隆五十三年（一七八八），緬甸稱臣奉表納貢，征緬之事，才算了結。乾隆十二年（一七四七），乾隆帝首征大金川，莎羅奔表面臣服，但清軍並未獲勝，土司制度依然保留。清朝中央政府不出兵，利用川西各土司力量，以番攻番，聯合攻擊大金川，並未收到效果。乾隆三十六年（一七七一），為剿滅金川，乾隆帝不惜撥巨餉，遣重兵，以五年時間，最終平定大小兩金川。為確保這一地區的長期穩定，乾隆帝於戰後採取了若干措施，包括：建立各土司輪流入覲制度；設將軍駐紮成都；於噶拉依、美諾建廟宇，從京師派黃教喇嘛前往住持；金川部民遵制薙髮；兩金川改土歸流，於小金川設立美諾廳，於大金川設阿爾古廳；安兵屯墾。

《四庫全書》是曠古大叢書，為了編纂《四庫全書》乾隆帝建立了一個龐大的四庫全書館組織機構。乾隆帝主持《四庫全書》的編纂，不僅親自確定書籍徵集的範圍、原則、方法，親自遴選纂修人員，親自確定全書編纂原則，而且還親自閱讀了纂修人員陸續呈送的部分著作。皇子與顯臣奉命參與其事，表明乾隆帝高度重視《四庫全書》的編纂，對編纂工作的順利進展，起到了政治上、行政上的保證作用。《四庫全書》的分類原則，是乾隆帝親自裁定的，他強調按經史子集四部分類法，是要突出儒家經典居群書之首的地位。《四庫全書》的編纂，對於保存與整理我國古代文化遺產，起了巨大的作用。《四庫全書》的編纂者，還編寫了《四庫全書總目》，介紹著錄與存目書籍，寫明作者姓名、所處年代與該書要旨，集圖書作者、內容與版本三者於一體，對我國目錄學的發展，有重大影響。但是，由於《四庫全書》編纂者抱著狹隘的政治目的，在編纂過程中，對於不利於清朝的書籍，採取銷毀、刪削、挖改等文化專制手段，使我國古代文化又遭受一次浩劫。

原書第四章論述乾隆三十九年（一七七四）至嘉慶（一七九九）的歷史，作者指出，這個時期是清朝由盛入衰的轉折年代。爆發於乾隆三十九年（一七七四）的山東王倫起事，是為乾隆朝從盛入衰的轉折標誌，它爆發於清朝統治的腹心地帶，它不僅是當時社會階級矛盾激化的產物，也揭開了清代中期以後各族人民大規模反抗鬥爭的序幕。甘肅循化廳是撒拉族聚居地，信奉伊斯蘭教。乾隆二十六年（一七六一），安定縣人馬明心為反對門宦勢力對教民的壓迫與剝削，另創新教。清朝中央政府利用舊教，鎮壓新教。乾隆四十六年（一七八一），導致新教首領蘇四十三、田五的反政府暴動。蘇四十三、田五被清軍鎮壓下去後，乾隆帝頒諭禁止新教，所有新教的教堂，嚴令拆毀，教徒慘遭殺害。乾隆五十一年（一七八六），距田五暴動僅二年，臺灣又發生林爽文起事。清軍鎮壓林爽文後，乾隆帝知道，臺灣事變是官吏貪黷所致，整頓吏治實為穩定臺灣局勢的關鍵。清朝文字獄不僅數量較歷代增多，也格外殘酷。乾隆時期，大案迭起，據不完全統計，乾隆帝在位六十年，製造的文字獄多達百餘起，羅織罪名甚多，作者歸納為三類：譏諷官方推崇的理學和聖賢；誹毀皇帝和朝政；詆毀清朝或收藏詆毀清朝的違礙書籍。作者將乾隆一朝百餘起文字獄，以乾隆三十九年（一七七四）為界，分作前後二個時期。前期的罪名主要是非儒毀聖、攻擊皇帝與朝廷；後期多以收藏違礙書籍獲罪。乾隆帝製造文字獄，使文人筆墨不敢觸及現實，不敢議論時政，甚至不敢治史。乾隆帝推行思想文化恐怖統治，必然導致國運衰落。乾隆帝寵信和珅，和珅上恃乾隆帝為靠山，下以一批官僚為羽翼，貪污索賄，弄權亂政，對乾隆朝後期政局敗壞所起的作用，未可低估。乾隆朝後期，驕侈之風日熾，吏治日趨腐敗，貪污大案，接連出現。乾隆後期的貪污案，有其特點，包括：貪污的花樣多；貪污犯中高級官員多；集團性貪污案件多；貪污數額巨大；官官相護，揭發案件難，懲辦更難。原書指出，貪污案的特點，表明降至乾隆朝後期，清朝政治已進入腐朽階段。

安南黎朝是經過清朝冊封的政權，乾隆年間，西山阮氏崛起，稱新阮。黎朝消滅舊阮政權後，形成西山新阮與黎朝南北對峙的局面。乾隆五十二年（一七八七），西山阮文惠攻佔黎城，安南國王黎維祁出走。清軍以興滅繼絕字小存亡之道出師安南。黎維祁恢復王位後，殘酷報復，日事屠殺，以致人心渙散。西山阮文惠驅逐清軍，復據黎城，黎維祁逃過富良江，進入關內。乾隆帝始則出兵助黎氏復國，繼而因天厭其德，從扶黎改為親阮，乃奉天道而行。原書指出，安南因政權更迭而紛爭，這本是安南國內的事情。乾隆帝以宗主國之尊，出兵干預，實是對鄰邦的侵犯。乾隆五十三年（一七八八），正當清軍準備進攻安南之時，廓爾喀藉口西藏增加商品入口稅、所售食鹽摻沙土，遣將率兵入侵西藏，邊境重鎮聶拉木、濟嚨、宗喀相繼失守。正當乾隆帝在調兵遣將準備抗擊廓爾喀時，西藏地方僧俗卻暗中與廓爾喀談判，以賠款求退兵。乾隆五十六年（一七九一），因西藏無財力每年支付廓爾喀三百個銀元寶，廓爾喀第二次入侵西藏，洗劫札什倫布寺。乾隆帝厚集兵力，分路進討，廓爾喀投降。乾隆帝採取措施，以保持西藏地方的局勢穩定。包括：通過提高駐藏大臣的地位與權力，加強中央對西藏的管理；把噶隆、戴綳、第巴等西藏地方官員的任命權收歸中央，由皇帝補放；創設金奔巴制度，以取代拉穆吹忠挑選轉世靈童；整頓西藏地方武裝，提高藏兵戰鬥力；設爐鼓鑄西藏貨幣，正面以漢文鑄「乾隆寶藏」字樣，背面用藏文鑄「乾隆寶藏」字樣。通過這些章程，使清朝政府強化了對西藏的管理，對西藏地區的政治穩定起了重大作用。

英國為擴大對華貿易，授命馬嘎爾尼代表英國政府與清朝皇帝直接談判，要求清朝政府保護在華貿易的英商利益。清朝認為英使是為叩祝乾隆帝八十壽辰進貢而來。英使提出派一人駐北京照管貿易、在浙江寧波、舟山及天津泊船貿易、允許傳教士任聽傳教等八款要求。八款中主要內容，尤其是要求在舟山、廣州給地居住，減免內河關稅等，乾隆帝為了維護國家主權，而拒絕了這些侵略性的要求。

乾隆帝在位六十年，八十六歲時歸政。為維護統治核心的穩定，防止因公開立太子而引起統治核心分裂成不同政治集團互相爭鬥，因此他採取祕密建儲的方式和不立嫡不立長而立賢的建儲原則。以「賢」作為選擇儲君的標準，否定了嫡子長子繼承權，作者指出，這是歷史的進步。乾隆六十年（一七九五）九月初三日，乾隆帝宣布皇十五子永琰為皇太子，明年改元嘉慶，永琰改為顒琰。嘉慶元年（一七九六）元旦，乾隆帝御太和殿，親授顒琰皇帝之寶，退位後稱太上皇，新皇帝稱嗣皇帝，太上皇與嗣皇帝起居注冊分別纂修。太上皇期間，乾隆帝依然集政權、財政、軍權於一身。

乾隆帝自幼受滿漢文化薰陶，在位期間又勤學不逮，遂成一位多才多藝飽學之君，就文化素養而言，歷代帝王，無人可望其項背。乾隆帝精通歷史，他非常強調正統史觀，他強調大清是接替明朝而獲得正統。乾隆帝寫了不少史論文章，他重視歷代帝王的統治經驗。他認為治理天下，除了帝王本身的道德修養之外，君臣也要以心相交，帝王必須任賢能，採嘉言。據統計，他在位六十年間，所作的詩多達四萬一千八百餘首。他愛作詩，但他首先是一個皇帝，他的詩，是乾隆朝歷史的寫照，他的詩，史料價值遠遠高於文學價值。

乾隆帝在位六十年（一七三六－一七九五），加上三年太上皇，執政長達六十三年。唐文基先生、羅慶泗先生合著《乾隆傳》，把乾隆帝置於他所處的時代來考察。作者寫乾隆帝，論乾隆帝，符合歷史事實。乾隆帝的政治、經濟、社會、文化、軍事、外交諸多活動，構成了色彩斑斕的歷史畫卷。乾隆帝從皇孫到登上皇帝寶座，完成皇祖、皇父未竟之業，開疆拓宇，揆文奮武，運際郅隆。耄期倦勤，蔽於權倖，從盛入衰，令人歎息。全書史料豐富，內容翔實，鞭辟入裡，是認識乾隆朝歷史的一本名著。

導讀者簡介

莊吉發

民國二十五年（一九三六）生，臺灣苗栗人。民國四十五年（一九五六），省立臺北師範，民國五十二年（一九六三），國立臺灣師範大學史地學系，民國五十八年（一九六九），國立臺灣大學歷史研究所畢業，曾任國立故宮博物院研究員，國立臺灣師範大學歷史研究所兼任教授，現為國立臺灣大學中文學系、國立政治大學圖書資訊與檔案學研究所、民族學系兼任教授，講授清史專題研究、故宮檔案專題研究、中國秘密社會史、中國邊疆文化史、滿洲語文等課程。著有專書五十餘本，撰寫論文三百餘篇。

前言

乾隆在位六十年，加上三年太上皇，執政長達六十三年，佔有清一代四分之一。他的政治、經濟、文化、軍事、外交諸多活動，構成了色彩斑斕的歷史畫卷。我們以乾隆三十九年（西元一七七四年）爲界，分爲前後二個時期。前期又以六年（西元一七四一年）初舉木蘭秋獮、十六年（西元一七五一年）首次下江南爲界，分爲三個小階段。而十六年至三十九年，是乾隆朝鼎盛歲月，以後則盛極入衰。這種分期與分段，是否合乎史實，有待方家敎正。

寫乾隆，論乾隆，不能不把乾隆置於他所處的時代來考察。乾隆是幸運兒。他承先祖餘緒，仗全盛國力，平定邊疆，拒西方殖民者，爲統一多民族國家的鞏固與發展，作出了貢獻。他編纂《四庫全書》等羣籍，爲保存與整理中國古代文獻，起了巨大作用。但乾隆又是不幸者。中國封建社會時已日薄西山，乾隆畢竟回天無力。面對國內人口壓力，國外西方侵略者覬覦，乾隆一切舉措，從未越封建制度藩籬半步。政治上一味强化君主專制，外交上閉關鎖國，經濟上執行仍是傳統的重農政策，無法把社會生產力引向深度與廣度發展。他大興文字獄，扼殺進步思想，遏制科學精神。他沾沾自喜建立「十大武功」，自詡「十全老人」，該打的仗打了，不該打的也打，花費大量財力。乾隆後期，中國從盛入衰，當時英國人視清朝爲「一艘破爛不堪的頭等戰艦」，絕非言過其實。縱看乾隆，不失爲中國歷史上一位好皇帝；但從世界史角度橫看乾隆，中國落伍了，乾隆落伍了。惟其如此，乾隆死後半個世紀，中國陷入半殖民地半封建的泥坑。是以，我們以爲對乾隆評價過高及過低，都有失公允。

摯友周遠廉先生《乾隆皇帝大傳》，以及白新良先生《乾隆傳》、莊吉發先生《清高宗十全武功研究》，均問世多時。他們對乾隆一生都作了深入研究。我們學識淺陋，寫《乾隆傳》時，參考了他們及史學界其他同仁的著述，在此謹表謝忱。

作者　一九九三年八月

目次

第三章　乾隆盛世

第四章　從盛入衰的轉折年代

第一章　從皇孫到初政（康熙五十年至乾隆五年）

青少年弘曆

（一）弘曆出世

康熙五十年（西元一七一一年）八月十三日子夜，雍親王胤禛忐忑不安的心情，頓時興奮起來。他得知格格[1]鈕祜祿氏生下了一個男孩。雍王邸（後改稱雍和宮）霎時間似乎明亮得多。

此前，胤禛已得四子。長子弘暉，出皇后烏喇那拉氏，康熙四十三年八歲夭折。齊妃李氏爲胤禛生有三子，即弘昐、弘昀、弘時。但弘昐未滿兩周歲殤逝，還不曾敍齒排行；弘昀排行第二，十一歲死去；眼前就只有八歲的三子弘時。胤禛貴爲親王，僅有一子，未免單薄。那正是諸王子間爲爭王儲地位明爭暗鬥白熱化之時。太子胤礽廢而復立，而昏庸暴戾秉性不改，康熙是斷難容忍的，其地位岌岌可危。胤禛與幾個兄弟一樣有覬覦皇位之心，卻處處巧加掩飾，口頭上說，儲貳之事，「避之不能，尚有希圖之舉乎！」暗中卻在作周密部署，以川撫年羹堯與同母弟胤祥等爲核心組成了奪權小集團。胤禛心裏明白，在諸阿哥中，誰能得到老皇帝的歡心，誰就能在未來主宰天下。多年來，他按這一信條制約自己的言行。現在，他又給康熙老皇帝增添一個孫子，這肯定會使自己在康熙內心天平上，增加一個砝碼。

鈕祜祿氏是四品典儀凌柱的女兒，乃父官爵並不顯。她生下的這個兒子，排行第四，取名弘曆。弘曆便是後來在中國歷史上執政長達六十三年的乾隆皇帝。

清朝的前幾位皇帝，歷來都有些奇怪的傳說。諸如順治因失戀而出家當和尚；康熙被兒子雍正害死，雍正爲了奪取皇位，篡改乃父遺詔。這位未來的乾隆皇帝弘曆傳說更離奇，說他不是滿族血統，而是漢族官宦之後。清季陳某，署名「有嬀血胤」，所撰《清秘史》中〈弘曆非滿種與易服色之不成〉篇寫道：

（浙江海寧）陳氏自明季衣冠雀起，漸聞於時。至（陳）之遴始以降清，位至極品。厥後，陳詵、陳世倌、陳元龍等父子叔侄，並位極人臣，遭際最隆。康熙間，雍正與陳氏尤相善，會兩家各生子，其歲月日時皆同。雍正聞乃大喜，命抱以來，久之始送歸，則竟非己子，且易男爲女矣。陳氏殊震怖，顧不敢剖辨，遂力秘之。

《秘史》所說陳氏，指的是浙江海寧陳元龍。據陳敬懋《海寧渤海陳氏宗譜第五修》記載[2]，陳元龍有一妻二妾，共生一男二女[3]。兒子陳邦直，生於康熙三十四年（一六九五年）[4]，比弘曆大十六歲。陳邦直的第二個女兒嫁給徐德秩。徐德秩是康熙時左都御史徐乾學的孫子，據乾隆《梧州府志》卷十二《職官志》載，於雍正十一年（一七三三年）任梧州知府。另據闕名《徐乾學家譜》記載，徐德秩生於康熙二十六年（一六八七年），其妻是海寧陳元龍次女，與徐德秩同齡[5]。也就是說，陳元龍次女比弘曆大二十四歲，更勿論其長女了。可見，《清秘史》所云：「會兩家各生子」，雍正以女易陳元龍之子云云，純係無稽之談。這本書的作者有著濃厚的排滿思想，《清秘史》的序甚至不用清朝年號，用的是黃帝紀年。他杜撰弘曆非滿種這天方夜譚，其用心不是很清楚嗎？

（二）康熙帝掌上明珠

弘曆聰明伶俐，六歲就學，過目成誦。他先後受業於庶吉士福敏、署翰林院掌院學士朱軾、徐元夢和翰林院編修蔡世遠等人，這幾個人各有專長。福敏字龍翰，滿洲鑲白旗人。雍正請他爲弘曆啓蒙，無疑是因爲福敏性剛直，能夠對自己兒子嚴格督課。在福敏指導下，弘曆於十三歲以前，已熟讀《詩經》、《尚書》、《易經》、《春秋》和《戴氏禮記》等儒家經典和宋儒著作，以及《通鑑綱目》、《史記》、《漢書》等史籍，學業大有長進[6]。日後弘曆曾說，自己「沖齡就儒時，（福敏）啓迪之力多也」[7]。朱軾字若曦，江西高安人，負一時重望，被雍正命爲弘曆師傅，設教席於懋勤殿，受弘曆行拜師禮。朱軾以經訓進講，授弘曆賈誼、董仲舒和宋儒學說[8]。蔡世遠字聞之，福建漳浦人，是當時著名學者，雍正元年在上書房敎弘曆等讀四書五經、宋儒著述以及諸史、載籍。蔡世遠講儒學，「必引而近之，發言處事，所宜設誠而致行者」，卽以近傍實際，闡述儒家理論，而不是引導弘曆讀死書。他講史，「則卽興亡治亂，君子小人消長，心迹異同，反覆陳述」[9]，卽通過對以往朝代興亡、古人沉浮以及執政者思想修養等剖析，向弘曆灌輸治國平天下的歷史經驗和敎訓。這幾位老師對弘曆的影響很大，弘曆自己說「於軾得學之體，於世遠得學之用，於福敏得學之基」[10]。

康熙六十一年（一七二二年）春，胤禛的私園圓明園牡丹盛開。有一天，康熙乘輿到園中「鏤月開雲」牡丹臺觀花。胤禛向康熙引見弘曆。十二歲的弘曆長得前庭方廣，眉目淸秀，身材頎長，舉步穩重，談吐聲音旣洪亮又悅耳。眼前這個翩翩少年，康熙一見就喜愛上了，卽時帶回宮中「養育撫視」。從此，祖孫形影相隨，據弘曆後來回憶：「夙興夜寐，日覲天顏；綈几緗書，或示章句；玉筵傳膳，每賜芳飴；批閱章奏，屏息待勞；引見官吏，承顏立側」[11]。儲君問題長時間折磨著老皇帝。父子成仇，兄弟側目，垂暮老人內心是痛苦的。如今，這個小孫子成了他精神寄託。

宋儒周敦頤《愛蓮説》，是當時青少年必讀名作。有一天，康熙要弘曆背誦。弘曆朗朗誦道：

> 水陸草木之花，可愛者甚蕃。晉陶淵明獨愛菊。自李唐來，世人盛愛牡丹。予獨愛蓮之出淤泥而不染，濯清漣而不妖。中通外直，不蔓不枝。香遠益清，亭亭淨植，可遠觀而不可褻玩焉。予謂，菊，花之隱逸者也；牡丹，花之富貴者也；蓮，花之君子者也。噫！菊之愛，陶後鮮有聞。蓮之愛，同予者何人？牡丹之愛，宜乎衆矣！

弘曆不僅背誦娓娓動聽，而且解釋融徹，康熙「獎悅彌至」。騎馬射箭，原是愛新覺羅氏祖傳家法。康熙要弘曆向貝勒允禧學射箭，向莊親王允祿學火器。這二人也是皇族中佼佼者。允禧是康熙的第二十一子，不僅善射箭，而且能詩能畫。允祿是清太宗皇太極第五子碩塞的兒子，精數學、通樂律。弘曆在他們傳授下，騎射本領日見長進，無論是宮門挽弓，還是南苑圍獵，命中率都甚高。垂髫少年的英武氣概，觀者嘆服。

當年秋天，弘曆被康熙帶往避暑山莊，住在萬壑松風讀書。萬壑松風在山莊的湖南山上松林之中。一天，御舟泊晴碧亭，康熙在船上遠遠地傳呼弘曆。弘曆應聲從岩壁滿布的山坡上，踏跳而下。這可使老皇帝心驚肉跳，連聲高呼：「勿疾行，恐致蹉跌！」直到弘曆上了御舟，康熙才鬆一口氣。祖孫情深，於茲可見。

避暑山莊近側獅子園，是康熙賞給胤禛的私園。一天，康熙臨幸獅子園，傳見了弘曆生母鈕祜祿氏。老皇帝愛屋及烏，連聲稱讚鈕祜祿氏是「有福之人」。這一年木蘭秋獮，康熙帶著弘曆到永安莽喀圍場打獵。康熙射倒一隻熊後，命弘曆再射。弘曆剛上馬，帶傷倒地的熊突然立起撲來。弘曆控轡自若，毫不驚慌。康熙急忙補一槍，將熊擊倒。老人眼見小孫子臨危不懼，十分讚賞。回帳之後，激動地對溫蕙貴妃說：此兒「是命貴重，福將過予」。

這一年十一月，康熙病危。臨終前，他對大學士馬齊說：「第四子雍親王胤禛最賢，我死後立爲嗣皇。胤禛第二子有英雄氣象，必封爲太子」[12]。康熙彌留之際，已把大淸的江山，付託給胤禛和愛孫弘曆了。

登上皇帝寶座

（一）《樂善堂文鈔》的輿論準備

康熙六十一年（西元一七二二年）十一月十三日，康熙去世，胤禛繼位。第二年改元雍正。十二歲的弘曆成了皇子。

元年（一七二三年）正月，雍正首行大祀之典。祈穀禮成，召弘曆到養心殿，賜食臠。據史家解釋，這是寓意「承福受胙」，雍正有意將來把江山付託給弘曆。姑且不論這種解釋是否符合雍正賜臠本意，我們在以後便會明白，雍正元年，新皇帝確已把弘曆定爲自己的接班人。

雍正八年秋，年僅二十歲的弘曆，將他從十四歲以來的詩文，挑選出一部分，輯成《樂善堂文鈔》付梓。樂善堂是弘曆的書齋。他在《樂善堂記》一文中寫道：

余有書屋數間，清爽幽靜，山水之趣，琴鶴之玩，時呈於前。菜圃數畦，桃花滿林，堪以寓目。顏之曰樂善堂者，蓋取大舜樂於人以爲善之意也。[13]

應當指出，今存於《四庫全書》集部的《樂善堂集定本》共三十卷，是乾隆二十三年戶部尚書蔣溥等奉命重輯的，非雍正八年《樂善堂文鈔》原本。《樂善堂文鈔》刊行後，乾隆曾多次重訂。但是，以後增加進去的詩文，也都是作者在雍正十三年（一七三五年）前的作品。所以，《樂善堂集》不論文鈔還是定本，都是弘曆青年時期所作。

關於編輯刊刻《樂善堂文鈔》目的，弘曆在序言中寫道：

余生九年始讀書，十有四歲學屬文。今年二十矣。其間朝夕從事者，四書五經、性理綱目、大學衍義、古文淵鑑等書，講論至再至三。顧質魯識昧，日取先聖賢所言者以內治其身心，又以身心所得者措之於文，均之有未逮也。日課論一篇，間以詩歌雜文，雖不敢爲奇辭詭論，以自外於經傳儒先之宗旨，然古人所云文以載道者。內返竊深慚恧，每自念受皇父深恩，時聆訓誨，至諄且詳，又爲之擇賢師傅以受業解惑，切磋琢磨，從容於藏修息遊之中，得以厭飫詩書之味，而窮理之未至，克己之未力，性情涵養之未醇，中夜以思，惕然而懼。用是擇取庚戌（雍正八年）九月以前七年所作者十之三四，略次其先後，序、論、書、記、雜文、詩賦，分爲十有四卷，置在案頭，便於改正。且孔子不云乎，「言顧行，行顧言」。《書》曰「非知之艱，行之維艱」。常取余所言者，以自檢所行。行倘有不能自省克，以至於言行不相顧，能知而不能行，余愧不滋甚乎哉。[14]

弘曆説他刊刻《樂善堂文鈔》，是爲了常常能以自己所言，自檢所行。這是堂皇之論，究其眞實目的，絕非如此單純。《樂善堂文鈔》付梓時，弘曆請十四個人爲他作序。其中有莊親王允祿、康熙第十七子果親王允禮、貝勒允禧、平郡王福彭、大學士鄂爾泰、張廷玉、朱軾以及當時在士林頗有名氣的蔡世遠、邵基、胡煕等人，還有他自己的弟弟弘晝。這些人的序言，對弘曆是一片讚揚聲。或説作者飽覽羣書，精通經史詩賦，「自經史百家以及性理之閫奧，諸賦之源流，靡不情覽」（張廷玉序）；「精研《易》、《春秋》、戴氏禮、宋性理諸書，旁及通鑑、綱目、史漢、八家之文章，窮其旨趣，探其精蘊」（朱軾序）。或説作者才思敏捷，「每爲文筆不停輟，千言立就，而文思泉湧，采翰雲生」（福彭序）。或説《樂善堂文鈔》是稀世之作，「其氣象之崇宏，則川渟嶽峙也；其心胸之開浚，則風發泉湧也；其詞采之高華，則雲蒸霞蔚也；其音韻之調諧，則金和玉節也」（邵基序）。這些語言，除了含有阿諛奉承的調子之外，更多的是文人互相吹捧積習的表露。但耐人尋味的是，有人已經把弘曆吹捧爲懷有治國平天下道德和才能的儲君。如張廷玉説：

皇子以天授之才，博古通今之學，循循乎祗遹聖訓，敬勤無斁。

鄂爾泰説：

皇子樂善之誠，充積於中，而英華外發，有不知其然而然者，……則精一危微之訓，上接列聖之心傳者，莫不此會而極。

朱軾説：

聖祖仁皇帝德合乾坤，功參化育。我皇上欽明緝熙，聖以繼聖，本精一執中之心法，發而爲蕩平正直之皇猷。萬方臣庶，是訓是行。矧皇子天稟純粹，志氣清明，晨夕侍奉之下，其熏陶涵育聖德聖訓者，固日新月盛，莫知其然而然矣。從此敬承無斁，優遊厭飫。戒於思慮之未萌，恭於事物之既接，進德修業之功，得而窺其所至。

既是「天授之才」，「又上接列聖之心傳」，「進德修業之功」更不可「窺其所至」，未來的天子已經在這些序言中呼之欲出了。

弘曆聰明過人，對自己的未來，會有樂觀的估計。他不必像父輩那樣爲奪權而明爭暗鬥。他要做的事情是，應當在皇族和朝臣之中，樹立起自己未來英明君主的形象。其妙著就是借助於這一部《樂善堂文鈔》，以表示自己不僅精通書史，擅長詩賦，而且有經世之才。果然，他的弟弟弘晝在序言中公開表示自愧弗如：

弟之視兄，雖所處則同，而會心有淺深，氣力有厚薄，屬辭有工拙，未敢同年而語也。吾兄隨皇父在藩邸時，朝夕共寢食相同。及皇祖見愛，養育宮中，恪慎溫恭。皇父見之，未嘗不喜。

皇父聞之，未嘗不樂。……兄之樂善無窮而文思因以無盡。凡古聖賢之微言大義，修身體道之要，經世宰物之方，靡不發揮衍繹娓娓暢焉。

作者不僅承認弘曆曾受皇祖撫愛，而且說弘曆已得聖賢「經世宰物之方」，自己不敢與哥哥「同年而語」。弘晝是皇位最有力的競爭者，他既然心悅誠服，誰還能與弘曆匹敵。在《樂善堂文鈔》

中，弘曆多次提到康熙對自己的鍾愛。說皇祖曾賜他「長幅一，復賜橫幅一、扇一」，「恩寵迥異他人」[15]，「得皇祖之澤最深」[16]。如此念念不忘皇祖恩寵，儘管包含著孫子對祖父的懷念，但這畢竟是弘曆最榮耀的政治資本，怎能不經常注於筆端。總之，弘曆刊刻《樂善堂文鈔》是有政治意圖的，目的在於爲日後當皇帝作輿論準備。他把自己的讀書處命之曰「樂善堂」，「蓋取大舜樂取於人以爲善之意」，這無異於以大舜自詡。

（二）受詔登基

雍正十三年（一七三五年）八月二十日，雍正在圓明園處理政務，雖身體偶感不適，但未曾重視。二十二日深夜，病情突然加劇。莊親王允祿、果親王允禮和大學士鄂爾泰、張廷玉、公豐盛額、訥親、內大臣海望應召入寢宮。二十三日子時，這位統治中國十三年的皇帝去世了，年僅五十八歲。關於雍正死因，或說中風，或說服用了道士煉的丹藥。孰是孰非，有待研究。還有一種傳說，雍正是被呂留良的女兒呂四娘刺殺。呂留良因反滿文字賈禍，被戮死梟首。乃女呂四娘學得一身武藝，入宮刺殺雍正。這種傳說當然缺乏依據。

雍正去世，內宮一片哭聲。鄂爾泰、張廷玉對允祿、允禮說，雍正「因傳位大事，親書密旨，曾示我二人，外此無有知者。此旨收藏宮中，應急請出，以正大統」[17]。早在雍正七年（一七二九年）冬時，雍正染病，寒熱時發，飲食不常，夜不能熟寢。八年六月，召見允祿、弘曆、弘晝和大學士、內大臣數人，「面諭遺詔大意」[18]。九月，又將立儲密詔示知張廷玉，十年正月再次密示鄂爾泰、張廷玉，「此時聖諭曰，汝二人外，再無一人知之」[19]。鄂、張所說「親書密旨」，就是指十年正月這一次。

不久，總管太監捧出黃封一函，內藏硃筆親書傳位弘曆詔。張廷玉於燈下宣讀，弘曆跪拜受命之後宣布，「遵皇考遺旨，令莊親王、果親王、大學士鄂爾泰、張廷玉輔政」。

清朝的秘密建儲制度始於雍正。康熙年間，康熙帝二次立太子，又二次廢太子。儲君問題，幾乎折騰了半個世紀。雍正接受這一教訓，創立了秘密立儲辦法。雍正元年（一七二三年）八月十七日，他在乾清宮西暖閣召見總理事務王大臣和九卿，宣布：

今朕諸子尚幼，建儲一事必須詳慎，此時安可舉行？然聖祖既將大事付託於朕，朕身爲宗社之主，不得不預爲之計。今朕特將此事，親寫密封，藏於匣內，置之乾清宮正中世祖章皇帝御書《正大光明》匾額之後，乃宮中最高之處，以備不虞。諸王大臣咸宜知之。或收藏數十年，亦未可定。[20]

但是，據雍正去世時在場人張廷玉記載，當夜用的是雍正十年藏於圓明園的傳位詔。這是可信的。雍正遺體畬夜運回宮中，「倉卒中得官廄駑馬乘之，幾至蹶踣」[21]。這短短十餘字可以看出，其時行色匆忙，情景相當狼狽。

八月二十四日，弘曆頒布數道諭旨。其中諭內外大臣旨，主要內容有三：第一，朕受皇考付託，凡皇考辦理未竟之事，皆朕今日所當敬謹繼述。這實質上是宣布自己將繼續處理先帝未竟之業，維護政策連續性。第二，諸王大臣均是深受重恩之人，各宜殫心竭力，輔朕不逮。這是要求朝中大臣必須效忠自己。第三，外省文武大臣，如果因皇考「龍馭上賓」，將已經上奏的本章「中途趕回，另行反改，或到京後撤回不進者，經朕查出，定行從重治罪」[22]。這是要求各級地方官處理事務應一如既往，不得欺慢。

還有一道是諭總理事務王大臣莊親王允祿等人的，內容是關於鄂爾泰、張廷玉配享太廟問題：

雍正八年六月內，欽奉皇考諭旨，張廷玉器量純全，抒誠供職。其纂修聖祖仁皇實錄，宣力獨多，每年遵旨繕寫上諭，悉能詳達朕意，訓示臣民，其功甚巨。鄂爾泰志秉忠貞，才優經濟，安民察吏，綏靖邊疆，洵爲不世出之名臣。此二人者，朕可保其終始不渝。朕萬年之後，二臣著配享太廟。今朕欲將皇考此旨入於遺詔內頒發[23]。

配享太廟對於封建官僚來說，是至高無上的榮譽。弘曆宣布要將此事寫入皇考遺詔，等於以雍正遺詔作爲最權威的兌現保證。這種超出常格的作法，目的在於拉攏這二位滿漢大臣的領袖人物，並通過他們爭取整個官僚隊伍對自己效忠。鄂、張二人故作姿態，「屢行固辭」，謙讓一番，最後還是感激涕零地接受了。兩天後，鄂、張二人上奏，「不敢當輔政之名，請照例稱總理事務」。弘曆同意，降旨「凡宮門一切陳奏，先告知總理事務王大臣，再行進呈」[24]。

弘曆還注意到穩定內宮問題。八月二十五日，他對太監頒諭說，國家政事，關係重大，不許妄行傳說。皇太后仁慈，撫愛朕躬，凡有所知，豈有不告之理？但市井傳說，多有舛誤。今後凡外間傳聞，無故向廷傳說者，卽爲背法，查出定行正法。這一諭旨是爲了防止太監向內宮走遞朝廷信息，撥弄是非，干擾政局。

弘曆還降諭都統莽鵠立，命令他把煉丹道士張太虛、王定乾等人趕出西苑。雍正生前迷信道家丹藥，張、王等就在西苑替皇帝煉丹。所以，雍正突然死亡，史家疑爲丹藥中毒，絕非捕風捉影之論。而弘曆在乃父屍骨未寒之時，就急忙把煉丹道士驅逐出西苑，更使人有理由相信丹藥對雍正健康造成嚴重損害。弘曆這份詔諭寫得很奇妙：

皇考萬幾之餘，聞外間爐火修煉之說，聖心深知其非，聊欲試觀其術，以為遊戲清閒之具，因將張太虛、王定乾等數人置於西苑空閒之地。聖心視之與俳優人等耳，未曾聽其一言，未曾用其一藥。且深知其為市井無賴之徒，最好造言生事，皇考向朕與親王面諭者屢矣。今朕將伊逐出，各回本籍。……若伊等因內廷行走數年，捏稱在大行皇帝御前一言一字，以及在外招搖煽惑，斷無不敗露之理，一經訪聞，定嚴行拿究，立卽正法，決不寬貸。[25]

上諭從為親者尊者諱角度出發，輕描淡寫地說他父親視張太虛等煉丹術為「遊戲消閒之具」，也知道這批人是「市井無賴之徒」，從未用過一藥。這位年輕皇帝對煉丹術的鄙視與厭惡，表明他具有反對愚昧的可貴精神。

九月三日黎明，大駕鹵簿全設。弘曆先著素服向雍正帝梓宮行九拜禮。然後更換禮服，奉皇太后到永壽宮，亦行九拜禮。接著，至中和殿受內大臣和執事官行拜，再到太和殿卽皇帝位，受親王以及文武百官、朝鮮等國使臣朝拜，頒詔天下，以明年為乾隆元年。

完成雍正未竟之業

（一）平定古州臺拱叛亂

雍正突然去世，遺留給乾隆最急迫的事，莫過於西南和西北的民族問題。他說：「目前緊要之事，無有過於西北兩路及苗疆用兵」[26]。

西南民族問題，即「苗疆用兵」，指的是貴州古州（今貴州榕江縣）、臺拱（今貴州臺江縣）一帶苗族原土司叛亂。

元明以來，西南少數民族聚居地區普遍實行土司制度。中央政府委令當地少數民族的首領爲土官，「曰宣慰司、曰宣撫司、曰招討司、曰安撫司、曰長官司，以其勞績之多寡，分尊卑之等級」。土司允許世襲，中央政府徵以賦稅，也可以驅使其衆。土司雖「大姓相擅，世積餘威」，也必須假中央政府予以的爵位、名號，對部民「易爲統攝」[27]。土司制度的建立，是專制主義中央集權統治的擴展，也密切了西南少數民族地區與內地政治經濟文化的聯繫。但土司制度畢竟是與農奴制相適應的落後的政治體制。土司擁有大量世襲的土地，强迫土民爲其農奴，耕田納賦當差。康熙雍正時蘭鼎元説，貴州各土司「一年四小派，三年一大派。小派計錢，大派計兩。土民歲輸土傜，較漢民丁糧加多十倍」[28]。在政治上，土民没有人身自由，他們對土司「無官民之禮，而有萬世奴僕之勢，子女財帛總非本人所自有」，「土民一人犯罪，土司縛而殺之，其被害之家族，尙當斂銀以倖土司，六十兩、四十兩不等，最下亦二十四兩，名曰玷刀錢」[29]。各土司間，爲爭土地與勞力，常兵戎相見，戰爭連接不斷，給少數民族帶來了深重災難。明朝以來，爲强化中央對西南地區的管轄，陸續對各土司實行改土歸流政策，罷撤土官，由中央派流官直接治理。降至雍正年間，採納雲貴總督兼兵部尙書鄂爾泰建議，清朝在西南更大規模地改土歸流。鄂爾泰制定改土歸流政策的基本點，是要削弱土司的政治經濟特權。據鄂爾泰年譜載：

> 公以滇黔二省，苗倮離（雜？）處，時爲民害。欲靖地方，須先安苗倮；欲安苗倮，須先制土司；欲制土司，須先令貧弱。[30]

其具體內容包括：改土司爲州縣，取消土官世襲制度；沒收原土官田產，發給土兵屯種；廢除原土司的土貢制度，土民向官府自報田產，按內地稅制計畝徵賦。

改土歸流削弱了少數民族地區農奴制的割據勢力，是促使社會政治經濟發展的進步政策。但它觸犯了土司利益，勢必引起土司的强烈反對。鄂爾泰以武力爲後盾，剿撫結合，加以推行。雍正四年（一七二六年）五月，他首先出兵蕩平廣順州長寨後，建營駐兵，分扼險要，「易服雉髮，立保甲，稽田戶」[31]，並乘勝招服黔邊東西南的定番、鎮寧、永寧、永豐、安順等苗寨兩千餘[32]。古州（今貴州榕江縣）的改土歸流遲至雍正七年才著手。此處「自恃地險峻，出沒靡寧，擾害居民，刦奪行旅」，「爲地方良善之患」，是「自古未歸王化之地」[33]。又有人傳播說「改流升科，額將歲倍」[34]，所以當地土司頑固地反對改土歸流。當年三月，鄂爾泰平定古州，雍正立即嘉獎鄂爾泰與協助鄂爾泰執行改土歸流政策的貴州巡撫張廣泗。

雍正九年（一七三一年）鄂爾泰返京。古州苗族頭人「伺公已北上，文武官弁又不善防範，致復作亂」[35]。雍正十二年當地謠言四起，說是「出有苗王」[36]。十三年二月，所屬八妹、高表等寨「聽信謠言」，糾衆滋事。叛亂以古州、臺拱爲中心迅速蔓延，攻掠所至，達凱里（貴州今縣）、施秉（貴州今縣）、黃平州（貴州今縣）、清平（今貴州凱里縣西北）、餘慶（貴州今縣）、鎮遠（貴州今縣）、思州（治所今貴州岑鞏），震動省城。五月，雍正派湖廣、廣西、雲南、四川官兵兩萬名進剿，命貴州提督哈元生爲揚威將軍，統一調遣，湖廣提督董芳副之。雍正還任命皇四子弘曆、皇五子弘晝、大學士鄂爾泰、張廷玉、戶部尚書慶復、禮部尚書魏廷珍、刑部尚書憲德、張照和工部尚書徐本等爲辦理苗疆事務王大臣，令張照和副都御史德希壽立即馳驛赴黔，指揮征剿。

張照是鄂爾泰政敵。古州叛亂發生，鄂爾泰引咎辭去伯爵。張照到達貴州後，沒有集中全力征剿，殫心竭慮的是利用時機，進一步攻訐鄂爾泰。他一方面上疏密奏「改土歸流非策」，另方面策動哈元生也上疏彈劾鄂爾泰。哈元生是鄂爾泰一手提拔，自然不願與張照合作。張照轉而支持董芳，在前方專主招撫。「當是時中外畏事者爭咎前此苗疆之不當闢，目前苗疆之不可守，前功幾盡失，前局幾盡變」[37]。西南改土歸流面臨著流產的危險。

正是在這嚴峻時刻，雍正撒手而去。年輕的新皇帝面對羣情洶洶，棄苗疆之論甚囂塵上而毫不動搖。他堅持用兵，果斷地採取三項措施，力挽危局。

第一，迅速撤換前方主帥。八月二十四日，乾隆執政第二天，降旨調張照返京，以張廣泗總理苗疆事務，諭令速往辦理。乾隆用張廣泗代替張照，可謂知人善任。張廣泗，漢軍鑲紅旗人，以監生入貲授知府。雍正四年（一七二六年），協助鄂爾泰在雲貴辦改土歸流，次年擢貴州按察使，六年率兵討平都勻、黎平、鎮遠、清平叛亂，因功超授巡撫。十年，以副將軍之銜，隨寧遠大將軍岳鍾琪出兵西路，討伐準噶爾部叛亂。出任苗疆總理事務大臣之前，是湖廣總督。

第二，指示前方剿撫結合，停止濫殺無辜暴戾行徑。清軍紀律敗壞，殺良冒功，是其慣伎。如八寨協副將馮茂，「殺誘降苗六百餘，及其頭目三十餘冒功，於是逃歸播告黨徒，詛盟益堅，多手刃妻女而後出抗官兵，蔓延不可招撫」[38]。良莠不分，一概屠殺，不利於分化瓦解敵人。乾隆很不贊成。九月二十一日，他頒諭：

> 朕聞得滇黔等省官兵，攻剿逆苗，其所過地方，概將空寨焚毀，甚至將已撫之苗，出寨當夫者，輒行誅戮。蓋附近小寨，每爲大寨逆苗阻使挾制，不得不從，若一概焚燒，毀棄米糧牲畜，誅其老弱子女，則脅從之徒無所依藉，勢必併力格鬥。

九月二十四日再次指出：

> 凶頑之寨及首惡之人，定應剿洗擒獲，務盡根株。其餘附和迫脅之苗，分別料理，必令盡繳器械，方許投誠。39

區別已撫與凶頑，分清首惡和脅從，採取不同政策，必然減少阻力，有利於戰爭的勝利。

第三，批駁「棄置」論，堅持改土歸流方針。九月七日，乾隆批閱張照從貴州送來的奏摺時嚴厲斥責說：

> 又伊（張照）稱，新闢苗疆，當因其悖亂而降旨棄絕，尤爲乖謬。前朕與王大臣等會議時，僉云苗人現在跳梁，此時斷無棄置之理，惟有俟事平之後，再行計議。彼時張照亦力主此說，今何以自相矛盾如此。且摺內忽云棄置，忽云痛剿，仍是兩歧之見，究不知其意之所在，甚屬糊塗。

九日，又說：

> 至於棄置新疆之說，皇考偶向朕與王大臣等商及，以爲從前原不應料理，非謂目下也。此時詢謀相同，力奏其不可，張照即在與議之列，皇考深以爲然。今張照以爲密奉棄置之諭，且將此轉告哈元生，錯謬已極。可令張廣泗傳諭哈元生知之。40

應當指出，黔東西南苗族聚居地，在中國境內，所謂「棄置」，絕不是意味讓它從中國分裂出去，而是對少數民族上層分子割據勢力聽之任之，放棄中央政府對它的行政管轄，從改土歸流倒退到土司制度之前的羈縻政策，這顯然不利於維護國家的統一和各民族之間經濟文化的交往。雍正因苗疆叛亂，後悔改土歸流，「以爲從前原不應料理」，叛亂平定之後可以考慮「棄置」問題，純屬因噎廢食之論，也是張照「棄置」論的根源。乾隆對張照「棄置」論的批駁，表明他維護國家和民族統一，比雍正更堅定。

張廣泗銜命赴黔，到達鎮遠。十一月，他將了解到的前方情況，上奏乾隆。奏摺指出，平叛數月，毫無成效，原因是：第一，起事之初地方官對叛亂的嚴重性估計不足。巡撫元展成「以熟苗必不致反」，提督哈元生又以爲「苗人不難撲滅」，疏於輕敵。第二，指揮失當。調集來的數萬官兵，哈元生只在大路沿途密布，而所用攻剿之師，不過一、兩千人。東西奔救，顧此失彼。董芳駐守八弓（今貴州三穗縣），僅以招撫爲可了事，「較之哈元生更無實際」。第三，將帥不和，各行其是。張照於董芳所辦之事，極口讚揚，於哈元生所辦之事，痛加醜詆，「一切軍機事宜，皆各行其意，從無一字相商」。乾隆閱後，降旨將張照革職拿問，元展成、德希壽、董芳拿解京師，哈元生革去揚威將軍，暫留提督職，交張廣泗差遣[41]。

十二月，張廣泗集結大軍於鎮遠，確保雲貴往來大道的通暢。接著簡選將士，面授方略，分兵三路進擊。一路攻上九股，一路攻下九股，張廣泗自己率一路攻清江下游各寨。乾隆元年（一七三六年）春，又增兵八路攻剿。苗兵在寨破之後，紛紛躲進牛皮大箐。「箐環苗巢之中，盤亙數百里，北丹江，南古州，西都勻、八寨，東清江、臺拱，危岩切雲，老樾蔽天，霧雨冥冥，泥潦蛇虺」[42]，官軍不能進入。張廣泗督諸軍分扼箐口以坐困之，又旁布奇兵於大箐外，截獲從大箐中跑出來的苗兵。繼而又重重合圍，步步進逼。至五月，俘馘萬計，苗兵因飢餓和顛隕死者不可勝數。至六月，張廣泗率兵共繳除一、二二四寨，赦免三八八寨，斬首一七、六〇〇有奇，俘虜二萬五千餘，叛亂終於被平定。張廣泗因功授貴州總督。

叛亂被平定之後，爲了穩定苗疆，乾隆採取了四項善後措施。

第一，「永除新疆苗賦」，即「將古州等處新設錢糧，盡行豁免，永不徵收」。

第二，在苗疆「建立營汛，分布官兵」。

第三，「苗民風俗，與內地百姓迥別，嗣後一切自相爭訟之事，俱照苗例完結，不必繩以官法。至有與兵民及熟苗關涉之案件，隸文官者仍聽文員辦理，隸武官仍聽武弁辦理，必秉公酌理，毋得生事擾累。」[43]

第四，將「逆苗絕戶田產」，令兵丁屯種。對於這一措施，協辦吏部尚書事務顧琮、雲南總督尹繼善、兩廣總督鄂彌達都提出反對意見。他們認爲，「招募屯田，盡奪生苗衣食之地」，日後苗民「必聚衆拚命」[44]；「屯丁不能自耕，仍須召苗耕種」，「久之視同奴隸，苗民既衣食無賴，又兼役使鞭笞」，「恐不出十五年，古州之事復見矣」[45]。但張廣泗實行兵屯態度堅決，表示願「以身家相保」[46]。他多次上疏力排衆議，指出「新疆未墾之地甚多」，「原不必以日後之地少人多爲慮」；「屯軍凌虐苗民，實爲目前第一緊要事」，應擬定章程，設法防止：一方面禁止屯軍「請人佃種」，另方面飭令屯田「與苗民標明界址，以免攙越侵占」[47]。乾隆終於同意了張廣泗的意見，於三年（一七三八年）十月，頒布了約束屯軍事宜各款：第一，嚴禁兵役通事人等下寨採買，應另立市場，定期交易。第二，禁止文武衙門兵役人等濫役苗民，凡雇募苗夫，應給工價，陸路四十里爲一站，給銀八分；苗船逆水三十里爲一站、順水八十里爲一站，給錢一錢五分；隨時雇募小工，日給錢三分。第三，遞送公文，專責塘兵，不得用苗民。第四，愼選苗疆通事。第五，在苗寨立頭人以約束其衆。第六，嚴格屯田界限，不許越界侵占苗民田產，違者計畝論罪。第七，稽察屯戶，不守屯規者依法嚴懲。第八，定期訓練屯軍技藝。第九，屯田嚴禁典賣，賣屯田一畝以下笞五十，每五畝加一等，賣官田加二等。第十，屯田納稅從乾隆己未年（四年）開始，上田畝納米一斗，中田八升，下田六升，每斗加鼠耗三合；每年給百戶工食米十二石，總旗六石，小旗三石。第十一，在苗疆預籌積貯，動帑採買。第十二，酌增苗疆衛弁[48]。這些規定的主要條款，就是要防止屯軍對當地苗民的欺凌。同年十二月，據張廣泗報告，鎮沅等六府清出了叛苗絕戶田共四、四七三畝，山土共三十三畝，俱撥歸屯軍[49]。

（二）與準噶爾部息兵議和

西北問題，指的是對蒙古準噶爾部用兵。

我國北部邊疆，東起黑龍江呼倫貝爾，南至瀚海，西界阿爾泰山，北到俄羅斯，是喀爾喀蒙古長期居住和游牧地區。在喀爾喀蒙古以西，是厄魯特蒙古游牧地方。喀爾喀蒙古的土謝圖汗、扎薩克圖汗和車臣汗三部，都與清朝保持著密切的地方與中央關係。約在十六世紀後期，厄魯特蒙古已分作準噶爾、和碩特、杜爾伯特和土爾扈特四部。康熙年間，準部首領噶爾丹曾發動叛亂，被康熙平定。康熙後期和雍正年間，準部首領策妄阿拉布坦覬覦阿爾泰山以東喀爾喀蒙古的牧場，並派兵掠哈密，又趁西藏內亂之時，進兵拉薩，結果被清軍擊敗。

雍正五年（一七二七年），策妄阿拉布坦去世，子噶爾丹策零繼任準部渾臺吉。當時，準噶爾部北方有沙俄的強大壓力。雍正七年，噶爾丹策零曾對俄國使者說：「看！你們的城市造在額爾齊斯河和鄂畢河上是為什麼呢？那可是我的領土啊！」[50]在這種情況下，野心勃勃的噶爾丹策零，力圖向東擴張，屢次騷擾喀爾喀蒙古的游牧地區。為了保護喀爾喀蒙古的利益與邊境的安寧，雍正七年，清朝決定對準噶爾部兩路用兵。北路以侍衛內大臣傅爾丹爲靖邊大將軍，率師進屯阿爾泰山。西路以川陝總督岳鍾琪爲寧遠大將軍，率師屯巴里坤。雍正九年六月，傅爾丹北路軍戰敗於科布多以西兩百里的和通泊，所部萬餘人，僅兩千人生逃。十年（一七三二年）正月，岳鍾琪西路軍抗擊準部對哈密的襲擾，無功而還。大學士鄂爾泰彈劾岳鍾琪「擁兵數萬，縱投網送死之賊來去自如，坐失機會。」[51]岳鍾琪被削去公爵，降三等侯，爾後又被逮捕下獄，險些丟掉性命。

清軍西北二路受挫之後，噶爾丹策零也被喀爾喀蒙古擊敗。十年七月，噶爾丹策零傾所部進犯喀爾喀蒙古，偷襲塔密爾河喀爾喀親王額駙策凌牧地[52]，掠其子女牲畜。策凌聞訊，「即以髮以所乘馬尾誓天」，回師救援，追擊準噶爾軍。雙方交戰十餘次後，在鄂爾渾河邊額爾德尼昭亦即光顯寺決戰。準部三萬餘衆被殲萬餘人，噶爾丹策零率餘部逃奔。

這時，清朝和準噶爾部都無力把戰爭繼續下去，皆有議和意向。雍正十二年（一七三四年）八月，清朝遣侍郎傅鼐、學士阿克敦前往準部，向噶爾丹策零提議，劃分準噶爾和喀爾喀二部游牧分界線。清軍主張雙方以阿爾泰山爲界，準部堅持以杭愛山爲界，談判沒有成功。

準部以畜牧業爲主，必須以畜牧產品與內地交換手工業品和農副產品，因而迫切要求與內地貿易。牧區分界談判失敗後，噶爾丹策零於雍正十三年春，派宰桑吹納木克，隨同傅鼐等到北京納貢，同時攜帶近萬張各色毛皮，到肅州（今甘肅酒泉縣）出售，得價銀約一四、二〇〇兩，用其中一部分購買了所需的緞匹、綾紬、茶、布等。肅州貿易的成功，使噶爾丹策零動心。當年十月，再派吹納木克至京師進表。

此時，乾隆已經登基。他對準部的方針是議和。十月十日，頒諭說：

蓋大兵之興，原欲保護喀爾喀等。若曠日持久，我兵屯駐之地，悉喀爾喀之地，一切需用牲畜及游牧行走，不免有害於喀爾喀之生計，既於喀爾喀等無益，而靡費國帑，勞瘁兵力，常在極邊屯駐，亦非國家之長計遠慮。[53]

正在這個時候，乾隆接到噶爾丹策零書信，並遣回兩名被虜清軍。這顯然是準部作出議和的姿態。乾隆審時度勢，也作出部署：

朕思準噶爾請和與否在伊，而防守在我。疆域既固，彼若請和，則允其所請；倘不請和，伊不得交易貨財，數年之後，自致匱乏。[54]

這幾句話，概括起來，那就是以防守對進攻，以斷絕貿易逼對方和談。不過，對於駐紮在前線數萬清軍，是撤還是留，乾隆很費思量。他在給大將軍慶復諭旨中說，準部雖二三年內不至於起事，但「惟數年之後，我兵盡撤，伊若潛過阿勒臺山梁（阿爾泰山梁），擾動喀爾喀等游牧地方，惟時歸化（今內蒙古呼和浩特）城兵不能速到，必至喀爾喀等寒心」；若一味坐守，則數萬兵丁錢糧，「又作何計較」[55]？同年十二月，乾隆要求總理事務王大臣，就撤兵和防守問題進行商議，並徵詢喀爾喀蒙古首領們的意見。總理事務王大臣經討論建議，鄂爾坤貯米甚多，可留駐五千兵丁，而歸化城亦應留駐六千人[56]。乾隆元年（一七三六年）正月，署寧遠大將軍查郎阿也建議，於哈密城留駐五千兵丁，在布隆吉、赤靖等處，留駐五千兵丁[57]。

在這關鍵時刻，噶爾丹策零又派遣吹納木克到京。他帶來噶爾丹策零的表文，仍堅持原先提出分界線。正月十七日，乾隆在接見吹納木克時指出：「朕知噶爾丹策凌（零）本無求和之意，特藉此牽率奏請，希圖通市之利耳」。並說，「噶爾丹策凌（零）能體朕意，謹遵皇考原旨定界，可再遣使來。不然，亦無庸再遣。」[58]

吹納木克在京期間，乾隆宣布從西北撤兵，僅在鄂爾坤留駐五千兵丁，另派一千防守鄂爾坤城倉庫。此外，以喀爾喀兵一千名留守烏里雅蘇臺[59]。乾隆選擇準部使者在京時候宣布撤兵，無疑是向準部表示議和的誠意。同時，乾隆還宣布，讓吹納木克留住數日，進行貿易。此次劃界談判，又未成功。

乾隆二年（一七三七年）閏九月，噶爾丹策零通過喀爾喀蒙古的額駙策凌，向清朝轉達要再次派使赴京的願望。乾隆同意這一要求。三年正月，準部使者達什等至京，帶來了噶爾丹策零的表文，並獻貂皮三十一張。噶爾丹策零表文說：

> 向來阿爾泰山本係我部游牧之地，若盡令移住山陰，恐地窄不能容納多人，請嗣後喀爾喀與厄魯特各照現在駐牧，無相掣肘，庶彼此兩安，以廣黃教，以息羣生，伏祈大皇帝鑒憫。[60]

乾隆閱後，認爲奏疏「甚屬恭順，其事有易竟之機」，遂決定派侍郎阿克敦爲正使，御前三等侍衞旺扎爾、乾清門頭等臺吉額默根爲副使，隨達什等一同赴準部議和。但是，準部使者又通過策凌轉達噶爾丹策零口頭要求，要請政府的卡倫（哨所），「稍向內移」。二月十二日，乾隆在正大光明殿接見達什等人，回答噶爾丹策零提出的問題。關於劃定牧界，乾隆指出：

> （噶爾丹策零奏疏中）但於分界之處，仍未指明，尚屬矇混。蒙古游牧無常，冬夏隨時

遷徙，若不指定山河爲界，日後邊人寧保無爭乎？必彼此各守其界，無得逾越，庶可永固和好。若噶爾丹策零未嘗明諭爾等，爾等自不敢擅議，朕當另遣大臣前往，與噶爾丹策零詳悉定議。

關於卡倫亦卽清軍哨所內移，乾隆明確回答：「卡倫之設，由來已久，於今豈得議移！」[61]斷然拒絕了準部要求。三月，侍郎阿克敦、侍衛旺扎爾等銜命赴準部。雙方幾經磋商，最後達成以阿爾泰爲界的牧區劃分協定。十二月，噶爾丹策零派哈柳等隨阿克敦至京進表。在表中，噶爾丹策零提出：

第一，「今議定界，請循布延圖河，南以博爾濟昂吉勒圖、烏克克嶺、噶克察等處爲界，北以遜多爾庫奎、多爾多輝庫奎，至哈爾奇喇博木、喀喇巴爾楚克等處爲界。我邊界人等，仍在山後游牧，不得越阿爾臺（泰）嶺。其山前居住蒙古部人，只在扎卜堪等處游牧，彼此相距遼遠，庶可兩無牽掣。」

第二，準部對於清政府在科卜多築城駐兵心存戒慮，希望在準部境內距科卜多甚近的布延圖、托爾和兩個卡倫稍稍內移。

第三，班禪額爾德尼五世是厄魯特蒙古掌教大喇嘛，其時圓寂，請求派人「赴藏誦經布施」[62]。

對於牧界劃分地點，乾隆表示同意。關於卡倫移動，堅決不允。爲了消除準部疑慮，乾隆答應不在布延圖、托爾和二處築城駐兵，只於每年應略地時，各遣二十至三十人前往巡視，約不相害。「如此區處，爾之猜疑亦可盡釋矣。」[63]至於班禪額爾德尼五世圓寂，欲派人進藏誦經布施，乾隆同意，而且表示可以遣官弁護送，但誦經人數限定一百名。四年（一七三九年）二月，哈柳帶著乾隆答應的條件返回準部。十二月，哈柳又到京都。他所帶來噶爾丹策零的表説：「托爾和、布延圖兩卡倫不妨仍舊」，但赴藏人數限定一百名太少，要求增至三百名[64]。哈柳還口頭要求允許準部人到北京和肅州貿易，其中四年一次赴京交易，人數不超過兩百名；四年一次赴肅州貿易，人數不超過一百名。乾隆批准了準部的這些要求[65]。

經過長達四年的談判，喀爾喀蒙古與準噶爾蒙古牧界終於劃定。雍正曾經花費五年時間損兵折將，耗費錢糧，没有達到的目的，由乾隆實現了。對準部息兵議和的方針，雖然雍正已經提出，但没有來得及完成。乾隆繼續貫徹，使清朝迅速擺脱了西南與西北兩面作戰的窘境。在與準部談判過程中，乾隆堅持兩點：一、應以阿爾泰山爲界劃定準部與喀爾喀蒙古的牧地，從而阻止了準部對喀爾喀蒙古的騷擾，維護了邊境的安寧；二、反對卡倫内移，其意義不僅在防範準部，更主要的是行使了清中央政府對中國邊境地區正當的防衛權利。牧界劃定後，準部人民額手稱慶，噶爾丹策零擺宴慶賀，他説：「如今和天朝和好了，准做買賣。今年買賣很好，我如今要打發哈柳去請安謝恩。」[66]乾隆五年（一七四〇年）之後，準部不僅多次遣使至京進貢，而且攜貨到肅州貿易，這對加强國内民族團結，無疑起了促進作用。

對西南用兵，堅持改土歸流政策；對西北息兵，與準部議和，劃定蒙古兩部的牧界，這一戰一和都取得圓滿成功。年輕的乾隆完成了先帝未竟之業，初顯其治理龐大中華帝國的傑出才能。

調整政治經濟政策

清朝雖然處於中國封建社會後期，但由於康熙、雍正兩代近八十年的勵精圖治，國家仍日臻强盛。臺灣的回歸、新疆的戡定、漠北蒙古的統一、駐藏大臣的設置與西南少數民族地區改土歸流政策的實施，清朝在前所未有的廣袤疆域上，進行有效統治，全國政治局面也從動亂走向穩定。奏摺制度，特別是軍機處的設置，使封建專制制度中央集權發展到了頂峯。墾荒的成就，尤其是「攤丁入地」政策的推行，大大改善了清朝的財政狀況。乾隆是時代的幸運兒。他接過祖輩創下的豐厚基業而登上皇帝寶座。儘管，由於封建社會後期生產力與生產關係基本矛盾，也導致了這樣或那樣的社會問題，但都還沒發展到嚴重程度，清王朝正處於方興未艾之時。乾隆是位有志向有抱負的年輕皇帝，擺在他的面前的任務，不是對乃祖乃父政策全面地改弦更張，而是有針對性地就某些政治經濟政策，作局部調整。

（一）政治政策的調整

乾隆卽位伊始，就對乃祖乃父治國方針進行總結：

治天下之道，貴得其中。故寬則糾之以猛，猛則濟之以寬。……皇祖聖祖仁皇帝深仁厚澤，垂六十年休養生息，民物恬熙，循是以往，恐有過寬之弊。皇考紹承大統，振飭紀綱，俾吏治澄清，庶事釐正，人知畏法遠罪，而不敢萌僥倖之心，此皇考因時更化，所以導之於至中。……茲當御極之初，時時以皇考之心爲心，卽以皇考之政爲政，惟思剛柔相濟，不競不綵，以臻致平康正直之治。[67]

不應當把乾隆這一段話理解爲，他主張以「寬」治世。乾隆自己也曾告誡大臣們，不要「誤以爲朕意在寬，遂相率於縱馳一路……此朕心所大懼者。」[68]乾隆所强調的是寬猛結合的「中」，根據不同的政治需要，或用「寬」，或以「猛」。在某些方面，他的「猛」較雍正有過之而無不及。

1 强調實政，革除官場惡習。

乾隆初政的突出特點是求實。求實所用的主要手段不是寬，而是猛。

乾隆多次强調，要以實心辦實政：「從來有實心者，斯有實政；旣無實心，自無實政」[69]。即位初年（西元一七三六年），乾隆在審閱殿試卷時發現，原考官所擬的第一名試卷中，有「耕耤之典」句，隨卽指出，「朕未曾耕耤，可置第二」[70]。這位士子本想對皇上説幾句奉承話，由於講過了頭，到手的狀元丟了。這是一樁小事，但反映了年輕皇帝的求實精神。

講求實政，就得反對繁文末節。大學士鄂爾泰曾奏請迴避御諱。乾隆説，避諱「雖歷代相沿，而實文字末節，無關於大義也。」什麼是「大義」呢？文官「當思宣猷布化，裨益於國計民生」；武官「當思效力抒忠，奏績於疆場」；「士子讀書勵行，黎民守法奉公。」因此，他宣布「嗣後凡遇朕御名之處，不必諱」，如果臣工名字有與朕相同，「上一字著少寫一點，下一字將中間禾字書爲木字，卽可有迴避之意矣」[71]。他還多次强調，「繁文末節非所尚也。朕所望於諸臣者，惟在實心輔成治化。自今以後，凡無關於政事之實者，不必具摺具本陳奏。」[72]

作爲一國之君，要辦實政，就必須對全國的經濟政治狀況有所了解。乾隆深知這正是自己不足之處：「（朕）自幼讀書宮中，從未與聞外事，耳目未及之處甚多」，因而希望大臣們能講眞話。清朝定制，在京滿漢大臣應輪班條奏。乾隆降旨此例照舊執行，大臣們「其各抒己見，深籌國計民生之要務，詳酌人心風俗之攸宜，毋欺毋隱」，「則朕採擇有資，既可爲萬幾之助，而條奏之人，其識見心胸，朕亦可觀其大略也。」[73]

乾隆還意識到，要治理好天下，就應當允許別人指出自己的過失。他對大臣們説：

> 即朕之諭旨，倘有錯誤之處，亦當據實直陳，不可隨聲附和。如此則君臣之間，開誠布公，盡去瞻顧之陋習，而庶政之不能就緒者鮮矣。[74]

新皇帝求治心切，態度應當説是誠懇的。但是，乾隆很快就發現，其時官場習氣，與自己的理想要求，相去甚遠，亟待整頓。

這些官場習氣，概括起來，大體有三種表現。

其一是，熱中於做歌功頌德的表面文章。時值老皇帝去世國喪和新皇帝登基喜慶，正是官僚們做表面文章的大好機會。內外大臣又是上疏奏請節哀，又是獻土產、呈嘉瑞，表示祝賀。乾隆並没有因此昏昏然，而是冷靜地對待這一切。即位第三天，福建督撫送來了當地的果品。乾隆命令將果品進獻皇考靈前，並傳諭各省，「照例進朕之物，概行停止」[75]。但是，有令不行，有禁不止在封建官場已司空見慣。傳諭之後，不時仍有各省進獻的方物。第二個月，乾隆不得不以嚴厲的口氣重申禁令：各省督撫貢獻方物，「豈能自備於家而不取資民力乎！」是朕「受一次貢獻」，「即百姓多費一次供應」[76]。把貢方物與煩民苛政聯在一起，各省督撫自然不敢再送了。呈獻嘉瑞，本是迷信蠢舉，而歷代帝王多以此沾沾自喜。乾隆卻不然。他登基不到半個月，就下詔禁止陳奏慶雲、甘露、嘉禾之類「祥瑞」。他說，最明效的「祥瑞」是「君臣上下一德一心，政績澄清，黎民康阜」，而不是「雲氣物產之菁華」；如果「吏治民生，稍未協和底績，即使休嘉疊告，諸物備臻，於地方治理亦毫無裨益耳。」[77]

乾隆屢次下詔，阻止內外大臣上奏請「節哀」的表章。對於元老重臣奏請「節哀」，乾隆無可奈何。廣西巡撫金鉷卻因此碰釘子。乾隆在金鉷奏摺中批道：

汝奏請節哀，知道了。兩月以來，已屢次降旨，曉諭外省臣工，想汝已領悉矣。汝既感皇考深恩，惟有殫心竭力，經理地方，庶可極稱。[78]

其二是，只計較屑小瑣事，不管大事，以及苟且、懶散習氣。他曾斥責過昧大體和講空話的現象：

朕自繼序以來，勤思治理，廣開言路……而邇來諸臣所奏，或有不能適合其中，徒有陳奏之虛名，而不計及實有裨益於政治與否，或瑣屑而昧於大體，或空言而無補於國，非朕求言之本意。[79]

對於因循苟且，唯唯諾諾的官僚積習，乾隆也是痛恨的。他在閱讀康熙實錄中發現，康熙曾經指出如下情況：九卿會議，僅一二人發言，衆俱唯唯。漢大臣事不關己，即默無一言。尤可奇怪的是，只要前人在題本畫題簽字，後人就依樣畫簽，並不計較事之是非，有的人甚至在畫簽之後，才向別人詢問題本講的是什麼事情。乾隆說，雍正年間這種習氣雖有所悛改，但近日卻有覆蹈前轍之勢。若不知警惕改悔，則廢弛之漸，又將此而開[80]。爲了扭轉這種局面，乾隆罷斥了一批昏庸官僚。如兵部尚書高起「性情乖張，懷私挾詐」；刑部尚書憲德識見卑鄙，昏憒糊塗；工部尚書魏珍凡事推諉，先後都被撤職。

年輕皇帝是勤奮的，每天辨色而起，日理萬機。然而，官僚們卻是那樣懶散，以致於出現了皇帝上朝等大臣的怪事。有一天，乾隆説話了：

> ……凡朕御門聽政，辨色而起，每遣人詢問諸臣曾齊集否？數次之後，始云齊集。即今日亦復如是。諸臣於御門奏事，尚且遲遲後期，則每日入署辦事，更可想見。[81]

當日，乾隆就把經常稱病偷安、不肯勉力辦事的兵部侍郎普泰革職。

其三是，不關心民瘼，爲自己烏紗帽不惜説假話。最直接影響國計民生的假話，莫過於隱瞞災情。乾隆説，自然災害，雖堯湯之世也不能避免，惟有以誠實的態度，採取措施，加以補救，欺罔無論是對民還是對君對天，都是犯罪行爲。他曾責問各省督撫：

> 捏報豐收，不恤民艱，使饑凍流亡之慘，不得上聞；蠲免賑恤之恩，不得下逮職思其過，誰爲厲階！清夜捫心，何以自問！[82]

乾隆元年（一七三六年），甘肅固原、環縣等處災荒，官府賑濟，大口每日米三合，小口二合，不敷充飢。乾隆知道後甚爲惱火，降旨指責巡撫許容身爲地方大員，既不能防災於前，又不賑救於後，「一經奏報，遂謂了事」，「如此輕視民命，爲父母之謂何！」[83]

在革除官場惡習的同時，乾隆還注意到官吏的廉政問題。他曾降諭要求督撫起表率作用，不許接受下屬饋贈的土特產：

朕聞近日督撫中，於屬員饋送土宜物件，間有收受一二者，此風斷不可長。……督撫為一省表率，既收州縣土宜，則兩司道府饋送又不可少，層累遞及，督撫所收有限，而屬員之費已不貲矣。[84]

對於貪官墨吏，一旦發現，即嚴加懲辦。三年（一七三八年），工部尚書趙宏恩受賄事發，即被革職，「著自備斧資，前往臺站效力」[85]。五年，福建巡撫王士任「納賄婪贓」，鋃鐺入獄[86]。

2 重新處理允禩集團和曾靜案。

允禩集團案和曾靜反清案，是雍正年間兩起重大案件。對於允禩集團，雍正給予嚴厲取締；對曾靜反清案，則採取寬縱政策。乾隆即位後，重新處理這二個案件。與雍正政策相反，乾隆對允禩集團糾之以寬，對曾靜案則糾之以猛。

雍正即位後，康熙第八子允禩，因失去皇帝位，心懷不滿，與其九弟允禟、十弟允䄉、十四弟允禵等串通一氣，構成了對皇權的威脅。雍正四年（一七二六年），允禩集團被取締，允禩、允禟被雍正分別改含有侮辱性的名字「阿其那」、「塞思黑」，並開除出宗室籍。雍正十三年十月，乾隆指令諸王滿漢大臣等，就阿其那、塞思黑子孫復歸宗室問題進行討論，同時下令清理因罪被黜的覺羅氏宗氏子孫，效法康熙政策，要將他們附載玉牒（皇室譜牒），分賜紅帶、紫帶[87]。因事關重大，九卿「旋議旋改，胸無定見」，討論了一個月，仍衆論游移。最後，乾隆巧妙地一錘定音：

謹查康熙五十四年增修玉牒時，聖祖仁皇帝將從前革去宗室莽古爾泰、德克賴、阿濟格等之子孫，加恩給與紅帶，收入玉牒。此卽聖祖加恩之成憲也。今應遵照此例，將阿其那、塞思黑之子孫，給與紅帶，收入玉牒。[88]

這次，乾隆是打著乃祖旗號，改變乃父政策。乾隆二年，他還諭令將允禩、允禵釋放，並賜予「公爵空銜，不必食俸，仍令在家居住。」[89]

乾隆對包括阿其那、塞思黑在內的皇族，採取寬大政策，並非出於宗族的感情。他希冀以此來爭取皇族和更多的滿洲貴族對他的擁戴。

對曾靜案件中的人物，乾隆則採完全相反的態度。

雍正六年（一七二八年），湖南人曾靜密遣門徒張熙，投書川陝總督岳鍾琪，抨擊雍正是個有謀父、逼母、弒兄、屠弟等十大罪惡的暴君，宣揚「華夏之分大於君臣之倫」，策動岳鍾琪起兵反清。岳鍾琪將此奏報雍正。案件審理過程中，曾靜供認受浙江呂留良反滿思想影響；張熙供認到東南訪求呂氏遺書時，受呂留良門人嚴鴻逵、沈在寬等熱情款待。雍正以獨特方式處理此案。一方面，將已故的呂留良、嚴鴻逵戮屍梟首，呂留良兒子呂毅中、嚴鴻逵門徒沈在寬斬立決；另一方面將曾靜供詞及其所寫的頌揚雍正和清朝統治的《歸仁錄》，和雍正處理這一案件的上諭，合刊成《大義覺迷錄》頒布全國，作爲反擊排滿思想、鞏固清政權的宣傳品，繼而釋放了曾靜、張熙，並保證「卽朕之子孫將來亦不得以其詆毀朕躬而窮誅戮之」[90]。乾隆卽位的第二個月就毀了乃父當年的保證，下令逮殺曾靜、張熙。乾隆說，對曾、張的寬大，只能至雍正朝爲止，理由自然是堂而皇之：呂留良毀謗的，是我的祖父，所以我父親殺了呂留良；曾靜、張熙攻擊的只是我的父親本人，所以我父親放了他。如今，我也要明正曾靜之罪[91]。這位年輕皇帝以相當圓滑的政治手腕殺人。而他這樣做的目的，與雍正釋放曾靜、張熙一樣，也是要在全國範圍內抑制反清排滿思潮。不過雍正用的是硬中帶軟的手段，乾隆則以殺一而儆百。

3 調整宗室內部關係和弘晳集團案。

乾隆初政，在處理宗室內部關係方面，態度是謙讓的。即位第二天，他的兄弟們因名字中都有一「弘」字，奏請更改避諱。乾隆不同意。他說，朕與諸兄弟名字，皆皇祖所賜，載在玉牒。如因朕一人而令衆人改易，於心不安。希望諸兄弟修德制行，爲國效力，尊君親上之大義，不在於易名末節[92]。爲了籠絡莊親王允祿、果親王允禮等皇族中有影響的人物，乾隆賜允祿、允禮食親王雙俸，除升殿朝賀、典禮等重大場合外，便殿燕見，莊、果親王等親叔輩，均不必行君臣叩拜禮，「以昭朕敬長親親之意」[93]。他還指令翰林院，以往在撰寫王、貝勒、貝子冊文時，皇帝的叔、兄也都寫作「爾」，這不符合朕敬長之意。以後，「凡遇叔、兄等，皆當稱叔、兄；自弟侄以下，則用爾字。永著爲令。」[94]

但是，乾隆的謙讓，不可能從根本上清除皇族內部權力之爭。乾隆四年（一七三九年），發生了以弘晳爲首的結黨營私案。

弘晳是康熙第二子理親王允礽的兒子。康熙年間，允礽太子之位，兩立兩廢，康熙五十一年（一七一二年）終於被禁錮咸安宮。雍正即位時，封弘晳理郡王。雍正元年（一七二三年），詔於祁縣鄭家莊修蓋房屋，派駐紮兵丁，迎允礽居住。不久，允礽病故。雍正六年，弘晳進封親王。但是，允礽失去皇位，弘晳耿耿於懷，公然以東宮嫡子自居。在弘晳周圍，聚集一批失意的皇族。他們是弘昇、弘昌、弘晈、弘普等人。弘昇是康熙第五子恆溫親王允祺的兒子。雍正五年，弘昇因事削去世子並被圈禁。乾隆即位後將他釋放，授予都統，命管理火器。弘昌、弘晈都是康熙第十三子允祥的兒子。弘昌秉性愚蠢，曾封貝子，因坐事一度被乃父奏請圈禁在家，乾隆即位時，加封貝勒。弘晈是允祥的第四子，允祥死後，雍正封他爲寧郡王，但他與弘昌一樣鄙陋無知，好飲譏食，每日惟事嬉戲。弘普是莊親王允祿的兒子。允祿憑藉著乾隆對他的尊敬以及總理事務大臣兼管工部，理藩院尚書，食親王雙俸的顯赫地位，實際上是弘晳集團的後臺。乾隆二年（一七三七年）皇帝已注意到這一集團的活動，但沒有採取措施，惟「冀其悔悟，漸次散解」[95]。兩年之後，看到他們依然固結，恐有朝一日會形成皇權的威脅，不得不加以取締。乾隆四年八月，乾隆生日時，見弘晳進鵝黃肩輿一乘，疑心更大：生日獻禮，單進此皇帝專用肩輿，「朕若不受，伊卽留以自用」，可見居心叵測。不久，有人出面首告弘晳大逆不道。宗人府奉命審訊，審出弘晳向妖人安泰詢問，準噶爾能否打到北京？天下太平否？皇帝壽命如何？將來我還能陞騰否？乾隆降諭，弘晳之罪較阿其那、塞思黑輩尤重，應永遠圈禁於景山東菜園，子孫革出宗室。弘昌革去貝勒，弘普革去貝子，弘昇永遠圈禁，弘晈雖保住王號，但永遠住俸。允祿免革王爵，但停止雙俸，罷去議政大臣、理藩院尚書和都統之職。安泰處以絞監候，秋後處決。乾隆通過此事，傳諭宗室：

> 在朕臨御天下，固不敢以親親之一節，而忘國家之大法，而宗室諸臣，亦當知國家之法，在所必行，若不知儆惕，身蹈法網，朕雖欲敦親親之誼，亦斷不能寬假也。[96]

弘晳集團案，實際上是阿其那、塞思黑事件的餘波，是康熙雍正以來皇族內部爭奪最高統治權鬥爭的尾聲。乾隆處理了弘晳集團，消除了來自皇族內部的威脅。

（二）經濟政策的調整

乾隆對政策的調整，除了政治，也見於經濟方面。經濟政策的調整包括兩個方面，一方面是完善某些政策，另方面是取消或改變某些政策。

1 財政政策的調整

乾隆卽位後，財政政策最重要的調整，是多次減免各種農業稅。雍正十三年（一七三五年）九月三日，乾隆在卽位詔中宣布：「各省民欠錢糧，繫十年以上者」，著戶部查明候旨豁免[97]。繼而又宣布「將雍正十二年以前各省錢糧實欠在民者，一併寬免」[98]。同時又批准漕運總督顧琮的奏請，蠲免江南蘇州、松江二府浮糧[99]。明中葉以來，一部分漕糧改徵白銀，它通常不在蠲免範圍之內。但是，乾隆卽位當年十二月就宣布，將雍正十二年以前未完帶徵或緩徵本色改折米銀，逐一查明，奏聞豁免[100]。乾隆元年（一七三六年）五月，又下令減輕山東益都「欽租地」稅額。原來，康熙八年（一六六九年）清朝下令將前明藩王田產予民佃耕者，改作民產，並與民田一例輸銀，稱爲「更名地」，在益都則稱作「欽租地」，所納田賦較其他民糧多一倍至四倍不等。「糧多賦重，小民輸納維艱」。乾隆下令取消「欽租地」名稱，照該縣上等民地納稅，每大畝納銀二錢一分零，小畝納銀六分四厘零[101]。明代以來，江蘇、浙江一些地區，每年要向京師輸納一定數量上好稻米，稱爲白糧，供皇族消費及百官俸祿米。清初，二省歲運白糧共二十二萬石。白糧運輸從前明以來就是江南人民的沉重負擔。二年（一六三七年）四月，乾隆下令，除祭祀及賓館用白糧外，百官祿米僅一半用白糧，而太監及賞給禁城兵丁皆用粳米。這樣，每年只要輸十萬石白糧，餘皆改徵漕糧[102]，從而大大減輕了江南人民的負擔。

雍正年間，清朝曾實行耗羨歸公制度。耗羨本是明清時期田賦附加稅，用以彌補田賦繳納、運輸和保存過程中的費用和損失，其具體名目繁雜。由於耗羨只是附加稅，不作正賦，因而收支無從查核，地方官便於勒索，貪污中飽。這既影響了正賦收入，致國庫虧空，也加速了吏治敗壞。雍正二年（一七二四年），經過內外大臣商討，決定將耗羨歸公，即各州縣徵收的耗羨，悉數上交藩庫，然後將它分作三項用途：一是發還地方作公費使用，二是彌補地方財政虧空，三是發給各級官員作養廉銀。雍正還下令降低耗羨徵收標準，大多數省降到正賦的一成至一成半左右，個別省高於此數。乾隆即位，頒詔要求嚴格控制耗羨徵收標準。他說：

> 惟是提解耗羨之法，行之已十有餘年，恐日久弊生，奸吏蠹緣朘削，羨外加耗，重困閭閻，不可不爲深慮。著各該督撫嚴飭有司，咸體朕意，知耗羨一項，可減而決不可增，可於格外從寬，而斷不可於額外多索。[103]

乾隆還具體干預各地方耗羨徵收額。如四川正糧銀每兩加耗達二錢五分。四川總督黃廷桂、巡撫楊秘奏請減至二錢，乾隆要他們重新考慮，再減若干[104]。蘇松常鎮四府在雍正六年（一七二八年）以前正賦銀每兩僅加徵耗羨五分，六年以後增至一錢，乾隆命令江南總督應量減徵耗率[105]。陝西省火耗原定加二徵收，其中一錢五分作爲養廉銀，另外五分用於採買社倉預備糧。乾隆鑒於西北二路大軍漸次撤退，軍需簡少而倉儲已多，決定裁減五分，僅加徵一成半[106]。

雍正年間，清朝實行攤丁入地制度，將丁銀亦即人頭稅，攤入稅糧中徵收。這是中國封建社會中經濟制度的重大改革。但是，終雍正一朝，攤丁入地的改革，並未在全國範圍內完成。乾隆繼續執行。雍正七年湖北實行攤丁入地，每地賦銀一兩，加徵丁銀一錢二分九厘餘。但江夏等十九州尚有所謂「重丁銀」八、三〇八兩未曾攤入地賦。乾隆元年十月，降諭將它全部豁免[107]。雍正年間，福建實行攤丁入地，每地賦銀一兩攤入丁銀五分二厘七毫至三錢一分二厘零不等。但龍巖州所屬寧洋縣、福寧府所屬壽寧縣，因地糧少而丁銀額重，未曾實施。乾隆二年遂降旨將上述兩縣丁銀，按全省中則丁銀計算，每丁只徵二錢，其餘豁免，從而解決了這兩縣攤丁入地中遇到的難題。不僅如此，乾隆元年，福建還查出通省共有缺額田地五萬四千餘畝。乾隆下令將這些缺額田的田賦以及攤入的丁銀全部豁免。其他如延平府南平縣、漳州府平和縣、汀州府清流縣等地的丁銀，都減額攤入田賦[108]。福建省屬臺灣府丁銀，每丁原徵四錢七分，加上火耗，重達五錢，比大陸其他省分每丁徵銀一至三錢，要多出許多。乾隆於元年（一七三六年）下令，將臺灣府丁銀，「悉照內地之例酌中減則，每丁徵銀二錢」[109]。降至乾隆十二年，又決定將臺灣府丁銀全部勻入官莊園內徵收[110]。這是對臺灣私人地主的照顧性政策。

乾隆還取消了某些不合理的商業稅收和其他雜稅。雍正十三年（一七三五年）十月，他頒諭取消鄉鎮村落零星買賣的「落地稅」：

> 朕聞各省地方，於關稅雜稅之外，更有落地稅之名。凡耰鋤、箕帚、薪炭、魚蝦、蔬菜之屬，其值無幾，必查明上稅，方許交易。且販自東市，既已納課；貨於西市，又復重徵。至於鄉村僻遠之地，有司耳目所不及，或差胥役徵收，或令牙行總繳，其交官者甚微，不過飽奸民猾吏之私橐，而細民已重受其擾矣。著通行內外各省，凡市集落地稅，其在府州縣城內，人煙輳集，貿易眾多，且官員易於稽查者，照例徵收，但不許額外苛索，亦不許重複徵收。

若在鄉鎮村落，則全行禁革。[111]

山東泰山碧霞靈應宮香火旺盛，進香者須先到泰州衙門交納香稅，每名納銀一錢四分。雍正十三年十一月，乾隆降旨永行蠲除[112]。此外，他還下令免除江南等省蘆課、學租、雜稅等[113]。從清初以來，福建漁艇，每年應向提督衙門交「規禮銀」。二年，乾隆頒諭永行禁革[114]。同年，他批准廣東巡撫楊永斌奏請，裁革粵東冗稅，包括海陽縣「杉餉」，揭陽縣糞、牛骨、皮碎、農具、棉條等雜稅，廣州通橋稅口的幾種小稅，還取消揭陽縣並肇慶等四府州所規定加徵稅條款三百八十二條[115]，批准裁革廣西桂林等地魚稅、糖油稅、生牛豬稅和墟市小稅[116]。

2 農業政策的調整和水利的興修

雍正年間，清政府曾大力倡導墾荒，雖取得很大成就，但也有不少地方官弄虛作假，以少報多，以熟田報作墾荒地。特別是田文鏡、王士俊相繼任河南巡撫時，將報墾數作爲地方官考績標準，報多超遷，報少申飭，搞得民怨沸騰。乾隆卽位後，下令禁止虛報開墾，要求地方官詳加核實。不久，大學士朱軾上疏要求停止丈地與報墾。他揭露各地報墾弊端：

四川丈量，多就熟增加錢糧。廣西報部墾田，其實多係虛無。因請通行丈量，冀求熟田弓口之餘，以補報墾無著之數。大行皇帝洞燭其弊，飭停止丈量，而前此虛報升科，入冊輸糧，小民不免苦累。河南報墾亦多不實。……請停止丈量，飭禁首報。[117]

乾隆批准了朱軾的建議，指令迅速執行。

乾隆繼位後，曾宣布將雍正十二年（一七三四年）以前各省拖欠錢糧，悉行寬免。這有利於業主，佃戶未得實惠。爲此，雍正十三年十二月，乾隆又降諭勸減佃租：

蠲免之典，大概業戶邀恩居多，彼無業貧民，終歲勤動，按戶輸糧，未被國家之恩澤，尚非公溥之儀。若欲照所蠲之數，履畝除租，繩以官法，則勢有不能，徒滋紛擾。然業主受朕惠者十，苟捐其五分惠佃戶，亦未爲不可。……其令所在有司，善爲勸諭各業戶，酌量減彼佃戶之租，不必限定分數，……其不願者聽之，亦不得勉強從事。……若彼刁頑佃戶，藉此觀望遷延，則仍治以抗租之罪。118

清初以來，各地佃農的抗租事件，持續不斷。乾隆的勸減佃租諭，旨在緩和佃農與地主間矛盾。但是，早在康熙四十九年（一七一〇年），清朝已規定，嗣後凡遇蠲免，業主免七分，佃戶免三分，永著爲令119。而乾隆詔諭的基點是「勸」字，勸說地主在免賦的情況下酌減田租，官府不得硬性規定佃戶免租分數，不願減租者不得勉強從事，較之康熙減租諭，在租佃關係上是一個倒退。

雍正二年（一七二四年），清朝頒行老農頂戴制度，每年從每鄉選擇一二個勤勞儉樸又沒有過失的老農，授予八品頂戴，此又稱老農總吏之例。雍正七年改爲三年評選一次。雍正創建這一制度，意在獎勵稼穡，但執行過程中，「乃各州縣中往往有似農非農之輩，覬覦鑽謀，恃職不法」，給了鄉村惡霸、地痞弄權肆虐又一可趁之機。乾隆元年（一七三六年）七月，皇帝批准吏部議決，取消老農頂戴制度120。

雍正年間，爲了解決貧困旗人的生計問題，清朝在京南的固安、新城、霸州、永清設立井田實驗區，撥官田兩百多頃，派京城內十六歲以上、六十歲以下沒有產業的旗人前往耕種。井田區仿照孟軻所描繪的古代井田制度，耕者每戶授私田一百畝，公田十二點五畝，另給十二點五畝作爲室廬場圃之用。私田收穫歸各戶耕作者，公田是八家共耕一百畝，前三年免徵，後三年收穫歸公。每戶還發給白銀五十兩，用來購買耕牛、農具、種子等。但是，願往井田區的爲數不多。雍正五年清朝下令，將那些無業而又遊手好閒的旗人，及犯有應受枷號鞭責處罰的革退八旗官兵，强迫發往井田區。《八旗通志》載：

> 設立井田試行十年以來，所以承種一百八十戶，緣事咨回者，已有九十餘戶，循環頂補。而八旗咨往種地者，大都遊手無藝不能當差之人，到井田後，仍不能服田力穡，行之未見成效。121

井田試驗未見成效，原因固然是耕種者本多係遊手好閒之人，但更主要的是，這一種以勞役地租爲剝削形式的農奴制，是歷史的倒退。因此，乾隆元年（一七三六年）十一月，經乾隆批准取消，改作屯田，令耕種者按畝交納屯糧122。

乾隆與乃祖乃父一樣，十分重視水利建設，繼位之後，動用國庫搶修幾次重大工程。

自宋代經濟重心南移之後，江浙農業生產，無論是對人民生活，抑或國家財政收入，都是舉足輕重的。浙江從仁和縣（治所今杭州市）之烏龍廟至江蘇松江金山沿海，以及江蘇金山至寶山沿海，經常遭海潮襲擊，人民的生活和生產受嚴重威脅。自漢代以來，沿海人民就開始築海塘以禦海潮，歷唐、宋、元、明又修建不斷。雍正年間，爲了修補被海潮沖決的海塘，也曾派朱軾前往江浙查勘並主持海塘修建，但僅僅修築了坍爛部分。這些海塘坍了修，修後又坍，總未得到根本治理。雍正十三年（一七三五年）六月，海潮再次沖決海塘。八月，雍正去世，乾隆召朱軾還京辦事，改派大學士嵇曾筠總理江南總河浙江海塘工程，繼而兼浙江總督。嵇曾筠主持過黃河修治，對水利工程有豐富經驗。他赴任後，首先搶修被沖決海塘，解除災患。乾隆元年（一七三六年）

正月，他上疏報告：「舊塘工程，搶築已多，春汛江海水勢安穩」123。進而又在海寧城南築石塘五百丈，辦法是，先用密籤長樁，再平鋪一尺厚二寸寬條石，外縱內橫，略仿坡陀形，外表狀如魚鱗，故稱魚鱗石塘。爲使石塘牢固，巨石之間灌以米汁灰漿，扣以鐵釘、鐵鋦。築塘所用土方，以往是就近挖取，從而在塘根附近，形成窪下河渠，致使海塘容易崩坍。嵇曾筠明令嚴禁在離塘身三十丈之內取土。接著，嵇曾筠又奏請於仁和、海寧建魚鱗塘六千餘丈，第二年再請築從海寧浦兒兜至尖山頭魚鱗大石塘五千九百丈124。三年（一七三八年）九月，海塘工程告一段落，乾隆頒諭祭海神：

> 浙江海塘工程，爲杭嘉湖蘇松常鎮七郡生民之保障，前因潮溜北徙，沖刷堪虞，朕即位之初，特簡大臣，殫心區劃，荷神明默佑，沙塗日廣，急溜潛移，工作易施，朕心慰慶，百姓歡呼，理應恭祭海神，以昭靈貺。125

這時，乾隆調嵇曾筠進京入閣辦事，並主持永定河水利工程。但嵇曾筠卻積勞成疾，不久逝於病榻。爲了表彰嵇曾筠，十一年（一七四六年），乾隆頒詔將他與康熙、雍正時期的治水功臣一樣，入祀浙江賢良祠。繼嵇曾筠之後，浙江巡撫盧焯奏請在海寧尖山跨海築壩，江蘇巡撫徐士林奏請築寶山縣楊家嘴海塘。乾隆一一批准126。

乾隆元年（一七三六年）四月，黃河水猛漲，由碭山毛城鋪洶湧南下，沖坍申公堤，祝家水口、潘家道口等一帶，平地水深三尺，麥田受淹，房屋倒塌。乾隆提出以疏通下流爲重點的治河設想。他說：

此水下流，多在江南蕭、宿、靈、虹、睢寧、五河等州縣。今若止議挑濬上源，而無疏通下流之策，則水無歸宿之區，仍於河渠無所裨益。127

他還指令河南巡撫富德，會同江南總河等會勘明確，公同商議出治理方案。江南河道總督高斌建議，毛城鋪減水石壩、蕭縣天然減水壩和睢寧縣峯山四個減水閘，皆年久失修，水發爲患，應疏濬毛城鋪以下河道，經徐、蕭、睢、宿、靈、虹至泗州安河徒門，紆直六百餘里，以達洪澤湖，利用洪澤湖進行蓄洩，再出清口與黃河交匯，而後東注入海。爲了平衡上下游流量，防止黃河倒灌，保持洪澤湖蓄水量，高斌還建議疏濬清口，並於霜降水落之後，將清口西壩增長十至二十丈，秋季水漲將清口東壩拓寬一至二丈。高斌的治河方案，得到乾隆的讚賞，但淮揚籍京官御史夏之芳等連名上疏反對。他們認爲，開鑿毛城鋪引河，黃河必將夾沙入洪澤湖，洪澤湖難以承受，必危及高堰，從而造成黃河灌入運河，關係到淮揚民生的運河，將遭受損害。乾隆將夏之芳等人的意見，交付高斌等討論。乾隆二年（一七三七年）三月，高斌會同新任戶部尚書趙宏恩進京向乾隆面奏，並進呈治河圖，說明毛城鋪減水壩是康熙十七年（一六七八年）靳輔所建，現在的工程僅僅是壩下舊河量加挑濬，並非開壩，況水流經六百里紆迴曲折，入洪澤湖時已澄清，不存在挾沙入湖之害128。乾隆肯定了高斌等的意見，將夏之芳等以阻撓之過失，交部察議。乾隆三年，疏濬河道工程完成。第二年，黃河果然灌入運河。議者認爲，這是高斌將運河口上移七十餘丈，直對清口造成的。乾隆命大學士鄂爾泰馳勘。鄂爾泰察看後認爲，新口外挑水壩太短，應該加長，另外還建議，以宋代陳堯佐創造的木龍法可以解決黃河倒灌問題。結果，此法頗見成效129。

乾隆繼位後不久，還治理了永定河，疏濬了浙江杭州、湖州水利，等等。

3 恤商政策

與傳統的輕商思想不同，乾隆有明確的恤商觀點。他說：「商衆卽吾民者，朕心豈有歧視。」[130] 對於商人在商品流通中的作用，乾隆是有認識的。他說：「至於商賈，阜通貨賄，未嘗無益於人。」[131] 正是從恤商思想出發，乾隆有針對性地採取措施，保護商業資本。

雍正十三年（一七三五年）十二月，蘇州織造海保上奏，要在江南免徵田賦耗羨，而增加關稅，以關稅節餘部分作爲官吏養廉銀。乾隆閱後責備說：「獨不思商賈亦吾民乎！近來大以稅重爲苦，伊等不蒙寬減之恩耶！汝有司榷之責，但當以淸弊恤商爲本，不當爲越位之謀。」[132] 這一年冬天，因西北用兵，將兩萬石軍糧，包給商人領運，並發給了商人一萬石運價。乾隆元年（一七三六年），清朝從西北撤兵，原定運往的軍糧已不再需要了。主管此事的官員嚴令商人限期退款，以致「衆怨沸騰，深爲苦累」。乾隆認爲，這種作法「甚不妥協，大非朕體恤商賈之意」，下令「著寬其限制，令商人徐徐還繳」[133]。

封建官僚歷來視商賈爲敲榨對象，百計侵掠。乾隆十分注意防範官府對商人的勒索，一經發覺，嚴懲不貸。淮關監督年希堯在徐州所屬四縣，私自添設稅口，不僅差遣家人鄭三等橫徵生事，而且還向買賣人勒索「票錢」、「飯錢」，「甚至民間收穫糧石棉花，並市集零星買賣極細微之物，如魚蝦等類，亦勒令上稅」。乾隆知道後，降旨嚴拿究審年希堯、鄭三[134]。河南地方官榨取城鄉百姓的種種花招中，有一勒索商人伎倆——「買辦」。「如買辦米、薪、布、帛各項什物，不問時値，止給官階，虧短實多」，商賈深受其害。河南巡撫雅爾圖奏請次第禁革。乾隆對此甚是高興，批道：「所辦甚屬妥協，須行之以實」[135]。官府控制的牙行，經常壟斷市場，抽分利息，擾累商人。

所以，牙行愈多，商人受害愈烈。乾隆四年，江蘇各地紛紛報請增設牙行，有的縣欲增數十個以至一百餘個。乾隆降旨嚴禁。他說，江蘇如此，各省亦必皆然。著戶部通行各省督撫，轉飭布政使，將聖旨出示曉諭。今後除新開集場應設牙行須由府州核實詳司報准外，如非新開集場，不許加增，否則唯各督撫藩司是問136。

乾隆對商人的正當貿易，採取保護政策，對非法經商則嚴厲打擊。乾隆三年（一七三八年），北京因受乾旱影響，米價昂貴，官府減價糶米，以濟貧民。但是奸商潘七等囤積居奇，結果被逮捕嚴懲137。廣東鹽運使陳鴻熙在管理鹽務期間，「巧取營私，無利不搜」。鹽商繳餉後，本應隨即發給鹽引，陳鴻熙收了銀卻不給鹽引，名曰「掛餉」。商人銷售鹽觔交來的稅款，他也不上交國庫，名曰「掛價」。掛餉、掛價得來的銀兩，陳鴻熙拿去經商，待獲利之後，才歸還原款，「餘利婪收入己」，是個典型的封建「官倒」。乾隆將他革職拿問138。

4 其他社會經濟政策的調整

雍正十三年（一七三五年）十一月，乾隆降諭甄別僧尼道士。他說，多一僧道，即少一農民。若輩不惟不耕而食，不織而衣，且食必精良，衣必細美，計農夫三人耕，尚不足供一僧道食。因而要求各州縣按籍稽查，除在名山古剎或城居而願受度牒，遵守戒律，閉戶淸修者，其餘房頭應付和尚、火居道士等，皆集衆面問，願還俗者聽之139。通過此次甄別，據禮部統計，各省頒給僧道度牒共三十餘萬張，須有度牒的僧道，每人准收徒弟一名，師徒合計約六十萬人140。

乾隆知道，民間家計稍裕者，每遇婚喪，侈靡過分。辦喪事的甚至招集親朋鄰族，開筵劇飲，謂之「鬧喪」。停喪時還連日演戲，出殯時沿途扮演雜劇。乾隆以爲此有關風俗人心，不可不嚴行禁止，違者按律究處141。這對於扭轉民間陋俗，有積極意義。

契尾作爲政府頒發的田宅買賣納稅憑證，從元代以來已逐漸流行於許多地區。雍正時，田文鏡巡撫河南，創立了契紙、契根制度。這對於確認產權，減少財產糾紛，有一定作用。但在執行過程，官吏不免趁機勒索。雍正十三年十一月，乾隆降諭禁止實行契紙契根制度：

民間買賣田房，例應買主輸稅交官，官用印信鈐蓋契紙，所以杜奸民揑造文券之弊，原非爲增課而牟其利也。後經田文鏡創爲契紙契根之法，予用布政司印信，發給州縣，行之既久，書吏夤緣爲奸，需索之費數十倍於前，徒飽胥吏之壑，甚爲閭閻之累，不可不嚴行禁止。嗣後民間買賣田房，著仍照舊例，自行立契，按則納稅，地方官不得額外多取絲毫，將契紙契根之法永行禁止。至於活契典業者，乃民間一時借貸銀錢，原不在買賣納稅之例，嗣後聽其自便，不必投契用印，收取稅銀。142

但是，在土地買賣日益頻繁的情況下，人們所獲得土地所有權仍希望能得到政府的認可，取得法律保證，因此，契尾或稱契根，在實際生活中難以廢除。乾隆元年（一七三六年），廣東巡撫楊永斌奏：

……今契紙既已革除，而契尾尚未復設。臣思契尾之例，係投契之時，官爲印給，不同契紙第由民間價買致有滋擾可比，似應仍請復設，照依舊例，由布政使編給各屬，令地方官黏連民契之後，鈐印給發，……

楊永斌奏請，經王大臣會同戶部議奏，報請乾隆批准執行[143]。降至十二年（一七四七年），乾隆獲悉四川省在辦理田房稅契時，對於小數額的土地交易，地方官公然侵吞稅款，不給契尾，於是頒諭說：

> 向來民間買賣（田房），例由布政司頒發契尾，與業戶收執爲據，不惟杜隱漏之弊，亦所以息爭訟之端，豈可以任不肖之員，侵欺舞弊？[144]

他責令四川巡撫紀山查辦此類案件。乾隆本來反對契尾之制，如今轉而維護契尾的合法性。

乾隆對乃父政治經濟政策的調查，觸犯了一些人的利益，引起了他們的不滿，署四川巡撫王士俊就是其中代表。前面說過，雍正時，王士俊巡撫河南，督促各地報墾，弄虛作假。乾隆即位後將他調任，墾荒政策也被否定了。王士俊心懷不滿。乾隆元年七月，他密摺陳奏四事，其中第一條說，近日百官條陳，「惟在翻駁前案，甚有對衆揚言，只須將世宗時事翻案，即係好條陳之說。溥天之下，甚駭聽聞」。乾隆閱後勃然大怒，認爲「指羣臣翻案，是即謂朕翻案矣」。雍正去世以來，乾隆處處以「純孝」的面目出現。他對乃父政策的調整，總是打著「皇考」的旗號做的。如今公然有人說朝廷上下「惟在翻駁前案」，這無疑是攻擊乾隆有背封建禮教。乾隆當然要惱羞成怒，斥王士俊講的是「大悖天理之言」。七月二十九日，乾隆在養心殿召見總理王大臣九卿等，說明他爲什麼要對某些政治經濟政策進行調整。大意是：

> 從來爲政之道，損益隨時，寬猛互濟。皇祖深仁厚澤垂六十年，休養生息，物熾而豐，厥後遂有法網漸弛之勢。皇考加意整飭，使綱紀整肅，又豈得謂翻案乎？皇考即位十三載，

劑酌盈虛，前後亦非一轍。朕與皇祖皇考之心，原無絲毫間別，臣工如俱能仰體聖意，使政體清平，垂之永久，朕何心更有因時制宜之舉！即如王士俊墾田一事，市興利之美名，而行剝民之虐政。設使此案敗露於皇考之時，豈能寬宥？彼回京時畏首畏尾，今見朕復加擢用，遂欲掩飾以前之罪，撰爲邪說以覆護。[145]

乾隆遂下令逮捕嚴審王士俊，法司擬斬立決，乾隆改爲斬監候，秋後處決。乾隆對「翻案」論的批駁以及對王士俊的處理，反映了他銳意進取的精神和決心，也爲他政治經濟政策的調整，掃除輿論障礙。

註釋

1 據《清史稿》卷二一四《后妃傳》：鈕祜祿氏「年十三，事世宗潛邸，號格格」。

2 存日本東京東洋文庫。

3 《海寧渤海陳氏宗譜第五修》卷八《第十世世傳・之暗子元龍》：「（陳）元龍，字廣陵，號乾齋，……乙丑（康熙二十四年，西元一六八五年）會試第二名，殿試第一甲二名及第，授翰林院編修，歷官文淵閣大學士兼禮部尚書，……生順治壬辰（九年，西元一六五二年），終乾隆丙辰（元年，西元一七三六年），……配長洲相國宋文恪公女，……繼王氏，……子一，邦直，王氏出。女二，長適太倉相國王公子、進士、四川憲副奕鴻，側室王氏出；次適御史昆山徐樹谷子、廣西梧州郡守德秩，側室吳出。」

4《海寧渤海陳氏宗譜第五修》卷九《第十一世世傳・元龍子邦直》。

5 日本東京東洋文庫存闕名《徐乾學家譜》：「德秩，……字敘九，號南洲，例貢生，……癸丑（雍正十一年，西元一七三三年）特授梧州府知府，……康熙丁卯（二十六年，西元一六八七年）五月二十二日生，乾隆丁巳（二年，西元一七三六年）五月二十四日卒……配海寧陳氏，……元龍次女，……康熙丁卯七月二十九日生，乾隆庚午（十五年，西元一七五〇年）七月二十四日卒，享年六十有四。」

6《樂善堂集・朱軾序》。

7《清史稿》卷三〇三《福敏傳》。

8《清史稿》卷二八九《朱軾傳》。

9《清史稿》卷二九〇《蔡世遠傳》。

10《清史稿》卷三〇三《福敏傳》。

11《御制避暑山莊記・恩堂記》。

12《李朝實錄・景宗實錄》卷一〇，二年（康熙六十一年）十二月戊辰條。按，因弘盼、弘昀早逝，所以朝鮮使者以爲弘曆是雍正第二子。

13《樂善堂集》卷八《樂善堂記》。

14《樂善堂集・庚戌年原序》。

15《樂善堂集》卷八《皇祖聖祖仁皇帝恩賜御書記》。

16《樂善堂集》卷八《恭跋皇祖仁皇帝御製避暑山莊三十六景詩》。

17 張廷玉：《澄懷園主人自訂年譜》卷三。

18《清高宗詩文集》初集卷十五《聖德神功碑》。

19 張廷玉：《澄懷園主人自訂年譜》卷三。

20《上諭內閣》，元年八月十七日諭。

21 張廷玉：《澄懷園主人自訂年譜》卷三。

22、23《乾隆實錄》卷一。

24 張廷玉：《澄懷園主人自訂年譜》卷三。

25、26《乾隆實錄》卷一。

27《明史》卷三一〇《土司傳》。

28、29 蘭鼎元：《鹿州初集》卷一《論邊省苗蠻事宜書》。

30 鄂容安等：《襄勤伯鄂文端公年譜》，載《清史資料》第二輯。

31 魏源：《聖武記》卷七《雍正西南改土歸流記上》。

32、33 鄂容安等：《襄勤伯鄂文端公年譜》，載《清史資料》第二輯。

34、35 魏源：《聖武記》卷七《雍正西南改土歸流記上》。

36《乾隆實錄》卷一五三。

37、38 魏源：《聖武記》卷七《雍正西南改土歸流記上》。

39《乾隆實錄》卷三。

40《乾隆實錄》卷二。

41《乾隆實錄》卷七。

42、43《乾隆實錄》卷二十二。

44《乾隆實錄》卷四十六。

45《乾隆實錄》卷六十七。

46《乾隆實錄》卷五十五。

47《乾隆實錄》卷七十三。

48《乾隆實錄》卷七十八。

49《乾隆實錄》卷八十二。

50 轉引茲拉特金：《準噶爾汗國史》第三八三頁。

51 魏源：《聖武記》卷三《雍正兩征厄魯特記》。

52 額駙，清朝授予皇室宗女的丈夫以額駙官職，其地位高低，以宗女地位而定。

53《乾隆實錄》卷四。

54、55《乾隆實錄》卷七。

56《乾隆實錄》卷九。

57《乾隆實錄》卷一〇。

58、59《乾隆實錄》卷一一。

60《乾隆實錄》卷六一。

61《乾隆實錄》卷六二。

62《乾隆實錄》卷八三。

63《乾隆實錄》卷八三、卷八七。

64《乾隆實錄》卷一〇六。

65《乾隆實錄》卷一〇九、卷一一〇。

66《朱批奏摺·民族事務類》案卷號一四五第七號，第一歷史檔案館。

67《乾隆實錄》卷四。

68《乾隆實錄》卷一四。

69《乾隆實錄》卷一一〇。

70《乾隆實錄》卷一六。

71《乾隆實錄》卷三。

72《乾隆實錄》卷四。

73、74《乾隆實錄》卷三。

75《乾隆實錄》卷二。

76《乾隆實錄》卷四。

77《乾隆實錄》卷二。

78《乾隆實錄》卷五。
79《乾隆實錄》卷一三。
80《乾隆實錄》卷一一〇。
81《乾隆實錄》卷一五。
82《乾隆實錄》卷四。
83《乾隆實錄》卷一〇。
84、85《乾隆實錄》卷三三一。
86《乾隆實錄》卷一一七。
87《乾隆實錄》卷四。
88《乾隆實錄》卷七。
89《乾隆實錄》卷四一。
90《大義覺迷錄》卷三。
91《乾隆實錄》卷四。
92《乾隆實錄》卷二。
93《乾隆實錄》卷三。
94《乾隆實錄》卷一三。
95、96《乾隆實錄》卷一〇三。
97《乾隆實錄》卷二。
98、99《乾隆實錄》卷三。
100《乾隆實錄》卷八。
101《乾隆實錄》卷一八。
102《乾隆實錄》卷四〇。
103、104、105、106《乾隆實錄》卷七。
107《乾隆實錄》卷二九；《清文獻通考》卷一九《戶口考》一。
108《乾隆實錄》卷四二；卷六〇。《清文獻通考》卷一九《戶口考》一。
109《乾隆實錄》卷二四。
110《清文獻通考》卷一九《戶口考》一。
111《乾隆實錄》卷五。
112《乾隆實錄》卷七。
113《乾隆實錄》卷四。
114、115《乾隆實錄》卷四一。
116《乾隆實錄》卷四二。
117《清史稿》卷二八九《朱軾傳》。
118《乾隆實錄》卷九。
119《康熙實錄》卷二四四。
120《乾隆實錄》卷二二。
121《八旗通志》卷六七。
122《乾隆實錄》卷三一。
123《乾隆實錄》卷一一。
124《乾隆實錄》卷四九。

125《乾隆實錄》卷七七。
126《乾隆實錄》卷一二一；一二六。
127《乾隆實錄》卷一八。
128《清史稿》卷三一〇《高斌傳》。
129《乾隆實錄》卷一〇九。
130《乾隆實錄》卷五。
131《乾隆實錄》卷六。
132《乾隆實錄》卷九。
133《乾隆實錄》卷二〇。
134《乾隆實錄》卷六。
135《乾隆實錄》卷一一三。
136《乾隆實錄》卷九五。
137《乾隆實錄》卷六七。
138《乾隆實錄》卷六四。
139《乾隆實錄》卷六。
140《乾隆實錄》卷九四。
141《乾隆實錄》卷六。
142《乾隆實錄》卷八。
143《清文獻通考》卷三一《徵榷》六《雜徵斂》。
144《乾隆實錄》卷二八八。
145《乾隆實錄》卷二三一。

第二章　排除困擾，「冀為成康」（乾隆六年至十五年）

初舉木蘭秋獮

乾隆六年（西元一七四一年）正月十三日，皇帝宣布「今年朕進木蘭行圍」，要各地派兵進京隨圍學習，爲秋獮作準備。

據廷臣查考，康熙年間秋獮，每次用兵四千名至五千名。乾隆此乃首舉秋獮，扈從人員擬用六千名，需馬一萬匹。此外圍場附近的蒙古各部中，喀喇沁派出一千名，翁牛特派出二百名，科爾沁派出一百名，合計六千二百三十名[1]。

皇帝要行圍旨意公布後，有人反對。二月七日，監察御史叢洞上疏勸阻巡幸行圍，說「第恐侍從以狩獵爲樂，在京臣工或因違遠天顏，漸生怠安，……伏祈暫息行圍，以頤養天年。」乾隆閱後，當即批駁說：

> 古者春蒐夏苗秋獮冬狩，皆因田獵以講武事。我朝武備，超越前代。當皇祖時，屢次出師，所向無敵，皆由平日訓肄嫻熟，是以有勇知方，人思敵愾。若平時將狩獵之事，廢而不講，則滿洲兵弁，習於晏安，騎射漸致生疏矣。皇祖每年出口行圍，於軍伍最爲有益，而紀綱整飭，政事悉舉，原與在京無異。至巡行口外，按歷蒙古諸藩，加之恩意，因以寓懷遠之略，

所併甚鉅。皇考兩路出兵，現有征發，是以暫停圍獵。若在撤兵之後，亦必奉行。況今昇平日久，弓兵漸不如前，人情狃於安逸，亦不可不加振刷。朕之降旨行圍，所以遵循祖制，整飭戎兵，懷柔屬國，非馳騁畋遊之謂。……朕性耽經史，至今手不釋卷，遊逸二字，時加警省。若使逸樂是娛，則在禁中縱所欲爲，罔恤國事，何所不可，豈必行圍遠出耶。朕廣開言路，叢洞胸有所見，即行陳奏，意亦可嘉，但識見未廣，將此曉諭知之。[2]

乾隆堅持行圍木蘭，確非狩獵取樂，其目的是「遵循祖制，整飭戎兵，懷柔屬國」。木蘭秋獮始於清初。「木蘭」滿語，意爲「哨鹿」。清朝統治者藉秋獮之機，出關會見蒙古各部王公臺吉，密切中央政府與蒙古地方政權的關係，即乾隆所云「懷柔屬國」。行圍打獵，在直隸承德府以北四百里木蘭圍場（今圍場縣）進行。圍場東西相距三百里，南北長約二百里，周長一千里。總面積約一萬餘平方公里。這裏林深草盛，野獸出沒。狩獵者「往來沙塞，風塵有所不避，冒風雪以習勞」[3]，十分艱苦，是一次鍛鍊滿洲貴族吃苦耐勞與尚武精神的大好機會，也是對滿洲兵士弓馬技藝的一次實戰訓練。這種寓習武於打獵的活動，即乾隆所云「整飭戎兵」。

乾隆在即位的第六年恢復木蘭秋獮，並非偶然。繼平定貴州苗疆之亂後，清朝與準噶爾部息兵議和，雍正遺留給乾隆的兩項緊要的未竟之業都完成了。乾隆已經有精力恢復這一活動了。更爲重要的是，他雖即位伊始，就着手調整政治經濟方針政策，也取得一定成效，但並不因此盲目樂觀。乾隆六年，他曾多次就軍隊中貪圖安逸，武備廢弛的現狀，斥責將領。如五月二十六日降諭說：

承平之時，不忘武備，乃經國要務。近年以來，各省營伍，整飭者少，廢弛者多，良由將弁董率不力所致。今細加訪察，各營守備千把總等官，尚知演習弓馬，以圖上進之階。及升任參游以上，安望其訓練兵丁，整飭營伍？此風若不悛改，則武備漸不可問矣。用是特頒諭旨，通行訓飭，各該督撫提鎮等。……若一二年後積習不除，軍容未見改觀，朕惟統領大員是問。4

七月九日，他將赴木蘭行圍前，又十分動感情地講了眼前政治經濟軍事等方面存在的四個「未能也」：

朕惟保天下者，求久安長治之規，必爲根本切要之計。昔人謂持盈守成，艱於創業。非有德者不安，非有法者不久。……朕以涼德纘承大統，早夜孜孜，……措天下於泰山之安，不能遠追唐虞，亦可媲美成康矣。乃朕澄心靜觀，今日之人心風俗，居官者以忠厚正直爲心，而身家利祿之念胥泯，未能也；爲士者以道德文章爲重，而僥幸冒進之志不萌，未能也；民家給人足，漸臻端良樸願之風，未能也；兵皆有勇知方，足備干城腹心之選，未能也。由此觀之，數十年來惟恃皇祖皇考暨於朕躬，以一人竭力主持，謹操威柄，是以大綱得以不隳耳。倘或遇庸常之主，精神力量不能體萬事而周八荒，則國是必致凌替矣。此實朕之隱憂，而未嘗輕以語羣工，亦終不能默而不語羣工也。……語云，「取法乎上，僅得樂中」。陰陽否泰之機，不長則消，不進則退，斷無中立之勢。效唐虞不至，尚可冀爲成康。假令畏難圖便，晏然自謂已治已安，則禍患卽已潛伏，不可不懼也。5

此時此刻，這位三十一歲的青年皇帝，頭腦是淸醒的。他意識到守成艱於創業，目前的四個

「未能也」正是「隱憂」。儘管他誇大了乃祖乃父和自己「一人竭力主持」的作用，但從居安思危的角度，把隱憂公諸天下，以至於說如果「畏難圖便」，盲目樂觀，「自謂已治已安，則禍患即已潛伏」。他要求臣工奮發上進，縱然達不到唐虞之治的理想境界，也要「冀爲成康」之世。這種實事求是估量現實，正是乾隆奮發進取精神的體現。木蘭秋獮，是他要改變四個「未能也」的措施之一，是他要「措天下於泰山之安」，「冀爲成康」之世的發軔。

爲了使國家機器在行圍期間能正常運轉，七月十八日，乾隆諭大學士等：

朕因講武行圍口外，其辦理一切政務，與在宮中無異。在京部旗諸臣，理應益加黽勉，精勤奉職，倘或稍有懈弛，不但遲誤公事，且重負朕宵旰圖治之本懷。6

七月二十六日，乾隆奉皇太后由圓明園啓鑾赴木蘭圍場。第二天諭免所過州縣本年田賦十分之三。二十八日駐蹕密雲縣。三十日，在古北口閱兵。乾隆看到受檢閱「隊伍整齊，技藝嫻熟」，很是高興，頒諭加賞。八月一日開始在常山峪行圍二天。七日，到達波羅河屯，蒙古諸王公臺吉等在此接駕。八日至張三營，十日至十二日，行圍三天。十三日，在駐地準烏拉岱賜宴蒙古王公臺吉等以及扈從王公大臣。十四日至二十二日又連續行圍九天。在行圍期間，乾隆見「隨圍蒙古兵丁行列整齊，號令嚴明，均知奮勉」，降諭獎賞。二十八日，乾隆對隨圍的各地兵丁表現評價說：

所有隨圍兵丁，首推東三省暨察哈爾之巴爾呼等，漢仗好，馬上熟練，手技便捷，行圍整齊。

對於其他省及京兵的表現，就不太滿意：

漢仗弓馬膂力骨格，尚屬去得，當差亦甚勤奮，但於行圍耐勞等處，較之稍遜，皆因平素好貪安逸所致，士氣日見委靡矣。我滿洲兵丁，從來到處超羣，同是丈夫，豈可行走落後！

對於士兵穿綢緞衣服，乾隆尤爲反感。他說：

今看兵丁等所穿衣服，多用綢緞。圍場之內，理宜服用布衣皮革，非惟結實，亦且省儉，奚用綢緞爲耶！緞衣一件之費，可得布衣數件，自應遵淳樸素習。7

九月八日，乾隆回到避暑山莊，二十日回到圓明園。二十八日，乾隆降諭斥責那些藉故不去行圍的諸王大臣：

朕此次行圍，諸王大臣中，竟有耽戀室家，託故不願隨往者。朕已爲姑容，亦不必明指其人。夫行圍出獵，既以操演技藝，練習勞苦，尤足以奮發人之志氣，乃滿洲等應行勇往之事。若惟事偷安，不知愧恥，則積習相沿，實於國勢之隆替，甚有關係。嗣後倘有不知悛改，仍蹈前轍者，朕斷不輕爲寬容。8

從首次秋獮之後，直至三十五（一七七〇）年以前，除了七年、九年、十一年、十三年、十五年、十九年之外，乾隆歷年都要舉行秋獮活動。三十五年後，因年逾花甲，行圍才漸次減少。

對付糧食問題的措施

（一）糧食問題的嚴重性

乾隆「冀爲成康」之治，除了通過木蘭秋獮整飭軍隊之外，還必須解決經濟上所面臨的最嚴重困擾，即糧價上漲，民食艱難的問題。

康熙、雍正年間，市場上糧食價格較便宜。乾隆以來，糧價卻直線上升。在乾隆元年（一七三六年），新皇帝就已經密切注視著糧價問題，在一份詔諭中說：

> 湖南爲產米之鄉，向來米價，平時每石不過七八錢。近聞湖廣省城米價騰貴，自正月二十四五（日）以後，每石貴至一兩七八錢不等，民間有艱食之慮。[9]

不僅產米之鄉湖廣糧價上漲約一倍半，其他地區也有不同程度的漲價。乾隆二年，山東旱災，百姓缺食，清朝雖降旨平糶，許多人仍買不到糧食[10]。乾隆三年，「上下江收成歉薄，米價昂貴」[11]。

糧價上漲，糧食緊短，乾隆感到有必要採取對策。起初，他認爲造成糧食緊張的原因之一是浪費，特別燒鍋釀酒。因此，乾隆二年二月，頒布了禁止燒鍋諭，說：

> 耗穀之尤甚者，則莫如燒酒。燒酒之盛行，則莫如河北五省。……朕籌之已熟，河北五省燒鍋一事，當永行嚴禁。[12]

然而，禁止燒鍋，必然危及釀酒業者的生計。禁令頒布後，刑部尚書孫嘉淦立即提出不同看法：「燒鍋之禁，無益於蓋藏，而有損於生計，止宜於歉，而不宜於豐年」[13]。乾隆將孫嘉淦奏疏給總理事務王大臣，要他們會同九卿詳議，既不必曲從皇帝，「亦不可回護孫嘉淦」，應「共衷定議以聞」，「若果嚴禁燒鍋，不但於民食無益，而且有害，朕旨可收回」[14]。年輕皇帝對不同意見的處理是明智的，態度也是誠懇的。但大臣們討論了一個月終無定見。

禁止燒鍋令成爲一紙空文。糧食漲價的勢頭有增無減。乾隆十三年（一七四八年），江西籍湖南巡撫楊錫紱說：「臣生長鄉村，世勤耕作，見康熙年間，稻穀登場，每石不過二三錢，雍正年間則需四五錢，今則必須五六錢」[15]。同年，雲貴總督張允隨奏：「天下沃野，首稱巴蜀。在昔田多人少，米價極賤，雍正八九年間每石尚止四五錢，今則動至一兩外，最賤亦八九錢」[16]。貴州按察使介錫周也在這一年報告說，「臣於雍正四年初莅黔省，彼時京斗米一石不過四錢五分及五錢有零，……現今豐收之年亦須七八九錢一石，歲歉即至一兩一二錢至二兩不等」[17]。沿海地區糧價上漲幅度更大。乾隆五年，福建捐監納穀，每石定價六錢，降至八年因「穀價昂貴，與原定銀數大相懸殊」，每石定價改爲九錢[18]。乾隆八年，江蘇米每石一兩二錢、穀每石六錢屬於「常平」價格[19]。乾隆十三年，山東兗州、濟南、泰安一帶因旱歉收，青黃不接的五月間，「米麥雜糧價日漸增長，以粟而論，每石市價自一兩四—五錢至一兩七—八錢不等」，「其餘麥豆價值可以類推」[20]。

各地糧價持續上漲，乾隆感到問題的嚴重性：「朕思天下米價頻增，乃民食不足之漸」[21]。他把糧價問題和政治問題聯繫在一起進行思索，説「古太師陳物價以觀民風，漢刺史問羊及馬，民不敢欺」[22]。物價，尤其是糧價，關係到百姓生計。糧價騰湧，民心肯定動搖，社會必然無法安定，「措天下於泰山之安」就是一句空話。其時，正由於糧價上漲，糧食緊缺，各地搶米風潮接連發生。乾隆七年（一七四二年）冬至八年春，「湖廣、江西、江南等處，搶糧之案俱未能免，而江西尤甚，一邑之中竟有搶至百餘案者」[23]。江西僅袁州一帶，乾隆八年二三月間，搶糧案多達一百六十餘起，「南（安）、吉（安）、撫（州）、饒（州）各屬聞風效尤，旋拿旋息，彼息此起，搶案不一而足」[24]。乾隆對此是了解的，他說：

朕聞今夏江西地方因米價昂貴，奸民屢有聚衆搶奪之事。閏四月十二三等日，則有南安府屬大庾、崇義兩縣鄉民朱佩月等之案。閏四月初旬，有南康、上猶兩縣鄉村居民被搶之案，又有贛州縣城外虎喇橋、七里鎮、攸鎮搶米之案。閏四月十九、二十等日有贛縣、萬安兩邑居民米穀被搶之案。……二月內，袁州府宜春縣之案，閏四月內吉安府永安縣之案。[25]

除江西之外，十二年五月河南「偃師縣民因出借倉穀，棍徒擁至縣署，拾磚擲傷典史之面」[26]。同年六月，「奉天牛莊地方，因上年歉收，米價漸貴，百姓在石匠王君弼等帶動下，在街鳴鑼，攔截過境糧車」[27]。十三年正月徐州沛縣夏鎮百姓搶取食物，以致店舖不敢開市。同時，「蕭縣有婦女多人，聚集求賑，聲言欲塞縣署」[28]。這一年，福建廈門港居民因米價昂貴，搶掠米舖五家[29]。浙江溫州樂清縣窮苦百姓，向當地富戶強借糧食，「硬將穀石挑去」；處州松陽縣佃戶打開地主糧倉，挑去糧食[30]。山東僅營州、郯城搶米案件就多達五十二起[31]。在全國性的搶米風潮中，聲勢最大的是乾隆十三年江蘇顧堯年事件。時江蘇糧荒，米價昂貴，百姓要求禁止販米出境。四月，松江府青浦縣民「阻遏米客，打壞行家房屋器物」[32]。五月，市民在顧堯年領導下，爆發了反對米商囤積居奇的鬥爭。顧堯年身掛木牌，書「爲國爲民非爲己」字樣，自縛赴撫臣轅門，請求將官府存米及舖戶米一律平糶[33]。參加示威羣衆不下數萬人。巡撫安寧竟將顧堯年等三人立斃杖下，從而激起市民憤怒，衝擊了縣衙門[34]。

各地搶米風潮此起彼伏，說明糧食問題不僅僅是經濟問題，也是嚴重的社會問題，它尖銳地擺在乾隆面前，他必須花大氣力加以解決。七年（一七四二年）三月一日，乾隆在勤政殿對九卿大臣們再次情緒激動地說了一通話，大意是：

國家繼緒百年，至於今日可謂承平無事。然於無事之日，而竟謂無可事事，則將來必有事隨之。懷安卽是危機，狃治卽爲亂本。朕幼讀詩書，頗諳治理，御極以來，無日不思措天下於邳隆。今起視天下，太平果有象乎？目今生齒益衆，民食愈艱，使猝遇旱乾水溢，其將何以爲計！我君臣不及時籌劃，又將何待？[35]

此次講話進一步闡發了居安思危的道理。正是這種居安思危思想，使這位守成之君明白安與危是會轉化的，無事之日若無可事事，「將來必有事隨之」，懷安卽是危機。他看到大清統治穩固的一面，又看到生齒益衆民食愈艱的另一面。躊躇滿志的乾隆，爲了把清王朝推向更加鼎盛的局面，「措天下於邳隆」，就得拿出解決糧食問題的新方案。

（二）糧食問題的對策

乾隆爲平抑糧價，解決糧荒，所採取的措施，歸納起來，有如下六個方面。

第一，**關心農業，重視糧食生產**。乾隆對農業生產是高度重視的。無論旱還是澇，都會使他寢食不安；風調雨順，更會喜形於色。乾隆九年（一七四四年）五月十六日，京畿大雨竟日，田野露足。第二天乾隆臨朝興奮地詢問大臣：「不知百姓今該趁種否？何不詳悉奏聞，以慰朕懷！」[36]十一年六月，直隸總督那蘇圖報告：「直隸通省，雨澤霑足，禾稼將次登場，民情歡忭；並多倫諾爾地方，雨水均調，游牧水草暢茂；蒙古一帶邊疆，禾黍豐盛，貿易安帖。」乾隆閱後批道：「所奏光景，京師亦同，較汝處有過之而無不及也。然此朕尚不敢謂即定豐收之象」。其時乾隆已定於九月十日出發登臨五臺山，因而在批示中接著寫道：「俟萬寶告成之後，幸五臺時，與卿相見，我君臣之喜，當何如耶！」[37]盼望豐收的殷殷之情，躍然紙上。十三年三月，乾隆東巡泰山等處還京。山東巡撫阿里袞連續具摺請安。當時山東旱災嚴重。乾隆在阿里袞奏摺中批道：山東「曾否得雨，俱未奏及，朕心深爲懸念」[38]。一個封建帝王，如此注視農業生產，確是難能可貴的。

第二，普免錢糧，散財於下，以促進農業生產。

十年六月，乾隆宣布一項重大經濟政策，普免天下錢糧一年：

> 朕御天下，十年於茲。撫育蒸黎，民依念切。躬行儉約，薄賦輕傜。……今寰宇敉寧，既鮮靡費之端，亦無兵役之耗。所有解部錢糧，原爲八旗官兵及京員俸餉之所需，計其所給，較之宋時養兵之費，猶十不及一二。至於各處工程，爲利民之舉者，亦祇取給於存公銀兩。即朕偶有巡幸，賞賚所頒，亦屬無幾。是以佐藏尚有餘積。……朕思海宇乂安，民氣和樂，持盈保泰，莫先於足民。況天下之財，止有此數，不聚於上，即散於下。皇祖在位六十一年，蠲租賜復之詔，史不絕書。……朕以繼志述事之心，際重熙累洽之候，欲使海澨山陬，一民一物無不均霑大澤，爲是特降諭旨，將丙寅年（十一年）直省應徵錢糧，通行蠲免。其如何

辦理之處，著大學士會同該部，卽速定擬具奏。[39]

旨剛頒布，御史赫泰就上疏諫阻，說「國家經費，有備無患。今當無事之時，不應蠲免一年錢糧。若云恩綸已沛，成命難收，則請將緩徵帶徵之逋賦，通行豁免」。乾隆不同意，斥責赫泰「逞其私智小慧，妄議朝廷重大政務」。乾隆說，普免錢糧目的，「惟期溥海內外，家給人足，共享昇平之福」。僅免逋賦則不同。「況逋欠錢糧，固有一時水旱無力輸將者，亦有刁民抗玩，有意拖延者。若一體加恩，則良頑更無區別矣」[40]。不難看出，乾隆普免錢糧的立足點是「足民」。從「足民」出發，他較好地處理了財聚於上和散於下的關係。當國家財政狀況有所好轉，「佐藏尙有餘積」時，爲了「海宇乂安」，就應當散一定財富於下，使百姓「均霑大澤」。赫泰不明白此中道理，難怪受乾隆斥責。

不久，大學士訥親等提出普免錢糧的實施方案。卽按康熙五十一年（一七一二年）的辦法，將全國地丁銀二千八百二十四萬兩，分作三年，按省先後蠲免。對地丁銀的附加稅耗羨，訥親等建議仍舊徵收。乾隆同意訥親等的實施方案，但他說，爲使蠲免之年，「閭閻之間終歲不聞催科之聲」，決定把蠲免年的耗羨，緩至開徵年一併完納[41]。

普免錢糧，只免地丁銀，不免本色糧，但對個別地區有所照顧。如福建省臺灣府屬一廳四縣，「因其編徵本色」，乾隆決定將其額徵十六萬餘石粟全部蠲免；奉天省「地丁錢糧，向來銀糧並徵」，該省奉天、錦州兩府額徵米豆也全部蠲免[42]。

普免錢糧之年，佃戶向田主應納的地租，乾隆降諭「酌減」，並要地方官對田主「善爲勸諭，感發其天良，歡欣從事」[43]。但佃耕國有土地者，則明確宣布減租。如廣東省的廣州、韶州二府官租、屯田租、學田租、廣西桂林、梧州等府官田租，雲南官莊租，湖南城綏入官田租，河南開封，歸德、彰德、懷慶、河南（指河南府）、南陽等府的灘地、官莊、官地、義田等項地租，臺灣府官莊租課，都蠲免十分之三[44]。

繼首次普免之後，三十五年（一七七〇年）又因乾隆六十壽辰，次年爲皇太后八旬萬壽，第二次普免錢糧。這次普免，乾隆作出新規定，於「輪蠲之年，通行勸諭，照應免錢數十分之四，令佃戶准值減租，使得一體仰邀慶惠」[45]。四十二年又實行第三次普免。五十五年乾隆「欣開八秩，幸得小康」，降諭第四次普免。六十年十月，在乾隆退位之前，爲慶祝明年歸政，決定於嘉慶元年（一七九六年）第五次普免。前後五次普免錢糧，共計一億四千萬兩地丁銀。

「漕糧向以供給俸餉廩糈之用，非水旱特蠲例不普免」[46]。三十一年，乾隆爲慶祝他登基閱三十年，降諭從當年開始至三十七年爲止，分批蠲免山東、河南、江蘇、江西、浙江、安徽、湖南、湖北漕糧。蠲免總數達四百萬石。此後，又於四十五年、五十九年二次蠲免漕糧。三次蠲免漕糧總額達一千二百萬石。

作爲稅收的田賦，是政府以國家主權者資格，參與社會產品的集中分配。普免錢糧和漕糧，是企圖從調整社會產品集中分配的角度，來改善清政府與有田之家的關係，大小地主自耕農都受益，一部分佃農也受益。乾隆這一散財於下的政策，增加了鄉村民間積累，對發展農業，增加糧食生產，具有積極意義。

第三，減少國家糧儲，通過平糶以控制糧價。

清代國家糧儲，以常平倉爲主，輔以鄉村社會和市鎮義倉。設立常平倉的目的，在於積有餘以備災荒。乾隆以前，額定倉儲額爲二百八十萬石，乾隆以來增至三百二十萬石[47]。乾隆以爲，造成糧食緊缺另一原因，不在於人口增多，而在於倉儲過多。他說：

乃體察各省情形，米價非惟不減，且日漸昂貴。不獨歉收之省爲然，即年穀順成，並素稱產米之地，亦無不倍增於前。以爲生齒日繁耶，則十數年之間，豈遂衆多至此！若以爲年歲不登，則康熙雍正年間，何嘗無歉收之歲！細求其故，實係各省添補倉儲，爭先糴所致。[48]

爲了控制倉儲過多，乾隆下令暫停採買和納穀捐監，只允許在豐收年景和豐收地區少量採買。如乾隆十年（一七四五年），江西豐收，乾隆批准巡撫塞楞額奏請，買補缺額倉儲七十三萬餘石[49]。十三年更明確下令，各直省常平貯穀數量，應按照康熙雍正年間舊額，多出部分以次出糶，或撥運補鄰省不足[50]。與此同時，乾隆還指示要充分發揮常平倉調劑糧食供應的作用。常平倉每年除了按「存七糶三」原則進行周轉（庫存積穀每年留下七成，出售三成）外，還要在荒年米貴之時，壓價平糶，以賑饑民、抑糧價。如乾隆十年密云古北口一帶旱災糧貴，乾隆令地方官平糶濟民[51]。同年八月，宣化府因災米貴，開糶之後，糧價未平，清朝決定已開糶地方繼續出糶，未開糶地方，立即開糶，務求糧價平抑[52]。

第四，通過截漕、撥運等辦法，解決災區糧食供應問題。

乾隆七年，因江蘇、安徽及浙江部分州縣水災，乾隆降旨截留三省漕糧八萬石備用[53]。十一年，直隸旱災，乾隆下令撥運河南、山東麥糧二十萬石，截留尾漕米三十萬石，撥運通州倉米五萬石，運往宣化等地[54]。但是，以截漕和撥運辦法解決糧荒，對乾隆來說，是很不情願的。九年三月，他說：

國家歲轉漕粟，以實京師，乃備天庾之出納，關係最重。或因偶遇災歉，萬不得已而爲截留之計，僅可間一行之，豈遂視爲常法。今內外臣工，動以截漕爲請，朕念切民依，亦屢次允從。……惟正之供衹可此數，焉得從而濟之。用是特降諭旨，通諭直省督撫並飭守牧等官，各思所督何事，所撫何事，……務使百姓各知自謀，以裕生養之源。[55]

不過儘管很不情願，卻迫於情勢，不得不經常採用此法。據統計，乾隆一朝截漕多達一千四百四十萬石以上，年均二十四萬石[56]。

第五，鼓勵商人長途販賣糧食，嚴禁囤積居奇。

早在乾隆二年（一七三七年），皇帝就決定，凡販運米穀到旱澇災區的商船，給予免稅放行的優惠待遇。七年四月又進一步放寬，永遠免除直省關口的米豆稅。乾隆免稅諭說：

第思小民朝饔夕飧，惟穀是賴，非他貨物可比。關口徵納米稅，雖每石所收無幾，商人藉口額稅，勢必高抬價值。是取之商者，仍出之民也。朕御極以來，直省關稅屢次加恩減免，又恐榷吏額外浮收，刊立科條，多方訓飭，每遇地方歉收，天津、臨清、滸墅、蕪湖等關口，商販米船，概給票放行，免其上課，皆以爲民食計也。但係特恩，間一舉行。……今特降諭旨，將直省各關口所有經過米豆應輸額稅，悉行寬免，永著爲令。[57]

糧食免稅販賣，固然促進了糧食流通，但一些商人唯利是圖，或在米船中夾帶其他商品，或依然在災區賣高價。十一年六月，乾隆警告說：

朕念衆商乃無知愚人，當先加以化導，冀其醒悟，不忍未經曉諭之先，降旨遽循舊例[58]。

但是，降至十三年十一月，終因糧價不減，乾隆降旨各關口恢復徵收過關糧食稅[59]。

在鼓勵糧食長途販運的同時，乾隆還屢次頒諭嚴禁米商囤積居奇。當時，安徽等地有些米商，爲避免「囤戶」罪名，耍弄花招，將米典給當舖，「坐視市米缺乏，價值大長，始行贖賣取利」。乾隆批准安徽巡撫范璨奏請，下令「除農民餘米無多，質押者聽，如數至千石者，概不得質當」[60]。

第六，**鼓勵糧食進口，禁止糧食出口**。

乾隆時期，常有暹羅商人販米到福建廣東等省貿易。七年，乾隆批准免徵外洋商人運米的船貨稅。八年九月，再次下旨，「嗣後凡遇外洋貨船，來閩粵等省貿易，帶米一萬石以上者，著免其船貨銀十分之五。帶米五千石以上者，免其船貨銀十分之三」[61]。十一年七月，有暹羅商人載米四千三百石，另一商人蔡文浩載米三千八百石，均未達到免稅標準。乾隆帝遂批准福建地方官申請，於當年九月又補充規定，運米不足五千石者，免船貨銀十分之二[62]。在鼓勵糧食進口的同時，乾隆還禁止糧食出口。八年，他頒旨强調：「向來販米出洋，例有嚴禁。惟在各該督撫時飭地方員弁，於各口要隘，實力巡查」[63]。

除了從國外進口糧食外，清朝還從國內臺灣島向大陸福建調撥糧食。據乾隆七年閩浙總督那蘇圖報告，清政府規定，每年從臺灣調運福建金門、廈門、漳州、泉州米十六萬石[64]。這部分糧食，或供應清政府駐閩士兵口糧，或供應駐臺士兵留閩家屬口糧，故稱「兵眷米」。

（三）發動糧價上漲原因的討論

乾隆採取以上措施，企圖從發展生產和促進流通兩個方面，增加民間糧食供應，平抑糧價。

結果，事與願違，糧價非但不減，反而繼續上漲。乾隆迷惘了。十二年（一七四七年）十二月，他只好頒諭，發動各地督撫，就糧價持續上漲的原因，各自發表意見：

朕思米穀爲民生日用所必需，而邇年以來，日見騰貴，窮黎何以堪此？朕反覆思之，不能深悉其故，亦未得善處之方。朕自御極以來，宵旰勵精，勤求民隱，乃不能收斗米三錢之益，而使赤子胥民有艱食之累，殊益焦勞。可傳諭各督撫，令其實意體察，詳求得失之故，據實陳奏。65

各督撫及其他地方官得悉諭旨後，紛紛上陳。

十三年正月，河南巡撫碩色說：

糧貴之源，大概由於生齒日繁，以一省而論，或此貴而彼賤，則由於豐歉不齊；或初賤而後貴，則由於商賈囤販。居今而籌民食，惟在首嚴囤積之禁。至於採買官穀，原爲地方備不時之需，若恐妨民食，不爲採買，設有緩急，其何以恃？66

三月，湖南巡撫楊錫紱、兩廣總督策楞、雲貴總督張允隨、貴州按察使介錫周、護理安徽布政使舒輅、江西巡撫開泰、署湖北巡撫彭樹葵等相繼上疏，講了自己的見解。

楊錫紱認爲，糧價上漲原因有四：「一曰戶口繁滋，一曰風俗日奢，一曰田歸富戶，一曰倉穀採買」。關於人口增長對糧價的影響問題，楊錫紱發表了與乾隆不同的見解。他說：

聖諭謂自康熙年間以來，休養生息，便應逐漸加增，何至一時頓長？以臣觀之，實亦未嘗不係漸增。……蓋戶口多，則需穀亦多。雖數十年間荒土未嘗不加闢，然至今日而無可墾之荒矣。[67]

舒輅、彭樹葵、開泰的看法，與楊錫紱基本相似。舒輅說：「糧貴固由戶口繁滋，而連年採買過多，實爲切近」[68]，强調採買過多是直接因素，但承認人口繁滋是基本因素。彭樹葵說：「湖北在康熙年間，戶口未繁，俗尚儉樸，穀每有餘，而上游之四川、湖南人少米多，商販日至，是以價賤，遂號產米之鄉。迨戶口漸增，不獨本地餘米無幾，卽川南販運亦少，穀寡價昂，勢所必至。」[69] 他强調戶口漸增是致糧價昂貴的必然因素。開泰說，「米貴之由，不盡由囤戶商販採買積貯，大抵由於生齒日繁，地方官奉行未善。」[70] 他看法與彭樹葵一致。

四月，甘肅巡撫黃廷桂上疏則認爲，該省糧價貴賤是收成好壞所致：「糧價，時貴時賤，總視年歲豐荒，不關生齒多寡，且民貧土瘠，無巨本囤戶，亦無重貲商販……」[71]。浙江巡撫顧琮根據該省的實際情況，認爲米貴原因有三：「杭嘉湖樹桑之地獨多，金衢嚴寧紹臺六府，山田相半，溫處二府山多田少，向資江楚轉輸，近歲江楚價昂，商賈至者無幾，此致之由一；地接江閩二省，商旅絡繹，以有限之米穀，供無窮之取攜，此致貴之由二；杭嘉紹寧臺溫六府，東際海，商漁出入，米穀隨之，自外入者無多，自內出者難計，奸徒射利，每有越透，此致貴之由三。」[72] 所强調的三點是，經濟作物擠掉糧食生產，山多田少的自然條件限制了糧食生產，糧食流通中出多進少。

五月，安徽巡撫納敏上疏說，米貴原因在於州縣採買過多，以致「米穀在官者多，在民者少」[73]。

六月至七月，還有陝西巡撫陳宏謀、雲南巡撫圖爾炳阿、兩江總督尹繼善先後上疏，一致認爲糧價上漲是人口增長使然。陳宏謀說：「米價日增，原非一時頓長，實由生齒日繁」[74]。圖爾炳阿說：「米價之貴，總由於生齒日繁，歲歲採買」[75]。尹繼善說：「米價日貴，由於戶口繁滋」[76]。

從各地方官發表的見解可以看出，大多數人認爲，糧食漲價與人口激增緊密相關。只有少數人强調是由於採買過多或糧食流通失調、或經濟作物與糧爭地引起的。這表明，降至乾隆年間，中國人口問題，人口對土地形成的壓力，已被清政府中一部分人感受到了。儘管乾隆不理會、不承認，但這已成爲事實。乾隆時期，人口增長速度甚快。據乾隆六年（一七四一年）統計，全國人口一億四千三百萬[77]，十五年達一億七千九百萬[78]，四十年達二億六千八百萬[79]，五十九年達三億一千三百萬[80]。換言之，半個世紀之內，中國人口增加一倍有餘。而耕地面積，雍正二年（一七二四年）統計，全國共有七億二千萬畝，乾隆十八年達七億三千萬畝。也就是說，在將近三十年之中，只增加一千二百萬畝，增長率僅百分之一·七。在農業生產技術沒有重大進步的當時，耕地面積增加速度遠低於人口增長速度，糧價上漲就在所難免了，而且將愈來愈嚴重。直至五十六年，乾隆才不得不承認人口的壓力。他說：

> 況國家承平日久，生齒日繁，物產祇有此數，而日用日漸加增。康熙年間，朕在沖齡時，即聞乳保等有物價昂貴，度日艱難之語。今又七十餘年，戶口滋生，較前奚啻倍蓰。是當時一人衣食之需，今且供一二十人之用，欲使家給人足，比戶豐盈，其勢斷有所不能。[81]

第二年，即乾隆五十七年（一七九二年），英國政府派遣的使團來華謁見乾隆時，就發現「中國人口繁殖是漫無止境的」。「在中國，平均每一平方哩所有的人數比歐洲人口最集中的國家平均一平方哩的人數多三百人以上」，因此，中國人「吃飯還要精打細算」[82]。這就是說，當時外國人也看出中國嚴重的人口問題。

解決錢貴銀賤與八旗生計問題

（一）錢貴銀賤問題及其對策

乾隆前期，除了糧價上漲之外，錢貴銀賤也是擺在年輕皇帝面前的大難題。

乾隆以來，除雲南、四川兩省之外，包括京師在內的大部省分，錢價騰踴。錢貴，是指鑄幣與銀的比價提高。乾隆二年（一七三七年），蘇州地區銀一兩僅兌換制錢七百三十文；乾隆十三年，西安地區銀每兩僅值制錢六百文[83]。隨著商品經濟的發展，商品貿易量的增加，社會需要足夠的貨幣流通量。錢價上漲，說明社會上鑄幣流通量與商品流通量不相適應，這勢必影響民生。乾隆認識到這問題的重要性與嚴重性。他說：「制錢乃民間日用必需之物。近來各處錢文短少，價值昂貴，民間甚爲不便」[84]。

爲了解決制錢短缺，乾隆採納臣僚建議，添爐鼓鑄錢幣。雍正十三年（一七三五年）九月，他登基伊始，就批准總理事務王大臣議奏，要求戶、工二部著手鑄「乾隆通寶」[85]。十月，又批准雲南巡撫張允隨奏請，在雲南鑄錢送京赴用。從乾隆三年（一七三八年）之後，清朝除了增加京師戶部所屬寶泉局和工部所屬寶源局鼓鑄制錢之外，還陸續在四川、貴州、福建、江蘇、雲南、浙江、湖南、廣西、江西、湖北、廣東、山西、陝西、以及直隸保定等處，增開、復開制錢鼓鑄局，或添設爐座。至乾隆十五年，全國增設爐座約九百九十座，年新增制錢能力約一百八十萬串。請看下表。

乾隆三年至十五年各省新增鑄錢爐座與鑄幣數額表

時間	地區	新增爐座	新增鑄幣（單位：串）
乾隆三年	四川寶川局爐座	七	七二八、〇〇〇
乾隆四年	貴州寶黔局爐座	一〇	一〇三、九八五
乾隆五年	開福建鼓鑄局	八	四八、五三三
	復開江蘇寶蘇局	一六	一一一、六九九
	增雲南省城局	一〇	六〇、〇〇〇
	增臨安府局	五	六〇、〇〇〇
	復開浙江寶浙局	一〇	一二八、六一三
乾隆六年	復開雲南東川府局	二〇	八九、七七三
	復開湖南寶南局	五	二四、〇〇〇
乾隆七年	增寶泉、寶源二京局鑄錢		三三九、七二六
	開廣西鼓鑄局	一〇	二八、八〇〇
	開江西寶昌局	六	四一、九三二
乾隆八年	開湖北寶武局	一五	七二、八〇〇
	開雲南大理府局	一五	六七、三三〇
乾隆九年	寶泉、寶源二京局加印鼓鑄		四五八、六三〇
	貴州寶黔局加 印鼓鑄		二四、九三七
	增江西寶昌局爐座	四	六九、八八八

乾隆十年	開廣東鼓鑄局	六	一七、二四四
	開直隸保定局	六	七二、八〇〇
乾隆十一年	增四川寶川局爐座	一五	六二、二〇〇
乾隆十二年	增湖北寶武局爐座	五	不詳
乾隆十三年	復開山西寶晉局	一〇	四二、三二四
	開陝西鼓鑄局	一〇	六二、〇〇〇
乾隆十四年	減雲南省城局	減一〇	減額不詳
	減臨安府局	減八	減額不詳
	廣東寶廣局增額鼓鑄	不詳	不詳
	增廣西寶桂局	八	九六、〇〇〇
乾隆十五年	江浙二省錢局加額鼓鑄	不詳	不詳
	開雲南廣西府局鼓鑄	一五	六七、三三〇
合計		約九九〇	約一、八一一、六一八

據《清文獻通考》卷十六至十七《錢幣考》四—五記載製表

增加制錢，需相應增加制錢原料銅、鉛、錫的供應。作爲鑄幣的基本原料銅，一靠進口洋銅，二用雲南生產的滇銅。乾隆元年（一七三六年），清朝議定，每年採辦洋銅和滇銅各二百萬觔。洋銅由官府預發本錢，招商採買，統一從上海與寧波二處進口。商人採購洋銅如果超過二百萬觔，准許將超額部分自行售賣。但是，官府收購洋銅定價太低。乾隆五年江蘇巡撫張渠奏：

見今洋銅市價每百觔約需紋銀二十兩，與部定價每百觔給銀十四兩五錢蓋多懸殊。但舊時所定官價，原係予年發帑令商置貨出洋交易，已有餘利，是以不致虧乏。若收各商自販之銅，仍照前價，未免有虧商本。查從前官辦洋銅，原價之外，尚有解京水腳飯食銀三兩。今議酌中定價，照十七兩五錢之數收買，庶可源源接濟，於公私兩有裨益。

張渠這一提價建議，經大學士九卿會議批准執行。而且，浙江省進口洋銅亦一例增價。同時，清朝對收購進口洋銅還作出新規定：「凡洋銅進口，以五分聽商自行售賣外，其餘五分江浙二省對半官收。有商人情願販銅者，廣爲設法招募，令其出洋採辦。」86

滇銅是商人出資開採，官府除抽稅外，還作價收買。雍正七年（一七二九年）原定是加二抽課，課後餘銅每百觔給銀六兩八錢收買。乾隆三年收購價增至八兩三錢，八年又增至九兩二錢。十年，廣西前任巡撫楊錫紱、布政使唐綏祖「因商人工本不敷，加價至十三兩」，部議只能按滇省廠價，每百觔給九兩二錢。乾隆認爲，「該省銅價每百觔確需十三兩，部議之數仍屬不敷」，同意按楊錫紱原定價格發給87。不過，乾隆諭旨，看來並未貫徹。因此，十一年七月，兩廣總督策楞、廣西巡撫鄂昌奏：

粵西銅廠，開採年久，隴路深遠，挖取維艱，工費實繁。若照原定二八抽課外，每餘銅百觔給價八兩三錢及九兩二錢之數收買，實在不敷，應請卽遵諭旨所定十三兩之價作爲定價收買。俟將礦旺銅裕，卽行據實核減。又商人自銅百觔，除抽課外，餘銅八十觔，每百觔給價十三兩，核計只該價銀十兩零四錢，商民實無餘利。請將餘銅官買一半，其一半給商自賣，獲有餘利，庶踴躍開採。88

乾隆再次批准這一要求。於是，銅礦商人除去二成納課，四成由官府收購外，餘下四成產量可以自由出賣，從而提高經營積極性。

制錢所需的鉛，官府按每百觔三兩五錢銀作價收買，「此係就價賤之時，與產鉛省分統計折中定價。」但如浙江等不產鉛省分，「實需價銀七兩上下」。乾隆八年十一月，爲了避免不產鉛之地承辦買鉛人員的賠補，決定以百觔四兩八錢的價格，動用公項銀委員於楚黔產鉛地採購[89]。至於錫，則從南洋等地進口[90]。

要緩解錢幣的短缺，還需解決制錢流通過程中一些問題，諸如毀錢製器、囤積制錢以操縱錢價和投機販運牟利等。

清朝前期，制錢流通過程中出現這些問題，究其原因，在於制錢的面值不僅背離了制錢本身的實際價值，而且還低於制錢內含銅量的實際價格。據雍正八年廣東總督郝玉麟報告，粵省滇銅的成本是每百觔需銀二十兩[91]，即每斤銅價二錢銀。清朝前期，制錢重量幾經變化。雍正十二年皇帝諭旨：

> 鼓鑄錢文，專爲便民利用。銅重則滋銷毀本，輕則多私鑄。原宜隨時更定，籌劃交通，斯可平錢價而杜諸弊。順治元年，每文鑄重一錢，二年改鑄一錢二分，十四年加至一錢四分，康熙二十三年因銷毀弊多，仍改一錢。嗣因私鑄競起，於四十一年又仍復一錢四分之制。迨後銅價加增，以致工本愈重。朕思……若照順治二年例，每文鑄重一錢二分，在銷毀者無利，而私鑄者亦難，似屬權衡得中。[92]

但是，即使雍正十二年之後，制錢每文重一錢二分成爲定例，因銅價上漲，毀制錢售銅仍然有利可圖。康熙十二年（一六七三年）時，每文錢也是重一錢二分，「毀千錢可得銅八觔有餘」[93]，如果按雍乾時銅價，八斤値銀一兩七～八錢。而官定制錢與銀比價是，千文錢折銀一兩。也就是說毀錢一串取銅售賣，可獲利銀七～八錢。對於毀錢售銅，清朝曾嚴厲禁止。康熙十二年曾議定：「私銷之罪同於私鑄」，爲首者斬決，從犯絞決。但毀錢售銅利之所在，趨之若鶩，犯禁者仍不少。乾隆五年（一七四〇年），浙江布政使張若震建議：

錢價之貴，實由私毀。欲清其弊，當絕其源。訪之舊時爐匠，咸云配合銅鉛，加入點錫，即成青錢，設有銷毀，但可改造樂器，難作小件，民間無利可圖。94

清朝採納張若震建議，令戶部試鑄，每紅銅五十斤，配白鉛四十一斤八兩、黑鉛六斤八兩，再加點錫二觔，共計一百斤。試製後，令各省一體遵照改鑄。改革配方之後制錢稱「青錢」，在此之前鑄幣稱「黃錢」。青錢含銅僅五〇%，毀錢售銅無利可圖，此風漸漸煞住。

除改革鑄幣材料外，有人建議減輕錢幣重量。乾隆十一年曾在湖北試行一年，奸民遂毀大錢以鑄小錢，清朝只得下令停止。

清朝嚴禁囤積制錢以操錢價，亦不許販運錢幣投機倒賣。

降至乾隆九年十月，大學士鄂爾泰提出全面查禁銷錢的八條規定：1. 將京師內外三百六十四座銅鋪，全部搬到由官府提供的官房中從事熔銅生產，並逐日查驗其「每日進鋪銅觔若干，並熔化打造出鋪銅觔若干」。這一款規定，實際上是把熔銅生產置於官府嚴格控制之中。2. 京師六七百家當鋪，每一大當鋪，「派給銀三千兩，聽其營運」，但每天應交納制錢二十四串供官局上市發賣。這一款目的在於防止當鋪囤積制錢。3. 八旗內務府原設有米局二十七處，每局給銀二千五百兩、稜米二千石平糶。平糶米收入的制錢，不必貯存局內，「二十七局分爲三班，於三日內每日將九局賣米錢輪流上市易銀。」這一款是爲了加速制錢流通。4.京城當鋪，每年秋冬貯錢最多，「正值閑貯之際」，所以每一大當鋪應出制錢三百串、小當鋪一百串，「俱自行運送官局，交局員發賣，陸續易給還。」這一款也是要促進制錢流通。5.將已有錢市十二名經紀，聚集在正陽門，每日上市時，由經紀招集舖戶商人，諭遵官定價格，公平交易，杜絕私自買賣，不許壟斷。這一款意在防止高抬錢價。6.京城客糧店，「每遇秋成，外來各種糧食，俱係車馬載運，投店賣錢」，對於如此大批量糧食交易，必須以銀支付，不得用錢。這一款意在防止奸商以糧易錢後加以壟斷或僻鄉小民收貯制錢。7.京城制錢，不許販運出京。「京城都會之地，各省經營貿易，絡繹往來，奸商將錢裝載出京，於價貴處興販射利。再閩廣商船，由海洋直達天津，回空時概用錢文壓載，運至本地貨賣。又各省漕船回空，亦多載錢文，興販獲利。京局所鑄之錢，豈能供外省各處之用！」這一款意在阻止京師制錢流向各省。8.令直隸總督，曉諭近京富戶，不許囤錢百串以上[95]。

鄂爾泰上述建議，曾在京師試行。十年（一七四五年）正月，乾隆頒諭各省根據本地情況，討論仿行[96]。

鄂爾泰建議八款，並非款款都是良策。如將京熔銅作坊置於官府嚴密控制之下，使經營者失去自由經營。嚴禁京師制錢外流，既違背貨幣本身職能，又人爲地阻礙京師與各省商品交易，不利於社會經濟發展。因此，當軍機大臣將上述八款歸併作六款，發給各省討論時，各省或同意執行，或以某款不符本地情況，表示難以仿效[97]。因此，十年三月，乾隆又提出解決錢貴銀賤問題的「正本清源之至計」，卽以銀爲重，銀錢並用政策：

銀文一事，有稱廣爲開採者，有稱嚴禁盜銷者，有稱禁用銅器者，更有稱多則用銀，少則用錢者，其論不一　。卽京師現在議定章程，稽查辦理，亦不過補偏救弊之一端，終非正本清源之至計。朕思五金皆以利民，鼓鑄錢文，原以代白金而廣運用。卽如購買什物器用，其價值之多寡，原以銀爲定準，初不在錢價之低昂。今不探其本，惟以錢爲適用，其應用銀者，皆以錢代，而趨利之徒，又復巧詐百出，使錢價高昂以爲得計，是輕重倒置，不揣其本，而惟末是務也。不但商民情形如此，卽官員辦公，亦有沿習時弊者。如直隸興修水利城工，坐糧廳採買布匹，所領帑金數萬，皆欲易錢運往。其他官項，大率類此。……嗣後官發銀兩之處，除工部應發錢文外，其他支領銀兩，俱卽以銀給發，不得復易錢文。至民間日用，亦當以銀爲重。98

這一席話，反映乾隆對銀與制錢兩種貨幣的見解。他對包括鄂爾泰八點建議的種種方案，都不滿意，以爲這些措施都是「終非正本清源之至計」。所謂「本源」，指的「白銀」，而「制錢」是「末」。解決錢貴銀賤，應該「以銀爲本」，把銀推向市場作爲主幣，成爲主要的支付手段。但是，乾隆沒有想到，民間以至官府爲什麼喜歡用制錢，而不願用銀？清代作爲貨幣的銀，雖有鑄成五十兩一錠的「元寶」和重十兩的「中錠」等，但也有重一～二兩至三～五兩的小塊銀。更主要的是，銀塊成色各異，各地秤砝不統一，因而在實際使用中，鑒別和稱量都相當麻煩。乾隆上述諭旨頒給大學士九卿，他們復奏中有一段話：

……其用銀之處，官司所發，例以紋銀。至商民行使，自十成至九成、八成、七成不等，遇有交易，皆按十成足紋遞相核算，蓋銀色之不同，其由來已久。……今民間所有，自各項紋銀之外，如江南浙江有「元絲」等銀，湖廣江西有「鹽撤」等銀，山西有「西鏪」及「水絲」等銀，四川有「土鏪」、「柳鏪」、及「茴香」等銀，陝甘有「元鏪」等銀，廣西有「北流」等銀，雲南貴州有「石鏪」及「茶花」等銀，此外又有「青絲」、「白絲」、「單傾」、「雙傾」、「方鏪」、「長鏪」等各色。[99]

對於成色不一，名目各異的白銀，民間交易當然不願使用，而要用官府鑄造的制錢。不過，經過清朝採取的種種措施，降至乾隆十七年，除陝甘地區因用兵而導致錢價上漲外，大多數省分的錢，已漸趨平穩。

（二）解決八旗生計的措施

八旗兵和滿洲貴族是清政權的支柱。康熙中期之後，在和平環境中，八旗人口迅速增加。八旗滿洲男丁，順治五年（一六四八年）爲五五、三三〇丁，康熙六十年（一七二一年）爲一五四、一一七丁，增加兩倍[100]。乾隆年間，八旗人口增加更多。時人魏源說：「計八旗丁冊，乾隆初已數十萬。」[101]乾隆十年（一七四五年）僅北京八旗「丁口蕃昌，視順治時蓋一衍爲十」[102]。與此同時，八旗官兵也逐漸喪失原有的尚武精神，日趨腐化。他們謀生無術，奢侈卻花樣翻新。如清朝規定，士兵不得穿緞靴，有人就用緞作靴裏，製成「寧綢靴」[103]。元年（一七三六年），乾隆曾訓斥旗人的懶與侈：

> 八旗爲國家根本，……迨承平日久，漸即侈靡，且生齒日繁，不務本計，但知坐耗財術，罔思節儉。如服官外省，奉差收稅，即不守本分，恣意花銷，虧竭國幣，及至干犯法紀，身

罷罪戾，又復貽累親戚，波及朋儕，牽連困頓。而兵丁閑散人等，惟知鮮衣美食，蕩費貲財，相習成風，全不知悔。旗人之貧乏，率由於此。[104]

旗人謀生路窄。在京旗人，除當兵之外，就是擔任各省將軍、副都統、城守尉等衙門的筆帖式，即掌理翻譯滿漢章奏文書的低級官員。「外省旗人除披甲當差外，無路上進」[105]。不管筆帖式還是當兵，名額都有限，不少人因而遊手好閑，生計困難。從康熙以來，清朝爲解決旗人生計問題，採取了多種辦法。乾隆即位以來，對此問題同樣不敢掉以輕心，採取了如下措施。

措施之一是，以「生息銀兩」爲旗人謀福利。「生息銀兩」又稱「資生銀」、「滋生本銀」或「恩賞銀兩」。皇帝從內帑庫銀中撥一筆款，交給北京總管內務府和盛京內務府，再分撥給八旗都統或各省軍政衙門，由這些衙門負責經營贏利。利銀稱爲「息銀」、「餘生銀」，用來供內務府及各旗各官府旗人的福利開支。「生息銀兩」有相當一部分是直接借貸給旗人的。乾隆即位後，繼續執行這項措施。八年（一七四三年）十一月，因盛京內務府原賞賜生息銀兩二十萬兩不敷應用，又施恩加賞二十萬兩[106]。他又降低旗人借貸「生息銀兩」的利息。雍正時，旗人借貸「生息銀兩」利息銀，自一分二～三厘至二分不等。乾隆八年，皇帝批准將宗人府借給旗人生息銀兩利息降低到一分[107]。九年七月，又決定嗣後旗員以俸祿作擔保借生息銀兩，利息銀一律降爲一分[108]。對於經濟拮据的借貸者，乾隆還批准以庫帑代爲償還。如公豐安乃父曾借鑲藍旗生息銀兩四千餘兩，無力完繳。乾隆批准從廣儲司支銀五千兩賞給豐安，以完此欠項[109]。

但是，貸給八旗人員「生息銀兩」，非惟不能從根本解決他們生計問題，反而會使借貸者在利息盤剝下愈益窮困。所以，十五年六月，乾隆決定限額借貸。他說：

> 從前皇考施恩動支帑項，交王等從輕貸息，以備賞賜使用。因王等辦理維艱，朕改令都統等核辦；……而伊等竟無深計，止圖省事，俱借給八旗人等，既取息於旗人，而又賞給旗人，不惟終無裨益，久之子母相權，反無補於生計。旗人只圖目下得銀，指一人之俸，借數項之銀，以致少得全俸之人。滿洲人等所賴者餉銀，餉銀不得，何以度日？且於國體亦有不合。此後著停止借放資息，遇有八旗紅白有事，特施恩於長蘆兩淮鹽課銀兩動支賞給。但恐停止借放後，又未免重息借貸，著將宗人府資生銀如何限額借給，已經借放本銀，如何展限陸續收交……詳議具奏。[110]

宗人府根據皇帝諭旨議定，嗣後八旗官員遇有紅白事，一二品官限借三百兩，三四五品官限借二百兩，六至九品官限借一百兩，分五年十季還淸。

措施之二是，不時賞賜旗人銀兩。如八年十二月，乾隆宣布，念「本年米價昂貴，又值年終諸物皆貴」，八旗世僕未免窘迫，著加恩八旗各賞一萬兩，分與滿洲五千兩、蒙古二千兩、漢軍三千兩，「令查明實在貧苦之人，不論各甲喇、佐領，統計人口多寡，各賞二三兩」[111]。十年十一月，乾隆還批准軍機處議決，每年固定賞給侍衛內大臣每人銀九百兩，滿洲都統每人銀七百兩，蒙古和漢軍都統每人銀六百兩，滿洲副都統和步軍統領每人銀各五百兩，蒙古和漢軍副都統以及內大臣、散秩大臣、鑾儀使、上駟院、武備院卿、步軍翼尉各四百兩。以上賞賜每年共需銀六萬三千九百兩[112]。

措施之三是，撥給土地，移駐屯墾。這是解決旗人生計的根本之策。乾隆六年，皇帝決定將在京一千名旗人，借給遷移盤費，移駐齊齊哈爾東南六百里的呼蘭地方的拉林、阿勒楚喀屯墾。

辦法是仿照官莊之例，每屯十名屯丁，給予耕地，每名歲交租細糧三十倉石，「俟有成效，由近而遠漸次舉行」[113]。降至乾隆十年六月，巡撫黑龍江戶部郎中福明安鑒於閑散人多，建議在呼蘭擴大屯墾：

> 黑龍江等處兵丁生齒日繁，現在各城閑散計有五千餘名，若不早謀生計，將來必致窮乏。呼蘭有地可耕，請照雍正十三年將奉天開戶旗人移屯呼蘭設立官莊之例，酌借帑米銀兩，令往耕種，分年交米還項。[114]

乾隆閱後，交議政王會議討論。王大臣復奏：「呼蘭千里膏腴，可以大興屯田，請以奉天開檔之人，每年酌立屯莊十餘座。」同時建議：「各城各屯向乏樹木，應於設立城池屯莊之處栽種，以供薪木梁柱之用。」[115]

移民屯墾收效甚微。至乾隆十六年派往屯墾的總共只有一、二六四戶[116]。據乾隆十年十二月阿勒楚喀副都統巴爾品報告，當地屯墾的孤寡老弱及十五歲以下無能力耕作者計有百餘戶，年力雖强但不諳耕耘的屯戶占十分之六七。由於耕種不力，收穫無多，五口之家耕地一頃，日用之外所餘不過三十~四十石；如果只耕地五十~七十畝，僅餘十~二十石。他要求清朝每年賞銀五千兩以爲補助[117]。十六年八月，直隸總督方觀承又報告：遣赴屯莊之人，不僅力田謀生者少，甚至有冒領官地官銀，任意花銷，然後逃回京城的。乾隆獲悉後氣憤地說：「實屬有負朕恩。」著將逃回者嚴行治罪，並指令軍機大臣與王大臣共同相議，「嗣後應否仍遣務農，及如何調度？」議奏的結論是：除了將已遣未往和逃回者限期遣往外，「嗣後無庸再派」[118]。旗人移墾政策失敗了。

措施之四是，回贖旗地。清朝分給旗人的旗地，是國家所有，法律禁止買賣。乾隆亦曾重申嚴禁典賣旗地。如乾隆五年（一七四〇年）宣布「禁八旗私行典賣承買地畝」[119]。七年，又經大學士等議准，「旗地倘私行典賣，將旗民分別按例治罪外，地畝地價均照例入官」[120]。但是，隨著旗人日趨貧困，典賣旗地非但禁不住，反而日趨頻繁。乾隆二年，御史舒赫德奏：「昔時所謂近京五百里，已半屬民人」[121]。四年，據估計「民典旗地數百萬畝，典地民人不下數百萬戶」[122]。十年，御史赫泰奏：「旗地之典賣與民者已十之五六」[123]。爲了阻止旗人因缺少耕地而進一步貧困化，乾隆決定由官府出資，爲旗人贖回典賣的土地。

回贖旗地，由清政府付給買主一定地價，强制取贖。這一辦法，雍正八年（一七三〇年）已實行過一次[124]。乾隆二年，有人奏請動帑收贖旗地，乾隆決心未下，僅答應「徐徐辦理」，實際上沒有動作[125]。四年，乾隆才正式批准，「將從前典賣與民人之旗地，贖回報部。先盡原主取贖，如原主不贖，即准各旗官兵人等認買」[126]。同時，考慮到回贖旗地，對社會穩定可能產生的影響，乾隆指示「須於民全無擾累始爲妥協」[127]。

對於回贖旗地，有人持不同意見。乾隆四年尚書孫嘉淦說：「貧乏兵丁，不止無從措價；假使措置，亦不能多，所買不過數十畝至一二百畝而止。」即使贖回，旗人「身在京城，不能自種。有限之地，不可設立莊頭。差人討租，往返盤費，所得租銀，隨手花銷，實無管業之方。」所以，他認爲「雖立法以均之，終至盡歸富戶，此必然之勢也」[128]。孫嘉淦提出的，實質上是涉及回贖旗地，能否獲得實際利益，收到預期效果的問題。清朝不能不認真對待。五年，戶部根據直隸督臣的報告，提出有關旗地回贖的二點處理意見。其一，「取贖民典旗地，百姓不苦於得價還地，實懼其奪田別佃。」這涉及廣大佃戶的切身利益。處理辦法是，明確宣布：「嗣後無論何人承買，仍令原佃承種，其租銀照舊。如莊頭土豪，無故增租奪佃者罪之。」其二，應贖回旗地，「不下數千萬畝」，應勘明「正戶正身居家勤儉者」，或給上地一百畝，或給中地一百五十畝，或給下地二百畝。這是要確保贖回旗地能眞正撥給勤勞旗人耕作，以收實效[129]。

解決了有關政策之後，從乾隆九年（一七四四年）開始，回贖旗地大規模展開。據統計，降至十三年，共贖回旗地九、五一〇頃[130]；十三年至十八年，又贖回旗地一〇、八六九頃；其後，又有十八年和十九年至二十五年二次大回贖，共贖回旗地一八、二七五頃[131]。關於贖價，分作下列幾種情況：典出十年之內，照原價取贖；典出十年之外，減原價十分之一；典出二十年之外，減原價十分之二；典出三十年之外，減原價十分之三；典出四十年之外，減原價十分之四；典出五十年之外，減原價一半[132]。十一年，又經直隸總督那蘇圖奏請，贖價作了調整，典出在十年之外者，逐年遞減，至五十年以外者，仍以半價取贖[133]。

回贖旗地同樣達不到解決旗人生計的目的。原因有三：第一，買主不願退還旗地，「民間又未有不欲隱瞞旗地爲己恆業者」；地方官也不肯認眞執行，「畏事紛繁拖累，故奉行不無草率」[134]。第二，即使回贖一部分旗地，貧困旗人購買者少，大部分歸於富室。第三，旗地贖回後，官府所定地租太輕，從而造成胥吏土豪包攬回贖旗地的局面。如十一年三月，順天府尹蔣炳尹反應，民典旗地回贖之後，官定租額每畝僅六分至錢許，而回贖之前是畝納租二至三錢。因此，「土豪胥役，遂將地畝包攬，仍照原額轉租佃民，從中取利」，貧苦旗人不得實惠[135]。針對以上弊端，清朝於乾隆十八年又作出新規定，「嗣後旗下奴僕及開戶人典賣旗地，限一年內自首，官爲回贖。」「若原主不能贖，卽交八旗內務府作爲公產」，而不是像以往聽其他旗人購買。不久，又決定，「嗣後民典旗地，停其召買，交與該旗爲公產，所收租息爲養贍貧乏旗人之用」[136]。這就是說，旗地不再贖歸私人，而是回贖給本旗作公產。

措施之五是，「出旗爲民」。這是企圖從調整生產關係入手解決旗人生計問題。康熙以來，八旗農奴莊園制迅速向地主租佃制過渡。皇室貴族莊田從使用農奴即「壯丁」耕作，轉而使用佃戶佃耕。原來的農奴「壯丁」，或隨主征戰立有戰功而「開戶」另居；或通過交納贖身銀兩而開戶另立戶籍；或是作爲「逃人」流亡他鄉。那些仍然保持著農奴制的莊田，主人日漸窮困，旗地典賣，壯丁無事可作，反而成了主人包袱。乾隆適應旗地生產關係的變化，果斷地採取了「出旗爲民」政策，釋放農奴。

乾隆三年（一七三八年），清朝頒布了旗人開戶條例，規定「凡八旗奴僕，原係滿洲蒙古，直省本無籍貫；帶地投充人等雖有本籍，年遠難考，均准其開戶，不得放出爲民」[137]。所謂開戶，僅另立戶籍別居，與原主人仍保留主僕名份。乾隆說：「此等另記檔開戶人等，本屬家奴，不但不可與滿洲正身並論，並非漢軍及綠營兵可比。」[138]但既已另立戶籍，離人身自由也只有一步之遙了。

釋放農奴的「出旗爲民」政策，頒於乾隆四年。當年，乾隆發布八旗家奴入民籍的規定：

> 乾隆元年以前，八旗家奴經本主放出已入民籍者，准其爲民。若係乾隆元年以前放出至元年以後始入民籍者，令歸旗作原主戶口下開戶壯丁。至於贖身之戶，均歸原主佐領下作爲開戶。[139]

這一規定，對於開戶已入民籍者，以乾隆元年爲界。元年前人民籍者，「准其爲民」；元年以後入民籍，仍作「開戶壯丁」。顯然，這裏所講的入民籍的開戶壯丁，不管是乾隆元年以前或以後的，都應當是指立有軍功者。至於那些通過經濟手段「贖身之戶」，仍歸原主下開戶。換言之，這一次「出旗爲民」規定的範圍是很有限的。

七年四月，乾隆又頒布漢軍旗人「出旗爲民」政策。清朝原來規定，凡漢軍旗中出仕當差者，即便是外任人員，也不得置產另居；閑散之人，即便是外省有親戚可依或有手工技藝，亦不得別出營生。這種控制漢軍旗人的規定，造成了旗內中下層的閑散人員增多，生計未免窘迫。乾隆諭旨，改變了這些規定，允許有條件的漢軍旗人脫離旗籍另往：

八旗漢軍，其初本係漢人。有從龍入關者，有定鼎後投誠者，有緣罪入旗與夫三藩戶下歸入者，有內務府王公包衣撥出者，以及召募之炮手，過繼之異姓並隨母因親等類，先後歸旗，情節不一。其中惟從龍人員子孫，皆係舊有功勳，無庸另議更張，其餘各項民人等，或有廬墓產業在本籍者，或有族黨姻屬在於他省者。朕意稍爲變通，以廣其謀生之路。如有情願改歸原籍者，准其該處人民一例編入保甲；有情願外省居住者，准其前往居住；此內如有世職，仍令許其承襲；不願出旗者聽之。140

乾隆這「稍爲變通」，把一大批束縛於旗內的勞動力釋放出來了。

降至二十一年，乾隆才降諭全面實施開戶家奴出旗爲民政策：

諭八旗別載冊籍之人，原係開戶家奴，冒入正戶後經自行首明及旗人抱養民人爲子者。至開戶家奴，則均係旗下世僕，因效力年久，其主願令其出戶，凡遇差使，必先盡正戶選用之後，方准將伊等選補，欲自行謀生，則又以身隸旗籍，不得自出。今八旗戶口日繁，與其拘於成例，致生計日窘，不若聽從其便，俾得各自爲謀。著加恩將見今在京八旗，在外駐防，內別載冊籍及養子開戶人等，皆准其出旗為民。其情願入籍何處，各聽其便。所有本身田產，許其帶往。141

出旗爲民政策，實質上是解放旗地莊園上農奴的政策。它不僅解決了開戶家奴等人的生計窘迫問題，而且推動了八旗農奴莊園制的瓦解，促進地主租佃制的發展。

應當指出，乾隆爲解決旗人生計所採取五項措施，前四項以旗人中統治階級爲主要對象。其時，這一羣人已是集懶、侈於一身。貸給生息銀兩與不時賞賜，救急尚可，難以救貧。移屯墾荒，要四體不勤、五穀不分者自食其力，談何容易。回贖旗地，又管理無方。八旗中統治階級正在沒落，乾隆恩惠，難挽此頹勢。唯有「出旗爲民」一策，針對八旗中勞動者，確實收到釋農奴解放生產力的實效。這是乾隆政策中頗足稱道的一著。

保守的礦冶政策

煤是手工業和日常生活燃料，鐵是製作工具的基本原料，銅、鉛是鑄幣的主要材料。礦冶業在經濟生活中具有重要意義。雍正對此缺乏認識，採取禁礦政策。乾隆則不同，他對礦冶比較重視。五年（一七四〇年），大學士趙國麟奏請降敕各督撫，「凡產煤之處，無關城池龍脈及古昔帝王聖賢陵墓，並無礙隄岸通衢處所，悉聽民間自行開採」。乾隆准奏，要求各省督撫詳議上報。結果，口外及山東、山西、湖南、甘肅、廣東等地陸續上報產煤處所，聽民開採142。

> 湖南邵陽、武岡、慈利、安化等三十縣鐵礦，俱係各該居民農隙自刨，以供農器，間有產鐵旺盛之芷江縣，挑往鄰邑售賣，應聽商民自便。[143]

乾隆准奏。同年，還批准貴州天柱縣相公塘、東海洞等處開金礦，按定例「開採每金一兩，收課三錢」[144]。對於某些生產上遇到困難的礦廠，乾隆則設法予以解決。如二十六年十二月，他獲悉北京西山煤礦「年久深窪，兼有積水，以致刨挖維艱，京城煤價，漸爲昂貴」，立卽著工部和步軍統領、順天府等各衙門，悉心察勘，於煤旺可採之處，「妥議規條，准令附近村民開採，以利民用」[145]。

乾隆開放礦禁政策，使礦業有一定發展。據統計，雍正十三年（一七三五年）全國礦廠僅一百六十二處，其中銅礦四十四處，鐵礦五十處，金礦三處。乾隆十年（一七四五年），全國礦冶增至二百三十處，其中銅礦五十五處，鐵礦七十處，煤礦六處，金礦五處，銀礦二十五處。五十二年，全國礦冶總數增至三百零九處，其中銅礦五十六處，鐵礦八十五處，煤礦二十三處，金礦十六處，銀礦二十七處[146]。

但是，開礦辦廠是有條件的。條件就是，對清王朝統治是否有利。從這一立場出發，乾隆最重視銅的開採和冶煉，以供鑄幣，解決錢貴銀賤問題。

清代前期，銅的主要產地是雲南，「各處聚集砂丁人等，不下數十萬」[147]。雲南各銅礦，惟東川府（治所今雲南會澤縣）屬湯丹、大水、碌碌三廠最旺。但乾隆九年之後，產量下降。雲南總督張允隨於東川、昭通等處「預覓旺廠，先行試採」[148]。十二年張允隨報告，試採數處，「每年得百餘萬觔，將來旺盛，卽可以盈補絀」。乾隆對此甚高興，批道：「此所爲先事之良圖，經邦之遠猷。封疆大臣可以無忝，欣悅嘉許之外，無可批諭也。」149

我們知道，礦冶業是勞動密集型生產，勞動者絕大多數又是來自城鄉中赤貧。一方面，他們勞動條件艱苦，倍受壓迫與剝削，反抗性特別强。這是統治者對礦冶業存在與發展最感擔憂的問題。另方面，礦工人數增多，鄉村農業人口就要相對減少。這又是抱著以農爲本的封建統治者所不願意的。乾隆九年關於廣東開礦的爭論，就說明這一點。時兩廣前後任總督馬爾泰、那蘇圖和署廣東巡撫策楞上奏，廣州等府有銅、鉛及夾雜金砂等礦共二百餘處，要求開採。那蘇圖態度十分堅決。他說：

> 況粵東山多田少，民人雖有胼胝之能，苦無耕作之地。與其飄流海外，作奸爲盜，何如入山傭趁，使俯仰無憂。是開採非特爲鼓鑄計，兼無可撫養貧民也。150

江西、江南兩道御史衞廷璞、歐堪善有不同看法。歐堪善說：

> 粵省環山距海，黎瑤雜處，數十年來安堵，皆由勤耕力穡，民有常業，故雖有宵小，無由起釁。若深山巨谷，大興廠役，商人獲利，尚難相安，倘各商虧本，工廠良頑不齊，人衆難散，或乘此暗通海寇，勾引黎瑤，騷擾百姓，防範難周。且承商既多，或因山場隴口，爭訟鬥毆，蠶陵莫紀。……竊思粵省田畝雖少，而山河湖濱，種植雜糧蔬果，皆可爲糊口之資。……今大興力役，愚民貪圖傭值，較耕作稍優，勢必拋荒本業。151

那蘇圖與歐堪善的論爭，是兩種經濟思想的交鋒。前者希望拓寬生產領域，擺脫耕地不足對經濟生活的制約。後者則死抱著傳統的單一農業不放，唯恐生產方式的變化會影響清王朝的政治統治。

乾隆本來傾向歐堪善意見，批道：「歐堪善奏摺，可抄寄與廣東督撫馬爾泰、策楞，悉心定議，務其妥協無弊，不可拘執前見。」[152]後來，他雖勉强批准廣東開礦計劃，但與歐堪善一樣是顧慮重重，說「朕思開採一事，雖有益於鼓鑄，每易於滋事」，力主謹愼，强調「斷不可因目前之微利，啓將來之患端」[153]。因此，乾隆礦政是保守的，在礦冶規模、地點和經營方式上給予種種限制。

乾隆反對擴大礦冶規模。以雲南銅礦爲例。二十五年（一七六〇年），因官府增加滇銅收購價格，雲南各銅礦產量上升。雍正六年（一七二八年）滇銅年產量約四百萬斤[154]。降至乾隆三十一年，滇銅年產量達一、二〇〇～一、一三〇萬斤，已足夠鑄幣之用。於是雲貴總督楊應琚奏請限制生產規模：「請嗣後示以限制，將舊有之老廠、子廠存留開採，只許在廠之周圍四十里以內開挖漕洞，其四十里以外，不准再開，庶客戶課長，不致日漸加增」。乾隆批：「如所議行」[155]。

礦冶地點被限定在僻遠地區，不能在靠近經濟發達的中原山區。如乾隆九年五月，戶部原已批准山東藁城知縣奏請，在蔚城，嶧縣（今山東棗莊市）、費縣、臨淄（今山東淄博市東川舊臨淄）、沂州（治所今山東臨沂）、平陰、泰安等地山區開採銀銅鉛礦。直隸總督高斌反對：

蓋開採礦砂，向惟行於滇粵邊省，若山左中原內地，從未舉行。而沂鎮泰安，山屬岱岳。費、滕、嶧縣，地近孔林，更屬不宜。……更可懼者，去冬彗星所指，僉稱在齊魯地方。今開礦適當其地，是於事則無利而有害。

乾隆閱後批道：「所奏甚是。朕竟爲（戶部尚書）舒赫德所欺。有旨傳諭山東巡撫喀爾吉善停止矣。」[156]即使是僻遠的深山，乾隆也不同意隨便開採。如十二年，署廣西巡撫鄂昌奏，桂林府屬義寧縣龍勝以內獨車地方，以及與湖南綏寧縣連界的把沖嶺，銅礦甚旺，應行開採。乾隆因其界接苗疆，降諭「照常封閉，以杜聚集奸匪之漸」157。

在經營方面，乾隆對礦廠的管理，礦冶產品的銷售、價格以及礦工來源等方面，控制尤其嚴格。清前期礦冶業，都是由商人出資經營。但礦廠的管理權卻操在官府手中。如乾隆十年，戶部議准四川巡撫紀山等要求開採樂山縣老洞溝、宜賓縣梅子凹銅礦，並作出若干規定。其中一條是，銅礦由官府「委佐雜幹員管理廠務，其一切發價、運銅等事，即交各縣就近經營」。這就剝奪了廠商對礦廠的管理和產品售銷權。另一條是，「報採各商，土著流寓不一，應令地方官查驗殷實良商，取結保送」158。依此規定，廠商本人也被置於官府控制之下。

清朝規定，礦冶產品一般是二八抽課，即按產量納課稅二成，其餘八成歸商人出售，但並非自由售賣，要受官府監督。清前期，福建鐵冶居全國重要地位。十年，福建巡撫周學健奉命清查沙縣、尤溪、永定、長汀、歸化、上杭、大田、漳平八縣鐵冶「有無未便」之處。周調查後報告說：「今查所雇人夫，俱非外來流民。鑄出鐵觔，亦止打造農具，沿海口岸員弁嚴查，不致遠漏外洋」159。這就是說，福建各縣冶煉出的鐵，只許造農具，不許他用；只能售於國內，不能出口。而雇工只能是當地人，不得有外來流民。至於礦冶產品收購價，更是由官府單方面決定，有時還低於成本。這在前一節已經敍及。

由於清政府對礦冶沒有投資，因而經常出現資本不足的局面。乾隆九年（一七四四年），兩廣總督馬爾泰奏請在廣州等處開礦，辦法是，按「定例」，「每縣召一總商承充開採，聽其自召副商協辦。一縣中有礦山數十處，遠隔不相連者，每山許召一商，倘資本無多，聽其伙充承辦」160。而江西道御史衞廷璞認為，廣東缺乏富商大賈，資本不足：

蓋開採必視乎商力。粵東僻處天末，土著之殷富者，通省不過數家。至外來流寓，如洋行、鹽行，雖有數千家，而殷富者亦不過數家。餘皆那移補苴，虛張聲勢，非如兩淮、山右之擁巨貲者，雖經小折而無損也。更有一種無籍之徒，典賣現有之產，希圖未然之益，合什佰小分爲一大股，官驗則有銀，興工則有銀，一或失利，坑陷多人，蕩產破家，勢所必有。

因此，他建議「先在府州縣礦山，各擇一二處先行試採，果有成效，方漸次舉」。應該説，同樣是反對廣東大規模開礦，歐堪善從清王朝政治穩定出發，是保守的；儰廷璞從廣東資本現狀出發，主張先試採而後推廣，是實事求是的。有些礦廠就是因資本不足，被迫停產。如二十年（一七五五年）四川總督黃廷桂報告：「建昌會理川屬黎溪銅廠，坐落深山，商販收買甚少，而廠商本少力微，未能遠運求售，每致工本無出，停採待變」161。對於礦廠資本不足，清朝就是不願動帑項支持。

乾隆時期，即十八世紀下半葉，歐洲工業革命方興未艾，機器大工業正在逐步取代手工勞動。而歐洲礦冶業的發展，爲工業革命提供了包括煤、鐵等物質資料。但是，乾隆保守的礦冶政策，阻礙了中國礦冶業的更快發展，從而延緩了整個社會生產領域中動力改造與工具革命，使中國社會生產力發展水平與歐洲的差距更大了。這正是封建生產關係對生產力發展的阻礙作用，在乾隆的礦冶政策中的具體表現。

打擊朋黨，整頓吏治

（一）翦除鄂爾泰、張廷玉兩個政治集團

雍正彌留時，遣詔莊親王允祿、果親王允禮和大學士鄂爾泰、張廷玉四人輔佐弘曆。允禮於乾隆三年（一七三八年）病故。乾隆四年允祿作爲弘皙集團的後臺，罷削議政大臣等職，失去權威。惟有鄂爾泰、張廷玉作爲百官領袖，並立於朝。

早在雍正年間，鄂爾泰、張廷玉就分別在構築自己的政治營壘。

鄂爾泰，姓西林覺羅氏，字毅庵，滿洲鑲藍旗人，生於康熙十九年（一六八〇年），雖年輕中舉，終康熙之世僅任內務府員外郎小官。胤禛在藩邸時，曾有事求助鄂爾泰，遭拒絕。對於此事，胤禛非但不記仇，反而認識了鄂爾泰剛直性格，「以郎官之微而敢上拒皇子」162，登基後遂委以重任。雍正元年（一七二三年），鄂爾泰超擢江蘇布政使，從雍正三年至十年，又歷任廣西巡撫、雲南巡撫、雲貴總督、雲貴廣西總督等封疆人員。十年，授保和殿大學士，入閣辦事，位居首席軍機大臣。鄂爾泰還是清朝「改土歸流」政策倡導者和執行者，「節制滇南七載，一時智勇之士多出幕下」163，加上執掌內閣，士林蟻趨，逐漸形成以滿洲官僚爲中堅，包括一部分漢族官僚在內的政治集團，主要成員有莊親王允祿、公哈達哈、軍機大臣海望、湖廣總督邁柱、河道總督高斌、工部尚書史貽直、巡撫鄂昌、總督張廣泗、御史仲永檀、陝西學政胡中藻等。

張廷玉，字衡臣，安徽桐城人，大學士張英次子，康熙三十九年進士，四十三年奉旨值南書房。雍正即位，擢禮部尚書，不久兼翰林院掌院學士並調任戶部。四年（一七二六年），授文淵閣大學士，五年進文學殿大學士，六年進保和殿大學士。八年，清朝因西北用兵，設立軍機處。張廷玉制定了軍機處規章，對創立和健全軍機制度起了重要作用。他爲人謹慎，所草上諭，全合雍正心意，因而備受賞識和寵信。雍正元年，皇帝賦詩賜張廷玉，曰：

峻望三臺近，崇班八座尊。
棟梁才不忝，葵霍志常存。
大政資經劃，訏謨待討論。
還期作霖雨，為國沛殊恩。[164]

雍正九年（一七三一年），又御書「贊猷碩輔」四字，命內廷製龍匾以賜[165]。從詩和匾，可以看出雍正對張廷玉的倚重。有一次張廷玉偶疾，雍正對近侍說：「朕連日臂痛，汝等知之乎？……大學士張廷玉患病，非朕臂痛而何？」[166]八年六月，雍正頒諭鄂爾泰、張廷玉著配享太廟。這是皇帝賜給大臣最高的榮譽和獎賞。乾隆即位後，同樣也離不開這位嫻於典章、工於文字的老臣。乾隆二年（一七三八年），張與鄂爾泰同封三等伯。六年，張廷玉七十大壽，乾隆御書「調元錫祉」，撰對聯「忠誠濟美之臺麗，弼亮延庥百福申」[167]，並賦詩一首賜給張廷玉。經過張英、張廷庥父子長期經營，至雍正時以張氏為核心的桐城官僚隊伍在迅速發展。雍正十二年，張廷玉自誇：「近日桐人之受國恩登仕籍者，甲於天下」[168]。降至乾隆前期，僅張氏一門登仕者凡十九人。張廷玉曾得意寫道：「自先父端（張英）而下，三世入翰林者凡九人，同祖者二人，是廷玉一門受聖朝恩至深至厚」[169]。與張氏世代聯姻的姚氏，是桐城另一望族，「子姓蕃衍，仕宦衆多」，與張廷玉同時為官的有姚孔鋠等十人[170]。

雍正對鄂、張二氏勢力膨脹，採取姑息甚至讚賞態度。雍正十二年，他說：

大學士鄂爾泰張廷玉實我朝之賢大臣。朕見伊兩家後起人才蔚然可觀，是以屢加擢用，有甫經數年，而即至大貴者……彼大識見卑鄙之人，未必不私心竊疑，而謂朕之暱其所

> 好。……然朕之樂於用伊兩家子弟者，亦自有朕之意在。一以兩家之先人培植深遠，方獲生此賢哲爲國家之股肱心膂……一以兩家子弟素聞家教，與衆不同，必不至負國恩而忘家訓；一以兩大學士如此忠誠，雖天下之人尚思教育成就之，所以訓勉於一門之內者，必更加肫篤，可以代朕之提撕訓導，令其有成。爲此三者，擇人而用，隨才器使。[171]

這段話講得很明白，雍正有意扶植鄂、張兩家族，既可從中選取一批溫順奴才，亦可以此樹立忠君榜樣，「提撕訓導」更多滿漢地主。

在雍正扶植下，降至乾隆初年，隨著鄂、張兩大政治集團勢力膨脹，他們之間明爭暗鬥的對立局面已趨嚴重。清人昭槤說：

> 上之初年，鄂、張二相國秉政，嗜好不齊，門下互相推舉，漸至分朋引類，陰爲角鬥。[172]

對於這兩大政治集團，乾隆洞若觀火。他曾說內外官員，「如滿洲則思依附鄂爾泰，漢人則思依附張廷玉。不獨微末之員，即侍郎尚書中亦所不免」[173]。朋黨之爭，必然會從內部瓦解中央政權。乾隆畢竟不是雍正。他血氣方剛，「臨御以來，用人之權從不旁落」，對鄂、張兩集團呼朋引類，黨同伐異，壟斷仕途，拓展各自營壘的鬥爭，不能不予置理。但他又精明過人，對於經營了數十年盤根錯節的鄂、張兩大政治集團勢力的處理，沒有操之過急。縱觀乾隆所作所爲，可以看出，他採取的是利用、限制到最後鏟除的策略。乾隆二年會試，張廷玉任主考官，乃侄張若需中試。御試時，乾隆出三道題，其中第一題是《爲君難爲臣不易》[174]。這弦外之音，是不難聽明白的。

當年十一月，乾隆以大學士不應兼管的常例，批准張廷玉辭去戶部事務，只兼管吏部。張氏集團的權力受到某種程度的削減。

乾隆六年發生了仲永檀彈劾案。鄂爾泰集團從此走向垮臺。

仲永檀，字襄西，山東濟寧人，乾隆元年進士，五年考選陝西道監察御史，是鄂爾泰得意門生。就在這一年，原工部鑿匠、京師富民俞氏無子，嗣孫年幼，義女婿許秉義爲謀占俞氏家產，與內閣學士許王猷聯宗，並託許王猷出面，邀不少朝臣往俞家弔喪，藉以壯許家聲勢。此事被順天府尹告發出來，許王猷受奪職處分，事情本已了結。但是，六年三月，仲永檀進一步揭發提督鄂善受俞家賄賂萬金，大學士張廷玉送了柬帖，大學士徐本、趙國麟親往弔喪，禮部侍郎吳家駒往弔得貲。仲永檀還告發説：「向來密奏留中事件，外間旋卽知之。此必有串通左右，暗爲宣洩者」175。乾隆甚重視仲永檀的告發，命怡親王弘曉、和親王弘晝、大學士鄂爾泰、張廷玉、徐本、尚書訥親、來保七人會審鄂善。三月二十五日，乾隆又召集鄂爾泰等七人，親自審問。他勸鄂善説，若確實受賄，於朕前實奏無妨，從輕審理。鄂善信以爲眞，承認受賄銀一千兩。乾隆立卽降旨説：「念爾曾爲大臣，不忍明正典刑，然汝亦何顏復立人世乎！汝宜有以自處也」，要鄂善自裁。鄂善看情形不妙，知道上皇帝的當，隨卽翻供。乾隆惱羞成怒，降旨處鄂善死列。仲永檀因此被擢僉都御史。乾隆還頒諭嘉獎説「自今以後，居言官之職者，皆當以仲永檀爲法，不必畏首畏尾矣。」176

但是，仲永檀揭發大學士趙國麟等赴俞家送帖、弔喪，經審查，純係子虛烏有。趙國麟，山東泰安人，康熙四十五年（一七〇六年）進士。該年會試，張廷玉以檢討擔任同考官，兩人關係自然不一般，仲永檀彈劾的是趙國麟，攻訐的目標卻是張廷玉集團。趙國麟對仲永檀誣告不實，反而升官，心懷不滿，上疏乞求引退。乾隆不肯，擢趙國麟爲禮部尚書，以示安撫。趙國麟仍耿耿於懷，多次求退。這就惹火皇帝，終於被削奪官職，命在咸安宮效力。

仲永檀告發鄂善、趙國麟等嘗到甜頭，又把彈劾的矛頭指向鄂爾泰政敵張照。

前面說過，當古州臺拱苗變時，張照以撫定苗疆大臣的身分入黔指揮征剿，卻因「挾私誤軍興」，被逮捕下獄，不久獲釋。乾隆七年（一七四二年），張照以刑部尚書兼領樂部。仲永檀竟以此上書彈劾，說張照「以九卿之尊親操戲鼓」[177]。彈劾未能中的，張照銜恨入骨，探知仲永檀曾將留中密奏疏稿內容，洩露給鄂爾泰之子、詹事府詹事鄂容安，遂上疏摘發。乾隆即命莊親王允祿、履親王允祹、和親王弘晝等會同大學士張廷玉、徐本，尚書訥親、來保、哈達哈審理此案。結果，仲永檀、鄂容安承認，他倆「往來親密，於未奏之前，先行商謀，即奏以後，復行照會」。十二月，乾隆降旨逮捕仲永檀，罷鄂容安職，鄂爾泰受降二級處分。乾隆認定，仲永檀依附師門，與鄂容安「結黨營私」，鄂爾泰亦有干係。「仲永檀如此不端之人，鄂爾泰於朕前屢奏其端正直率，則其黨庇之處，已屬顯然……鄂爾泰自思之，朕從前能用汝，今日能寬汝，將來獨不能重治之罪乎！」[178]這是對鄂爾泰集團的一次嚴重警告。乾隆十年，鄂爾泰病死，乾隆仍遵雍正生前許諾，將鄂爾泰配享太廟。

仲永檀事件鬧得滿朝風雨時，又出現劉統勳上疏要求暫停張廷玉家族升轉之事。

乾隆六年十二月，都察院左都御史劉統勳上奏二摺。一摺說訥親承辦事務過多，另摺說張廷玉家族居官者太衆：

大學士張廷玉歷事三朝，小心敬愼。皇上眷注優隆，久而弗替，可謂遭逢極盛。然大名之下，責備恆多，勳業之成，晚節當慎。外間輿論動云，桐城張姚二姓，占卻半部縉紳。此盈滿之候，而傾覆之機所易伏也。竊聞聖祖仁皇帝時，曾因廷臣有升轉太速之員，特諭停業升轉……臣愚以爲宜仿此意，敕下大學士張廷玉，會同吏部衙門，將張、姚二姓部冊有名者，詳悉查明。其同姓不同宗，與遠房親誼，不在此例。若係親房近友，累世密戚現任之員開列奏聞，自命下之日爲始，三年之內，停其升轉。179

劉統勳奏疏，實乃求乾隆以暫停升轉辦法，限制張氏集團勢力的迅速膨脹。乾隆閱後降旨，一面撫慰張廷玉、訥親：

朕思二臣若果聲勢赫赫，擅作威福，則劉統勳必不敢如此陳奏。今既有此奏，則二臣並無聲勢可以拑制僚寀可知。此國家之祥瑞也，朕心轉而爲喜。180

另方面，又同意對張廷玉親族的升轉有所抑制，並說這一措施於張廷玉有益：

張廷玉親族人衆，因而登版籍者亦多，此固家運使然，然其親族子弟等或有矜肆之念，爲上司者或有瞻顧之情，則非大學士所能料及也。今一經查議，人人皆知謹飭檢點，轉於大學士張廷玉有益。劉統勳所請裁抑之處，著該部查議具奏。181

把乾隆這段話，與當年雍正對張、鄂兩家子弟的讚揚語言作一比較，就可以看出這兩位皇帝的不同態度。雍正於兩家是竭力扶植，乾隆則有所抑制。

張廷玉是官場老手，十分乖巧。他看出乾隆對自己家族勢力的發展心存芥蒂，因此立刻上疏，要求辭去兼管吏部部務的職責。乾隆沒有同意，這時他還需要張廷玉。十年，鄂爾泰死，乾隆沒有讓張廷玉當首席軍機大臣，而是以「我朝舊制，內閣係滿大學士領班」[182]為理由，把訥親升為首席軍機。十一年十月，張廷玉年逾古稀，乾隆准他「不必向早入朝，或遇炎蒸風雨，或自度宜於少休，亦不必勉强入內。其應辦事務，可以在家辦理」[183]。這算是對張氏優容。十三年正月，張廷玉再次求退，乾隆仍不同意，僅准辭去兼管的吏部事務[184]。直至十四年十一月，乾隆才同意張廷玉以原官並帶伯爵銜致仕。但正是在這個時刻，張廷玉惹怒了乾隆。

乾隆早已答應要踐行雍正諾言，讓張廷玉身後配享太廟。但乾隆也說過，配享大臣，不宜歸田終老。因此，張廷玉對自己能否配享有所擔心，遂奏請「乞上一言為券」[185]。大臣竟要皇帝寫保證書，乾隆自然很不高興，但仍頒詔重申雍正成命，並製詩示意，用明朝劉基乞休後依然配享太廟例安慰張廷玉。張廷玉放心了。第二天令兒子張若澄上朝代為奏謝。求配享可親自面奏，得到配享許諾後就不能親自來謝恩，乾隆大為惱火，即時降旨斥責：

> 夫配享太廟，張廷玉畢世之恩，豈尋常賜齎、加一官晉一秩可比。不特張廷玉歿身銜感，其子孫皆當世世銜感。伊近在京邸，即使衰病不堪，亦應匍匐申謝。乃陳情則能奏請面見，而謝恩竟不能親赴闕庭！視此莫大之恩，一若伊分所應得，有此理乎！[186]

乾隆傳諭寫旨時，只有大學士傅恆和協辦大學士汪由敦在場。汪是張廷玉門生，立即免冠為張廷玉求情。聖旨還未下，第二天一早張廷玉就親自上朝謝恩。乾隆斷定，張廷玉昨日不來今日來，定然是汪由敦傳遞信息，走漏風聲。由此他聯想起，張廷玉曾建議，自己告老之後，由汪由敦接任大學士之職，愈加怒氣沖沖：「朕為天下主，而今在廷大臣因師生而成門戶，在朝則倚恃眷注，事事要被典，及去位而又有得意門生留星替月，此可姑容乎！」[187]張廷玉因此被削去伯爵，以大學士原銜休致，但仍許配享。汪由敦罷協辦大學士及尚書職，在任辦事贖罪。

此時的張廷玉完全失寵。乾隆不時找藉口訓斥，直欲摧垮張氏集團。十五年（一七五〇年）二月，乾隆西巡五臺山離京時，張廷玉隨衆送駕。乾隆因張廷玉「未曾叩首道旁，且毫無惶悚激切之意」而發火。三月，定安親王皇長子永璜去世，初祭甫過，張廷玉奏請南還，乾隆斥責說：「試思伊曾侍朕講讀，又曾爲定安親王師傅，而乃漠然無情至於此，是尚有人心乎！」[188]從前，乾隆曾誇獎張廷玉、鄂爾泰「二人誠無愧唐之房（玄齡）、杜（如晦），顧朕弗及太宗耳」[189]。現在，乾隆對張廷玉的評價是，「在皇考時僅以繕寫諭旨爲職，此嫻於文墨者所優爲。自朕御極十五年來，伊不過旅進旅退，毫無建白，毫無贊勷」[190]，僅僅是幾十年老繕寫員而已。乾隆還說，張廷玉之所以「營營思退」，一方面是政治上失意，「自揣志不能逞，門生親戚素相厚者，不能遂其推荐扶植之私」；另一方面又家有儲積，「所積貲產又已足以贍身家」[191]。張廷玉又成爲滑頭自私的小人。乾隆把以往清朝配享諸臣名單給張廷玉看，要張自行對照，自審應否配享，並命九卿就此問題定議具奏。定議結果，罷張廷玉配享。乾隆准奏。同年九月，又揭發出張廷玉姻親朱荃曾涉及呂留良案。乾隆降旨革去張廷玉大學士銜，追回以前給張廷玉的一切賞賜。至此，張廷玉徹底垮臺了。

乾隆二十年（一七五五年）張廷玉去世，乾隆仍遵乃父諾言，將張廷玉配享太廟。這除了體現乾隆「純孝」美德外，對張氏政治集團，不可能產生復熾效應。

（二）全面整頓吏治

康熙、雍正都曾從釐正制度入手，大力整頓吏治。乾隆要勵精圖治，也必須大刀闊斧地整飭吏治。他沒有去改革已有的官僚機構，而是針對中央九卿、科道和各省督撫、地方府縣衙門存在的不同問題，從封建官吏職責規範化的角度，有針對性地提出整治要求。

對於中央九卿狀況，乾隆有個基本估計。六年三月，他說：「朕就近日九卿風氣論之。大抵謹慎自守之意多，而勇往任事之意少」192。所謂謹慎自守，實卽不求有功，但求無過的無所作爲習氣。其通常表現之一是懶散。十一年三月某日，乾隆發現，應召在乾淸門等候奏事的九卿，「有因衹候稍久而以勞苦含怒者」，甚至「竟不候而歸」。他惱火地斥責說：「朕機務維勤，不敢暇逸，而大臣則已退食自公，優遊閑適矣！……諸臣思之，當愧於心也」193。其表現之二是因循推諉，文移往來。乾隆說：「朕聞近來各部院辦理，因循成習。每遇難辦之事，卽互相推諉，文移往返，動往歲月。迨夫限期已滿，則潦草完結，以避參議。至於易結之事，又復稽延時日，及至限滿，則苟且咨行，以期結案」194。這種無所作爲習氣，與乾隆勵精圖治的抱負和雷厲風行作風，格格不入。七年三月淸明節，乾隆在勤政殿對九卿說：

> 近來九卿大臣，朕實灼見其無作奸犯科之人，亦未聞有作奸犯科之事。然所謂公忠體國，克盡大臣之職者，則未可以易易數也。不過早入衙署，辦理稿案，歸至家中，閉戶不見一客，以此爲安靜守分，其自爲謀則得矣！……至於外而督撫，內而九卿，朕之股肱心膂也。萬方億兆，皆吾赤子。其爲朕教養此赤子者，朕非爾等是賴，其將奚賴？今爾等惟以循例辦稿爲供職，並無深謀遠慮爲國家根本之計，安所謂大臣者歟！如僅循例辦稿已也，則一老吏能之。195

乾隆話很嚴厲，也很中肯。作爲皇帝股肱，九卿大臣不能僅滿足於不作奸犯科，更不能把自己混同於老吏，以入署辦稿爲供職，應深謀遠慮國家大計，有所建樹。

科道、御史承擔著監察職責。乾隆說：「夫言官之設，本以繩愆糾繆，激濁清揚。朝廷之得失，民生之利病，無不可剴切敷陳。內而廷臣，外而督撫，果有貪劣奸邪實據，指名彈劾，亦足表見風裁」[196]。但實際上科道御史並未盡責。四年（一七三九年），乾隆就指出：「近來科道官員，條陳甚少，卽有一二奏事者，亦皆非切當之務……嗣後各精白乃心，公直自矢，毋蹈緘默陋習。」此後，緘默之風雖有所改變，卻又轉而「摭拾浮器」，以浮言爲依據，抓住末節問題作文章，「徒事懷私窺伺」[197]。乾隆認爲，言官不能履行職責，關鍵在素質低。要改變這種狀況，就應愼重言官選拔。原來，御史由各部院堂揀選司員保薦，然後由吏部引見，皇帝簡命。乾隆以爲這辦法有局限性，「各堂官保送，皆就伊等所見舉出。統計一衙門官員，不過十之一二，其餘衆員，朕未經遍覽，此中或可任科道而不在保送之列，亦未可定。」因此，乾隆三年時，就改爲「例應選翰林部屬等官，一概通行引見」[198]，擴大了選拔對象。但選拔對象太多，皇帝又難以一一考察。降至十一年十月，降旨恢復九卿保薦法，但須經請旨考試後，引見候皇帝簡命[199]。

督撫是封疆大臣，身繫一方國計民生重任。乾隆對督撫重視，不下於九卿。他說：「九卿督撫，皆朕股肱大臣，國計民生均有攸賴」[200]。他要求督撫居官首先要忠於職守，盡心盡責，「處官事如家事」，「若當官而存苟且之心，將百事皆從廢弛矣。」八年十一月，他聽說河南巡撫雅爾圖「官署鞠爲茂草」，湖南巡撫許容以文書廢紙糊窗，甚是惱火，認爲事雖細，但說明二人「其心不在官」，遂降旨切責，「此卽孫樵所謂以家爲傳舍，醉濃飽鮮，笑而秩終」[201]。乾隆說，督撫有封疆之寄，主要職責是督察屬官：

從來爲政之道，安民必先察吏。是以督撫膺封疆之重寄者，捨察吏無以爲安民之本……夫用人之柄，操之於朕，而察吏之責，則不得不委之督撫。202

乾隆話是精闢的。他以「察吏」爲「安民」根本，視作封疆大臣首責，也就是從抓各級行政官員入手，抓國家的治理，從而抓住了政治管理的核心環節。他還告誡各地督撫，不要在法令上多做文章，要把督察屬員工作認眞抓起來：

（督撫）其有一二號稱任事者，又徒事申教令，務勾稽，而無當於明作有功之實效，是但知求之於民，而未知求之於治民之吏也。……古稱監司擇守令，一邑得人則一邑治，一郡得人則一郡治。督撫有表率封疆之任，不在多設科條，紛擾百姓，惟在督察屬員，令其就現在舉行之事，因地制宜，務以實心行實政。203

從此不難看出，關於法令、官吏和社會安定三者之間的關係，乾隆强調的是官吏的主導作用。他認爲，如果一味更張法令，那就是「但知求之於民」，即只知道要百姓遵守這樣或那樣的法令，其結果只能紛擾百姓，搞得雞犬不寧。地方治績如何，不在法令，而在官吏人選，得人則治，任用非人則不治。乾隆如此强調地方官賢與不肖對社會治亂的作用，反對督撫們更張法令，有客觀社會因素，也有主觀原因。淸王朝延續至乾隆時期，封建經濟政治體制已定型成套，以改科條爲名，行擾民之實，的確不可不防。而作爲封建帝王，乾隆又十分自信自己的雄才大略。在他看來，當臣子的只要「仰遵聖意」，照章辦事，就可以達到治國平天下目的。因此，與歷代帝王一樣，乾隆强調的也是人治。他曾說：「有治人，無治法。任法不如任人」。

乾隆還十分重視州縣地方官的人選。他說：「知縣一官，古稱司牧，其才具之短長，乃政治得失之所關，民生休戚之所繫」204。他引唐朝張九齡的話說：「縣得良宰，萬戶息肩；州有賢牧，千里解帶」205。良宰賢牧的標準是什麼呢？乾隆說，古今有些地方官，但知用心於刑名錢穀，考成無過，上司亦認爲是好官，這不對。良牧標準，一是「經劃有方，勸課有法，使地有遺利，家有蓋藏者」206；二是「視百姓如赤子，察有飢寒，恤其困苦，治其田里，安其家室」207。也就是說，既能採取有效措施，發展地方經濟，又能關心百姓疾苦的，才是好官。要做到這兩點，地方官就應當經常深入鄉村，體察民情，了解各地生產狀況。九年五月，他對州縣官說：

所謂知州必能知一州之事，知縣必能知一縣之事。顧名思義，循名責實，豈簿書錢穀無誤期令，遂謂可勝任愉快耶！……州縣所屬地方，雖廣狹不一，事務亦繁簡不同，然一月之中，豈無齋戒停刑之日，亦有因公下鄉之時，果能乘此餘暇，不辭勞瘁，親履田間，與父老子弟歡然相接，如家人父子，言慈言孝，啟其固有之良，度其原隰，相其流泉，審物土之宜，因閭閻之便，利所當興者舉之，害所當除者去之，則養教兼施，善政莫乎是。208

這裏，乾隆告誡地方官，不要成天圍著簿書錢穀打轉，應乘間下鄉村作調查訪問，從百姓生產生活狀況，到民情風俗、土壤水利等等，都應有切實的了解，要因閭閻之便，興利除害，造福地方。乾隆把到民間做調查研究，看作對州縣官的基本要求，這對改變衙門的官僚作風，顯然有積極意義。不過，在封建時代這種要求不可能得到貫徹。

乾隆在整頓吏治的過程中，還注意到幕客對政治的干擾問題。十二年（一七四七年）二月，廣西道監察御史黃登賢奏，各省幕客多聚會省城，勾結各衙門吏書，從中打探衙門內情，遇到州縣呈文申詳，則多方批駁，迫使州縣長官不得不到省會訪求幕客中與上司衙門關係密切者，用厚金延聘，彼此串合。他請求皇帝降諭各巡撫，將聚集在省城的府縣幕客，嚴查驅逐。乾隆接納了黃登賢建議，下旨執行[209]。

乾隆還極其關注各地武官的狀況。六年十月，乾隆獲悉四川建昌鎮臣趙儒、重慶鎮臣蘇應選，俱年逾七旬，體力已衰，遇事逢迎瞻顧，立刻頒諭各省提督，凡是精力已衰不能統率操練的武官，應令其休致。爲了查閱各營伍狀況，九年正月，乾隆派尚書訥親到河南及上下江、淮、徐、山東等地巡視。三月，訥親報告，河南開封府駐防滿洲兵操練時「進退生疏，隊伍亦不整齊」，其他各省情況大抵相似。乾隆閱後生氣地說：「覽此，卽可見外省大吏，無一不欺朕矣」[210]。十一年九月，乾隆決定，從十二年開始，遣員分批查閱各省軍隊。當年查閱直隸、山西、陝西、四川、甘肅五省，第二年查閱湖北、湖南、雲南、貴州四省，十四年查閱廣東、廣西、浙江、福建四省。三年一閱，周而復始[211]。

要整頓吏治，就要加强對官吏的考核。清制，內外官三年一考核。京官考核稱京察，外官考核稱大計。考核分稱職、勤職和供職三等，政績特別卓異者可引見候旨升擢。考核不及三等的官員，要糾以「八法」，卽貪、酷、罷軟無爲、不謹、年老、有疾、浮躁和才力不及者。貪、酷者革職拿問，罷軟無爲和不謹者革職，年老和有疾者勒令休致，浮躁和才力不及者酌量降調。乾隆知道這種考核往往瞻徇情面，弄虛作假，不少人甚至「濫列一等」。因此，於四年（一七三九年）下令將「八法」改爲「六法」，宣布「貪、酷二者，不應待三年參劾」，卽一旦發現就要參劾。九年又決定，凡考績列一等者，應經大學士驗看，愼重甄別。順治時曾經規定，三品以上京官應自陳政績。乾隆認爲「自陳繁文，相率爲僞，甚無謂也」[212]，下令取消。乾隆前期，對官吏的考核還是比較認眞的，不少地方官因考核不及格或罷或降或休致。以乾隆十年爲例，這一年全國大計中，被劾爲不謹、罷軟、才力不及、浮躁、年老、有疾者共計一百八十人。其中不謹官四十三人，罷軟官十七人，才力不及官三十五人，浮躁官十三人，年老官四十人，有疾官三十二人[213]。一次大計，有這麼多官員不及格，說明考核並非徒具形式。

懲治貪污是整頓吏治的重要內容。乾隆對貪官懲辦十分嚴厲。二年，山西學政喀爾欽在布政使薩哈諒支持下賄賣文武生員一案被揭露。乾隆爲之震驚。他說，御極以來，體恤羣吏，增俸祿，厚養廉，以爲天下臣工，自必感激奮勉，砥礪廉隅，斷不致有貪黷敗檢以干憲典者。不意竟有山西布政使薩哈諒、學政喀爾欽，穢跡昭彰，贓私累累，「實朕夢想之所不到」，「一省如此，他省可知矣」[214]。降旨將喀爾欽斬立決，薩哈諒斬監候。

喀爾欽一案未了，六年三月，左都御史劉吳龍又揭發浙江巡撫盧焯在處理嘉興府桐鄉縣汪姓分家案件時，貪贓枉法，受賄銀五萬兩，該知府楊景震受賄三萬兩[215]。九月，總督那蘇圖參奏，荊宜施道姜邵湘「管理荊關稅務，肆志貪饕，橫徵暴斂，侵蝕冒銷，飽其慾壑。」荊關稅課每年還有餘銀三萬餘兩，姜邵湘年侵吞幾及一半[216]。接著，又發生浙江巡撫常安貪污案、四川學政朱荃賄賣生童案，等等。

面對日益增多的貪污案件，乾隆決定加重懲治。他說：

> 近來侵貪之案漸多，照例減等，使可結案。此輩既屬貪官，除參款外，必有未盡敗露之贓私。完贓之後，仍得飽其囊橐，殊不足以懲儆。[217]

這就是說，對貪污犯採取罰贓減等辦法不足懲儆。爲此，他下令將乾隆元年以來重大貪污犯，陸續發往軍臺效力，以爲黷貨營者戒。嗣後貪污犯亦照此辦理。十二年，又降旨修改懲治貪污法。原法律規定，貪污官吏至秋審時，概入緩決，而且「不入情實」，所以不至於處死刑。乾隆命九卿於秋審時，「核其情罪，應入情實者，卽入於情實案內，以彰國法。」218

不過，乾隆對貪污案的處理雖較以往嚴厲，但乾隆一朝的貪污案，仍層出不窮。

取締「邪教」

（一）取締大乘教

乾隆前期，社會階級矛盾雖未尖銳化，但人民的反抗鬥爭没有停止。民間秘密宗教成爲羣衆反清組織。各地秘密傳播的宗教，有大乘教、羅教、宏陽教、收元教、長生道等。這些秘密宗教，與元末以來的白蓮教，在教旨、信奉對象、教儀、經卷和組織形式上，旣有許多相似之處，又各具特徵。由於他們的信仰背離了封建正統思想，行爲和組織更是與中央政權相對立，所以被清朝目爲「邪教」。

在各種秘密宗教中，大乘教傳播最廣泛。這自然引起乾隆的關注，堅決予以取締。

大乘教組織最早是在貴州被告發的。

乾隆十一年（一七四六年）閏三月，貴州總督張廣泗密奏，雍正時雲南大理雞足山「妖人」張保太「妄刻《皇經注解》及《先后天圖》，惑人入教，形踪詭秘」，張保太本人雖於雍正十年（一七三二年）事發，被雲南地方官拿獲，「監斃獄中」，但黨羽流入貴州、四川，傳及各省，要求降諭查緝[219]。四月，張廣泗又奏：

雍正年間，有雲南大理府妖人張保太倡習白蓮教，後流入貴州、四川，傳及各省。近聞貴州省城有魏姓齋婆，招引徒衆習教，黨類甚多。並聞四川涪州有劉權，雲南有張二郎，皆係爲首之人。現已將黔首魏齋婆拿獲審辦，並密咨川、滇二省，一併嚴拿劉張二犯，從嚴究治。

乾隆看到張廣泗奏摺，立卽批道：

此等邪教惑人，乃地方不應有之事，何以近日屢見之，務須辦理得宜，毋縱毋濫，以除後患。殲厥渠魁，脅從罔治，而又在神速不露爲妙也。[220]

張保太，又作張保泰，原是雲南大理府太和縣貢生。康熙二十年（一六八一年）間在雞足山開堂倡教，法號道岸，釋名洪裕。他所傳大乘教，又稱無爲教，是白蓮教的支派。張保太自稱，該教是陝西涇陽縣八寶山「無生高老祖」開派，流傳至第四十八傳祖師楊鵬翼，原是雲南騰越州生員。張保太得楊鵬翼傳教，是爲第四十九代收圓祖師[221]。據上述張廣泗奏疏，張保太於雍正十年被逮入獄監斃。但是，據直隸總督那蘇圖奏報，乾隆四年（一七三九年）逮捕的常州府江陰縣長涇鎭西來教首犯夏天佑供稱，乾隆三年夏天佑曾親往雲南，面見張保太，張時年已八十餘歲[222]。可見，乾隆初張保太還活在人間。又據十一年七月乾隆説，「如雲南之張保太因從前遇赦釋放，今日遂至蔓延」[223]。這裏所謂「遇赦」，當指乾隆登基時特赦。再據乾隆十一年九月雲南總督兼巡撫張允隨奏：「滇省火官會，臣自乾隆六年將張保太拿禁監斃後，卽檄令全省通行嚴禁」[224]。可見，張保太不是死於雍正十年，而是死於乾隆六年之後。

作爲白蓮教支派的大乘教，與弓長的圓頓教有密切關係。關於弓長，黄育楩《破邪詳辨》卷：

噫，弓長卽張，分姓爲號，粗俗之至。再查邪經，知弓長飄高等同爲明末妖人。

又據方家研究[225]，弓長創立圓頓教時在天啓四年（一六二四年）。他曾撰《古佛天眞考證寶經》，簡稱《龍華經》。《龍華經》分二十四品，其中《混沌初品》云：「無始以來，無天地，無日月，無人物，從眞空中化出一尊無極天眞古佛來。」又云：「古佛出現安天地，無生老母先天立」[226]。《龍華眞經》是圓頓教的經卷，而古佛天眞和無生老母則是圓頓教中二尊最高的男女佛。圓頓教還宣傳末劫思想，而弓長就是領無生老母旨意來拯救末劫中黎庶，渡他們回眞空家鄉，赴龍華會。「初會龍華是燃燈，二會龍華釋加尊，三會龍華彌勒祖，龍華三會願相逢」[227]。赴龍華會是乘法船去的。《排造法船品》云：「無生老母令太上老君無影山前排造大法船一隻，大金船三千六百隻，中金船一萬二千隻，小法船八萬四千隻，小孤舟十萬八千隻，又令五千數百佛祖佛母眞人，及九十六億皇胎兒女、八萬四千金童玉女、十萬八千護法齊領船隻，救渡衆生」[228]。

上述這些無生老母、龍華會、燃燈、法船等説教，都被大乘教吸收和傳播。張保太自稱第四十九代收圓祖師，負有收圓的使命。收圓卽收皇胎兒女回眞空家鄉團圓。

張保太大乘教從雲南傳播到貴州、四川、江蘇、江西、湖北、湖南、山西等地。張保太死後，雲南由其子張曉接法開堂。貴州的首領是魏明璉和其妻魏王氏，亦卽魏齋婆。他倆得張保太「左右中官授記」。魏明璉死後，魏王氏以右中官兼領左中官，接法開堂。在貴州受封於張保太的，還有承中授記唐世勳、上繞授記呂仕聘、果位護道金剛授記魏之璧，退職千總雷大鳴被授爲上繞執事[229]。可見其內部已形成一套組織機構。雲貴大乘教還有固定的聚會日期。據張廣泗説：「邪教根源，多緣假託做會名色，招徒惑衆，……張保太大乘教內，於天官、地官、水官三會外，又添一火官會，每逢會期，齊集建醮」，其中火官會期是每年四月十五日[230]。

四川大乘教首領劉奇，即劉權，又名劉元亨。他曾隨張保太到瀘州學「無生最上一乘教」[231]。張保太死後，大乘教內部傳説，劉奇是「張保太轉世」，「張保太已借劉奇之竅，臨凡度衆」，將來興龍華會時要推劉奇爲教主[232]。因此劉奇在四川及其他各地教徒中有很高聲望。四川大乘教內還有法船、瘟船、鐵船組織。法船首領是劉奇本人，瘟船首領是僧人雪峯，鐵船掌教是朱牛八。

江蘇的大乘教傳播甚廣泛。江陰縣原有西來教，教頭夏天佑是張保太弟子，於乾隆四年（一七三九年）被取締。宜興有僧人吳時濟倡立龍華會，會內骨幹杜玉梁等人各有「授記封號」。震澤、寶山、嘉定等地有燃燈教[233]。太倉州燃燈教首領王一岩，素來宗張保太。王一岩死後，由妻王徐氏接法開堂。王徐氏自稱是「活佛臨凡」，稱她的外甥女周氏是「觀音轉世」，「愚民被誘，妄希獲福消災」。他們與四川劉奇保持密切聯繫。王徐氏多次遣人入川，與劉奇通聲息，還給劉奇送「香金紗衣」[234]。

湖廣鄰近貴州，當地大乘教傳自貴州，教徒甚衆。湖北教首是金友端，湖南教首是莫少康等人。湖南巡撫楊錫紱説：

查大乘邪教各要犯，莫少康在楚招徒最多，其次陳南明等亦俱要犯。瀏陽、湘陰、武陵、茶陵等數州縣，被惑從教者，不下一千餘人。[235]

大乘教也傳播及直隸與北京。直隸掌教是保定的唐登芳。唐登芳之前，有個從貴州來的呂齋婆在北京西便門外白雲觀傳教[236]。

對於大乘教在各地傳播，地方官初時不以爲意。在他們看來，大乘教徒「不過吃素念經，並無別情」[237]，「託名燒香禮拜，經文亦不過尋常勸世之語」[238]。但是，在乾隆的心目中，大乘教是危險的異端：

> 從來左道惑衆，最爲人心風俗之害，理應嚴加懲創，庶足儆頑悖而安善良。[239]

而且他還看到，「邪教」蔓延必將從思想上政治上對封建統治構成威脅：

> 看來此等匪犯，顯係彼此連結，聲息相通，蔓延各省，非一方一邑之邪教誘人錢財者可比。[240]

因此，當他接到張廣泗報告時，就親自佈置對大乘教的淸查取締。乾隆十一年（一七四六年）六月六日至八日，他下了九道諭旨，指示雲南、貴州、四川、江蘇、直隸、湖廣、江南、江西、山西等地緝拿大乘教首領。

在乾隆的督促下，雲南省總督兼巡撫張允隨逮捕了張曉及劉奇的徒弟劉鈞和要犯楊聲等六人。張曉、劉鈞凌遲處死，楊聲等斬立決。張允隨還派兵看守張保太、楊鵬翼埋屍處，準備到定案時毀墳戮屍[241]。

貴州省總督兼巡撫張廣泗，是這一案件的「發奸擿伏」者，深得乾隆賞識，淸查尤其賣力。他經過秘密查訪，緝拿了張保太弟張二郎。從審訊張二郎獲得口供，知道火官會聚期，遂於乾隆十一年四月十五日會期之際逮捕了貴州大乘教首領魏齋婆等人。經審訊，魏齋婆又供出大乘教內部組織情況以及某些掌教人名單。四川大乘教首領劉奇，湖廣教首莫少康、劉選升、孫其天，北京呂齋婆等人，都是魏齋婆供出的。張廣泗還上奏，除了法船首領已獲，瘟船首領僧人雪峯已獲旋斃外，唯鐵船首領朱牛八難以緝獲。牛八實乃朱字。朱牛八顯然非眞實名字，而是含有懷念朱明王朝、反淸復明深意的化名。白蓮教經常散布牛八復位的傳聞。如灤州石佛口王氏家族編的《三教應劫總觀通書》說：「淸朝已盡，四方正佛，落在王門。胡人盡，何人登基，牛八原來是土星」[242]。這樣神秘人物，當然難以捕捉。四川巡撫紀山從一名鐵船教徒胡恆口供中認定，朱牛八在貴州羅貢生家被招爲女婿。乾隆諭令張廣泗緝拿。張於仁懷黔西一帶細訪無蹤。仁懷縣安羅里雖有一家姓羅，卻非貢生，當地六十～七十家佃戶多係苗人，更沒有秘密教派的傳播[243]。

四川巡撫紀山對大乘教追查不力，多次受乾隆斥責。他雖然逮捕了劉奇，卻未「搜查陳奏」，且誤信鐵船不與劉奇大乘教同派，「並非通達聲氣」。乾隆斥紀山：「汝辦理此等事，甚不滿朕意」[244]。此後不久，紀山看到張廣泗咨文，知道鐵船教原是大乘教中的支派，感到問題的嚴重性，立刻上奏：「將劉奇供出在川之王淸直、王之璧、張萬學等十四名飛速密拿。在雲南、貴州、直隸、江南、江西、湖廣、山西之胡大思、朱牛八、呂齋婆等十九名密咨該省查拿。」乾隆閱後更加惱火，立即批道：「此汝等所能究出！想接到張廣泗之咨會耳！攘人功而爲己有，甚屬無恥。朕自愧無知人之明」[245]。不過，四川緝捕大乘教也不是一無所獲。降至乾隆十一年七月，共捕獲大乘教骨幹人物一百二十九名，其中由貴州、雲南移咨應捕的五十六名內，已獲三十五名；本省審訊出應捕的一百二十四名，已獲九十四名[246]。尤其是，紀山逮捕到自稱李開花的要犯蘇君賢。早在乾隆六年（一七四一年）時，廣西遷江縣被獲的「邪教」李梅一案中，案犯已供出李開花、覃玉眞等「揑造妖言，蠱惑愚民」等情節，但未抓獲。而大乘教又廣泛傳播說，法船教主劉奇是彌勒下凡管理天下，李開花作皇帝。紀山經過查訪，得悉蘇君賢冒稱李開花，「狂悖惑人，妄圖非分」，拿獲後斬立決[247]。紀山還通過審訊劉奇，「供出各省齋頭辦事之人」[248]。

大乘教在江南有一定勢力。乾隆十一年五月，江蘇巡撫陳大受在太倉、寶山緝拿燃燈教首領王徐氏及其甥女周氏等人。六月，太倉州教徒數十人持香擁到該州公堂，聲言「周氏係觀音轉世，王徐氏是活佛臨凡，我輩迎接供養。」其時適知州高廷獻下鄉，教徒即轉赴蘇州請願。另外，當陳大受出郊勸農時，太倉、寶山、昆山、新陽、青浦等地教徒一百數十名，攔道焚香跪稱，「伊等皆賣產入教之人，今活佛被拿，不可得見，求提來一見，死亦甘心」[249]。此前，陳大受雖抓獲龍華會首領吳時濟，但未審出吳時濟與張保太關係，曾被部駁。乾隆對此本來就很不滿，如今又加上教徒二次聚衆滋事，火上澆油。他斥責陳大受欺隱案情，失之寬縱，要兩江總督尹繼善負起責任，留心查緝，「不應專聽巡撫辦理」。

爲淸查曾在北京傳教的呂齋婆，淸朝費了很大氣力。四川審訊劉奇，審不出有關呂齋婆的情況。同案犯供說，湖廣的金友端，知道呂齋婆下落。但刑訊結果，金委實不知。後來，貴州抓獲呂齋婆女婿張天序。張天序供認，有個江南人年尚科，曾帶著張保太一張委帖、一張授給呂齋婆，叫呂齋婆到北京開道。貴州魏王氏也供認，江南儀眞人黃中淸曾和呂齋婆一同赴京傳道[250]。經追查，年尚科、黃中淸均已死去。京城步軍統領舒赫德查詢白雲觀道士張士誠等，說乾隆五年冬，確有一四川道姑，攜帶兒子、侄兒來觀居住，半個多月後就到平郡王府去了。乾隆降旨詢問平郡王福彭。福彭復奏，乾隆六年正月，確有四川重慶府一個道姑與子、侄在京住月餘後返川。道姑姓宋或姓李，記不淸了。線索又回到四川。紀山於重慶府白衣庵內拿獲一個宋道姑，供說夫家娘家均不姓呂，顯然，不是那個呂齋婆[251]。追查呂齋婆終無結果。

除上述重點地區外，保定、湖廣、江西、山西以及廣東等地，也在黑風腥雨中追捕大乘教要犯，燒毀「妖書僞讖」。十一年十一月，因爲首犯雲南張曉、四川劉奇、貴州魏齋婆、江蘇王徐氏等均已拿獲正法，脅從犯亦分別治罪，乾隆宣布「邪教」追查結束，但邪書應繼續收繳[252]。

（二）鎭壓福建老官齋教徒暴動

乾隆十三年（一七四八年）正月，福建建安、甌寧二縣發生了老官齋教徒暴動。

福建老官齋是羅教支派。羅教是明代正統至嘉靖時山東卽墨人羅淸創立的。羅淸又名羅靜、羅懷、羅孟洪等，被信徒尊稱作羅祖。羅淸著有《苦功悟道卷》、《嘆世無爲卷》、《破邪顯證卷》、《正信除疑自在卷》、《巍巍不動泰山深根結果寶卷》，共五部六册。羅教的教義，旣吸收佛教的「空論」，把「眞空」作爲宇宙本源，又吸收宋儒思想，把無極、太極作爲宇宙本源，認爲「萬般都是無極化」，所以，羅教又稱無極教、太極教。無極聖祖也就成了福建老官齋崇拜的偶像。

福建老官齋傳自浙江，官府視它爲大乘教。乾隆十三年三月福州將軍新柱奏：

老官齋係羅教改名，卽大乘教。傳自浙江處州府慶元縣姚姓遠祖普善，遺有《三世因由》一書，託言初世姓羅、二世姓殷、三世姓姚，見爲天上彌勒，號無極聖祖。無論男婦皆許入會吃齋。入其教者，概以普字爲法派命名，其衆俱稱爲老官。[253]

乾隆前期，慶元縣姚氏後裔姚正益每年來閩傳教一次，教徒奉姚氏若神明。最初，教徒不多，僅遺立村會首陳光耀卽普照的齋明堂一處。後又有周地村的千興齋堂、芒田村的得遇堂、七道橋的興發堂、埂尾村的純仁堂等相繼建立。各堂教徒人數不等，或數十人，或百餘人。「各堂入教命名者，每名收香火銀三錢三分」，每月朔望各聚會一次254。

老官齋徒聚會吃齋，地方官原不以意。乾隆十二年十一月，齋明堂會首陳光耀等搭蓋篷廠，聚集鄉民，點燭念經，被鄉長告發。甌寧縣派兵擒獲陳光耀等。齋明堂頭人被捕，其他各堂首領人心惶惶，怕陳光耀在審訊中將他們供出。於是，被通緝的逃犯葛竟仔，夥同妻舅魏現、七道橋會首黃朝尊、教徒宋錦標之妻女巫嚴氏（法名普少）等商議攻城劫獄。嚴氏「素能降神，又能舞劍召魔」。她遂揑稱坐功上天受師父囑咐，彌勒即將下降治世，用以動員教徒。葛竟仔、魏現等又私造僞劄兵符旗幟，設立元帥、總帥、總兵、副將、游擊、守備、千總等職，搜集鳥槍、刀、槍、器械、火藥，製造包頭綢布，人給一塊，上繪「無極聖祖圖記」。乾隆十三年正月十二日，嚴氏再次假託降神，讖語說彌勒佛要入府城。魏現等遂以「神言煽惑同會」，約定十四日齊集各堂，十五日各執刀槍器械，抬迎菩薩進城，由居住在城內的教徒、畫匠丘士賢爲內應。葛竟仔還同時封鎖各村口，只許進山，不許出山，挾各處鄉民入夥。十五日上午，千餘名教徒在芒田村祭旗，嚴氏乘轎張蓋，率衆先行。魏現、黃朝尊、官月照等會首，指揮教徒扛抬神像，手執大小藍白旗，上書「無爲大道」、「代天行事」、「無極聖祖」、「勸富濟貧」等，一路跳躍，直奔建寧府城。

最先向官府報告老官齋徒暴動消息的，是一位布販張國賢。正月十四日，他挑著四十餘匹布，在離縣城四十里地方，被老官齋徒扣押。張國賢逃回府城禀報。知府徐士俊不相信。後來，接到塘兵報告，才派兵趕往鎮壓。途中老官齋徒隊伍被打散，紛紛逃竄進山。官兵又進山搜捕三百餘人。

對於老官齋徒暴動，乾隆頗爲關注。他接到地方官奏摺後，將徐士俊革職，降諭說：

但此等邪教，建立齋堂，以致謀爲不軌，既由於平時不行覺察，亦因地方官擒緝遲延，以致釀成事端。255

乾隆親自過問對漏網的老官齋要犯的追捕。在堵截暴動隊伍時，爲首的魏現逃跑了。乾隆指示說：「此一犯不比他人，必當弋獲」256。對於其他參加暴動的教徒，乾隆批示，「即多戮數人，亦使奸徒知所畏懼，不特孽由自作，亦除暴安民，理當如是」257。在乾隆督促下，閩浙總督喀爾吉善派兵四出搜捕魏現等要犯。五月二日，魏現終於在深山老林中被逮捕。參加暴動的老官齋徒，共被抓獲三百名，打死和自縊的九名。喀爾吉善擬定對暴動教徒分別六等治罪：首惡凌遲，助謀立斬，以邪教誘惑愚民絞候，被脅同行充發烏喇（即服差役），知情不首流徙，僅吃齋實未知暴動事者概緩查拿258。擬罪結果，計凌遲一名，立斬四十九名，立絞六名，絞候一名，發遣烏喇者八十八名，枷責九十九名，罪犯家屬沒爲奴發遣烏喇十九名，共二百六十三名，其餘或被監斃或自縊。處以刑罰如此之多，尤其是處以死刑者如此之多，充分暴露了統治者的凶殘。

老官齋徒暴動雖然規模小、時間短，並沒有給清朝造成任何威脅，但乾隆從中悟出清查「邪教」的緊迫性。十三年三月二十日，他降諭：

自來妖言左道，最爲人心風俗之蠧。地方大吏理應嚴行禁遏。上年雲南張保太案內之大乘教，蔓延及於數省，邪黨多至數百，皆由平日地方官員不能覺察事先，以致私相煽誘，潛謀不法。……今又有福建老官齋會官月照等，因其黨被府縣拘禁，恐致敗露，輒敢糾衆焚劫，旋經官兵撲滅。山西亦有收元教內之韓德榮等私立教名，轉相勾引。看來各督撫，於上年奉到諭旨之後，不過將大乘教內一二人犯，遵奉查拿，其他邪教並未留心訪察可知。……朕前降旨，原不專爲大乘一教。可再傳諭各督撫等，羅教一案，務須加意查辦，杜絕根株。嗣後凡有干涉燒香聚匪之處，俱當留心查察，一有訪聞，卽行擒捕，不可稍存怠忽。259

乾隆此諭後，全國各地加强了對民間宗教的查禁和防範。福建在總督喀爾吉善主持之下，清查全省範圍秘密宗教組織。清查結果，除莆田、仙遊、邵武等處民間崇拜觀音大士，在家吃齋之外，各地共有齋堂七十五處。其分布情況是：

建寧縣羅教齋堂二處；

長汀縣羅教大乘教一家門齋堂十四處；

寧化縣羅教齋堂十三處；

清流縣各教齋堂十三處；

歸化縣大乘教齋堂十三處；

連城縣觀音教大乘門齋堂二處；

武平縣觀音教堂六處；

南平縣羅教齋堂一處；

霞浦縣羅教齋堂一處；

建安縣羅教齋堂四處；

松溪縣羅教齋堂一處；

崇安縣觀音齋堂一處；

臺灣府諸羅縣羅教齋堂二處。

上述各齋堂，吃齋者自二、三人至十餘人不等。喀爾吉善下令將經堂悉行拆毀，男女信徒悉行查出，「改邪歸正，不使稍有遺漏者，仍滋後患」260。

用兵瞻對

乾隆前期，平定苗疆及議和準部後，少數民族中與清中央政府關係最緊張的，是瞻對與大小金川。

從打箭爐（今四川康定）以西至西藏，是藏族聚居地。在雅礱江上游夾江而居的，名曰瞻對。瞻對又分上中下三瞻對，各二十餘寨。其中卜瞻對距打箭爐凡十四站，下瞻對距打箭爐十八站。瞻對四面環山，地方險阻261。但它西接裏塘、巴塘，是內地經打箭爐通往西藏的交通要道，共有大路五條：

（上下瞻對）東有大路二條，西南北共有大路三條，俱屬要隘，界連四瓦述等土司。凡瞻對之出入內地路，俱由四瓦述地界經過。262

直至清康乾時期，瞻對地區還處於落後的原始狀態。部族林立，爭鬥不休。因地處交通要道，又時常劫掠行旅，稱作「夾壩」。雍正八年（一七三〇年），清朝因瞻對「糾黨搶劫」，發漢土官兵一萬二千名前往征剿，川藏交通因此一度好轉。但降至乾隆年間，瞻對又剽掠如故。九年（一七四四年）十月，四川巡撫紀山報告，從江卡汛撤回的把總張凰，帶兵丁三十六名，行至海子塘地方遭瞻對人「夾壩」，搶去駝馬軍器行李。乾隆甚重視，批道：「此案必期示之以威而革其心，首犯務獲，以警刁頑。不然將來川省無寧歲矣」[263]。四川巡撫紀山鑒於瞻對地形險惡，攻擊匪易，不敢貿然用兵，因失事地點屬裏塘土司管轄，遂檄飭裏塘土司追擊贓盜。瞻對不予理會，川陝總督慶復不得已決定發漢兵四千名，並調雜谷、瓦寺、木坪等土兵四千名，由打箭爐出發，向瞻對進迫，以武力脅迫瞻對交出凶犯。與此同時，紀山等又積極籌劃征剿事宜。十年四月，他向打箭爐運去糧餉五千石，將四川省庫銀三十九萬三千兩借支出來，用以製備軍裝和給發漢土官兵安家銀以及採買軍需[264]。同月二十八日，乾隆批准議政王大臣會議決定，派建昌鎮總兵袁士弼爲總統，率漢土官兵一萬二千名進剿瞻對，同時命令附近瞻對的西寧鎮漢土官兵一千名、藏王頗羅鼐所屬江卡兵一千名、德爾格番兵一千名聯絡聲援[265]。

瞻對並不懼怕清兵。六月，下瞻對首領班滾發兵二百名在西納山下插營阻擋。乾隆獲悉，指示前方將領說：「兵貴神速。今汝等尚無進師之期，已有兵阻擋矣，善用兵者如是乎？」[266]

七月初，在乾隆一再催促之下，清軍分三路進攻瞻對。南路由夔州協副將馬良柱率領，從裏塘向邊多等處進發；北路由松潘鎮總兵宋宗璋率領，從甘孜向阿斯推進；中路由總統建昌鎮總兵袁士弼統領，從沙普隆抵日里等處。署四川提督李質粹駐紮東俄洛調度策應。初期，仗打得比較順利。上瞻對首領肯朱懾於大軍壓境，赴袁士弼營投誠。中南二路官兵接連破五十餘寨，奪卡六處。但九月以後，軍事進展遲緩，所報戰績，多屬虛假。十月，乾隆接到戰報，說北路軍攻破喇嘛甲爾溫布所據靈達卡隘和木魯大山，占山梁，破卡碉，殲敵甚衆；中路官兵攻底朱，燒毀碉樓二十一座，殲敵數十名；南路軍攻擦牙所，克二十一寨，攻毀四十六寨，殲敵無數。瞻對人逃入林箐[267]。此後，慶復又多次奏報清軍得勝戰況。降至乾隆十一年（一七四六年）正月，慶復上奏說，根據李質粹報告，北路軍進攻靈卡，連日奪山梁五道，賊卡十二座，戰碉六座，碉樓二座。中路軍攻克臘蓋下寨後，又進攻底朱，毀石砌三層戰碉二座。目前因北路軍阻雪難進，遂合中路軍分作四路，一攻上臘蓋，一攻中臘蓋，一攻底朱，一攻納洪多，共毀碉五十五座，「賊酋」班滾在河西乞命並令伊母到李質粹營求降。南路軍因西藏臺吉冷宗鼐患病回江卡，土兵散歸，暫停進兵。乾隆獲悉後指出，班滾既在河西乞命，伊母又親出叩求，「自當乘勢直搗如郎，立擒班滾，何得令伊母回巢？」而且，冷宗鼐土兵撤回，就應隨即調別處土兵前往接應！乾隆强調說，李質粹「全無調遣」，慶復「不可不親身前往，以善其後」[268]。這樣，慶復只好離開成都，趕赴前方。但他沒到李質粹所駐紮的木魯山，以「糧餉亦需預籌」爲由，暫駐口外四馬塘。同時，他向乾隆揭露，宋宗璋、袁士弼攻底朱、納洪多等處，「亦多虛張聲勢，具報不實」；南路馬良柱所部，「兵威素著，惟因中北兩路不能進攻，而衆番並拒南路，兼以冷宗鼐之兵私回，兵勢單弱」，因而要求「俟雪消草生再爲酌量前進」[269]。乾隆遂降旨革袁士弼總統銜，令仍帶原領兵效力；宋宗璋姑免處分，以觀後效；李質粹嚴行申飭。乾隆十分感慨地說：「不過剿捕一么麼小醜，致調兵萬餘，動帑百萬，而班滾尙抗拒我兵。今事已如此，務將匪拿獲，平定該處地土方可」[270]。

四月十三日，清軍攻克班滾所居的如郎寨。十四日，尙書班第與李質粹到達如郎，得悉班滾已攜家逃走。土守備汪結對班第説，班滾母舅沙加邦在丫魯地方，估計班滾是逃往沙加邦處。二十日，班第與李質粹追至丫魯，將該處大小碉樓四十餘座全部燒毀。碉內所居的無辜「男婦老幼，俱被火燒，一人未能逃脫」[271]。在清軍暴行面前，人們自然不願意講出班滾的眞實下落。「官兵四處詰詢，土人俱云班滾實係燒死，再四訪查無異」[272]。

六月，慶復上奏：「瞻對已平，賊首殲滅」，提出善後措施七款：1.「分地以絕盤踞」，將瞻對土地剖散割裂，分撥附近土司；2.「設官以資管束」，與瞻對接壤並在戰鬥中立功的土目分別授長官司、千百戶等；3.「統轄以專責成」，在附近土司選一夷衆所素服者統轄該地方；4.「納貢以昭恭順」，應隨其地利，或青稞、馬匹、皮張，酌折銀兩完納；5.「巡察以警愚番」，每年秋末，令該管文武官員，帶茶封賞號，於適中之地，傳集各土司共同考核；6.「定禁以防頑固」，嗣後所定地方，均不許建碉；7.「立法以清夾壩」，即酌立夷例，嚴禁「夾壩」。乾隆一一批准[273]。

慶復因平定瞻對有功，加封太子太保，其他人皆從優議敍。但因清軍没有找到班滾屍體，對班滾是否確已燒死，乾隆心存疑問。十二年三月，大金川戰事爆發，乾隆任張廣泗爲川陝總督，把指揮進剿大金川的大權交給張廣泗的同時，要張廣泗在金川密訪班滾下落。當年九月，張廣泗報告説，征剿瞻對，因裏塘土司「汪結做中，班滾的兄弟俄木丁投降了，叫班滾逃往別處去」[274]。十月，張廣泗再奏，説班滾仍踞如郎：

查明班滾仍踞如郎，且敢肆行多事，攻打康朱，蹤跡顯然。汪結於班滾潛逃時，明知隱匿，且遣使往來，暗通消息。游擊羅於朝亦係上年承辦此案之人，恐其發露，意欲多方掩飾。[275]

乾隆獲奏立卽降諭指出，目前應專注金川，待金川事竣，卽移師如郎，擒獲班滾，但汪結和羅於朝既私通班滾，應調赴軍營一一訊明。十一月，乾隆降諭將李質粹拿交刑部。不久，汪結供認，他於去年六月就知道班滾並未燒死，爾後又獲悉班滾藏於空七寨，並稟告總兵宋宗璋。「宋宗璋聽見甚是愁怕，嘆一口氣説，如今叫我有什麼法等語。」乾隆因涉及許多從征將領，爲了穩定軍隊，諭張廣泗：「且現今行間將士，半屬從征瞻對之人，倘共知前此隱諱之事皆已顯露，必人懷驚畏」，要張廣泗「務須審度機宜，慎重經理」[276]。

十三年二月，張廣泗向乾隆細奏奉旨密查班滾下落情況。他說，進攻瞻對時，慶復曾通過汪結，令汪結化諭班滾弟弟俄木丁撤守如郎橋，並擒獻班滾。實際上俄木丁與汪結合謀，放走班滾，撤出如郎寨。官兵雖經過如郎寨，並未進入，僅焚燒泥日寨，謊報班滾燒死，隨即班師。三月，乾隆降旨逮捕宋宗璋、馬良柱，解京審訊。八月宣布慶復罪狀是，與李質粹等上下通同，將班滾兒子沙加七立更名德昌喇嘛，令仍居班滾大碉，冒稱經堂，從而保護了班滾的兒子與戰碉，以致逆蠻無所畏憚[277]。慶復被拿交刑部監候，俟金川事竣再行審理。十四年九月，金川戰事結束，乾隆念慶復祖先是勳戚世舊，加恩賜自盡。第二年，又將李質粹斬首。

此時，金川戰事草草結束，乾隆已無力對付川西各土司。班滾雖然復踞瞻對，但也懾於清朝大軍進剿，因而在慶復被殺之後，屢次求降。十五年二月，乾隆批准四川總督策楞和提督岳鍾琪奏報，允許班滾求降。班滾也表示「當即約束番衆，禁做夾壩，遇有差使，倍竭報效」[278]。

首征金川

（一）金川之役的起因

乾隆時期，聚居在大渡河上游大小金川兩支流的藏民有數萬人。其中大金川地區，縱約二、三百里，橫約數十里，口不滿萬人[279]。大小金川地處靑藏高原，峻嶺叢矗，山深林箐，鳥道羊腸，交通極爲不利，沿河地方以竹索爲橋，皮船作渡。藏民壘石爲房，號「住碉」，分布在半山腰或山頂[280]。

大小金川土司都是明金川寺演化禪師後裔。順治七年（一六五〇年），清朝授小金川頭人卜爾吉細爲土司。康熙五年（一六六六年），大金川頭人嘉勒巴內附，清授予演化禪師印，俾領其衆。雍正元年（一七二三年），嘉勒巴庶孫莎羅奔以土舍將兵從將軍岳鍾琪進藏平叛立功，清正式授予大金川安撫司印。從此，大小金川分立，小金川土司勢力削弱。莎羅奔並非人名，據當時當地人說：「莎羅奔、扎勒達克皆非人名。番人稱出家爲莎羅奔，掌管印信爲扎勒達克」[281]。又說：「莎羅奔，番語爲諸酋之長」[282]。可見莎羅奔是土司頭人稱號。雍正末至乾隆初，任大金川莎羅奔的，名曰色勒奔[283]。

與大小金川接壤相錯的，有雜谷、瓦寺、沃日、木坪、明正、革布什咱、巴底、巴旺、綽斯甲布等土司。這些地區深寒多雨雪，惟產青稞、蕎麥，藏民們生活艱苦。據清朝官府報告，「雜谷等土司轄『蠻』民，家口數萬有餘，山多地少，一年產穀，僅敷半年食用，每於九月收穫後，約計五六萬口入內地各州縣傭工」[284]。可見這裏藏民與內地經濟聯繫密切。爲了爭奪土地與權力，各土司之間常互相攻殺。如大金川土司與革布什咱土司有宿怨，乾隆二年（一七三七年），大金川首領色勒奔霸占革布什咱土司轄地，雙方各糾衆格鬥[285]。乾隆四年七月，雜谷、梭磨、沃日等土司又三次攻劫小金川；與此同時，大金川土司也三次發兵攻打革布什咱。爲此，川陝總督鄂彌達上奏，「土司性嗜報復，若不懾以兵威，愈無忌憚」，要求「勒兵化誨」。清朝作爲中央政府，負有維護地方穩定的職責。乾隆在鄂彌達奏疏上批道：「卿其相機料理。總之，待此等人，不可不使之畏天朝兵威，亦不可但以兵威壓服，而不修德化也」[286]。這道諭旨，雖反映乾隆對藏民的歧視，但他沒有把維護地方安定，單方面寄託在「兵威」之上，希望以「修德」化之，即要求以較溫和的手段，從政治上感召藏民。這顯然是較爲明智的政策。

乾隆七年，大金川土司色勒奔病故，第二年十一月，清朝任命色勒奔細襲職，這位新任莎羅奔野心勃勃，爲控制小金川，把侄女阿扣嫁給小金川土司澤旺。澤旺性儒弱，受制於妻。阿扣私通澤旺弟土舍良爾吉。乾隆十年，莎羅奔勾結良爾吉，襲取小金川，生擒澤旺，小金川土司印信歸良爾吉執掌。

此時，清政府對川西瞻對的戰爭甫告結束，正需喘一口氣，對大小金川的矛盾與爭鬥，川陝總督慶復和四川巡撫紀山都無意派兵介入，僅檄諭和息。慶復還向乾隆上奏：「因地勢極險，運糧無路，且伊自在土司內相擾，並非干犯內地」，建議採取「以番御番之法」，不派兵干預。乾隆同意，批道：「瞻對甫完功，佳兵不詳，卿所見極是」287。

莎羅奔雖迫於清廷壓力，釋放澤旺，交還土司印信，但擴張野心不死。十二年正月，他發兵攻打革布什咱土司的正地寨，二月又發兵攻打明正土司的魯密、章谷，藏民望風奔避，坐汛把總李進廷不能抵禦，退保呂里。這時，乾隆仍無意出兵。二月，他降諭：「如但小小攻殺，事出偶然，卽當任其自行消釋，不必遽興問罪之師，但使無犯疆圉，不致侵擾，於進藏道路塘汛無梗，彼穴中之鬥，竟可置之不問」288。至三月，當乾隆獲大金川攻占魯密、章谷，李進廷退保呂里，就一反過去不發兵的態度。三月二十一日，他連降二道諭旨。第一道諭旨是調慶復回京，任張廣泗爲川陝總督。第二道諭旨是宣布派兵進剿大金川：

……看此情形，則賊酋恃其巢穴險阻，侵蝕諸番，張大其勢，並取擾我汛地，猖獗已甚。張廣泗到川之日，會同慶復，將彼地情形，詳加審度，其進剿機宜，作何布置，一切糧餉，作何接濟，善爲辦理。再瞻對甫經平定，卽有大金川之事。揆其所由，因渠魁班滾未曾授首，無以示威，使之聞風懾服。卽報班滾焚燒自縊之處，情節可疑，焉知不詭詐免脫，潛往大金川勾通致釁，張廣泗到彼，正可詳細訪察。289

這裏，乾隆把大金川土司的擴張騷擾行爲，與瞻對首領班滾潛逃聯繫在一起。

三月十九日，乾隆又接到報告，說莎羅奔糾集黨羽，攻圍霍耳、章谷，殺千總向朝選，進迫到打箭爐附近的毛牛地方，傷凊軍游擊羅於朝。乾隆按捺不住了，降諭張廣泗卽速赴川，與慶復、紀山「一同商酌進兵，迅速剿滅」。

乾隆自己津津樂道、誇耀於世的「十大武功」中第一功——金川之役，就這樣開始了。

（二）誤用張廣泗損兵折將

乾隆對張廣泗在貴州處理苗疆事務所獲的成功，極爲賞識：「西南保障，實卿堪當」290。張廣泗由貴州總督改任川陝總督，乾隆指示說：「大抵番蠻與苗性相似。今蒞川省，卽以治苗之法治蠻，自能懾服其心，消弭其釁，務須一一通盤計算，爲永遠寧謐之圖」291。這就是說，要求張廣泗以處理苗疆的方法、經驗來處理金川問題。

十二年（一七四七年）四月下旬，銜命入川的張廣泗，確是躊躇滿志，希圖再建奇功。他隨卽向乾隆報告，現有漢、土官兵二萬餘，但土兵各懷二心，非逡巡觀望，卽逃匿潛藏；而官兵單弱，攻守難以支持，請於近省再調兵二千。乾隆同意292。張廣泗入川之初，軍事上也確有所進展。他收復了毛牛、馬桑等地。小金川土司澤旺更是聞風投誠。張廣泗自以爲穩操勝券，他向乾隆報告：

「征剿大金，現已悉心籌劃，分路進兵，搗其巢穴，附近諸酋輸誠納款，則諸業就緒，酋首不日可以殄滅」[293]。乾隆也以爲戰爭可以速勝。他說，「從來兵貴神速。名將折衝，未有不以師老重費爲戒者」[294]。要求張廣泗「指期克捷」[295]。

但不論張廣泗還是乾隆，對戰局的估計都是脫離實際，過於樂觀。

大金川主要據點有兩個：一是勒烏圍，又叫勒歪，由莎羅奔親自把守；另一是刮耳崖，由莎羅奔侄兒郎卡父子把守。這兩個據點都在大金川河以東，相距一百二十公里。爲了攻打這兩個據點，張廣泗分兵兩路。西路軍又作四小路：第一，由松潘總兵宋宗璋率領土漢官兵四千五百名，從黨壩進攻勒歪；第二，由參將郎建業等率土官兵三千五百名，從曾頭溝、卡里攻勒歪；第三，由威茂協副將馬良柱率領漢土官兵三千五百名，從僧格宗進攻刮耳崖；第四，由參將買國良、游擊高得祿率兵三千名，從黨壩進攻刮耳崖。南路軍由建昌鎭總兵許應虎統率，又分三小路：參將蔡允甫率衆由革布什咱攻取正地、古交，然後與西路宋宗璋、郎建業會合，夾攻勒烏圍；泰寧協副將張興、游擊陳禮率部由巴底、娘盡前進，與西路軍馬良柱、買國良會合攻打刮耳崖。另一路派游擊羅於朝，會同土司汪結率領由綽斯甲布進發，攻取河西各寨。西南二路七軍共計三萬餘名。張廣泗自己也從雜谷鬧移駐小金川美諾寨調度指揮。七月末，西路軍打到距刮耳崖僅二十里地；南路軍得大金川守卡三處，金川兵退守獨松碉寨。降至八月，在大金川構築的戰碉面前，清軍就束手無策了。張廣泗向乾隆報告攻碉難：

> 臣自入番境，經由各地，所見尺寸皆山，陡峻無比。隘口處所，則設有碉樓，累石如小城，中峙一最高處，狀如浮圖，或八九丈十餘丈，甚至有十五六丈者。四周高下皆有小孔，

以資瞭望，以施槍炮。險要尤甚之處，設碉倍加堅固，名曰戰碉。此凡屬番境皆然，而金川地勢尤險，碉樓更多。至攻碉之法，或穴地道，以轟地雷；或挖牆孔，以施火炮；或圍水道，以坐困之。種種設法，本皆易於防範，可一用而不可再施。且上年進攻瞻對時，已盡爲番夷所悉，逆酋皆早爲預備，或於碉外掘壕，或於碉內積水，或護碉加築護牆。地勢本居至險，防禦又極周密。營中向有子母、劈山等炮，僅可禦敵，不足攻碉。據臣紀山製有九節劈山大炮二十餘位，每位重三百餘觔，馬騾不能馱載，雇覓長夫抬運，以之攻碉，若擊中碉牆腰腹，仍屹立不動，惟擊中碉頂，則可去石數塊，或竟有穿者，賊雖頗懷震懼，然卻甃補如故。[296]

掘地道，挖牆孔，斷水路，用炮擊，種種辦法均不能奏效。乾隆得悉，有些動搖。九月，諭張廣泗，要張就二種方案提出意見。一是以京兵更換綠旗兵作戰。乾隆說：「朕意興師已久，尚未奏凱，綠旗兵丁不足取勝，與其日久而師老，不如送京師旗兵之精銳，一以當十，汰綠旗之閒冗，以省無用之費」[297]。二是將大金川劃歸西藏管轄。乾隆說：

因思彼處地鄰西藏，來往之所必經，若卽歸入西藏，令王子朱默然特那木札勒就近管束，受達賴喇嘛化導，其一應鈐轄稽查，悉令王子派頭目前往經理，以專責成，現有駐藏大臣總轄董率，足資彈壓。如此則西爐藏路，俱可永遠寧謐，不致勞動官軍。[298]

另外，據四川巡撫紀山報告，進入九月份，大金川地方已是「冰雪嚴凝」。乾隆考慮到官兵「艱於取捷」，又傳諭張廣泗，要他酌量情形，暫且移師向陽平曠之地，稍爲休息，俟春氣融和時再戰[299]。但是，張廣泗建功心切。他擬定新作戰方案，向乾隆報告：「查有昔嶺山梁可以俯瞰勒烏圍，直下刮耳崖。擬於九月中親往督率指示進攻，務於九、十兩月內進取賊巢」[300]。當時，莎羅奔及其兄就吉日父子面對著大軍壓境，也是心虛，屢次遣人乞降，都被張廣泗拒絕。乾隆得悉張廣泗新的作戰方案和莎羅奔求和消息，態度也就變得强硬起來，降諭說：

> 況此番官兵雲集，正當犁庭掃穴，痛絕根株，一勞永逸，斷無以納款受降，草率了局之理。著傳諭張廣泗，務將莎羅奔擒獲，明正典刑。[301]

但就在這時刻，前方形勢陡變。九月九日，本已就撫的土目恩錯復叛，帶領大金川兵搶占游擊陳禮駐箚的馬邦山梁，阻斷清兵糧道。十一月底，大金川兵圍攻副將張興營盤。十二月十八日，張興所部糧盡，被大金川兵誘至右山梁溝底。包括張興、陳禮在內五六百名官兵全部被殺。張興所部敗潰，駐箚河東及其山梁的郎建業失去犄角之勢。十三年（一七四八年）正月二日，大金川兵又攻占江岸噶固碉卡，七月再奪取郎建業所立的卡倫七處，第二天殺游擊孟臣。二十日，在大金川兵追擊之下，參將郎建業退至巴底，而總兵馬良柱所部也撤退納貝山下喇布碉內居住。張廣泗損兵折將，進攻計劃完全破產。

這一連串軍事失利，張廣泗負有不可推卸的責任。當大金川兵攻打馬邦時，馬良柱等請張廣泗調兵支援，皆被張廣泗斥之爲悖謬。自十二月七日至十三日，張興部隊絕糧七日，以飢餓困疲之卒，迎擊强悍之敵，當然非敗沒不可。可是，事後張廣泗向乾隆報告中，全部委過於張興「昏懦無能」，僅假惺惺承擔所謂「不能早爲覺察」之罪，請求乾隆將他「敕部嚴加議處」[302]。與此同時，他又要求增兵一萬名，增炮一百位，增餉一百萬兩，保證於夏秋之間結束戰爭：

> 四月內正當塞外雪消之際，彼時兵力已足，攻具已備。計賊現存不過四五千人。我兵汰其傷病及無用士兵，可存三萬餘人。以六擊一，臣雖愚懦至極，而天威所臨，賊人斷不能支，以理勢揆之，夏秋之間，定期竣事。303

乾隆十三年春，乾隆對張廣泗尚未完全喪失信心，但對張指揮戰爭的才能已有所懷疑，一方面批准張廣泗增兵添炮撥餉的要求，同時又說：「爲此大兵雲集，各部進剿頭緒繁多，雖張廣泗才猷素著，而獨力支持恐難」304。他正在醞釀著如何加强前方的指揮力量。

此時，兵部尚書班第正銜命籌運糧食，查勘進入川西糧道。二月，班第根據所了解情況，密奏乾隆：「張廣泗自去冬失事後，深自憤懣，亟圖進攻。第番情非所熟悉，士氣積疲。」他認爲增兵不如選將，建議起用世爲四川提督的岳鍾琪。但是岳鍾琪在征噶爾丹策零時，就是因爲張廣泗等的彈劾被捕下獄，直至乾隆二年才獲釋。他與張廣泗有仇恨。乾隆對此頗有顧慮，在批復班第奏疏中說：「此見亦可，但不知張廣泗與彼和否？若二人不和，又於無益」305。儘管如此，乾隆還是傾向於起用岳鍾琪。二月，他降諭：

> 朕思岳鍾琪久官西蜀，素爲川省所服，且夙嫻軍旅，熟諳番情，伊雖獲罪西陲，亦緣準噶爾夷情非所深悉。若任以金川之事，自屬人地相宜。伊三世受國厚恩，自必竭力報稱，以蓋前愆。著張廣泗會同班第商榷，如有應用岳鍾琪之處，即著伊二人傳朕旨，行文調至軍營，以總兵銜委用。306

張廣泗不情願起用岳鍾琪，又不敢抗旨，復疏中對岳的評價充滿貶意，反對任爲大將軍，僅同意用以提督：

岳鍾琪雖將門之子，不免紈袴之習，喜獨斷自用，錯誤不肯悛改，聞警則茫無所措，色厲內荏，言大才疏。然久在戎行，遇事風生，頗有見解。以爲大將軍則難勝任，若用提督，尚屬武員中不可多得者，且聞爲大金川所服，誠如所諭，人地相宜。307

乾隆不能不考慮張廣泗的態度，且對岳鍾琪才能也缺乏實際了解，因此降旨岳鍾琪以提督銜赴軍前效力。同時，降諭班第，暫停查勘糧道，留駐軍中佐助張廣泗。乾隆要班第留軍協助張廣泗，還有更深遠的考慮。原來，他曾設想平定金川後，將金川劃歸西藏王子朱爾默特那木札勒管轄。班第在雍正年間曾辦理過西藏事務，對西藏甚爲熟悉。但是，班第自量無論識見與物望都難以影響張廣泗。因此他又建議遣一員「能諳練機宜，識見在張廣泗之上」的重臣赴軍前料理。乾隆經過考慮，決定派領班首席軍機大臣果毅公訥親爲經略，赴川西指揮戰事。

(三)老師糜餉怒斬主帥

岳鍾琪在雍正年間進攻西藏時，曾統率過金川兵，在金川有很高的威信。乾隆用岳鍾琪是正確的，任訥親爲經略，卻是重大失誤。訥親，姓鈕祜祿氏，滿洲鑲黃旗人，清開國元勳弘毅公額亦都曾孫，祖父遏必隆是康熙四輔臣之一。雍正五年（一七二七年），訥親襲公爵，當年十一月入軍機處，十三年授白旗都統，旋進一等公。乾隆元年（一七三六年），遷鑲黃旗都統。第二年任兵部尚書、軍機大臣，三年遷吏部尚書，四年加太子太保。九年，銜命巡視河南、江南、山東各省營伍，並察勘海塘、河工，十一年授保和殿大學士，鄂爾泰去世後，任首席軍機大臣。訥親還有較好官聲：

> 上（乾隆帝）卽位初，以果毅公訥親爲勤愼可託，故厚加信任。訥親人亦敏捷，料事每與上合。以清介持躬，人不敢干以私，其門前惟巨獒終日縛扉側，初無車馬之跡。然自恃貴冑，遇事每多谿刻，罔顧大體，故耆宿公卿，多懷隱忌。308

訥親具有敏捷、清介的特點，作爲行政長官是頗稱職的。乾隆正是看中訥親這些長處，委以經略重任。他認爲，「惟訥親前往經略，相機調度，控制全師，其威略足以懾服張廣泗，而軍中將士亦必振刷歸向，上下一心，從前被玩之習，可以改觀，成克期進攻之效」309。此時此刻，乾隆把平定金川勝利的希望寄託在訥親身上。但乾隆錯了。作爲文官，訥親缺乏指揮戰爭的軍事經驗，又因爲勳戚後裔少年早貴，身上有驕嬌二氣。

五月二十日，訥親到成都，第二天出發赴川西，六月三日到達張廣泗駐紮的小金川美諾地方。訥親到達的第二天，張廣泗就離開美諾前往卡撒。可見二人並未細商破敵之策。史稱訥親「自恃其才，蔑視廣泗」，看來當信此說。六日，訥親也趕到卡撒美溝軍營。九日，他會同張廣泗察看臘嶺等處山勢之後，就決定集中萬餘兵力從色爾力山梁進攻，「限二日克刮耳崖，將士有諫者，動以軍法從事，三軍震懼」310。這當然是軍事躁進。六月十四日，署總兵任舉、副將唐開中、參將買國良分兵三路進攻臘嶺。買國良率衆上嶺抵木城左右，金川兵一齊出擊，城內矢石如雨，槍炮交加，買國良陣亡。第二天，任舉、唐開中攻石城東面，哈攀龍攻南面。十六日，任舉中伏兵陣亡，唐開中身負重傷。戰鬥失利，訥親的驕氣也被打掉了。他立刻改攻碉爲築碉，要效法敵方，以碉逼碉：「賊番因險據碉，故能以少禦衆。今我兵既逼賊碉，自當亦令築碉與之共險，兼示以築室反耕之意」311。

乾隆接到訥親奏報，立即意識到此策不中綮窾，批諭中詳析築碉之策不宜，內容可以概括作三點：第一，違反了攻守異用原則。「彼之築碉以爲自守也，我自宜決策前進，奮力攻取。」第二，兵力財力不允許。「今因彼守險，我亦築碉，微特勞費加倍，且我兵已深入賊境，地利、氣候素不相習，而守碉勢須留兵，多則饋運難繼，少則單弱可慮。」第三，貽留後患。「且將來大金川撲滅之後，此地不過仍歸之番，是今勞師動衆，反爲助番建碉之舉，恐貽災於國，躍治於番部矣。」乾隆還說：「昨批此摺，即以爲不妥。今思之一夜，終非善策，不如速罷之爲宜。」

對訥親以碉逼碉戰術，張廣泗不表態。乾隆在批諭中指出：「可見彼有推諉之意，殊添朕憂，訥親不可不知也」312。

訥親在築碉戰術被否定之後，束手無策。從此，他不敢自出一令，臨戰則避於帳房之中，遙爲指示。如此主帥，自然受人恥笑，軍威日損。尚書班第、內大臣傅爾丹、提督岳鍾琪都是「未發一謀，未出一策。」御史王顯緒建議「以番制番」。乾隆聽說王顯緒父子熟悉金川情形，命王顯緒徵詢乃父王柔破敵之策。王柔到軍營竟向訥親建議請終南山道士用五雷法術以擊賊碉313。這荒誕不經的插曲，反映清朝上下對金川戰碉 籌莫展。閏七月，乾隆接到訥親、張廣泗奏疏，二人意見相左。張廣泗認爲：

（大金川）目下已日食不繼，將來必益無以爲生，可以坐待其斃，……今冬明春不難掃穴。

訥親認爲：

我兵果能爭奪數處，賊必內潰。然賊巢食用果否匱乏，究難臆揣，而我兵攻剿無可乘之機。至冬寒春冷，恐益不揚。冬間擬減撤久役兵丁，令留駐官兵時用炮擊碉卡，俟明歲加調精銳三萬，於四月進剿，足以成功，最遲亦不逾秋令。314

兩位主帥對敵情的估計不一，對戰略選擇和戰爭進程的看法都不同。更可奇怪的是訥親提出上述增兵建議後，隨即又在另一奏疏中否定自己的方案，說：

來歲加兵，計需費數百萬。若酌留兵萬餘，據守要害，相機用炮擊碉，令接壤土司各為防禦，狡寇亦能坐困。第久駐終非長策，若俟二三年後，再調兵乘困進搗，自必一舉成功。此二三年內，或有機可乘，亦未可定。臣為民力國用起見，故計慮及此。若以迅奏膚攻而論，仍不如明年接辦之速。謹將所見並陳。

訥親前後所奏不一，可見方寸已亂，胸無謀略。在奏疏中，訥親還告了張廣泗一狀。說張廣泗迴護貴州籍將領。「好惡不公」，而且兵雖四萬，分路太多，勢微力弱。他強調說：

且因分路太多，應進之路，每苦兵力不足，是則失於籌算，昧於地形，頓兵老師，誠難辭咎。臣奉命經略，理應參奏，但若此，則臣與督臣勢難共事。315

這樣一來，「頓兵老師」的責任，就全部落到張廣泗頭上。

乾隆閱過奏摺後，既惱火又憂慮。他批道：「豈有軍機重務，身為經略，而持此兩議，令朕遙度之理。……不如明云臣力已竭，早圖歸計，以全始終。」又說：「覽所奏軍營現在情形，幾於智勇俱困。金川小醜，不料負固難於剿滅遂至如此。官兵攻撲，進不能前，退不能守。卽小小獲勝，尚未傷彼皮毛」[316]。他的必勝之念動搖了，對訥親更失去信心，説：「大學士心膂重臣，諸務資其贊勷，豈可久留邊徼。卽如所云需俟至一二年後卽使成功，亦無在彼坐待一二年之理，應卽還朝辦事。」對於訥親所告發的張廣泗問題，乾隆批示説：「朕亦聞其如此，但金川軍務，究當賴伊籌辦，今亦不必論矣」[317]。乾隆只能以無可奈何的心情注視著前方動態。

八月八日，乾隆接到岳鍾琪二份告發張廣泗奏摺。其一，説張廣泗選定刮耳崖爲進攻對象的決策失誤：「今刮耳崖雖係逆酋要地，但地險碉多，攻取不易。非若勒烏圍賊巢，路徑甚多，如卡里山、固噶溝二處路不甚險，可出奇兵，直搗勒烏圍。勒烏圍一破，四路自潰。」岳鍾琪還説，他曾向張廣泗建議，應該集中各路兵力，「歸併黨壩，首尾夾攻。且黨壩至勒烏圍不過五六十里，只須康八達一破，便可直搗巢穴。」張廣泗以「不便更易」爲藉口加以拒絕。其二，説張重用小金川叛逆良爾吉和漢奸王秋。岳指出，良爾吉素通莎羅奔侄女小金川土司澤旺之妻阿扣，勾結莎羅奔謀奪小金川土司印，還率衆燒毀沃日各寨。張廣泗到達之後，不但沒有將良爾吉及其親信漢奸王秋正法，反而令良爾吉領兵，以致土司「各俱懷疑，不惟不肯用力，且恐良爾吉暗通金酋，更生他變。」[318]乾隆閱後，降諭訥親調查落實。就在此時，乾隆又接到前方打敗仗的奏報。閏七月下旬，訥親、張廣泗爲擺脫困境，討好皇帝，組織了一次軍事行動。二十三日，進攻康八達。二十七日因卡撒屢攻不下，改攻喇底二道山梁。清兵分左右二路進兵，右路軍到達溝口，數十名金川兵從山梁上吶喊壓下，三千餘清兵抱頭鼠竄，擁擠奔回，多有損傷。八月十七日，清軍失敗的戰報到北京，乾隆批道：「卽不能以一當十，亦何至三千之衆，不能敵賊番數十人，而至聞聲遠遁，自相蹂躪，此事實出情理之外，聞之駭聽。」[319]他對訥親、張廣泗徹底失望。九月十日，諭訥親、張廣泗馳驛來京，面議機宜，川陝總督印由傅爾丹暫行護理，所有進討事宜，會同岳鍾琪相機行動。繼而，又命令尚書班第卽赴軍營同辦軍務。九月十九日，乾隆又接到訥親、張廣泗報告，說八月二十四日大金川兵二三十人夜襲雜谷營卡，趁土漢官兵熟睡之間，偷襲營壘，殺傷兵丁，搶去炮位。乾隆閱後氣憤地指出：「則其平日毫無紀律，視同兒戲可知。大金川自用事以來，大約失之嚴者少，失之懈弛者多，總由軍紀不明，以致無一人合宜，殊非朕本意所及料也。」320 從乾隆十一年（一七四六年）六月以來，金川用兵達二年有餘，所費幾及二千萬兩，而對付不了一個土司，乾隆完全震怒了。他決定懲辦訥親、張廣泗。九月二十九日，乾隆以「玩兵養寇，貽誤軍機」321 罪名將張廣泗革職，拿交刑部審理，令侍衞富成押解至京。十二月七日，乾隆御瀛臺親鞫張廣泗。五天後，以「狡詐欺妄，有心誤國，情惡重大」，立決張廣泗。十四年正月，乾隆以「退縮偷安，老師糜餉」罪，下令將訥親縛赴軍營，以乃祖遏必隆之刀斬首於軍前。

（四）遣傅恆岳鍾琪撫降莎羅奔

罷撤訥親、張廣泗之後，乾隆將平定金川的重任交給傅恆。十三年九月二十八日，乾隆降諭：

> 自御極以來，第一受恩者無過訥親，其次莫如傅恆。今訥親既曠日持久，有參重寄，則所為奮身致力者，將惟傅恆是屬。322

這一天，乾隆帝著傅恆暫管川陝總督印，前赴軍營辦事。第二天，授經略，統領一切軍務。十月六日，傅恆又從協辦大學士升為大學士，九日定為保和殿大學士兼戶部尚書。

傅恆，字春和，姓富察氏，滿洲鑲黃旗人。乃祖米思翰在康熙時曾任戶部尚書，對平定三藩之亂有過貢獻。傅恆的姐姐是乾隆的妻子孝賢皇后，乾隆十三年三月在東謁孔林的回京途中，死於德州。傅恆作爲皇帝妻舅，倍受寵信。乾隆十年被授命在軍機處行走，二年後授戶部尙書。傅恆受命任經略金川軍務時，是一位不滿二十七歲的血氣方剛靑年。

爲了配合傅恆出征，乾隆決定增兵添炮撥餉，以加强軍事力量。他降諭從陝甘、雲南、湖北、湖南、西安、四川以及京師、東北增派三萬五千滿漢官兵，加上原有的共計六萬人。除了在金川軍營鑄造重二千餘斤的銅炮多位之外，乾隆還催促從京師運去很有威力的沖天炮、九節炮、威遠炮等。十月，乾隆命令從廣儲司運銀十萬兩給傅恆帶往軍營犒賞官兵外，又從戶部庫銀和各省撥銀四百萬兩以供軍需。乾隆還降旨整修從京師至成都的四十八驛站，以及從成都至軍營的馬步二十四塘，以期交通順暢，便於運兵和傳遞軍情。

十月九日，乾隆頒諭前方將士，指出「金川用兵幾及二載，尙未成功」，這是由於訥親、張廣泗「措置乖方，毫無謀略，不身親督陣，畏縮不前，且號令不明，賞罰不當」所致。兩年以來，士卒重罹鋒鏑飢寒之苦，兵不用命雖法律不容，但「咎歸主帥」。現經略大學士傅恆齎往內帑銀兩，分別賞予漢土軍士，「以示投醪實惠，鼓勵士心，務令踴躍向前，銳師罙入，迅奏膚功」[323]。乾隆頒這道諭旨，目的在於提高前方士氣。

十月十日，乾隆接到岳鍾琪戰報，說九月十二日他指揮淸兵攻康八達山寨，擊毀大戰碉二座，小戰碉三座，平房四十間，木石卡各十座，石洞二座，焚糧倉十二座。十四日，又攻取石洞一座。十八日夜克取葛布基大碉八間，小平房六間、木城一座，石卡四處，砍破大皮船四隻，前後殺敵甚衆。乾隆大爲振奮，說「良由岳鍾琪調度得宜，是以有此克獲」，希望他乘破竹之勢，如果能在經略到達之前，「岳鍾琪自行出力奏捷」，「豈不更於顏面有光耶！」[324]

十一月二日，乾隆在重華宮賜宴傅恆。二日，傅恆出師。乾隆親至堂子行祭告禮，在堂子大門處親祭吉爾丹纛、八旗護軍纛後，又來到東長安門處幄次，親賜傅恆酒，命傅恆在御幄前上馬。皇子及大學士來保送傅恆至良鄉。傅恆受此殊榮，自然十分感激，在途中上疏表示，「此番必須成功。若不能殄滅醜類，臣實無顏以見衆人」[325]。他有時日行竟達三百二十里，「帶星就道，薄暮尚未解鞍」[326]。從成都到達軍營，途經天赦山，道路險峻，又遇雪冰滑，十數匹馬墜入山澗。傅恆下騎與官兵一齊步行七十里[327]。十二月十八日，到達金川軍營。

傅恆入川後，下令誅殺良爾吉、阿扣和漢奸王秋，消除了隱患。十二月二十一日，他到達卡撒軍營，視察地形，立刻向乾隆報告舍戰碉專搗賊巢的作戰方案：

（卡撒）所有左右山梁，不過兩坡相對，地非甚廣，賊人所守各碉，俱在目前，亦不甚大，似乎攻克非難，不知何以用兵一二年尚不能進取……臣細度情形，前此之誤，在於專攻碉卡，每次一碉，需時甚久，兵力大傷，所得不過尺寸。賊境堅碉林立，且聞大兵將至，守禦益嚴，毋論攻其有備，克取爲難，即使數日而克一碉，恐數年不能竣事。今惟奇正兼施，相機行事。或以奇兵繞出其後，或以偏師另行取徑。彼出則直挫其鋒，併力斬殺；不出則聽其坐守空碉，而以銳師深入，專搗賊巢。又令各路齊進，使之彼此受敵，左右不能兼顧，晝夜不息，寢食無暇，自必至於內潰，而酋首可擒矣。[328]

所謂「銳師深入，專搗賊巢」的作戰方案，即從卡撒出發，避開戰碉，深搗刮耳崖。對於這一作戰方案，乾隆不同意：「卡撒一路，尤屬險要。……不若由黨壩一路，避奇險之堅碉，乘可用之兵力，尚可連獲勝陣，殲醜執馘，以爲納降奏凱之地」[329]。

乾隆不同意直取刮耳崖的作戰方案，顯然受岳鍾琪影響。如上所述，岳鍾琪曾向乾隆狀告張廣泗選定刮耳崖爲進攻對象的決策錯誤。他擔心傅恆重蹈張廣泗覆轍。更重要的是，當傅恆到達川西軍營之時，正是乾隆考慮對金川重大戰略轉變之際。

十三年（一七四八年）十二月，乾隆已認識到金川戰事之難。十七日，前任四川布政使高越報告，現有駐軍營官兵夫役，每月需米二萬一千餘石，今添滿漢官兵，加上運夫等，每月約添二萬石，累計從現在起至明年五月止需米二十五萬石，加上其他一切需要，約需要銀八百七十餘萬兩[330]。乾隆看了高越奏摺後說：

據高越奏稱，「蜀中挽運軍需，全資民力，輪流更替，卽村曲鄉民，亦多徵發不已。近添新旅，募夫尤衆。一出桃關，山路歧險，雪深冰結，艱苦視內地倍甚。成都米價昂貴，民食艱難，請將常平倉穀碾米平糶，竭力辦理，據實直奏」等語。觀此，則川省物力虛耗，大概可觀。高越雖稱據實直奏，恐困憊情形，尚有未盡形之章牘者。內地民情可慮，奏凱宜速。夫以江南富庶，米價偶翔，刁民輒乘機肆惡，況川省以險僻之區，值軍興旁午之會，意外易滋事端，誠不可不亟爲籌處。前所傳諭，以四月初旬爲期，蓋深有見於此也。[331]

乾隆清醒地估計到，戰爭給四川省造成「物力虛耗」的眞實情況，高越是不敢全部如實具奏。他從成都米價昂貴，聯想到其時江南各地糧價上漲和此起彼伏的搶米風潮。爲了金川區區蠻荒之地，耗費如此龐大物力與人力，又影響了國家穩定，而戰爭勝利希望卻是那樣渺茫。乾隆對打這場戰爭後悔了。接到高越奏摺的當天，他就說：「朕若早知如此，並此番調遣，皆可不必。此皆訥親、張廣泗貽誤，不據實入告之咎也。目下既有爲山九仞之勢，則一簣之勢難於中止。」[332]十八日又說：「金川小醜，初不意糜費如此物力。兩年之間，所用幾及二千萬。」[333]二十二日，在下令殺訥親的同時，說「設令訥親、張廣泗早行奏聞，朕必加以裁酌，不至多此一番勞費矣。今朕於此事頗為追悔。但辦理已成，無中止之勢。卽此而論，訥親、張廣泗誤國之罪可勝誅耶！」[334]二十三日，當他閱到傅恆奏摺中說「此番必其成功，若不能殄滅醜類，臣實無顏以見衆人等語」之後，「輾轉思之，竟至徹夜不寐」，立卽降諭說：

朕若知征途險阻如此，川省疲憊如此，早於今秋降旨，以萬人交岳鍾琪料理，更不必調派滿兵，特遣重臣，費如許物力矣。奈無一人具奏，朕實不知彼地情形，辦理至此，籌劃周矣，人事殫矣。若夫成功，則有天焉。或上蒼不遽絕其種類，俾偷生於窟穴，原屬化外，於國家何關輕重，而強人力抗天心，其將能乎！[335]

這位對藏民有荒唐歧見的封建帝王，此時已感到心力俱盡，無可奈何了。因此，他對自己內弟一心一意要建功成名的勃勃雄心，以皇太后名義加以勸導，「經略大學士此行，原為國家出力，非為一己成名。如為成名起見，豈有費如許帑項，如許生命，專供一己成名之理」[336]。十四年正月一日，乾隆宣布：「今朕已洞悉形勢，決定收局」[337]。接著，又連續降諭，要求傅恆在四月底五月初班師還朝，並說：「或得一二陣連勝，俾賊酋窮蹙乞命，卽可因勢納降」[338]。為了促使傅恆回師，乾隆還援引康熙親征噶爾丹時，「因挽運稽遲，不得已下詔班師」的事例，要傅恆效法。正月十五日，因傅恆的姐姐孝賢皇后喪服將次「小祥」，卽期年之日，乾隆又以皇太后名義，要求「大學士理應奔赴行禮」為理由，令傅恆於二月初旬起程返京。乾隆還在諭旨中說，「朕於今年正月初三日始定撤兵之計，今日皇太后聖母慈諭，此卽朕新運順暢之機」[339]。十六日，乾隆還十分懇切地對傅恆降諭說：「是賊據地利，萬無可望成功之理。朕思之甚熟，看之甚透。上年辦理實屬錯誤，及早收局，信泰來之機。朕改過不吝，經略大學士當恢宏見識，爲國家遠大計」[340]。爲勸導傅恆回師，乾隆可謂苦口婆心。十八日，他正式頒旨，召傅恆班師還朝，「其納降善後事宜交四川總督策楞辦理」[341]。

此時，大金川在清軍圍困之下，堅持了一年又八個月，已到糧盡兵疲的困境，無力把戰爭繼續下去。莎羅奔屢次在戰場上喊降。正月十二日，他又遣人到軍營具稟求降。十五日，再次派人來軍營懇切求情。傅恆卻堅持要莎羅奔和郎卡叔侄「親縛赴轅」，實際上企圖趁這二人求降之時，將其逮捕，「還朝獻俘」。乾隆獲悉傅恆這一意圖後，堅決反對，他要傅恆「不若昭布殊恩，網開三面」[342]，如果「必加誅戮，豈朕覆載包容之量所能忍出耶！」[343]

傅恆是很不情願撤兵的，多次上疏要求展期還朝。但是，皇帝不斷催促，聖命不可違。在這樣情況，他同意莎羅奔乞降。正月二十日，莎羅奔遣人呈獻求降甘結六款：1. 永不侵擾諸番；2. 供役比各司勤勉；3. 儘還所掠諸番土地；4. 擒獻以往「誤犯天兵」元凶；5. 送還從前侵奪的人民馬匹；6. 照數獻出槍炮軍器。可是，傅恆以「元凶未經面縛」爲理由，拒絕受降。莎羅奔通過綽斯甲布土司，求岳鍾琪出面代爲求情，傅恆同意了。經傅恆批准，岳鍾琪帶隨從四五十人進勒烏圍。莎羅奔迎接甚恭。當夜，岳鍾琪解衣酣寢，莎羅奔完全放心了。第二天，岳鍾琪至經堂，要莎羅奔、郎卡於佛前禮誓。隨後，岳鍾琪回答將這一切情況稟告傅恆。二月五日，莎羅奔、郎卡於寨門外除道設壇，帶領喇嘛、頭目多人，焚香頂戴鼓樂來到傅恆軍營投降。傅恆宣布皇帝聖旨：「示以德威，宥以不死。」莎羅奔感激歡欣，永誓不再違犯，並呈獻佛一尊，銀萬兩。傅恆納佛卻銀，受降成功。這一天，遠近土司觀者如堵，人們以息戰和平而萬聲歡呼，踴躍慶賀。

乾隆自詡爲「十大武功」的首功金川之役，就這樣匆匆忙忙地收兵。戰爭雖然以大金川投降告終，而清軍在戰場上實無取勝。但是，好大喜功的乾隆卻御製平定金川文勒石太學。他居然論功行賞，一等忠勇公傅恆，已進公爵，「更無殊典」，賜四團龍補褂，寶石帽頂，著於朝賀典禮之處時常服用，還另賜豹尾槍二杆，親軍二名，又勅建宗祠，春秋致祭。岳鍾琪復三等公爵，賜號威信，授予兵部尚書銜。以前西征準噶爾時，岳鍾琪獲罪令罰賠補銀七十萬兩，現全數豁免。莎羅奔出於感恩，要進番童番女各十名給乾隆，並在刮耳崖建祠供傅恆長生祿位。乾隆允許建祠供長生祿位，但拒收童男童女。乾隆還批准岳鍾琪請求，剩餘的軍糧不再運回內地，以七千石半補給小金川士兵，半爲恩賑，又以一千石救濟小金川窮苦百姓[344]。

三月，四川總督策楞上奏金川善後事宜十二條：1. 在巴底、巴旺各立土千戶，責令革布什咱管轄；2. 扎什諾爾布從軍出力，由他承襲革布什咱土司，給予號紙；3. 金川既還以前侵占諸土司地，雜谷、革布什咱、沃日、小金川等土司應聯爲一氣，息事寧人；4. 小金川土司澤旺與沃日女土司澤爾吉聯姻；5. 澤爾吉仍護理沃日土司印務；6. 小金川被毀碉房宜督修；7. 小金川副土司大小郎素宜分別安插；8. 郎卡異母弟土舍汪爾吉，先前投誠清軍，今事竣不能回寨，應交其母舅扎什諾爾安插；9. 加銜獎勵梭磨、竹克基、黨壩等土司；10. 各部土司請加級以示鼓勵；11. 嚴漢奸出入番地之禁；12. 贖回夷民所典買漢地，嗣後禁止漢人將土地私售番民[345]。這十二條規定，乾隆一一批准了。金川之役，至此告一段落。

平定西藏叛亂

大金川戰火甫熄，西藏又發生叛亂。

西藏古稱唐古忒，又稱土伯特，隋唐時稱叶蕃。唐貞觀年間，文成公主帶釋迦牟尼佛鑄像入藏，佛教從此在西藏廣爲傳播。西藏於元代正式隸屬中國版圖。明末，統治西藏地區的是佛教中「噶舉派」，亦卽「白教」的噶瑪政權，其首領藏巴汗對另一教派「格魯派」亦卽「黃敎」進行了殘酷迫害。崇德四年（一六三九年），淸入關建立全國統治權前夕，皇太極遣使致書西藏黃敎僧俗領袖土伯特汗和五世達賴羅桑嘉措，表達了淸朝願支持黃敎，「延致高僧，宣揚佛敎」[346]的誠意。從此，雙方交往漸多。崇德六年（一六四一年），五世達賴和四世班禪羅桑曲結聯合密招厄魯特蒙古和碩特部顧實汗率兵入藏，推翻噶瑪政權，建立了和碩特蒙古和西藏黃敎聯合統治的噶丹頗章政權。達賴和班禪從此成爲西藏的最高教主，而具體政務則由達賴委任的第巴——藏民習慣稱爲藏王——來掌管，實權則操在顧實汗手中。順治九年（一六五二年），五世達賴至北京朝覲，淸帝隆重接待，並以金冊印封「西天大善自在佛所領普通瓦赤喇怛喇達賴喇嘛」。從此達賴這一封號及其在西藏法王的政治地位，才由淸中央政府正式確定下來。可以說，在崇德順治時期，淸朝主要是通過宣布崇佛以及冊封賞賜等手段，籠絡西藏上層人物，以維繫中央與地方的關係。

康熙二十一年（一六八二年），五世達賴在布達拉宮去世，享年六十六歲。第巴桑結嘉措秘不發喪，企圖乘機假達賴名號控制西藏，排斥和碩特蒙古勢力。三十五年，康熙親征蒙部準噶爾部噶爾丹時，發現達賴已死及第巴匿喪陰謀，降旨斥責，但未處分第巴。四十年，統治西藏的顧實汗孫達賴汗去世，其子拉藏汗繼位。他與第巴關係更加緊張。四十四年，拉藏汗率部擊敗藏兵，殺第巴，廢桑結嘉措所立六世達賴喇嘛倉央嘉措，另立伊喜嘉措爲六世達賴。桑結嘉措餘黨逃往新疆，求助準噶爾蒙古，策妄阿拉布坦遂於康熙五十六年率兵入藏，攻布達拉宮，殺拉藏汗。爲平定西藏之亂，康熙揮師入藏，於五十八年把準噶爾蒙古驅回伊犁，留兵四千名駐紮西藏。清兵駐藏始於此時。康熙還封平亂有功的西藏第巴阿爾布巴、康濟鼐爲貝子，另一第巴隆布奈爲輔國公，授頗羅鼐爲扎薩克一等臺吉，任康濟鼐總理全藏政務，是爲藏王，又封阿爾布巴、隆布奈、頗羅鼐、札爾鼐四人爲噶隆（意卽西藏地方政府主管官員），組成西藏地方政府噶廈。

雍正元年（一七二三年）駐藏清軍撤離。五年西藏內亂，阿爾布巴、隆布奈、札爾鼐三噶隆聯合襲殺康濟鼐，陰謀投奔準噶爾。頗羅鼐率兵進拉薩鎮壓叛亂，擒獲阿爾布巴等。雍正聞訊，發兵一萬五千人進藏，繼續平叛，並封頗羅鼐爲貝子，繼爾晉貝勒，總管全藏。雍正還設立駐藏正副大臣各一人，留兵二千名，分駐前後藏，歸駐藏大臣管轄。

康雍時期駐兵西藏以及駐藏大臣的設置，清中央政府對西藏地區的統治有所强化。

但是，頗羅鼐統治時期，西藏地方軍事力量擴展迅速。頗羅鼐深得雍正信賴，爲防禦準噶爾進犯西藏，他受命訓練騎兵一萬名、步兵一萬五千名，分防各要塞。雍正十一年清朝卻把駐藏軍隊減少至五百人。乾隆對頗羅鼐的信任不亞於雍正。四年（一七三九年），乾隆晉封頗羅鼐爲郡王，封其長子珠爾默特車布登爲輔國公，次子珠爾默特那木扎勒爲札薩克一等臺吉。十一年，乾隆又命頗羅鼐在兩個兒子中挑一個任爲「長子」，以便日後襲王爵，總理藏務。在軍事力量壯大的同時，頗羅鼐家族又取得藏王世襲權，其在西藏的統治地位得以鞏固與提高，也埋下了日後貴族勢力割據作亂的禍根。

十二年頗羅鼐病逝，先前立作「長子」的珠爾默特那木扎勒襲封郡王。乾隆此時傳諭駐藏大臣副都統傅清，說有幾件事令人擔憂。一是珠爾默特年幼新襲，未必能服衆心；二是新郡王與達賴有不和之意，希望傅清「善爲和解」；三是今年正逢準噶爾「入藏熬茶」，應提防準部乘頗羅鼐新歿，藉端生事。總之，乾隆擔心頗羅鼐之後，西藏會發生動亂。這種顧慮不無道理。果然，頗羅鼐病故，珠爾默特那木扎勒拒絕達賴來弔奠誦經。經傅清斡旋，此事才妥善解決。乾隆聞奏，說「可釋朕西顧之憂」[347]。

但是，乾隆高興太早了。珠爾默特那木扎勒懷有割據西藏的分裂野心。他陰謀擴充軍隊，於十三年向駐藏大臣索拜呈稱，在阿哈雅克地區發現準噶爾「賊人」，要求往喀喇烏蘇練兵。索拜同意。乾隆責索拜「乃竟不察虛實，墮其術中矣」[348]，遂逐步意識到珠爾默特那木扎勒外表恭謹，「究未必能安靜奉法」[349]。

十四年金川戰事結束，乾隆因不滿紀山在金川戰爭期間的表現，將他從四川巡撫降任駐藏大臣。紀山抵藏一個月，珠爾默特那木扎勒才出來會見，顯然存輕忽之意。紀山向乾隆報告：

> 到藏以來，留心訪察珠爾默特那木扎勒，看來情性乖張，屬下俱懷怨望，且伊又有疑忌達賴喇嘛之心，恐日久衆怨愈深，達賴喇嘛亦不能忍，致生事端。

紀山建議，從後藏調珠爾默特車布登協同珠爾默特那木扎勒辦事，「以分其權」，並將達賴移駐泰寧。乾隆斥責紀山「此奏甚屬舛謬」。他說，紀山的任務是「察看」珠爾默特那木扎勒「見朕諭旨時是否眞切感畏，伊之行止能效法伊父頗羅鼐否？或當教育，或當防範」，「並非即有辦理之意」。「至日後生事與否，本難逆料」。這裏，乾隆給紀山規定的任務只是「觀察」，不得「辦理」。他怕一有行動，「顯露情形，轉至啓上伯特疑心」[350]。在乾隆這一方針指導下，紀山自然無所作爲。爲了便於「觀察」，紀山設法接近珠爾默特那木扎勒，與之「相對盟誓，甚至具摺請安奏事，皆與一同列名」[351]，還令兵丁演戲，與珠爾默特那木扎勒「宴會觀劇，日醉他鄉」[352]。十月，乾隆見紀山無能，遂命傅清重任駐藏大臣，與紀山一同駐紮。

十二月，乾隆又接紀山奏摺，說珠爾默特那木扎勒稱，住在阿里克地區的伊兄珠爾默特車布登派人搶其買賣人貨，派兵把守通藏要道，揚言要發兵來攻，爲此不得不調兵防範果爾弼地方。乾隆不相信，認爲珠爾默特車布登向無蠢動端倪，珠爾默特那木扎勒爲人暴戾，安知非捏詞陷害其兄，欲興兵構釁！爲慎重起見，乾隆一面責令紀山派員赴阿里克，面見珠爾默特車布登，察其動靜，並勸告他果有委曲，應稟明駐藏大臣，代爲剖分曲直，不可擅動干戈；另方面傳諭四川總督策楞、提督岳鍾琪密爲籌畫調度，以備緩急[353]。此時，策楞見駐藏清兵減少到僅有百人，奏請增至原額五百。乾隆不同意，說藏地數十萬衆，官兵即使增至五百名，既不足以資防範，徒啓彼之疑[354]。不久，乾隆撤紀山駐藏大臣，代之以侍郎拉布敦。

十五年正月，乾隆接傅清、策楞等奏摺，說他們認爲，珠爾默特那木扎勒「由於與兄不睦，架捏誣陷，決不致有侵犯之事」。乾隆斷定傅清等看法「大約近是」。此時，乾隆君臣把珠爾默特那木扎勒在西藏的所作所爲，都看作是僅僅爲了對付乃兄，並沒有危及清中央政府對西藏的統治。不久，乾隆獲悉珠爾默特車布登病故，甚感懷疑。但果眞病死與否，既無從致詰，也不必深究。他說：「雖明知爲彼所愚，亦不妨姑且從權，置之不問。」[355]更重要的是，乾隆認定珠爾默特那木扎勒與兄不和，伊兄死，「既無與相敵之人，伊亦無可構釁，或從此安靜，亦未可定」，因此，對拉布敦等請求准許珠爾默特車布登一子承襲，乾隆堅決不答應，說珠爾默特那木扎勒既不容其兄，又何有其兄之子。承襲一事，實乃徒生枝節[356]。二月二十日，他傳諭軍機大臣：「今車布登已死，藏地無事，若更議派兵駐守，多作張皇，適足動其疑慮」，宣布添兵一事，毋庸辦理[357]。乾隆把珠爾默特車布登的死，看作西藏從亂到治的契機，一代英君竟糊塗至此。

十五年（一七五〇年）夏季，西藏局勢急劇惡化。五月五日，乾隆接傅清、拉布敦奏摺，報告説珠爾默特那木扎勒往薩海地方調動部隊，搬運炮位等情形。但是，乾隆仍不相信這是圖謀不軌行動，侃侃而談珠爾默特那木扎勒不至於叛亂的原因：

> 從來有異謀者，非有所貪圖希冀於所不當，則必禍患逼身，出於不得已。以珠爾默特那木扎勒言之，伊身爲藏主，操生殺而擅富貴，俸賜所欲，貿易所入，歲獲重貲，而且倚藉中朝聲勢，衆蒙古皆與往來，可得厚利，伊更何所貪圖希冀？若叛去，則全無所得，伊何所利而反耶？至伊遠在天末，雖有大臣往駐，並不監制其行爲，分奪其聲勢，伊又何拘束困苦，而以逆謀自救耶？利無可圖，害無可避，而謂其將有異謀，誠過慮也！[358]

乾隆斷言，珠爾默特那木扎勒調兵搬炮，或者是爲威脅伊兄所部頭人，或因清朝接連更換駐藏大臣心存疑懼。他要傅清等人不必急於釋疑，俟到冬季，當珠爾默特那木扎勒「深知天朝德意」，積疑自然冰釋[359]。乾隆對形勢估計如此不切實際，源於他那過分的自信。他自信「天朝」給珠爾默特那木扎勒那麼多恩惠與權力，對方何苦要避利趨害搞叛亂？這種過分的自信心，擋住了乾隆的視線，使他看不見珠爾默特那木扎勒割據稱王的野心。

入秋之後，珠爾默特那木扎勒謀叛行爲公開化。他揚言「我已設計撤回漢兵四百名，其餘若不知機早回，必誅戮」，並下令封鎖塘汛，「沿途漢土兵民及文書俱不許往來」[360]。又派人潛通準噶爾部，「求其發兵至拉達克地方，以爲聲援」[361]。對於擁護清中央政府的上層人物，珠爾默特那木扎勒瘋狂迫害，他派兵抄沒了噶隆班第達、布隆贊等人的家，驅逐珠爾默特車布登之人，殺害頗羅鼐舊人。傅清、拉布敦見情況危急，決定候珠爾默特那木扎勒從打克薩返回拉薩接見之時，即爲擒獲。他們將計畫上奏乾隆，並要求「不待請旨，即行乘機辦理」[362]。乾隆見奏，憂心忡忡，認爲二人孤懸在藏，輕率冒險，必釀大禍。十月八日，乾隆明諭傅清等「不可妄動」，又密令策楞、岳鍾琪等籌集川兵，以爲防剿之計，同時命班第即速進藏更換拉布敦，會同傅清相機辦事。

未得乾隆詔書，傅清、拉布敦就決計動手除逆。他們商量：「徒爲所屠，亂既成，吾軍不得即進，是棄兩藏也。不知先發，雖亦死，亂乃易定」[363]。十月十三日，他們以接旨爲名，將珠爾默特那木扎勒召入通司岡駐藏大臣衙門。珠爾默特那木扎勒登樓下跪接旨時，傅清從背後揮刀砍下其首級，並殺其隨從四、五人。珠爾默特那木扎勒黨羽羅卜藏扎什跳樓走脫後，糾集同夥進攻衙署。傅清遣人向班第達求援。班第達力薄，奔告達賴。達賴遣僧衆救護，被圍不能入。叛軍放火燒房，加緊進攻。傅清身中三槍，立即自盡。拉布敦爲叛軍所殺，同時被害者有主事策塔爾、參將黃元龍、通判常明，以及二員千總、四十九名士兵和七十七名商民。羅卜藏扎什等將糧務衙門庫銀八萬五千兩搶掠一空後，帶兵潛逃。

叛亂發生後，七世達賴喇嘛噶桑嘉措一面委班第達代理藏王事，維持局面；一面傳令各地藏民，不得傷害漢人。達賴還派人追查被劫餉銀，並於二十三日擒獲羅卜藏扎什等叛逃分子。

十一月十四日，乾隆從策楞、岳鍾琪奏摺中，得悉傅清、拉布敦平叛捐軀。第二天，他宣布幾項重大決定：第一，命策楞、岳鍾琪率兵三千入藏，總兵董芳統兵二千名隨後策應，陝甘總督尹繼善馳驛赴川，料理一應軍機。後來，見西藏局勢穩定，羅卜藏扎什已被擒獲，改令策楞率兵八百入藏，岳鍾琪駐守打箭爐，董芳返川。第二，宣布興師入藏，「惟務搜除逆黨，以安地方。

凡非逆黨親信，一無株及，被難番民，優加恤賞。至塘汛番人，將官兵捆縛，本應治罪，但係聽從珠爾默特那木扎勒所使，概置不問」[364]。第三，對傅淸、拉布敦以及其他捐軀弁兵，加恩優恤。後來，追贈傅淸、拉布敦一等伯，子孫給一等子爵，世襲罔替，又在拉薩通司岡及北京崇文門建「雙忠祠」，合祀二人，春秋致祭。第四，不同意再立藏王。他說：

若如達賴喇嘛所奏，即將班第達立爲藏王，將來又成一頗羅鼐，日後伊子又思世襲，專據其地，轉滋事端。

他傳諭班第，「以藏地多立頭人，分殺其勢，正當乘此機會，通盤籌畫，務徹始徹終，爲萬全之計。」[365]

叛亂過後，乾隆認眞思考西藏致亂的禍根。他認爲問題關鍵在於第巴與辦事噶隆事權太大，駐藏大臣毫無實權：

即如珠爾默特那木扎勒一言而塘汛斷絕，班第達一言而塘汛復通，信息往來，惟藏王之言是聽，而駐藏大臣毫無把握，如此即駐兵萬人，何濟於事！[366]

又說：

由今觀之，辦理噶隆之人，權勢不使太專，是朕所加恩永輯藏地億衆生靈之要道也。[367]

乾隆還檢討了以往對藏王只「加恩」不「裁抑」的失誤，說：

珠爾默特那木扎勒凶悖肆惡，恣行無忌，本因向來威權太盛，專制一方，致釀此患。乃朕加恩過重，有以縱之，不可不追悔從前之不早爲裁抑。368

西藏叛亂，是清朝前期治理乏力的惡果。乾隆未能看出珠爾默特那木扎勒一夥割據分裂野心，未能採取措施防範於未然，釀成事端，導致兩大臣平叛捐軀，是他治國前期的一大敗政。他既覺察及此，斷然採取對策，予以糾正。十一月十六日，傳諭議政大臣、親王、郡王以及滿漢大學士、尚書會同軍機大臣，就西藏善後事宜進行商討，同時命侍郎兆惠赴藏，偕策楞等共同辦理善後事宜。

十六年（一七五一年）三月，策楞、班第等根據乾隆指示，提出《酌定西藏善後章程》十三款。其中主要的有：

應查照舊例，添放噶隆四名，其中一名由深曉黃教的僧侶擔任，庶於僧俗均有裨益；噶隆辦理公務，應在公所，不得在私宅，凡地方些小事務，衆噶隆秉公會商辦理，應具摺奏事重務，須遵旨請示達賴喇嘛及駐藏大臣酌定辦理，鈐用達賴喇嘛印信及欽差大臣關防；西藏各級官員補放，噶隆等應公同稟報達賴喇嘛及駐藏大臣酌定，俟奉有達賴喇嘛並欽差大臣印信文書遵行。

全藏民人均達賴喇嘛所屬，禁止私占及濫發免差文件。

乾隆基本同意章程內容，著照所定執行；但指出「藏地關係最要者，尤在臺站，此乃往來樞紐所在」，以前被藏王控制，今於章程中未曾議及。但既甫經定議，不必馬上更改，應於一二年後再辦理369。

根據《酌定西藏善後章程》十三款規定，藏王制被取消，噶隆權力受抑制，重大問題須經達賴喇嘛及駐藏大臣核准，從而提高了達賴喇嘛及駐藏大臣的地位與權力，削弱了貴族權勢。這是西藏政治體制的重大改革，它强化了清中央政府對西藏的統治，也有利於西藏政局的穩定。乾隆從以往失誤中淸醒過來，爲維護國家統一又做了一件好事。

註釋

1、2《乾隆實錄》卷一三六。
3《聖祖御制文集》卷二五。
4《乾隆實錄》卷一四三。
5《乾隆實錄》卷一四六。
6《乾隆實錄》卷一四七。
7、8《乾隆實錄》卷一五一。
9《乾隆實錄》卷一三。
10《乾隆實錄》卷四一。
11《乾隆實錄》卷八二。
12《乾隆實錄》卷四二。
13、14《乾隆實錄》卷四二。
15、16、17《乾隆實錄》卷三一一。
18《乾隆實錄》卷一八五。
19《乾隆實錄》卷一九七。
20《乾隆實錄》卷二九〇。
21《乾隆實錄》卷一八九。
22《乾隆實錄》卷二九九。
23《乾隆實錄》卷二三〇。
24《硃批奏摺》乾隆八年八月初四日兩江總督尹繼善奏。
25《乾隆實錄》卷一九五。
26《乾隆實錄》卷二九〇。
27《乾隆實錄》卷二九二。

28《乾隆實錄》卷三一三。

29《乾隆實錄》卷三一四。

30《乾隆實錄》卷三一五。

31《乾隆實錄》卷三一九。

32《乾隆實錄》卷三一四。

33 顧公燮：《消夏閑記摘抄》。

34《乾隆實錄》卷三一六；《史料旬刊》第二九期《潭行義摺》。

35、36《乾隆實錄》卷二一七。

37《乾隆實錄》卷二六九。

38《乾隆實錄》卷三一一。

39《乾隆實錄》卷二四二。

40《乾隆實錄》卷二四三。

41、42《高宗純皇帝聖訓》卷一四一《蠲賑》四。

43《高宗純皇帝聖訓》卷一四〇《蠲賑》三。

44《高宗純皇帝聖訓》卷一四一《蠲賑》四；卷一四二《蠲賑》五；卷一四七《蠲賑》十；卷一四八《蠲賑》一一。

45《乾隆實錄》卷八五〇。

46《乾隆實錄》卷七五二。

47、48《乾隆實錄》卷一八九。

49《乾隆實錄》卷二四九。

50《乾隆實錄》卷三一九。

51、52《乾隆實錄》卷二四七。

53《乾隆實錄》卷一六二。

54《乾隆實錄》卷二五九。

55《乾隆實錄》卷二一三。

56 吳慧等《清前期的糧食調劑》，見《歷史研究》一九八八年第四期。

57《乾隆實錄》卷一六四。

58《乾隆實錄》卷二六九。

59《乾隆實錄》卷三三九。

60《乾隆實錄》卷二一五。

61《乾隆實錄》卷二〇〇。

62《乾隆實錄》卷二七五。

63《乾隆實錄》卷二〇四。

64《乾隆實錄》卷一七七。

65《乾隆實錄》卷三〇四。

66《乾隆實錄》卷三〇七。

67、68、69、70《乾隆實錄》卷三一一。

71、72《乾隆實錄》卷三一三。

73《乾隆實錄》卷三一五。

74《乾隆實錄》卷三一六。
75《乾隆實錄》卷三一七。
76《乾隆實錄》卷三一九。
77《乾隆實錄》卷一五七。
78《乾隆實錄》卷三七九。
79《乾隆實錄》卷一〇二三。
80《乾隆實錄》卷一四六八。
81《乾隆實錄》卷一三七〇。
82《英使謁見乾隆紀實》第五〇三至五〇四頁，商務印務館，一九六三年版。
83王光越：《乾隆初年錢價增昂問題初探》，《歷史檔案》一九八四年二期。
84《乾隆實錄》卷二〇四。
85《乾隆實錄》卷二。
86《清文獻通考》卷一六《錢幣考》四。
87《乾隆實錄》卷二五四。
88《乾隆實錄》卷二七一。
89《乾隆實錄》卷二〇四。
90《清文獻通考》卷一七《錢幣考》五。
91、92《清文獻通考》卷一五《錢幣考》三。
93《清文獻通考》卷一四《錢幣考》二。
94《清文獻通考》卷一六《錢幣考》四。
95《乾隆實錄》卷三二六。
96、97《乾隆實錄》卷二三二。
98《乾隆實錄》卷二三六。
99《清文獻通考》卷一六《錢幣考》五。
100安雙成：《順康雍三朝八旗丁額淺析》，《歷史檔案》一九八三年二期。
101魏源：《聖武記》卷一四《軍儲篇》四。
102《清史稿》卷三九六《柴潮生傳》。
103、104《乾隆實錄》卷七二。
105《乾隆實錄》卷二五五。
106、107《乾隆實錄》卷二〇五。
108《乾隆實錄》卷二二〇。
109《乾隆實錄》卷二〇六。
110《乾隆實錄》卷三六七。
111《乾隆實錄》卷二〇六。
112《乾隆實錄》卷二五二。
113、114、115《乾隆實錄》卷二四二。
116《乾隆實錄》卷三九七。
117《乾隆實錄》卷二五五。
118《乾隆實錄》卷三九七。

119《乾隆實錄》卷一二二。

120《乾隆實錄》卷一六八。

121 舒赫德：《八旗開墾屯田疏》，《皇朝經世文編》卷三五戶政。

122 王慶雲：《石渠餘記》卷四。

123 赫泰：《復原產籌新墾疏》，《皇朝經世文編》卷三五戶政。

124《雍正實錄》卷九三。

125 舒赫德：《八旗開墾邊地疏》，《皇朝經世文編》卷三五戶政。

126《乾隆實錄》卷一〇四。

127《清文獻通考》卷五《田賦考》五。

128 孫嘉淦：《八旗公產疏》，《皇朝經世文編》卷三五。

129《清文獻通考》卷五《田賦考》五。

130 光緒《大清會典事例》卷一五九。

131《八旗通志》卷六五。

132《清文獻通考》卷五《田賦考》五。

133《光緒大清會典事例》卷一五九。

134 赫泰：《復原產籌新墾疏》，《皇朝經世文編》卷三五。

135《乾隆實錄》卷二六〇。

136《清文獻通考》卷五《田賦考》五。

137《清文獻通考》卷二〇《戶口考》二。

138《乾隆實錄》卷五一二。

139《清文獻通考》卷二〇《戶口考》二。

140《乾隆實錄》卷一六四。

141《清文獻通考》卷二〇《戶口考》二。

142《乾隆實錄》卷一一〇。

143《清文獻通考》卷三〇《徵榷》五。

144《清朝通典》卷八《食貨》。

145《乾隆實錄》卷六五〇。

146 彭澤益：《中國近代手工業史資料》，第一卷第三八七至三八八頁。

147《乾隆實錄》卷七六四。

148《乾隆實錄》卷二一五。

149《乾隆實錄》卷二八七。

150《乾隆實錄》卷二三七。

151、152《乾隆實錄》卷二一九。

153《乾隆實錄》卷二九七。

154《硃批諭旨·鄂爾泰奏摺》，雍正六年四月二十六日摺。

155《乾隆實錄》卷七六四。
156《乾隆實錄》卷二一六。
157《乾隆實錄》卷二九七。
158《乾隆實錄》卷二四四。
159《乾隆實錄》卷二三八。
160《乾隆實錄》卷二一九。
161《乾隆實錄》卷四八九。
162 昭槤：《嘯亭雜錄》卷一〇《憲皇用鄂文端》。
163 昭槤：《嘯亭雜錄》卷二《鄂西林用人》。
164、165 張廷玉：《澄懷主人自訂年譜》卷二。
166 張廷玉：《澄懷主人自訂年譜》卷三。
167 張廷玉：《澄懷主人自訂年譜》卷五。
168 張廷玉：《澄懷主人自訂年譜》卷三。
169 張廷玉：《澄懷園文存》卷九《國朝館選錄序》。
170 張廷玉：《澄懷園文存》卷九《姚氏宗譜序》。
171 張廷玉：《澄懷主人自訂年譜》卷三。
172 昭槤：《嘯亭雜錄》卷一《不喜朋黨》。
173《乾隆實錄》卷一一四。
174 張廷玉：《澄懷主人自訂年譜》卷四。
175、176《乾隆實錄》卷一三九。
177 昭槤：《嘯亭雜錄》卷六《仲副憲》。
178《乾隆實錄》卷一八一。
179、180、181《乾隆實錄》卷一五六。
182 張廷玉：《澄懷主人自訂年譜》卷五。
183《乾隆實錄》卷二七七。
184《乾隆實錄》卷三〇七。
185《清史稿》卷二八八《張廷玉傳》。
186、187《乾隆實錄》卷三五四。
188《乾隆實錄》卷三六三。
189 張廷玉：《澄懷主人自訂年譜》卷三。
190、191《乾隆實錄》卷三六三。
192《乾隆實錄》卷一三八。
193《乾隆實錄》卷二六一。
194《乾隆實錄》卷七一。
195《乾隆實錄》卷一六二。
196、197《乾隆實錄》卷二七七。
198《乾隆實錄》卷六五。
199《乾隆實錄》卷二七七。
200、201《乾隆實錄》卷二〇四。
202《乾隆實錄》卷七〇。
203《乾隆實錄》卷二八八。
204《乾隆實錄》卷二九五。

205《乾隆實錄》卷二〇四。
206、207《乾隆實錄》卷二〇八。
208《乾隆實錄》卷二一七。
209《乾隆實錄》卷二八五。
210、211《乾隆實錄》卷二二二、二二三。
212《乾隆實錄》卷二七四。
213《乾隆實錄》卷二五五。
214《乾隆實錄》卷二五九。
215、216《乾隆實錄》卷一三八。
217、218《乾隆實錄》卷一五一。
219《清文獻通考》卷二〇七《刑考》一三七。
220《硃批奏摺》乾隆十一年閏三月二十六日貴州總督張廣泗奏。
221《乾隆實錄》卷二六五。
222《乾隆實錄》卷二七三。
223《乾隆實錄》卷九〇。
224《乾隆實錄》卷二七〇。
225《乾隆實錄》卷二七五。
226 喻松青：《明清白蓮教研究》第五十四頁至五十五頁，四川人民出版社，一九八七年版。
227、228、229 黃育楩：《破邪詳辨》卷一。
230《乾隆實錄》卷二七五。
231《乾隆實錄》卷二七一。
232《乾隆實錄》卷二六八。
233《乾隆實錄》卷二七五。
234《乾隆實錄》卷二六八、二七〇。
235《乾隆實錄》卷二六九、二七五。
236《乾隆實錄》卷二七五。
237《乾隆實錄》卷二六八、二六九、二七〇、二七一。
238《乾隆實錄》卷九〇。
239《乾隆實錄》卷二六八。
240、241《乾隆實錄》卷二六九。
242《乾隆實錄》卷二七三。
243《清代檔案史料叢編》第三輯，嘉慶二十年十二月二十六日《諭那彥成將石佛口王姓爲首傳教者照律問擬》。
244《乾隆實錄》卷二七二。
245、246《乾隆實錄》卷二六九。
247《乾隆實錄》卷二七〇。
248《乾隆實錄》卷二七一。
249《乾隆實錄》卷二七〇。
250《乾隆實錄》卷二六九。

251《乾隆實錄》卷二七一、二七二。
252《乾隆實錄》卷二七二。
253《史料旬刊》第二十七期《老官齋案》，見福州將軍新柱摺。
254《乾隆實錄》卷三〇九。
255《乾隆實錄》卷三一〇。
256《史料旬刊》第二十八期，《老官齋案》，見薛儒奏摺。
257《乾隆實錄》卷三一二。
258、259《乾隆實錄》卷三一一。
260《史料旬刊》第二十九期《老官齋案》，見喀爾吉善、潘思榘摺。
261《乾隆實錄》卷二三九。
262《乾隆實錄》卷二三五。
263《乾隆實錄》卷二三七。
264、265《乾隆實錄》卷二三九。
266《乾隆實錄》卷二四二。
267《乾隆實錄》卷二五一。
268《乾隆實錄》卷二五七。
269《乾隆實錄》卷二五九。
270《乾隆實錄》卷二六〇。
271、272《乾隆實錄》卷二六八。
273《乾隆實錄》卷二六九。
274《乾隆實錄》卷二九八。
275《乾隆實錄》卷三〇〇。
276《乾隆實錄》卷三〇五。
277《乾隆實錄》卷三二二。
278《乾隆實錄》卷三五八。
279《乾隆實錄》卷一〇五。
280《乾隆實錄》卷三〇九。
281《乾隆實錄》卷五八三。
282《乾隆實錄》卷三二五。
283《乾隆實錄》卷一〇一。
284《乾隆實錄》卷三〇七。
285《乾隆實錄》卷二一九。
286《乾隆實錄》卷一〇一。
287《乾隆實錄》卷二七九。
288《乾隆實錄》卷二八四。
289《乾隆實錄》卷二八六。
290《乾隆實錄》卷二五二。
291《乾隆實錄》卷二八六。
292《乾隆實錄》卷二九一。

293《乾隆實錄》卷二九三。
294《乾隆實錄》卷二九二。
295《乾隆實錄》卷二九三。
296《平定金川方略》卷三。
297《乾隆實錄》卷二九八。
298《乾隆實錄》卷二九九。
299《乾隆實錄》卷三〇一。
300《乾隆實錄》卷三〇〇。
301《乾隆實錄》卷三〇一。
302《乾隆實錄》卷三〇五。
303、304《平定金川方略》卷五。
305《乾隆實錄》卷三〇九。
306《乾隆實錄》卷三一〇。
307《乾隆實錄》卷三一三。
308 昭槤：《嘯亭雜錄》卷一《殺訥親》。
309《乾隆實錄》卷三一二。
310 昭槤：《嘯亭雜錄》卷一《殺訥親》。
311、312《乾隆實錄》卷三一八。
313《平定金川方略》卷一〇。
314、315、316、317《乾隆實錄》卷三二一。
318《乾隆實錄》卷三二一。
319《乾隆實錄》卷三二三。
320《乾隆實錄》卷三二五。
321《乾隆實錄》卷三三一。
322《乾隆實錄》卷三二五。
323、324《乾隆實錄》卷三二六。
325《乾隆實錄》卷三三一。
326《乾隆實錄》卷三三〇。
327《乾隆實錄》卷三三一。
328《平定金川方略》卷二一。
329、330《乾隆實錄》卷三三二。
331、332、333、334、335、336《乾隆實錄》卷三三一。
337、338、339《乾隆實錄》卷三三二。
340、341、342《乾隆實錄》卷三三三。
343《乾隆實錄》卷三三四。
344《乾隆實錄》卷三三五。
345《乾隆實錄》卷三三六。
346《太宗實錄》卷四九。
347《乾隆實錄》卷二九六。
348《乾隆實錄》卷三二四。
349《乾隆實錄》卷三四三。
350《乾隆實錄》卷三五一。

351《乾隆實錄》卷三五五。
352《乾隆實錄》卷三八五。
353《乾隆實錄》卷三五五。
354《乾隆實錄》卷三五五、三五六。
355、356《乾隆實錄》卷三五八。
357《乾隆實錄》卷三五九。
358、359《乾隆實錄》卷三六四。
360《乾隆實錄》卷三七六。
361《乾隆實錄》卷三八六。
362《乾隆實錄》卷三七二。
363《清史稿》卷三一二《傅清傳》。
364、365《乾隆實錄》卷三七六。
366、367、368《乾隆實錄》卷三七七。
369《乾隆實錄》卷三八五。

第三章　乾隆盛世（乾隆十六年至三十八年）

省方問俗下江南

（一）南巡前的準備

十四年（西元一七四九年）十月五日，乾隆降諭，定於十六年正月巡幸江南。下江南路途遙遠，事關重大，畢竟不同於西登五臺山，東謁泰山、孔林那樣容易。因此，諭旨說這是「出於該省紳耆士庶，望幸心殷，合詞奏請」，又經大學士九卿等集議而後確定的。皇帝「俯從所請」的理由更堂皇：

> 江南地廣人稠，素所廑念。其官方戎政，河務海防，與凡閭閻疾苦，無非事者。第程途稍遠，十餘年來未遑舉行。屢嘗敬讀聖祖實錄，備載前後南巡，恭侍皇太后鑾輿，羣黎扶老攜幼，夾道歡迎，交頌天家孝德，心甚慕焉。朕巡幸所至，悉奉聖母皇太后遊賞。江南名勝甲天下，誠親掖安輿，緋覽山川之佳秀，民物之豐美，良足以娛暢慈懷。[1]

這裏，乾隆擺出巡幸江南原因：1. 要了解江南軍事、政治、河務、海防情形及閭閻疾苦；2. 心慕聖祖康熙南巡受羣黎夾道歡呼的盛況，他也要領略一番受萬民歡呼擁戴時的風光；3. 奉皇太后遊覽江南秀麗山川，睹豐美民物。

乾隆何以在登基十五年之後才下江南？他晚年撰《南巡記》說：「吾臨御五十年，凡舉二大事。一曰西師，一曰南巡」。「若夫南巡之事，則所爲宜遲而莫速者」[2]。乾隆把下江南視爲與平定西北邊疆同等重要的平生兩件大事，只不過此事宜遲不宜速。他雖嚮往江南，但遲遲成行，其中不無道理。登基十餘載以來，平定了貴州苗疆，與準部息邊議和，金川之役又甫告結束，財政狀況也有所改觀。十五年正月，他說：「上年軍務告竣，歲值豐登，庫帑儲備，盡已寬裕」[3]。正是在一片昇平景象時，乾隆宣布巡幸江南。可以認爲，十六年下江南之舉，標誌著乾隆朝已步入巔峯時期。

南巡諭旨一宣布，江南地方官受寵若驚。十月中旬，閩浙總督喀爾吉善和署浙江巡撫永貴就上摺奏請皇帝，在臨幸浙江時，閱視海塘工程。乾隆答應。

皇帝下江南，首先要解決的是路線與道路問題。十一月，山東巡撫准泰奏，從山東到江南，有中、東二條道可供選擇。中路從德州經兗郡至韓莊。東路則經泰安至紅花埠。康熙時臺兒莊以下河道淺，如果走中路至韓莊，還要紆道宿遷方可登御舟南下，甚麻煩。東路雖長，但方便，所以康熙走的是東路。如今，臺兒莊以下運河已修通，御駕可由滕縣沿著寬平道路，到達黃林莊碼頭，登舟南下，路既短又方便。儘管如此，執意效法乃祖的乾隆，南巡時仍然沿著康熙走過的東路。

關於沿途道路應否加寬，路旁田園、房屋、塚墓應否拆遷問題，十五年正月乾隆說：「朕巡幸江浙，問俗觀風，清蹕所至，除道供頓，有司不必過費周章」。他指示，路旁百姓塚墓，只要「於輦路經由無礙，不得令其移徙」，有些地方只要「間或蔽以布帷營蒯之屬」[4]。就可以了。遵照諭旨精神，閩浙總督喀爾吉善於三月報告，江南山水交錯，道路不如北方平曠。杭嘉二府，道旁彌望皆桑，經勘察，御舟所經河道，纖路最寬不過一丈以上或不足一丈，爲保護田園，不敢過求開闊，凡營盤處所，必詳勘無妨民業之處，簽椿修治；西湖各處名勝所經陸路，只期修治平坦，無事開拓寬廣；其民間塚墓，無得輕議遷移。乾隆贊成，批道：「總以務樸省事，及息浮議爲要」[5]。乾隆意圖很清楚，不希望百姓利益受損，從而引起訾議。十月，閩浙總督喀爾吉善又奏：1.杭州、嘉興兩郡俱係水鄉，湖蕩港汊縱橫交錯。自江南交界至杭州，陸路惟有運河纖道，寬僅七至八尺。若另闢陸路，必多挖廢民間田園。今勘定副河一道，建議應用雜物及打前站的執事人等，均由副河前進。2.御道兩旁，本應布兵站圍。但浙江運河纖道，竟有無可站立之處。因此酌定於支河汊口岸，各安卡兵二、三名，臨時禁遏人舟；如無路徑處，不復安兵站圍。兩岸村鎮居民，許令男婦老幼跪伏瞻仰。這二條建議，乾隆皆欣然採納。

乾隆聲稱，下江南目的之一，是要巡視河務。但浙江巡撫永貴報告，由杭州至海塘路一條，窄狹紆曲，難以駐蹕。而且，「今堤工鞏固，引河順軌，此次似無庸臨視」；杭州候潮門外有觀海樓，可遠眺中小亹引河，以前聖祖曾臨幸，今應略加修飾，以備巡覽。此外，紹興府之南鎮、蘭亭二處，近接禹陵，從前聖祖未曾臨幸，該處俱有房屋，可略加修理，此次是否臨幸，恭候欽定[6]。

三月，嚮導大臣努三、兆惠等奏，朱家閘引河、洪澤湖九里岡、清口木龍、運河閘、高郵州東堤、南關、車邏壩以及高家堰八處，「均關運道民生，工程緊要，仰請親臨閱視」[7]。關於到紹興禹陵奠祭，努三等認爲有困難。一是「河道狹窄，僅容一船，經過石橋四十餘座，須拆毀過半」。二是「旱地安設營盤，地氣甚屬潮濕」。但乾隆執意要去禹陵，説：「不躬親展奠，無以申崇仰先聖之素志」。他要嚮導及地方官不應「鰓鰓以水道不容巨艦，旱地難立營盤之慮」，更不應議拆橋數十座，回鑾後再費巨資一一修理。他説，朕在宮中，由高梁橋至金海，也常御寬數尺、長丈餘小船。越中河路既窄，日間當駕小船。石橋不必拆毀，另在灣岸稍寬可停泊處，造一大船，專備晚間住宿，不必於旱地立營，就可避免潮濕。這既省錢，又可防隨行人員踐踏春花之患[8]。紹興之行，就這樣決定下來。

爲了準備南巡費用，淸朝批准兩江總督署江蘇巡撫黃廷桂奏請，於乾隆十五年在江蘇寶蘇局增鑄「八卯」，至第二年卽辛未年停止[9]。乾隆還批准，沿途各省截留漕糧十萬石，浙江省因溫州、臺州等處受災，准許截留漕十五萬石[10]，以資市場平糶。此外，還將直隸、山西、河南、浙江四省未完的耗羨銀全行豁免，江蘇、安徽、山東三省免未完的十分之六[11]。十六年，乾隆動身時，又諭所過州縣，本年應徵額賦，蠲免十分之三[12]。

爲避免南巡期間運河上漕船、運鹽船和商船擁擠，確保河道暢通，乾隆批准地方政府採取如下幾項措施。1.批准兩淮鹽政、吉慶奏請，於十五年十月，預運第二年鹽觔四十萬引，每引加耗二十觔，作爲鹽商先期趕運耗費的補償[13]；2.准浙江省奏請，令杭、嘉、湖等府漕船，全部於十五年十二月初開行，以保證明年二、三月該地區運河暢通；3.浙江鹽商因資本微薄，准其按銷地遠近，於十五年冬遠者預領十分之五，近者預領十分之三，正課先納，其他例輸引雜公費，緩至明年四月交納；4.京口等處爲南北咽喉，百貨叢集，舳艫銜尾，如果先期於各處早爲攔截，必然導致商賈裹足，市價昂貴，因此擬在御舟抵達前三、五日，稍令商船避入支港，俟御舟過後立卽放行[14]。

十五年十一月，總理行營王大臣和碩親王允祿等奏南巡隨從官兵及馬匹、船隻安排情況。1.隨從官員除已派外，再派侍衛三班。2.兵丁原定派八旗六百名，健銳營四百名。但江浙一路俱乘船，健銳兵久不操練，應停派。3.到達江南登舟後，量減各處官員，僅取差使無誤者，其餘俱留河北；其前鋒護軍等兵，減派五百名，合之江寧迎駕兵二百名，足敷差使。4.章京擬派四十員，虎槍侍衛兵揀選四十員，俱先發放二月路費，途中計日補給；應騎馬官員，仍於京中全數給發；隨駕大臣官員，明春俸銀於今冬先放。皇上登舟後，隨行王大臣馬不必過河，令與官兵一體留住江北。5.江浙旱路應需馬匹，除御馬用船載住外，隨從人員用馬照康熙年間例，取用於地方。大臣一員馬五匹，章京侍衛一員馬三匹，護軍緊要執事人等馬二匹，餘下的二人馬三匹，合計需用馬六千六百九十餘匹。6.由徐家渡至直隸廠，由小五臺至平山堂、高旻寺，由蘇州至靈巖、鄧尉、虎邱等處，非緊要差使，俱留於舟次，約須備馬四千匹，仍令每十匹外多備一匹，以便添用。7.船多反致擁擠，擬大臣每員給二隻或一隻，其侍衛官員等二～三人或四～五人一隻，拜唐阿兵丁八～九人或十數人一隻，酌量勻派。除裝載物件便民船二十五隻外，統計沙飛、馬溜船四百四十隻即可敷用，已預備的多餘船隻，各覓生理，不必守候。8.隨行官員人等，在十里以內者回船住歇。米糧柴草，派地方官招商於行營左右公平售買，其黑豆令山東巡撫採買，運往沂州一帶接濟。這一方案，乾隆批准執行[15]。但臨行之前，兩江總督黃廷桂奏，馬數太多，江省人稠地狹，難以安頓飼養，再請酌減。閩浙總督喀爾吉善也報告說：「馬多道窄，恐致喧擠」。乾隆同意將每十匹之外多備的一匹減除[16]。

十二月十六日，乾隆申諭南巡期間文武官員、兵丁應凜遵事項：

「如所在行宮，與其遠購珍奇，雜陳玩好，不如明窗淨几，灑掃潔除，足供信宿之適也」；

「經過道路，與其張燈懸彩，徒侈美觀，不若蔀屋茅簷，桑麻在望，足覘盈寧之象也」；

「閭閻通衢，人煙稠密，正以見懋遷有無之樂，不得因道路湫隘，俾遷移廛舍或致商民失業也」；

「其扈從滿漢文武大臣官員侍衞等，皆當奉公守法，不得與地方官往來交際，潛通饋遺」；「兵丁及隨從人等，著該管大臣，各嚴加約束，經行所至，不得稍有滋擾，春苗遍野，無得踐踏，違者察出從重治罪」[17]。

大學士一等公傅恆，被任命爲南巡行營總理。

南巡準備工作一切俱妥。十二月十九日，乾隆又諭，巡幸江浙期間，著莊親王允祿、履親王允祹、和親王弘晝以及大學士來保、史貽直在京總理事務。二十一日，頒諭軍機大臣，南巡期間，凡西藏四川軍機文報，應立即遞送行在。河南、江蘇、浙江各督撫，應酌量地方情形，安設腰站，派拔夫馬，限定時期，相接郵傳，以免遲誤文報[18]。可見，在南巡期間，乾隆仍密切注意其時剛平定叛亂後的西藏局勢。

（二）首次下江南

十六年（一七五一年）正月十三日，乾隆奉皇太后從北京動身，首下江南。當天，他降諭允許沿途百姓瞻仰：「人煙輻輳之所，瞻仰者旣足慰望幸之忱，而朕亦得因而見閭閻風俗之盛。」除「果屬湫隘難容」地段外，「若道途寬廣，淸蹕所經，無虞擁塞，不得概行禁止」[19]。二十二日，又宣布對南巡所經地方承辦差務官員的獎賞：「凡有罰俸降級之案，俱准其開復。其無此等參罰案件者，各加一級。」[20]

進入山東後，乾隆陸續頒布減徵蠲賦和賑災諭旨。正月二十一日，宣布蠲除經過山東州縣本年額賦十分之三[21]。二十六日，又宣布山東省因災借出穀食，從十五年起分五年帶徵，但鄒縣、平陰等縣重災，常徵欠穀九十七萬五千餘石概行蠲免[22]。二十七日，乾隆遣官分別祭祀東嶽與孔廟。二月三日，宣布山東被災的蘭山等七州縣加賑一個月[23]。

二月一日，乾隆還宣布對江蘇、安徽、浙江三省採取優待性文化教育政策，三省歲試文童，府州縣大學增取五名，中學增取四名，小學增取三名，「以副朕育才選士之至意」[24]。

二月四日，乾隆進入江蘇後，隨即遣官祭祀已故治河功臣靳輔、齊蘇勒和嵇曾筠等祠。八日，奉皇太后渡黃河，至天妃閘。是夜御舟駐蹕直隸廠。十日，祭清河神威顯王廟，閱視高家堰水利工程。十五日，他降諭，經過淮安，見城北一帶，內外皆水，「雖有土堤為之防，而人煙湊集之區，設經異漲，其何以堪，甚覺怵然。亟應改建石工，以資保障」，指示總河高斌等會同總督黃廷桂確勘詳估，及時建築[25]。這次督察與部署，體現乾隆對黃淮地區水利工程的關心。

在江蘇期間，乾隆還多次降旨賑濟該省災民，減免賦稅。二月十一日，他宣布對乾隆十五年受災極重宿州等九縣和稍重鳳陽等九縣，分別加賑一個月，並豁免宿遷、桃源、清河所借籽種銀兩。諭旨指出：窮黎嗷嗷待哺，要該省布政使永寧速往辦理，上述各州縣正印官即回本任，專力放賑[26]。二十五日又宣布，清河、宿遷、大河衞等八州縣一衞，原決定當年應帶徵上年災欠的漕米麥豆等，俱分作三年帶徵，又豁免揚州府興化縣積欠的荒廢田錢糧[27]。

乾隆南巡江蘇期間，兩淮鹽商「踴躍急公，捐輸報效」。乾隆予以嘉獎，各按商人本身職銜，加頂帶一頂，又特准「兩淮綱鹽食鹽於定額外，每引賞加十觔，不在原定成本之內，俾得永遠霑受實惠」[28]。

今鎮江市北焦山，是東漢末名士焦光隱居之所。二月十七日、十八日兩天，乾隆到此遊幸，賜焦光祠匾：「山高水長」。同時，他還到達金山寺暢遊，在《遊金山寺用蘇軾韵兼效其體》詩中吟道：「輕舟風利過淮揚，此間初識有江在」。儘管詩味寡淡，但還是流露了作者初見長江時喜悅心情。

二十一日，乾隆到達蘇州。爲表示對長洲人原致仕禮部侍郎沈德潛的優遇，賜他在原籍食俸。在蘇州日子裏，他派員給三吳各處先賢祠送去親書匾額。給周泰伯祠匾「三讓高踪」，言偃卽子游祠匾「道啓東南」，范仲淹祠匾「學醇業廣」，韓世忠祠匾「中興偉略」，越王錢鏐匾「忠順貽庥」，陸贄祠匾「內相經綸」，岳飛祠匾「偉烈純忠」，于謙祠匾「丹心抗節」，蘇州紫陽書院也賜匾「白鹿遺規」。

二十四日，乾隆遊覽了蘇州附近的靈巖山。二十五日，在蘇州閱兵。

二十八日，乾隆到達浙江嘉興府，閱兵，賜扈從王公大臣並浙江大小官員食品。頒諭說，朕南巡江浙，紳士以文字獻頌者，載道接踵。著大學士傅恆、梁詩正等，會同江蘇、安徽、浙江總督、學政詳議對三省進獻詩賦士子的考試選取辦法。討論後遂議定，由三省學政各自預選。江蘇、安徽預選中者赴江寧，浙江預選中者赴杭州。俟皇帝駕臨江寧、杭州時，分別命題考選[29]。這是對江南士大夫優待，使他們獲得一次做官的機遇。

在嘉興期間，乾隆遊覽了南湖，賦《煙雨樓用韓子祁詩韻》：

春雲欲灩旋濛濛，百頃南湖一棹通。
回望還迷堤柳綠，到來才辨謝梅紅。
不殊圖畫倪黃境，眞是樓臺煙雨中。
欲倩李牟攜鐵笛，月明度曲水晶宮。[30]

從詩中不難看出，乾隆被江南如畫的山水迷住了。

三月一日，乾隆到達杭州。在籍翰林院侍講劉振球自粵東來浙江迎駕，乾隆賜以御筆詩章及題匾「詞垣耆瑞」。同時，賜江寧鍾山書院、蘇州紫陽書院、杭州敷文書院武英殿刊本「十三經」、「二十二史」各一部。三日，幸敷文書院，遊觀潮樓，閱兵。四日，遣官祭錢塘江神廟、南鎮之神以及明臣王守仁祠，賜王守仁祠匾「名世眞才」。六日，祭錢塘江，並奉皇太后渡江。這一天，批准總理行營大臣大學士傅恆奏，將强入杭州民家酗酒鬧事的粘竿拜唐阿德克新正法，粘竿大臣等嚴加議處。七日，乾隆到達紹興。八日，親祭禹陵，行三跪九叩禮。九日，奉皇太后回鑾，渡錢塘江抵杭州。十一日頒諭，浙江省進獻詩賦士子考中的有謝庸、陳鴻寶、王又曾，「著加恩特賜舉人，授爲內閣中書，學習行走，與考取候補人員一體補用。並仍准其會試」[31]。十六日，回鑾至蘇州。十八日，幸范仲淹祠，賜園名「高義」，賜范氏後裔范宏興等各緞一匹、貂皮二張。遣官祭晉臣卞壺祠，賜匾「典午孤忠」；祭宋臣曹彬廟，賜匾「仁者有勇」；祭明臣徐達墓，賜匾「元勳偉略」；祭常遇春墓，賜匾「勇動風雲」；祭方孝儒墓，賜匾「浩氣同扶」；祭已故清兩江總督于成龍和傅臘塔祠。二十四日到達江寧。第二天，閱兵，奉皇太后臨視江寧織造機房，到明孝陵祭明太祖朱元璋墓，行三跪九叩禮，並頒諭曰：

> 朕省方問俗，巡幸江寧。象山之麓，明太祖陵在焉。皇祖聖祖仁皇帝南巡時，念其爲一代創業之君，鑾輿屢詣，曠典光昭。朕於駐蹕詰朝，卽駕前往，躬申奠謁。念本朝受命以來，百有餘年，勝國故陵，寢殿依然，松楸無恙，皆我祖宗盛德保全之所致也。可令該督撫，飭地方官加諭保護，其附近陵地，毋許樵牧往來，致滋踐踏。並曉諭各陵戶知之。[32]

乾隆在諭旨中，擺出一副勝利者大仁大義的姿態。但是，祭明太祖墓，行三跪九叩禮，傳諭地方加意保陵寢，這對於籠絡江南漢族士大夫不無意義。

三月三十日，乾隆宣布，江蘇省進獻詩賦士子中，選取蔣雍植、錢大昕、吳烺、褚寅亮、吳志鴻，著按浙江省例補用。

四月四日，乾隆蹕直隸廠。五日，到禹王廟行禮，御書匾「平成永賴」。六日，到蔣家壩閱視堤工。九日，至黃河岸邊，祭河神，渡河。十日，籌定洪澤湖五壩水志，其主要內容，可以概括如下四點：

1. **立石永禁開放天然壩**

洪澤湖上承清、淮、汝、潁諸水，匯爲巨浸，所恃以保障者，惟高堰一堤。天然壩爲其尾閭，伏秋盛漲，輒開此壩洩之，而下游諸州縣胥被其患。冬月清水勢弱，不能刷黃，往往濁流倒灌。在下游居民，深以開壩爲懼，而河臣轉爲藉以防險秘鑰。朕南巡親臨高堰，循堤而南，越三滾壩，至蔣家閘，周覽形勢，乃知天然壩斷不可開。夫設堤以衞民也。堤設而民仍被其災，設堤何用？若第爲掣流緩漲，自保上游搶險各工，而鄰國爲壑，田廬淹沒，勿復顧惜，此豈國家建立石堤，保護生靈本意耶？爲河臣者固不當知此存心也。天然壩當立石永禁開放，以杜絕妄見。

2. **確立仁、義、禮、智、信五壩開放原則**

俾五壩石面高下，以仁、義、禮、智、信爲之次，……必仁義禮三壩已過水三尺五寸猶不足以減盛漲，則啟智壩之土；仍不減乃次及於信。斯爲節宣有度，較之開天然壩之一往莫禦者懸殊矣。

3. 決定於信壩北雁翅以北一律改建石堤

再高堰石堤至南滾南壩以南，舊用土工石堤，有首無尾，形勢不稱，應自新建信壩北雁翅以北，一律改建石土。南雁翅以南至蔣家閘，水勢益平，則石基輒甃，如此方首尾完固，屹如金湯，永爲淮揚利賴。

4. 強調河工應以「實著功效」為己責

朕觀河臣管領河漕，數千里民命所繫，視督撫綏輯一二省者爲難。冒涉風雨，守護堤防，亦視督撫坐辦案牘者爲勞。而督撫職在刑名錢穀，事有實據，是非難掩。河臣遵守章程，可以福命苟安無事，則其任較易，歷來河臣，不乏表表尸祝之輩，而縻帑養患，有罪無功，其識機宜得關鍵，實著功效者幾人哉！果使全不興工，則置民瘼於不問，河臣幾於虛設，固無此政體。如其縻脂膏以擲虛牝，則蠹弊之最巨著。總之，河不可不治，而無循其虛名；工不可不興，而必歸於實用。斯爲至要。33

以上四點，是乾隆視察河淮水利工程之後提出來。這比起以往身居深宮，憑奏牘指示治河方略，當然要更切合於實際。

四月十九日，乾隆路過泰安，至岱廟瞻禮。五月四日，返回至北京，奉皇太后居暢春園。二十五日，諭說，朕今春南巡時，經清江浦一帶，雨水似覺太多，天氣尚寒，恐於麥秋有礙，時爲廑念。回鑾之後，該督撫等雖已屢次請安，但究竟未將地方情形奏報。著詢問兩江總督黃廷桂等，將該處雨水情形，麥秋如何，民情是否拮据，據實即速奏聞[34]。可見乾隆回京後，仍懸念著江南的國計民生。

（三）後五次下江南

自十六年（一七五一年）首次南巡之後，乾隆又五次下江南，所經路途，與首次下江南大致一樣。

第二次是二十二年一月十一日從京師出發，四月二十六日返抵圓明園。

第三次是二十七年一月十二日從京師出發，五月四日返抵圓明園。

第四次是三十年一月十六日從京師出發，四月二十一日返抵圓明園。

以上四次都是奉皇太后南巡。第四次回鑾時，乾隆面諭江南諸大吏，聖母春秋高而江浙途經數千里，此後勿再籲請聖母皇太后南巡。

第五次是四十五年一月十二日從京師出發，五月九日返抵圓明園。這一年，乾隆已是七十歲老翁了。

第六次是四十九年一月二十九日從京師出發，四月二十三日返抵圓明園。

與首次南巡一樣，乾隆仍把視察民情、巡視水利工程與維繫人心，作爲南巡活動的基本內容。在後五次南巡期間，乾隆還是把視察水利工程放在首位。他自己說：

> 朕巡省所至，首在勤民，而河湖要工，所關尤鉅。一切應濬應築，奏牘批答，自不如親臨相度，得以隨處指示也。[35]

作爲封建帝王的乾隆，能認識到親身考察，現場指導，强於按文牘批示，願意走出皇宮，「親臨相度」，這多少含有注重實際的治政方針，較之歷代最高領導者在深宮高牆之內發號施令，要高明得多。二十二年，他第二次南巡時，濟寧因災積水未消，滕縣等受淹。乾隆任白鍾山爲南河河道總督，前往治理，並親赴徐州一帶視察，指示徐州城外增建新石工四段，共長一、五六六丈，與舊有三段石工相接，從而使徐州城安全有了保障。乾隆還巡視了高堰堤工，提出從武家墩迤北，建築磚工。二十七年，再次閱視高堰時，對高堰五壩水志作出新規定：「上壩增一尺之水，下壩開十丈之門」[36]。從而使下游濱河州縣減少了水患威脅。從濟運壩至運口五百餘丈，原是土堤，乾隆決定一律接建磚工。三十年，巡視清口，提出於原有四架木龍之外，再增建一架，以使挑溜全趨北岸，沖刷陶莊積土，收清黃並流之效。四十五年第五次南巡時，經過淮徐，查看陶莊引河，發現引河二頭寬九十丈，中段僅寬六十餘丈，水勢被束，未能大暢，下令中段再拓寬四十丈。

乾隆最爲關心的一項工程是浙江沿海塘堤。從二十七年第三次南巡之後，每到浙江，都要赴海寧等地視察塘工。二十七年三月，他到杭州的第二天，就趕赴海鹽履視海塘堤工。其時，在修築海寧段塘堤時，存在著修築柴塘或石塘之爭。有人認爲，石塘雖堅固，但海寧沿海一帶百餘里，皆浮土活沙，不易沉石築塘；如果内移數十丈建石塘，又要毀壞許多田廬。柴石塘爭議孰是孰非，只有親自調查考察後才能判斷，正如乾隆在築海塘詩中云「切忌道旁論，不如目擊憑」[37]。他親自試驗排樁，二百多斤的硪打下去，因砂散不能穩固。試驗結果，乾隆決定只好建柴塘，同時用坦水石簍辦法以加固塘根。四十五年四月，他在海鹽視察後，要求將老鹽倉一帶，凡可以下樁改建石塘之處，一律改建石塘，凡長四千二百餘丈。在改建同時，乾隆提出，原有柴塘必須保留，作爲石塘的「重關保障」。其時，地方官視柴塘爲無關緊要的可廢之工，不但不加保護，反而任居民拆毀。乾隆知道後傳諭地方官：「將來石工告竣，遲之數年，朕或親臨閱視，爾時柴工倘有損壞，惟該督撫是問。」[38]他還視察了海寧城，指示說，海寧城魚鱗石塘，外繫條石作牆，內填碎石，歷年久遠，潮汐沖刷，底樁微朽，又有裂縫。城東八里之將字號至陳文港密字號七段塘工，地當險要，塘身單薄，亦微有裂縫，著將以上兩處塘工，一律改建魚鱗石工[39]。乾隆四十八年，老鹽倉石塘添建竣工，乾隆原欲將該督及承辦文武官員交部敍功。但是，翌年他六下江南，巡視海塘後，發現「所辦工程不惟不應邀敍，並多未協之處」。乾隆所指出的問題，可以概括作如下三點：1.建石塘，自應砌築坦水，以保護塘工。但督辦塘工的前閩浙總督兼浙江巡撫陳輝祖等並未籌劃至此。2.柴塘之後有溝漕一道，積水不淺，日積日甚，必淹浸滲漏石塘。3.石塘上堆積土牛，「甚屬無謂，不過爲適觀起見」。乾隆認爲，應將塘上土牛，填入溝漕內，將柴塘後之土，順造斜坡，並在上面栽種柳樹，必根株蟠結，使石塘柴塘連成一勢[40]。應該說，乾隆下江南期間，對海塘工程的視察是相當細緻的，部署也是切合實際的，對提高海塘工程的質量，起了重要作用。

從首次下江南以來，減免所過州縣的錢糧，已成慣例。一般情況下，免直隸、山東、江蘇、浙江本年地丁銀十分之三，受災區免十分之五，江寧、蘇州近郭州縣全免。累年拖欠的地丁銀，或全免或部分減免。有時，還因災免借欠的籽本銀。如乾隆二十二年，將杭州、嘉興、湖州、紹興四府借欠籽本銀三萬七千八百餘兩全部蠲免[41]。據統計，六次南巡共免所經州縣通賦及錢糧達二千餘萬兩。

乾隆屢次指示，南巡期間不得影響沿途商旅利益。二十二年，巡漕給事中洋海奏，當回鑾之時，通州從北而南的商船，應悉行迴避。乾隆批道：「所見甚屬紕謬」，並說「運河爲南北往來通衢，將來皇太后回鑾時，商民船隻，遇有支河汊港，原可暫行迴避。即無可避之處，亦令附泊旁岸，不致妨礙纖道可耳。若專爲關防起見，則舵工、水手、在執事者且不令其迴避，何況行人而先期盡行禁阻可乎！」[42]如此從民生出發考慮問題，相當明智。

乾隆在南巡期間，給予兩淮鹽商不少經濟實惠。二十二年、二十七年的綱鹽，每引均加賞十觔，不在原定成本之內[43]。四十五年批准，將長蘆商人應徵的五年鹽課銀五十餘萬兩內十分之一，分作五年帶徵，又豁免兩淮鹽商應徵「還川餉」一百二十萬兩，緩徵庚子年（四十五年）應完納銀二十七萬六千餘兩[44]。當然，鹽商爲報答「隆恩」，在乾隆南巡期間，多次解囊。除首次南巡時，鹽商在揚州平山堂捐資植梅花萬株供皇帝觀賞外，還捐資修建了高旻寺行宮，購置無數珍物玩好。四十九年，兩浙商人何永和等捐銀六十萬兩，用以改建老鹽倉魚鱗石塘[45]。

乾隆南巡期間，對江南士大夫多方籠絡，竭力表現出對士子的關心厚愛，對鄉居舊臣的眷念。第二次下江南時，他決定依第一次南巡之例，批准江蘇、安徽、浙江三省府州縣學增收童生。諭旨說：

> 因念三吳兩浙，民多俊秀，加以百年教澤，比戶書聲。應試之人日多，而入學則有定額，甚有皓首而困於童子試者，其無遺珠之懼耶！宜循舊典，再沛渥恩。其將江蘇、安徽、浙江三省本年歲試文童，照乾隆十六年例，府學及州縣大學增取五名，中學增取四名，小學增取三名。[46]

增加童生招收名額，成了歷次南巡定例。此外，對獻詩賦、獻書畫者，也分別獎賞。乾隆二十年，大學士史貽直因坐事致仕回原籍江蘇溧陽。乾隆二次南巡時，史前來接駕，皇帝高興地說，史貽直「兩年以來，家居安靜，業已改悔。茲朕南巡，前來接駕，見其精神未衰，尚堪任使，且宣力年久，本係舊臣」，著仍補授大學士，入閣辦事[47]。原協辦大學士梁詩正請假終養在家鄉浙江錢塘，因接駕，乾隆著加恩准其按品級在家食俸。侍郎錢陳羣「今養痾林居，亦著加恩在家食俸」[48]。三十年，原詞臣沈德潛、錢陳羣因到杭州接駕，各加太子太傅，沈德潛的一個孫子和錢陳羣的一個兒子各賜舉人[49]。

這裏應順便說及，關於乾隆第三次南巡時，住在海寧陳元龍的兒子陳邦直家的問題。前已敍及，《清秘史》作者杜撰乾隆是陳元龍的兒子，其中又一根據就是，乾隆三下江南時，曾住在陳家，詰問過陳家的家世：

> 適乾隆時，其優禮於陳氏者尤厚。嘗南巡至海寧，卽日幸陳家，升堂垂詢家世，將出至中門，卽命封之，謂陳氏曰，「厥後非天子臨幸，此門勿相開也。」由是陳氏永鍵此門。或曰乾隆實自疑，將欲親加訪問耳。[50]

乾隆從第三次南巡開始，每次下江南都要至海寧，其目的在於巡視海塘工程。至於住在陳家，那是官員們安排的，不是乾隆自已挑揀的。陳氏宗譜寫道：

> 歲壬午（乾隆二十七年），純皇帝三舉南巡盛典，大吏以海隅僻壤，惟陳園可爲駐蹕之所，公（陳邦直）亦以世受國恩，故宜自效，爰鳩工庀材，一一躬閱其事，以昭愼重。觀者多以簡陋爲安。適臨幸之日，轉以樸素無華，仰邀睿賞，一時恩賚稠疊，未易悉數，復蒙垂問家世年齒甚詳。[51]

原來海寧爲「海隅僻壤」，惟世代官宦的陳氏家園可供皇帝住宿，官員們才作出這樣安排。乾隆到陳家，確實問了陳氏家世，但是，問了人家祖先的情況，就懷疑起詢問者是被詢問者的後裔，天下哪有如此推理？

乾隆下江南，一部分臣僚認爲是去遊山玩水。二十三年（一七五八年），副都御史孫灝上諫疏，希望皇帝明年停止巡幸索約勒。奏摺中有一句話，「索約勒非江浙勝地可觀」。乾隆閱後惱羞成怒，以爲這是譏諷南巡，批駁說，「其言更爲荒誕。且南巡之舉，豈僅爲山水觀覽之娛！上年朕臨除邳淮泗沮洳之地，爲之相視求瘼，疏洩求防，次第興舉，今歲農事倍收，孫灝寧不聞之乎！」[52]乾隆批駁孫灝，目的是要表白下江南絕不是爲遊山玩水，而是「相視求瘼」，而且產生了良好效果。四十九年三月，他在第六次南巡途中，寫了《南巡記》，對自己六下江南，作了總結：

> ……我皇祖六度南巡，予藐躬敬而法之。……南巡之事，莫大於河工。而辛未（十六年）、丁丑（二十二年）兩度，不過勒河臣慎守修防，無多指示。……至於壬午（二十七年）始有定清口水志之諭。丙申（四十一年）遂有改築浙江石塘之工。今甲辰（四十九年）更有接築浙江石塘之諭。至於高堰之增卑易磚，徐州之接築石堤並山，無不籌度咨取，得宜而後行。……河工關係民命未深知而謬定之，庸碌者惟遵旨而謬行之，其害可勝言矣！……若夫察吏安民，行慶施惠，羣衆所頌以爲亟美者，皆人君本分之應爲。……故茲六度之巡，攜諸皇子以來，必視於躬之如何無欲也，視扈蹕諸臣以至僕役之如何守法也，視地方大小吏之如何奉公也，視各省之民人之如瞻觀親近也。一有不如此，未可言南巡也……。[53]

儘管乾隆《南巡記》自我增飾不少鮮豔色彩，但所講內容基本合乎實際。他說乃祖六度南巡，他「敬而法之」，仍然打著康熙帝旗號，辦自己的事。乾隆朝與康熙朝的局勢已大不一樣。康熙帝於國內干戈甫息之際南巡，目的是求國內統一安定的局面。乾隆時期，江南政局是穩定的。南巡雖然起了維繫民心，尤其籠絡南方士大夫與商人的作用，但畢竟不是乾隆南巡的最大動因，其主要目的，就是乾隆《南巡記》所說的「莫大於河工」，是要親自視察水利工程，解決江南頻繁的水害。如果說，康熙南巡主要目的在於政治，乾隆南巡的主要目的則在於經濟。江南是清代經濟重心。在以農業爲本的封建社會中，一個關心民瘼、孜孜求治的帝王，自然要關心水利工程。他不屑於靠「奏牘」指示水利工程，而要實地考察之後決策。不管乾隆對河淮與海塘工程的考察是走馬觀花抑或下馬觀花，但他强調實際考察而後定策，這在歷代帝王之中，可算是一位以唯物態度理政的典範。而且，通過六次南巡，走出深居，對了解民間實際情況，總是有所裨益。正如《南巡記》所說，他不僅自己這樣做，而且要求他的接班人「諸皇子」隨駕南巡，學習他如何理政，隨他一同體察吏治民情。

當然，乾隆六度南巡，財力物力的耗費也是驚人的。史家甚至認爲，南巡浪費，是造成乾隆後期國力逐步衰竭的重要原因之一，同時助長了社會浮華、頹廢之風。南巡產生副作用是肯定的，但說因此導致清朝逐步衰竭，則言之過重。

戡定準部

（一）討伐達瓦齊

乾隆五年（一七四〇年）清朝與準噶爾部息兵和好的局面，維持十餘年後，終因準部內亂而受到破壞。

乾隆十年九月，準部噶爾丹策零去世，遺三子一女。長子喇嘛達爾扎、次子策妄多爾濟那木扎勒、幼子策妄達什、女烏蘭巴雅爾。在選擇繼承人的慣例上，準噶爾部是有嫡立嫡，無嫡立庶長，與漢族傳統頗爲一致。噶爾丹策零長子喇嘛達爾扎，序雖爲先，然非嫡出，汗位就落入年僅十二歲的同父異母弟策妄多爾濟那木扎勒之手。策妄多爾濟那木扎勒貪玩成性，整日裏屠狗取樂，恣睢狂惑，賢愚不辨，忠奸不分，把王室搞得烏煙瘴氣。他的姐姐烏蘭巴雅爾略加規勸，反遭幽禁。曾支持他立位的大宰桑納慶、活拖洛、博活爾岱也先後受迫害，許多宰桑及部分王室成員失望之餘，開始考慮謀求新的汗位人選。以烏蘭巴雅爾的丈夫賽音伯勒克爲首的準部上層集團經過周密策劃，於乾隆十五年春除掉不得人心的策妄多爾濟那木扎勒，立其庶兄喇嘛達爾扎爲汗，企圖穩定準部動盪的局勢[54]。

喇嘛達爾扎成爲準部最高統治者，部分準噶爾貴族對他寄予厚望。但是，即位不久，他就原形畢露，而且手段比他弟弟更加兇狠暴戾。這時，原準部渠師大策零敦多布之孫達瓦齊開始與輝特部臺吉阿睦爾撒納結成同盟，試圖說服喇嘛達爾扎幼弟策妄達什出面謀位，由於事洩，策妄達什慘遭毒手。據逃入清朝的準噶爾人烏巴什回憶：

從前策旺多爾濟那木扎勒被害時，尚存幼弟蒙庫什（即策妄達什）。有臺吉達瓦齊及阿睦爾撒納等欲立蒙庫什，遣二宰桑前往蒙庫處，爲喇嘛達爾扎所覺，與蒙庫什俱被害。[55]

策妄達什的死，使達瓦齊和阿睦爾撒納在這場汗位爭奪中失去了關鍵的棋子，在對手咄咄逼人的氣勢之下，他們被迫離開準部。

乾隆十六年九月，達瓦齊率衆投清受阻，不得不避居哈薩克，由於喇嘛達爾扎的苦苦追索，哈薩克阿布賚汗不敢久留他們，他們只好悄悄回到過去的舊游牧地[56]。面臨生死存亡的挑戰，達瓦齊顯得沮喪消沉。「計無所出，日夜涕泣而已」。他的盟友阿睦爾撒納鼓勵達瓦齊振作起來，「與其束手待擒，何若鋌而走險，兵法所謂往阨其吭者也」[57]。達瓦齊採納阿睦爾撒納的冒險計劃，果然成功。他們僅以一千五百多名士卒偷襲伊犁，使整個局勢發生了戲劇性的變化。

阿睦爾撒納的才能、膽識遠非達瓦齊之輩可比，但居然把唾手可得的汗位寶座拱手讓人。據史家說，乾隆十九年以前，他不僅對達瓦齊應該登汗位沒有異議，而且千方百計幫達瓦齊奪位，把達瓦齊的敵人看作是自己的敵人[58]。如果這種說法成立，那麼說明阿睦爾撒納與達瓦齊的感情非同一般。但是，根據阿睦爾撒納的爲人及當時複雜社會背景來判斷，事情顯然不那麼簡單。阿睦爾撒納不能自立，當有難言之隱。

首先，在重門第出身的準噶爾社會中，他因身世較低微，身價不如達瓦齊。阿睦爾撒納的祖父曾是顯赫一時的和碩特拉藏汗，父親丹衷由西藏入贅準部，成了準噶爾王室的上門女婿。當策妄阿拉布坦入侵西藏殺死丹衷父子時，阿睦爾撒納還在母親的腹中。不久，他母親作爲封建政治的犧牲品又被嫁給輝特臺吉緯征和碩特，所以他一出生就成了輝特部的人，長大後游牧於雅爾一帶[59]。他的身世既不幸而又複雜。與此相比，達瓦齊幸運得多，他與喇嘛達爾扎是近族，同出臺吉巴圖爾輝世系，又恃祖父大策零之功，「爲國人所向」。所以，魏源說阿睦爾撒納「以己和碩特種，國人未附，乃推立達瓦齊爲汗」[60]。

其次，達瓦齊所擁有的支持者及手中實力明顯超過阿睦爾撒納。達瓦齊原在額爾齊斯沙喇泰地方游牧，地險人衆，「是很有根基，有力量的人」。後來小策零敦多布之孫訥默庫濟爾噶爾又率衆歸附，使其力量又增。因此，當攻下伊犁奪得汗位時，一般準噶爾人都認爲達瓦齊立爲臺吉是理所當然的事。

再次，哈薩克阿布賚汗及沙皇俄國對達瓦齊的支持意向，使阿睦爾撒納在心理上又多一層壓力。哈薩克汗與達瓦齊保持友好的關係。達瓦齊亡命哈薩克時，曾得到阿布賚汗的幫助。沙皇俄國雖遠離準部，但一向很「關心」清朝西北所發生的事。乾隆十七年（一七五二年）八月，沙俄政府給奥倫堡涅普留耶夫和捷弗凱列夫將軍的命令指出：

要竭力爭取前者（指達瓦齊），因爲他是目前有希望控制全準噶爾的人，而跟他在一起的另一個人（指阿睦爾撒納），因爲是那裏的準噶爾統治者的叔伯兄弟，爲了往後的事，……應儘可能加以撫慰和召來奥倫堡。61

毫無疑問，當時的形勢於內於外，都對達瓦齊有利，阿睦爾撒納只好克制奪權欲望。

勝利後最重要事情，就是分配共同得來的利益。過去在攻打喇嘛達爾扎時，達瓦齊曾許諾事成之後，將伊犁以北地區讓阿睦爾撒納來管理，卜羅塔拉以南由他自己管理，乾隆十八年十月，阿睦爾撒納派人要求兌現，「因達瓦齊不允」，雙方發生爭執62，矛盾公開化。

達瓦齊一方面忌恨阿睦爾撒納，擔心他的權勢過大使自己無法控制局面，但另一方面他又離不開阿睦爾撒納，「每遇急難，必邀阿逆至，與之調停」。基於這種情形，兩者仍然若即若離，達瓦齊也只能在私下裏與人發發牢騷：

彼雖才能，終爲我之臣僕，何敢以臣凌君，而忘其已爲所立也。63

面對達瓦齊的反覆無常，阿睦爾撒納不得不爲自己的後路留了一手。在下決心與達瓦齊決裂之前，他派人試探哈薩克阿布賚汗的態度，請求提供四千匹馬和駱駝，一萬隻綿羊，結果出乎意料的順利，因此他進一步邀請哈薩克出兵協助襲擊達瓦齊的牙帳，也未遭拒絕[64]。對於阿睦爾撒納這樣一個政治賭徒而言，哈薩克方面的態度成了他最後下注的籌碼。而這時，達瓦齊似乎也預感到一場解決雙方爭端的最後決鬥不可避免，對部衆說：「不誅阿某，禍終未艾。」[65]

乾隆十九年六月，達瓦齊帶精兵三萬直奔額爾齊斯，又命驍將瑪木特帶烏梁海兵八千東西兩面夾攻。阿睦爾撒納雖有所準備，卻未料來勢如此兇猛，只得率部向內地遷移，沿途且戰且退。七月抵喀爾喀蒙古境內，在獲得淸政府同意之後，於八月進入卡倫，其屬下兵丁、婦女人衆計約二萬五千餘名[66]。乾隆先後命貝子扎拉豐阿、散秩大臣薩喇爾、員外郎唐喀祿、侍郎玉保等前往賞賜及辦理安插事宜。

乾隆對準部事務的了解主要通過邊疆大臣的奏報，知之不詳。乾隆十五年九月，原達什達瓦舊部宰桑薩喇爾因不滿喇嘛達爾扎的殘暴，憤然率部千餘戶內投，乾隆立卽召見並詳細詢問有關準部近來局勢的演變。薩喇爾坦誠地分析了當時的形勢：

> 目今諸臺吉皆覬覦大位，各不相下，達爾扎以方外之人，簒弒得國，誰肯願爲其僕？況往昔噶爾丹在時，優待下屬，親如骨肉，其宰桑有功者，噶親酌酒割肉食之。每秋末行圍，爭較禽獸，彎弓馳騁，毫無君臣之別，故人樂爲之用。今達爾扎妄自尊大，仿效漢習，每召對時，長跪請命，聲咳之下，死生以之。故故舊切齒，其危亡可立待也。[67]

薩喇爾所言不久卽被應驗，但乾隆這時對西北用兵不甚動心。十八年八月，他曾對軍機大臣們說：

達瓦齊本系別支，膽敢作亂弒君，自爲臺吉。若係屬國，尚當興師問罪，但我大國無乘亂興師之理。[68]

同年十二月，他再諭軍機處，重申「堂堂天朝」，「不肯乘釁發兵攻取」的立場，並命令邊關將士做好兩件事：一是接納「窮蹙來降之人」，二是嚴密注視邊卡動靜，「以逸待勞」[69]。然而，時隔數月，當阿睦爾撒納來降的消息傳入京師時，他有些按捺不住。十九年五月初四日，乾隆對廷臣宣布：「朕意機不可失，明歲擬欲兩路進兵，直抵伊犁。」[70]他選擇這個時機表達戡定準部的意向不是偶然的。

西北準噶爾部衆，俗耐勞苦，擅於格鬥，天山以南，葱嶺以西，阿爾泰山以東各部畏之如虎，一聞其至，無不奔走。故從噶爾丹始，內外兼併，橫行於厄魯特各部及回疆、唐努烏梁海、青海、西藏、哈薩克、喀爾喀蒙古各地，赫然成爲西域霸主。清朝西北地區的安定與否，關鍵在於能否遏制準部割據勢力的膨脹，所以康、雍兩朝多次用兵，雖各有勝負，問題未能徹底解決。乾隆當然想尋找機會，以完成祖上「積年未成之功」[71]。但光有這種心願還不夠，康熙、雍正兩朝未竟之事，說明難度不小，他必須耐心地等待。噶爾丹策零之死引起準部汗位之爭，西北邊陲大亂，乾隆認爲此爲戡定西北的大好時機。另方面，準部對其他蒙古諸部的侵擾，使得內附的人口日益增多。如何妥善安置越來越多的西北內附人衆的矛盾，也越來越突出。乾隆歷來以「天下共主」自居，對周邊內附來者不拒。十五年，薩喇爾歸附，安插在察哈爾一帶。十八年杜爾伯特部三車凌舉族內徙，朝廷爲此大費腦筋，派人往黑龍江等處勘地安插。十九年三月，阿睦爾撒納要來的消息進宮[72]，又是一個安插問題接踵而至。乾隆此時沒有退路，最明智的選擇是出兵西北，以求一勞永逸。用他自己的話說：

> 朕以天下大君，焉有求生而來者不爲收養之理，轉致被達瓦齊戕害。夫收之則必養之，若令附入喀爾喀游牧，非惟喀爾喀等生計窘迫，數年後必有起釁逃避之事，則喀爾喀等轉受其累矣。況達瓦齊作亂之人，今卽收其數萬衆，雖目前不敢妄舉，而日久力足，必又蠢動，侵我邊圉，與其費力於將來，不若乘機一舉，平定夷疆，將車凌、阿睦爾撒納安置原游牧處，使邊境永遠寧謐之爲得也。[73]

儘管乾隆自認爲征準時機很好，朝中敢於支持者卻不多，唯大學士傅恆不「牽於浮論」，贊同出兵[74]。應該說，不贊成出兵準部者，也有自己的理由。達瓦齊對清朝並無惡意，對改善與中央政府的關係很有熱情。十八年八月，舒赫德建議派使臣與達瓦齊修好，結果遭乾隆訓斥[75]。次年，達瓦齊主動派貢使到北京，極力表現恭順的態度，希望獲清政府諒解，享受和平時代噶爾丹策零同樣待遇，允許赴藏熬茶等。乾隆說：「堂堂大淸，中外一統，而夷部亂臣，妄思視同與國。」[76]斷然拒絕。達瓦齊的恭順態度，在某種程度上引發了部分清朝大臣的同情。他們希望不啓邊釁，要求維護與準噶爾部的和議。但在乾隆心目中，達瓦齊既是「夷部亂臣」，已失人心。準部內鬥激烈，這正是勘定西北邊陲的大好良機，豈可坐失。因此，一切要求維持和平局面的建言，均予拒絕。

從十九年五月開始，清朝積極備戰。乾隆指示，由阿爾泰山與巴里坤分西、北二路進兵，其中北路軍三萬名，西路軍二萬名，分別徵調自京城滿洲兵、黑龍江兵、索倫巴爾虎兵、綏遠城右衛兵、西安滿洲兵、西安綠營兵、寧夏兵、察哈爾兵、新降厄魯特兵、歸化城土默特兵、阿拉善蒙古兵、哲哩木兵、昭烏達兵、喀爾喀兵、和托輝特兵、宣化大同綠營兵、甘肅各營兵，等等。所需戰馬共十五萬匹[77]。乾隆還諭各地，籌集糧餉，踏勘進兵路途。他還接連賞賜、歡宴蒙古各部王公、臺吉、宰桑，特別是剛剛率部內附的杜爾伯特部臺吉車凌、車凌烏巴什和車凌孟克等，以爭取他們合作進討達瓦齊。

不管阿睦爾撒納降淸如何迫不得已，有一點乾隆很淸楚，即此人將是這次征準不可缺少的人物。十九年七月，他對前去辦理邊務的大臣策楞說：「阿睦爾撒納乃最要之人，伊若來降，明年進兵大有裨益。」[78]對阿睦爾撒納頗爲了解的前準部宰桑薩喇爾也及時進言指出：「其爲部衆所畏服，正可資以前驅，迅掃殘孽。」[79]是年十二月，乾隆匆匆趕往熱河，急召阿睦爾撒納一行到行在陛見，共商進兵計宜。十二日，降淸者在避暑山莊御行殿受到莊嚴、隆重的接待。乾隆命王公大臣皆往陪宴，從容撫慰，「並賜上駟輿之乘，親與其分較馬射，並以蒙古語詢其變亂始末，賜宴而退」[80]。淸朝皇帝的雍容氣派和威嚴，讓邊遠來客大開眼界。

對阿睦爾撒納降淸的誠意，淸朝中有人持懷疑態度。辦理北路軍務的戶部尚書舒赫德及定邊左副將軍策楞，向乾隆提出兩條處理意見：一是不宜將阿睦爾撒納的部衆留居烏里雅蘇臺附近，因爲「軍營糧餉軍器馬匹牲畜，俱在周圍近處，又係通準噶爾大路，恐將明年進兵之事，向準夷洩漏」。二是「將阿睦爾撒納等大臺吉，一並留在軍營候旨，其老少子女，俱令攜帶接濟口糧，移至所指地方」。乾隆指責他們見解「甚屬錯誤」，認爲：

> 遠方歸順之人，尚未知內地作何安插，乃甫經歸命，卽將其父母妻子發遣，留伊本身於軍營，伊心豈有不生疑懼？[81]

當然，乾隆此番言論並不説明他對阿睦爾撒納就信任不疑。其實，早在本年五月，他就談過阿睦爾撒納爲人「詭詐反覆，全不可信」[82]。但乾隆早已成竹在胸，他對阿睦爾撒納與其説是信任，勿寧説是從策略上考慮。他需要的是一名進軍準部的引路人。

十九年八月，淸政府修定原派兵計劃，喀爾喀兵由六千改爲二千五百，以新降阿睦爾撒納、訥默庫等所率二千三百名厄魯特兵替補[83]。另外，綠營兵丁原定一萬名裁至六千，宣大兩鎭炮手一千名減去。同年十一月，閩浙總督喀爾吉善主動請命，酌派精悍靈巧的福建藤牌兵隨征，結果也被拒絕。乾隆此時的指導思想相當明確，「卽滿洲兵丁亦不多用，仍以新歸順之厄魯特攻厄魯特」[84]。圍繞「以準制準」的原則，乾隆還決定兩路先鋒均委以準部降人。阿睦爾撒納任定邊左副將軍，率所部出北路；薩喇爾爲定邊右副將軍，率所部出西路。乾隆還特別讚賞阿睦爾撒納沿用昔日舊旗的請求，以使「彼處人衆，易於識認」[85]。年底，阿睦爾撒納提出，原定二十年秋季出兵不妥，應該提前：

> 塞外秋獮時，我馬肥彼馬亦肥，不如春月乘其未備，且不能遠遁，可一戰擒之，無後患。又準部東境以額爾齊斯河與中國交界，本杜爾伯特原屯地，近接阿爾泰山，可屯田備餉，宜先遣兵萬人據形勢，而大兵二萬整隊繼進。[86]

乾隆最後採納這個建議，定於二十年二月大軍開拔。

淸政府在積極備戰的同時，還發起政治攻勢，以瓦解達瓦齊的士氣。十九年十一月，乾隆親擬詔書宣示準部，其文如下：

誕告爾準夷有衆，昔爾臺吉噶爾丹策零，祇服朕訓，恭順無失，朕嘉其誠篤，二十年來，疊沛恩施，俾爾有衆，各得休息。逮策妄多爾濟那木扎勒，賦性暴戾，不恤其衆，喇嘛達爾扎，因而篡弒，於時曾欲代天申討，殲此逆亂，念噶爾丹策零後嗣，惟有喇嘛達爾扎一人，用是恩施格外，未加剿除。達瓦齊以噶爾丹策零臣僕，敢行篡弒，致噶爾丹策零後嗣滅絕，且又殘害同人，酷虐其下，敗壞黃教，悉令還俗。朕念噶爾丹策零，恪恭敬順，事朕有年，安忍視其宗滅地亡，使衽席黎元，流歸左道。又值杜爾伯特臺吉車凌、車凌烏巴什，輝特臺吉阿睦爾撒納等，不勝其虐，率部投誠。朕君臨天下，一視同仁，車凌等瀝誠祈請，朕焉有不收留撫養之理。是以特沛殊恩，悉皆加爵晉秩，其屬下宰桑，亦予官職及銀緞產畜，俾得安居。然使安置於喀爾喀地方，不免侵占游牧，互有雜處，殊為無益，不若仍居舊地為尤善也。今為爾衆兩路興師，北路命將軍班第、阿睦爾撒納，西路命將軍永常、薩喇爾，率兵前進，平定準部，以為車凌、阿睦爾撒納人衆復業之所。爾夷衆有車凌、阿睦族屬，欲行內附者，朕亦一體施恩，其餘有衆，如謂達瓦齊既弒其主，又絕人嗣，思念大義，不甘為彼臣僕，慕朕德化，抒誠來降者，朕亦同車凌、阿睦爾撒納等一體撫恤，使居民游牧處，不令他徙。總之先來者先受朕恩，後來者後蒙朕惠，即使達瓦齊能痛改前非，輸誠投順，朕亦一體封爵，不令失所，爾等如不曉朕憐念夷衆喪亡，溺於左道，拯諸水火之意，不知大義所在，仍懷觀望或敢抗拒者，大兵所至，必盡殲除，爾等其詳求朕諭，熟思利害，善自裁擇，勿遺爾悔，為此誕告。87

詔書措詞冠冕堂皇，語氣軟硬兼施，既闡明出兵準部的原因和目的，又暗示清政府對準部政策的傾向，乾隆的態度和立場都極其明確，不愧爲一篇出色的戰鬥檄文。

清軍一切準備就緒，北路定於乾隆二十年二月十五日由烏里雅蘇臺拔營。因哈薩克人先行搶掠達瓦齊轄區，阿睦爾撒納奉命提前三天於二月十二日動身，隨行的有參贊大臣額駙色布騰巴爾珠爾、郡王品級青滾雜卜、內大臣瑪木特、奉天將軍阿蘭泰等。二十四日抵達庫卜克爾，三月一日到齊齊克淖爾。將軍班第緊隨其後，於三月二日帶大隊人馬經過庫卜克爾，與先頭部隊僅差九天的行程。十九日，當後續官兵抵額爾齊斯之西喇托輝地方時，前後之師已旌旗相望。這時乾隆反而擔心起阿睦爾撒納的作用能否得以充分發揮，「一則阿睦爾撒納，係準噶爾人衆知名之人，令伊帶哨探兵前行，人多認識，於收服準夷人衆較易。再前隊既有哨探，復有將軍隨後帶兵繼進，聲勢聯絡，軍威益振。如將軍副將軍合併一處，則衆人惟知有將軍，不復更知有副將軍，轉置阿睦爾撒納於無用之地，不足以展其所長，殊於軍行無益」[88]。乾隆對阿睦爾撒納的借重，於茲可見。

阿睦爾撒納的前鋒進展順利，幾乎没有遇到有力的抵抗。第一批降人是達瓦齊手下的大宰桑阿巴噶斯、烏斯木濟、哈丹等人，乾隆特别吩咐要另行辦理安插事宜[89]。四月九日，額米爾河集賽宰桑齊巴汗迎清軍於途次，十七日，噶克布集賽宰桑達什車凌率二千戶望風歸順[90]。二十一日，阿睦爾撒納聽説達瓦齊駐兵察布齊雅勒地方，遂輕騎突進，二十八日，抵達尼楚滚，正好與西路前鋒薩喇爾互爲犄角。

西路軍雖比北路晚十三天起程，但沿途進展速度卻不慢。薩喇爾於三月七日抵準部邊界扎哈沁游牧地，木齊巴哈曼集率所屬三百戶迎降。九日，宰桑敦多克以一千二百餘戶來歸，十日，阿爾噶斯舊宰桑德濟特之弟普爾普及子衮布帶六十餘戶叩迎。十二日，準部最有勢力的大臺吉之一噶勒藏多爾濟投降清軍，乾隆不勝欣慰，封他爲綽羅斯汗。十三日，布魯特之得木齊巴拉、諾海奇齊等三十餘臺吉，輝特臺吉托博勒登族弟巴朗、噶勒雜特得木齊博勒坤、車凌們綽克俱相繼款附。十四日，巴爾瑪得木齊伯克勒特、收楞額庫魯克等率舊宰桑噶齊拜之子圖爾塔默特屬戶歸順[91]。二十九日，薩喇爾途次羅克倫，新降噶勒藏多爾濟請求隨營效力。四月五日，招撫吐魯番回民一千戶。二十七日，尾隨達瓦齊蹤跡，駐登努勒臺地方，與阿睦爾撒納軍營相隔僅二十餘里。清軍自進入達瓦齊轄地，兩路直插準部腹地，如入無人之境，幾乎天天都可不戰而勝，其建功之易亦是乾隆始料未及的。

達瓦齊沒有估計到清軍會提前行動。及清軍進入準部，其部下不戰而降使得他陣腳大亂。爲了擺脫西、北兩路鋒線的壓力，不得不移師伊犁西北格登山地區。四月三十日，阿睦爾撒納、薩喇爾齊頭並進，「沿途厄魯特、回子等，牽羊攜酒，迎叩馬前」[92]。五月五日，渡過伊犁河，逼迫達瓦齊退守格登山。達瓦齊此時雖擁眾萬餘，然軍械不整，馬力疲乏，人心離散，僅憑地勢險要作困獸鬥。十四日夜，阿睦爾撒納派翼領喀喇巴圖魯阿玉錫、厄魯特章京巴圖濟爾噶勒、新降宰桑察哈什等帶兵二十餘名往探敵營。阿玉錫出敵不意，左衝右突，達瓦齊驚魂未定，以爲清軍發起總攻，率二千餘人遁去，其餘輜重及人員皆爲阿睦爾撒納所獲[93]。格登山告捷，證實乾隆用人恰當，指揮無誤，所以他自己也爲此得意萬分，事後欣然賦詩：

敉寧西極用偏軍，天馬人歸敬受欣；
每至夜分遙儆問，所希日繼喜相聞；
有征已是無交戰，率附常稱不變芸。[94]

達瓦齊逃出格登山，翻越奎魯克嶺，南走回疆，身邊僅剩百餘騎。六月八日，以烏什城阿奇木伯克霍集斯素與之善而來投奔，結果誤入羅網。十四日，班第派人提解達瓦齊，二十五日，遣哈達哈押送他入京。是年十月十七日獻俘京師。論功行賞，傅恆以襄贊之力，加封一等公，班第封一等誠勇公，薩喇爾封一等超勇公，阿睦爾撒納晉雙親王食雙俸。達瓦齊因對清廷並無惡意，免死加恩封親王，入旗籍，賜第京師，得善終，充分展示乾隆懷柔遠人的用心。隨後，乾隆御製平定準噶爾告成太學碑，以永昭後世，是爲第一次平定準噶爾之役[95]。

（二）平定阿睦爾撒納叛亂

達瓦齊俯首聽命，準部地區出現權力眞空，對於它的未來將以何種形式存在？乾隆的算盤與阿睦爾撒納的夢想有明顯的距離。

乾隆鑒於準部强盛，曾抗衡清朝數世，故平準之後，欲「衆建而分其力」，重建厄魯特四部的統治秩序[96]。當達瓦齊手下大宰桑噶勒藏多爾濟來降時，即被封爲綽羅斯汗，另外又以策凌爲杜爾伯特汗，阿睦爾撒納爲輝特汗，班珠爾爲和碩特汗[97]。乾隆作如是安排顯然不能滿足阿睦爾撒納的胃口。他志在統轄準部全境，以爲在征達瓦齊戰役中屢立戰功，清朝會「以己爲琿（渾）臺吉，總管四衛拉特」[98]。他對班第說：「但我四衛拉特，與喀爾喀不同，若無總統領，恐人心不一，不能外禦諸敵，又生變亂」[99]。他還縱容親信大造輿論，四處宣稱說乾隆必封阿睦爾撒納爲總汗，又仿效噶爾丹策零時期行文俱以專用小紅鈐記，棄清廷頒給的副將軍印信，不用乾隆所賞黃帶孔雀翎，私自占有達瓦齊擁有的馬駝牛羊，擅殺投誠臺吉宰桑，逼迫不聽他指使的宰桑遠離伊犁。二十年（一七五五年）五月，乾隆降諭，待擒獲達瓦齊，阿睦爾撒納赴熱河覲見，再行加恩。得到班第、薩喇爾進呈的關於阿睦爾撒納不法行爲的密摺後，遂以阿睦爾撒納負恩狂悖、叛逆昭彰，決定先發制人。六月，乾隆催促阿睦爾撒納馳赴熱河，同時密令班第，如果阿睦爾撒納不肯動身，就以會同防範哈薩克爲由，詔薩喇爾、鄂容安設計將他一舉擒獲，就地正法。班第以兵力單薄，不敢貿然下手。乾隆又密令阿桂等帶兵趕往塔爾巴哈臺地方將阿睦爾撒納的妻子及親信拿送解京。

六月二十九日，阿睦爾撒納在扎薩克親王額琳沁多爾濟陪同下，動身入京覲見。儘管他本人並不知道乾隆的意圖，卻早有心理準備。六月中旬，被派往監視阿睦爾撒納的額駙色布騰巴爾（勒）珠爾奉詔先回皇宮，阿睦爾撒納與額駙言語相通，甚是投機，故私下以總統厄魯特四部之意乞其代奏，並約定若得皇上允許，便於七月下旬往見。其實，阿睦爾撒納對入覲並無興趣，他關心的是，託付色布騰巴爾珠爾的事情能否被批准。因有約在先，所以在與額琳沁多爾濟同行時，格外小心，沿途遷延慢進。八月，阿睦爾撒納到烏隆古，仍未得到額駙消息。這時他明白將要發生什麼事。烏隆古鄰近阿睦爾撒納舊游牧地區。於是他便留下乾隆所給定邊左副將軍印，不辭而別。據禮親王昭槤所記載：

> 迨八月中尚無信，疑事已變，入境且得禍，遂陰召其衆，張幕請額宴。酒數行，起謂額曰：「阿某非不臣，但中國寡信，今入其境，如驅牛羊入市，大丈夫當自立事業，安肯延頸待戮？」遂命呼酒者再四起，旌旗耀目，擁阿逆出營去。阿逆徐解副將軍印組，擲與額曰：「汝持此交還大皇帝可也！」遂據鞍馳去。額琳沁多爾濟瞠目視之，無如之何。100

阿睦爾撒納叛走，重新引起準噶爾地區的騷動，許多不甘失敗的宰桑及其舊人聞風附和，攻擊進入準部地區的清軍。八月二十三日，伊犁宰桑克什木、都噶爾、巴蘇泰率兵攻掠伊犁，班第、鄂容安等不敵，於次日帶守軍朝崆吉斯方向退卻，二十九日，被圍於烏蘭庫圖勒。班第、鄂容安戰敗自殺，副將軍薩喇爾雖突出重圍，旋即被烏魯特宰桑錫克錫爾格擒送阿睦爾撒納處。是時定西將軍永常擁兵五千駐穆堡，聽說伊犁不守，本可派兵接應北路幸存官兵，但他恐遭阿睦爾撒納暗算，疑懼不前，從而造成嚴重後果。乾隆降旨究其失職怕事之罪，拿押來京，病死於途中。劉統勳以協理總督轉運軍儲駐巴里坤，因輕信謠言，退守哈密，失去救人機會，乾隆念其一介書生，軍旅之事非他所長，不加究責，僅拈詩嘲諷：

集賽伊犁歷一過，珠崖請棄竟如何？
我非勤遠惟觀火，卿誤養奸作止戈。
究勝寒蟬原所諒，堪稱老馬無可訛。
犎牛騎進陽關矣，只恨難為叩角歌。101

準部得而復失，清軍西、北兩路損兵折將，乾隆不得不重新調整人事安排，任命額駙策楞為定西將軍，富德、玉保、達瓦黨阿為參贊大臣，又命兆惠駐巴里坤辦事。二十一年（一七五六年）正月，玉保掛任先鋒，追尋阿睦爾撒納的蹤跡，沿途進展頗為順利。一日，清軍抵特克勒河，距阿睦爾撒納營地不遠，玉保正待下令追擊，侍衛福昭突然來報，說臺吉塔爾布、固爾班和卓、伯什阿噶什、巴圖爾烏巴什等已將阿擒獲102。這本是一個未經證實的傳聞，玉保卻信以為真，馳報策楞。策楞亦因立功心切，不審虛實，飛章京師告捷。事實上，這是阿睦爾撒納玩弄的一個花招，藉此迷惑清軍，贏得脫身時間，率殘部越庫隴癸嶺，逃往哈薩克。二月十三日，乾隆在動身赴孔林前，獲此消息，十分激動，立刻改行程，去泰陵感謝祖先的「默垂庥佑」，並降諭封策楞爲一等公，玉保爲三等男。二十六日乾隆又獲策楞奏摺說，前報擒阿逆，「事屬子虛」[103]。乾隆怒氣沖沖，降旨將玉保、策楞革職，解京治罪。是年五月，乾隆任命達瓦黨阿接替策楞定西將軍之職，富德副之，巴里坤辦事大臣兆惠以定邊右副將軍銜協助軍務。

達瓦黨阿奉命出西路，哈達哈出北路。阿睦爾撒納與西路清軍相遇，敗北後逃入哈薩克人的帳營。這時他故伎重演，遣哈薩克人前往達瓦黨阿軍營，詭稱阿睦爾撒納「即欲擒獻，但需汗至，乞暫緩師待」[104]，結果又一次金蟬脫殼。與此同時，北路出擊的哈達哈遇阿布賚汗哈薩克兵千餘，也無心追剿，聽其逸去，兩路清軍遂無功而返[105]。

阿睦爾撒納逍遙遁去，使準部形勢進一步惡化。喀爾喀親王額琳沁多爾濟因阿睦爾撒納逃走，被乾隆賜自盡。當地人衆對此很反感。郡王青滾雜卜乘機大做文章，擅自撤回所守臺站卡座，使清政府北路臺站從第十臺到二十六臺處於癱瘓狀態，聯絡中斷。受清朝冊封的準噶爾綽羅斯汗、輝特汗、杜爾伯特汗皆因家屬被留在熱河，實際上成爲人質，心懷不滿，相繼作亂。阿睦爾撒納一看各地臺吉宰桑紛紛構亂，便從哈薩克出山，與他們會盟於十羅塔拉河畔，自立做夢寐以求的四部總臺吉。

二十一年九月，定邊右副將軍兆惠曾奉乾隆之命進駐伊犁。及阿睦爾撒納復叛，伊犁勢單力薄，乾隆唯恐兆惠有失，密令他火速退回巴里坤，同時調拔察哈爾、吉林兵各一千，索倫兵二千，阿拉善兵五百，前往巴里坤待命應援。十一月二十五日，兆惠從濟爾哈朗東行，經鄂壘、庫圖齊、達勒奇等地，於次年正月五日抵烏魯木齊，遭噶爾藏多爾濟、扎那噶布爾、尼瑪、哈薩克錫喇等叛亂宰桑聯合攻擊。二十二日，疲憊不堪的官兵在特訥格結營自保，期待救援。三十日，自巴里坤間道接應兆惠的侍衛圖倫楚及時趕來解圍。二月二十三日，清軍返抵巴里坤[106]。

兆惠未回之前，乾隆就調兵遣將集結巴里坤，準備反攻。成袞扎布因熟悉蒙古事務，授定邊將軍，其弟車布登扎布才情幹練，暫署定邊左副將軍印務。舒赫德、富德、鄂實爲參贊大臣，色布騰巴爾珠爾、阿里袞、明瑞、額勒登額、侍衛什布圖鎧、巴圖魯奇徹布等著在領隊大臣行走[107]。三月，將軍成袞扎布出北路，右副將軍兆惠出西路。

遵照乾隆指示，清軍做打惡戰的準備。但在進軍途中，情況迥異。原來準部地區這時發生了兩件大事：一是叛亂的臺吉噶爾藏多爾濟被他侄子扎那噶爾布襲殺，而宰桑尼瑪接著又密謀擒殺扎那噶爾布；另一是厄魯特各地痘疫流行，染疾者甚衆，幸存的四處逃亡，叛軍不戰自潰。兆惠進入厄魯特地區的首要任務，就是打探阿睦爾撒納的行蹤。五月一日，他派奇徹布、達禮善、努三、愛阿隆、圖倫楚等帶兵去額布克特地方偵察，終於從游牧人口中得知阿睦爾撒納已潛逃巴雅爾。六月，哈薩克阿布賚汗請降，遣使納貢，且誓言幫助擒獲阿逆。這樣，阿睦爾撒納唯一能安身匿命的處所就只有偷越邊境逃往俄羅斯。

清軍在境內搜捕阿睦爾撒納不見蹤跡，兆惠等也估計到他可能已進入俄羅斯，於六月中旬，遣順德訥前往俄羅斯鏗格爾圖喇，會見俄方官員。俄方一口否認阿睦爾撒納的到來。二十七日，駐紮在阿爾察圖的阿布賚汗派人告稱，本月十九日阿睦爾撒納來投，阿布賚「告以明早相見，因先散其馬匹牲隻」。阿睦爾撒納知情況有變，同數人步行遁去[108]。兆惠等據此更加確信阿睦爾撒納藏身俄境。俄方爲搪塞清政府，謊稱阿睦爾撒納已淹死額爾齊河。順德訥一行便沿河打撈十幾日，謊言終被揭穿。八月十五日，順德訥往見西伯利亞總督瑪玉爾，提醒俄方必須遵守雙方約定，引渡逃犯。俄方再次否認，但兆惠、富德已從俘虜的口供中證實阿睦爾撒納在俄羅斯。據目擊者伊宛供稱：

七月初旬，見阿睦爾撒納帶領八人步行至俄羅斯，被割草人擒獲，我因認識阿睦爾撒納，並去觀看，阿睦爾撒納問我爲誰，答以達瓦屬人，阿睦爾撒納遂入瑪玉爾室內，是夜即送往察罕汗處，其八人又於次日解送。[109]

乾隆獲知阿睦爾撒納遁入俄羅斯，緝拿叛匪的態度仍十分堅決，說「是逆賊一日不獲，西路之事一日不能告竣」[110]。他諭令理藩院行文薩納特衙門，要俄方「遵照原定不匿逃犯之條，將阿睦爾撒納送來」[111]。但沙皇俄國仍無視中國政府的正當要求，拒絕交出叛匪。

沙皇俄國庇護叛匪，是希冀以阿睦爾撒納作爲分裂中國、染指西北的工具。但是，乾隆二十二年（一七五七年）九月，阿睦爾撒納這位民族的罪人因患痘疫暴死他鄉，結束可恥一生。沙俄當然不願爲一具殭屍而與清朝鬧翻。十一月一日，西伯利亞總督將阿睦爾撒納的屍體運到恰克圖。次年正月，俄羅斯畢爾噶底爾差圖勒瑪齊、畢什拉等到中俄邊界請清朝派人驗看屍體。經乾隆派人前往驗看，斷定阿睦爾撒納確死無疑。乾隆遂放心地說：「俄羅斯將阿睦爾撒納之屍解送與否，均可不必深論。」[112]

（三）重新制定西北治理方針

1 對準部地區的善後措施

準噶爾地區幾經兵火，殘破不堪。耕地、牧場荒廢，城鎮、村莊被毀，人口更是急驟減少。

有關資料表明，戰前準部有宰桑六十三，新舊鄂托克二十四，昂吉二十一，集賽九，共計二十餘萬戶，六十萬餘口[113]。戰爭中死亡慘重。據禮親王昭槤《西域用兵始末》記載：

其他諸賊，既降復叛，自取誅滅，草薙禽獮無唯類，固無論已，此固厄魯特一大劫，凡病死者十之三，逃入俄羅斯、哈薩克者十之二，爲我兵殺者十之五，數千里內遂無一人。蒼天欲盡除之，空其地爲我朝耕牧之所，故生一阿逆爲禍首，輾轉以至澌滅也。[114]

趙翼《平定準噶爾前編述略》指出：

時厄魯特懾我兵威，雖一部有數十百戶，莫敢抗者，呼其壯丁出，以次斬戮，寂無一聲，駢首就死。婦孺悉驅入內地賞軍，多死於途，於是厄魯特種類盡矣。[115]

椿園《準噶爾滅亡紀略》載：

大兵分途進剿，誅殺厄魯特男婦子女逾百萬，其餘竄伏於山谷中者，經官兵四出搜查誅夷盡絕，因而滅其種類。[116]

魏源《乾隆蕩平準部記》云：

帝怒於上，將帥怒於下，合圍掩羣，頓天網而大獮之，窮奇渾沌檮杌饕餮之羣，天無所訴，地無所容，自作自受，必使無遺育逸種於故地而後已，計數十萬戶中，先痘死者十之四，繼竄入俄羅斯、哈薩克者十之二，卒殲於大兵者十之三，除婦孺充賞外，至今惟來降受屯之厄魯特若干戶，編設佐領昂吉，此外數千里間，無瓦剌一氈帳。117

清末學者龔自珍在《上鎮守吐魯番領隊大臣寶公書》一文中也指出：

準噶爾故壤，若庫爾喀喇烏蘇，若塔爾巴哈臺，若巴爾庫勒，若烏魯木齊，若伊犁，東路西路，無一廬一帳是阿魯臺（厄魯特）故種者。118

阿睦爾撒納叛亂被平定後，準噶爾地區人口大量減少，是嚴峻的事實。他們或損於兵燹，或失之流亡。擺在乾隆面前一個難題是，要在這樣一個廢墟上重新繁榮西北地區。

早在乾隆二十年（一七五五年）正月，軍機處就受乾隆的指示，擬定西北地區善後若干事宜。他們提出七條大綱：

1. 查四衛拉特臺吉戶口，授扎薩克及編列旗分佐領、設官。其四衛拉特之人，應安置各原駐附近地方，不必將一姓聚處。
2. 回人歲納貢賦稅準噶爾，今準夷底定，除歲供喇嘛外，餘賦悉蠲，貢賦亦應議減。
3. 現收之烏梁海既編列旗分佐領，有續收者應照辦，一同移置各原地，其管轄人令班第選奏。
4. 扎哈沁人衆，應移於喀爾喀游牧之外，厄魯特臺吉所住之內，則阿爾泰山內藩籬愈固。
5. 大兵撤回，於滿洲蒙古兵內留五百名隨班第等駐紮伊犁。
6. 伊犁既駐大臣，應擇形勝地駐兵爲聲援，西路吐魯番、魯布沁地方膏腴可耕，駐兵一千，再瓜州、烏魯木齊俱可屯田、駐兵，則伊犁、魯布沁聲息相通，亦展疆土。
7. 準夷既平，喀爾喀游牧應加恩展寬，喀爾喀、厄魯特游牧以阿爾泰山梁爲界，烏梁海所居游牧不動，所有陰坡令喀爾喀游牧居住，陽坡則厄魯特居住，喀爾喀北界俄羅斯，西界厄魯特，派京師滿洲蒙古兵數千前往屯駐，一如蒙古授產安插，以靖邊境。119

這種設計的中心是圍繞「以準制準」，「衆建而分其力」的原則，體現乾隆原先的制邊設想。當準部大臺吉噶爾藏多爾濟來歸時，乾隆馬上推出重建四衛拉特的方案，封噶爾藏多爾濟爲綽羅斯汗，阿睦爾撒納爲輝特汗，車凌爲杜爾伯特汗，班珠爾爲和碩特汗120。對於四衛拉特各部基層組織，他設想參照喀爾喀蒙古之例，設盟長、副將軍各一員，有事報駐紮大臣轉奏朝廷。二十年六月，令「所有應放盟長及副將軍之人，俟伊等到熱河入覲後，朕量其人才，再降諭旨」121。同年九月阿睦爾撒納等叛清已成事實後，乾隆重新分封四衛拉特汗，其中綽羅斯汗、杜爾伯特汗不變，和碩特汗由沙克都爾曼濟、輝特汗由巴雅爾分別接替122。

然而，西北局勢的演變出乎意料。平定阿睦爾撒納叛亂後，乾隆只好放棄初衷，改由政府直接統治該地區，引進內地郡縣政治體制，遷移人口，大興屯田，開臺設卡，駐兵換防，開創清朝統治邊疆地區的新局面。

乾隆二十七年（一七六二年），清政府在伊犁設置了伊犁將軍府，最高長官伊犁將軍由皇帝任命，下設都統、參贊大臣、辦事大臣或領隊大臣，另在部分地區輔之以州縣制。乾隆朝陸續建置的有迪化直隸州（在烏魯木齊）、鎮西府（在巴里坤）、昌吉縣、奇臺縣、吉木薩爾縣、瑪納斯縣等。至於準部地區以外的諸多民族，清政府仍沿用舊制，分封其世襲王公貴族。

戡定準部，乾隆以「武定功成，農政宜舉」，大力推廣屯田。當時屯田的方式主要有兵屯、戶屯、遣流犯之屯及回屯四類。

乾隆二十一年，乾隆調拔出征兵士留哈密附近的塔納沁地方屯種，開兵屯之始。二十三年，命雅爾哈善、黃廷桂等籌備伊犁屯事。二十五年，辦事大臣阿桂奉旨自阿克蘇率滿洲、索倫兵五百名、綠營兵一百名、回人三百名到伊犁駐屯。至三十四年，由內地陸續增調屯兵二千五百名。四十三年，將軍伊勒圖奏準所調屯田兵由單身改爲攜眷屬，定額三千，除五百名職鎮守，其餘分二十五屯，人均種地二十畝，此爲長屯駐守之始。四十七年，因屯糧過多，伊勒圖裁減十屯一千名，五十四年，將軍保寧奏準增加七屯，終乾隆一朝這個屯數沒有變更。

戶屯有民戶、商戶、綠營眷兵分戶之區別。乾隆三十七年，將軍舒赫德奏準客民莊世福等四十八戶編入屯田戶籍，每戶給地三十畝，官府借給耕牛、種籽、口糧，三年內將借項清還，每畝納租銀五分。三十九年，又有張成印等二十三戶加入。四十六年，王已興等三十戶加入，他們共耕種三〇三〇畝地，規模不算太大。商屯始於乾隆二十八年，主要由商人招募流亡墾荒種地，規模大於民屯。綠營眷兵分戶之屯始於乾隆四十五年，由駐防綠營兵分戶子弟組成，官給土地數目與民屯相似，但課徵以所種實物爲主，其規模也小於商屯。

有組織地徵遣流犯屯田西北乃乾隆首創，始於三十八年，初由獲罪較輕或發遣爲奴者任之。降至乾隆末年，因屯田缺額較大，「遂議除洋盜被脅服役發往回疆爲奴各犯不准截留外，其情重人犯內有年力精壯者，暫准截留補額，俟有情輕者到哈密，再將所留重者更替，照原擬發落」[123]。用流犯屯田生產，集中反映出準部地區人口之不足。儘管乾隆朝遣流屯田規模不詳，但可以肯定，作爲其他屯田種類的補充，它仍不失爲行之有效的權宜辦法。

二十五年，辦事大臣阿桂自阿克蘇北上伊犁，帶三百名回人屯田。同年，陝甘總督楊應琚奏請在哈拉、沙拉、庫車、庫爾勒四處招集回人「有願墾荒者，令搬移前往」[124]。三十二年，清政府先後從烏什、葉爾羌、和闐、哈密、吐魯番等地調集六千回戶屯田。三十八年，伊勒圖奏准分回戶爲九屯耕種，每戶交糧十六石，年計九萬六千石，乾隆末年達到十萬石左右[125]。在幾類屯田中，回屯的規模顯然較大。據統計，到乾隆四十年止，新疆南北兩路屯田面積近一百萬畝、屯丁十餘萬人[126]，成績斐然。

除了屯田之外，乾隆還在準部地區遼闊的草原上實行屯牧，開闢馬、牛、駝、羊等畜牧業基地。到五十八年，共計有馬二萬八千五百多匹，牛一萬四千八百多頭，駱駝四千一百多隻，羊十四萬餘頭[127]。

乾隆一系列恢復生產的措施頗見成效。三十六年，陝甘總督文綬視察新疆，抵達巴里坤時，正值秋後。他看見城外禾稼盈疇，屯田甚廣，頗爲豐美，城關內外，煙戶舖面比櫛而居，商賈雲集。他再往西行到木壘河一帶，看見該地連年招民墾田，良田多達三萬四千餘畝，內地商賈、藝業民人俱來趁食，「屯田民人生齒繁衍，扶老攜幼，景象恬熙」。到烏魯木齊，「天氣和暖，地土肥美，營屯地畝日以開闢，兵民衆多，商賈輻輳，比之巴里坤城內更爲殷繁」。再往西走，「其地肥水饒，商賈衆多，幾與烏魯木齊相似」。文綬在巡查期間，還曾遇上內地前來當傭工的民人，據他們反映，新疆地廣糧賤，傭工一月可得銀一、二兩，積蓄稍多，生活有餘[128]。文綬所陳視察見聞，或有誇張，但不可否認北疆的社會經濟正逐漸恢復和發展。

乾隆經營西北邊疆，很大一部分精力是花在防務方面。二十一年派兵屯駐塔勒納沁地方，二十五年，阿桂又奉命帶滿洲、索倫兵及綠營兵屯駐伊犁。次年九月，增兵屯駐與俄羅斯、哈薩克交界的塔爾巴哈臺[129]。早期駐軍均是當年出征西北的將士。從二十七年開始，清朝陸續抽調東北、直隸、陝甘等地區的綠營兵、滿洲蒙古八旗兵、錫伯營兵、索倫兵、察哈爾兵及降清厄魯特士兵參預駐防[130]。屯駐新疆的軍隊按其需要可分爲駐防與換防。駐防即士兵可攜家眷隨軍，常年駐守防地或參加軍屯，而換防則爲臨時性駐守，任務不變，只是時間較短，常例是三年或五年一換，不許帶眷屬[131]。至於駐軍布防情況主要視各地位置而定，伊犁是西北中樞，烏魯木齊爲新疆門戶，巴里坤、吐魯番都是清軍據點，是故皆以滿洲綠營駐防爲主，其下屬各鎮、臺、卡倫則以換防爲主。隨著經濟的復甦，人口增多，其防衛以伊犁爲中心開始向縱深發展。以伊犁爲主體形成惠寧、綏定、廣仁、瞻德、拱宸、熙春、塔爾奇、寧遠八城環狀駐防[132]。烏魯木齊所屬也先後建防迪化、鞏寧等城鎮。四十五年，新疆「城郭林墟無殊內地」[133]。

乾隆在厄魯特地區還模仿八旗制度，建立上三旗和下五旗。從二十五年（一七六〇年）起，將陸續招撫之厄魯特人及由哈薩克布魯特投出的厄魯特人編爲右翼。二十九年，又將自熱河攜眷移駐達什達瓦之厄魯特官兵編爲左翼。三十二年，經將軍阿桂奏准，將左翼列爲上三旗，右翼列爲下五旗，各設總管、副總管一員，每旗佐領一員、驍騎校一員。三十七年，將軍舒赫德奏請將投誠土爾扈特內安插伊犁之沙畢納爾人歸入下五旗。他們游牧種地自食，閒時操演，清政府時常賞賜錢糧以資補助[134]。

乾隆經營新疆乃是寓兵於政、寓兵於農、寓兵於牧，既增源節支，又達到保衛邊疆的目的。

2　對烏梁海人的直接管理

在加強西北治理的過程中，乾隆帝還注意到烏梁海的治理問題。烏梁海，明屬兀良哈，其人自謂「托跋」，實際上就是南北朝鮮卑族後裔，他們的語言、風俗習慣、宗教信仰與蒙古族極爲相似[135]。據徐松所考：

烏梁海人有三部，曰阿勒坦（阿爾泰）烏梁海，曰阿勒坦淖爾烏梁海，爲科布多屬，曰唐努烏梁海，爲烏里雅蘇臺屬。136

烏梁海人以其各部所居地方而得名，唐努烏梁海居唐努山一帶，在外蒙古西北、葉尼塞河上游，地理位置最爲緊要。阿爾泰烏梁海居阿爾泰山一帶，即今之布爾津縣及其以北地區。阿爾泰淖爾烏梁海居阿爾泰淖爾地方，在今俄國帖列茨湖附近。在沙皇俄國勢力染指葉尼塞河流域以前，烏梁海人從事採捕射獵，依木而住，歸屬於準噶爾貴族的統治。十七世紀以後，一部分爲俄羅斯所占有。

清朝議及烏梁海事務始於康熙。康熙五十四年（一七一五年），準部首領策妄阿拉布坦紛擾喀爾喀蒙古，康熙命散秩大臣祁里德督大軍赴吹河防禦，隨同出征的扎薩克圖汗博貝認爲，準噶爾東來全恃烏梁海人，進爲之嚮導，退爲之屏障，若招降烏梁海人，則足以遏止準噶爾的氣勢，使喀爾喀免受其害。康熙從其議，命扎薩克臺吉濟納爾達、阿里爾、根敦羅爾藏三人往招。九月，烏梁海頭目和羅爾邁率屬歸順，皆安插於博貝之下。雍正二年（一七二四年）正月，博貝進京覲見，雍正帝詢及屬下烏梁海生計，得知博貝曾從祁里德處借餉銀一萬八千餘兩補貼各戶，特下詔准其不還。四年，雍正命博貝所部千餘人隨清軍前鋒統領駐唐努山南面特斯地防禦準部的侵擾，同時傳諭烏梁海自修戰備，以防不虞137。雍正五年一月二十一日，清政府與俄羅斯簽訂《恰克圖條約》，其第三款內容大體是：

烏梁海人向不明國籍，每年分向中俄兩國貢納貂皮一張，自此次劃界後，劃歸中國之人民，不得再向俄國進貢，屬俄國之人民亦然。138

唐努烏梁海地方根據條約正式歸入清朝版圖，屬烏里雅蘇臺定邊左副將軍管轄。

康雍兩朝僅及唐努烏梁海之部分，對其管理採用委託方式，安置於扎薩克部之下，所以經常出現逃人現象，內部極不穩定。乾隆七年（一七四二年），乾隆命博貝次子額琳沁承襲父命，繼續幫助清朝管理歸降之烏梁海。十六年，乾隆詔額琳沁議定烏梁海出入汛界例，飭禁所部越境與準噶爾及回人私下貿易。十八年，準部降清宰桑薩喇爾奉命對阿爾泰烏梁海進行剿撫。次年二月，他由崆格進屯卓克索，額琳沁和博貝之孫青滾雜卜等率衆隨同。乾隆又諭成袞扎布讓額駙策楞把軍營由塔密爾移駐烏里雅蘇臺，召尚書舒赫德返京面授方略。三月，薩喇爾、額琳沁等招降烏梁海宰桑達克車根。二十年正月，烏梁海降人察達克招包沁種人來歸，乾隆敍功授其內大臣職。班第在進軍伊犁途中，遣車布登負責搜捕烏梁海人。七月，車布登與副都統敦多卜率兵三百越薩勒巴什嶺往收該處居住之烏梁海，宰桑敦爾卓輝鄂木布等偕衆聽命。另外，還有舊屬準噶爾之烏梁海散居汗哈屯處，察達克等往招，宰桑哈爾瑪什、瑪濟岱、納木札勒、保袞、莽噶拉克、納穆克布、珠庫鄂木等相繼來歸，自是阿爾泰烏梁海略定。

乾隆安置新來之烏梁海人，一改前朝做法，將所收入戶編設旗分佐領，利用其舊人爲各處總管，青滾雜卜以熟悉烏梁海情形之故受命總理其事。阿睦爾撒納叛亂後，乾隆令青滾雜卜率烏梁海兵隨參贊大臣哈達哈出征。二十一年五月，清軍追剿烏梁海之倡亂者，青滾雜卜私攜所部退回牧地，並派人赴烏里雅蘇臺軍煽衆喀爾喀，令散歸輝特，使清軍攻勢嚴重受阻。二十二年正月，青滾雜卜伏誅，九月，乾隆命烏梁海降人察達克領兵四百前去招降阿爾泰淖爾烏梁海，其宰桑特勒伯克、札爾納克聞風歸附。十二月，授特勒伯克爲總管。並以舊烏梁海與杜爾伯特錯牧其間甚屬不便，暫定烏蘭固木爲杜爾伯特牧地，另以科布多爲烏梁海牧地。二十四年八月，詔賽音諾顏親王成衮扎布安撫烏梁海。是時，烏梁海之察達克以科布多產貂不多，生計艱難，請求遷往阿爾泰山以南額爾齊斯之源採捕，乾隆准其所請。二十七年十二月，乾隆命鑄烏梁海左右翼總管印，分別頒授察達克、圖布新，烏梁海人開始新的生活。

乾隆招撫烏梁海人數不詳，從各部所設佐領來看，當屬唐努烏梁海最多，有四十五佐領，阿爾泰烏梁海次之，有七佐領，阿爾泰淖爾烏梁海最少，僅二個佐領。乾隆對他們不僅在政治上加强統治，同時在經濟上免其貢賦，引導他們屯田放牧，在軍事上開汛界、設卡倫，以確保烏梁海的安定。烏梁海人數雖不多，但地處西北邊陲，具有軍事上戰略意義。要安定西北，烏梁海人的安定不可或缺。强化對烏梁海的治理，是乾隆經略西北的重要部分，清人何秋濤曾高度讚揚說：「烏梁海部落雖小，然金山劍海之間古爲用武之地。自天威遠震，疆以戎索，而卡倫以外僻地千里，所謂無形之金湯也。」139

統一回疆

（一）大小和卓木叛清

阿睦爾撒納叛亂甫定，又發生回部大小和卓140叛淸分裂的嚴重事件。

回部是指天山南路回教徒居住的地區，古有袁紇、韋紇、烏護、烏紇、回紇、回鶻、畏兀兒等不同稱謂。傳説唐朝以前，那裏的居民信仰佛教。元朝以降，隨伊斯蘭教的東漸，百姓改而從之。伊斯蘭教在中國有回教之名，該地區所以通稱回部。

回部舊汗是蒙古成吉思汗次子察哈臺之後裔。明末，伊斯蘭教創始人穆罕默德第二十六世孫瑪木特遷入喀什噶爾，並在政治上和宗教上逐漸取代了蒙古人的統治地位[141]。但是，從十七世紀以來，回教內部「白山宗」與「黑山宗」兩個教派對立，逐漸演變爲兩個政治派別的鬥爭，回部地區各城鎮因此像一盤散沙。十七世紀末，喀什噶爾「白山宗」首領阿法克被「黑山宗」排擠，北上投靠準噶爾。噶爾丹看有機可乘，遂於康熙十七年（一六七八年）進兵天山南路各部，立「白山宗」哈資拉忒阿法克爲首領，控制了回部地區[142]。從此，回部上層受準部統治者壓制，下層則受其剝削，時間長達半個多世紀。爲防止南路反抗，準噶爾貴族把有影響、有威脅的回部首領都弄到伊犁做人質。阿布都實特之子瑪罕木特，以族貴向得回人尊敬，曾受命總理南部各城。他身居葉爾羌，廣收人心。噶爾丹策零將他遷入伊犁。他死後，兩個兒子卽大、小和卓木兄弟遭到同樣命運。據記載：

> 和卓木特在伊犁生二子：長曰布拉敦，亦曰布拉伊敦，次曰和（霍）集占，卽回子所稱之大小和卓木也。和卓木墨特（瑪罕木特）死，二子仍在伊犁，準噶爾慮其生事，不肯放入回城。[143]

回部貴族命運尚且如此，普通回人更是不堪設想，據《平定回部勒銘葉爾羌碑文》描述：

> 準夷昔強，……以回爲羊，役以耕耘，利其善賈，三倍市欣。……四大回城，輸租獻賦，騰格是供，衛拉是懼，繭絲奚堪，溝壑已遽。[144]

在噶爾丹策零統治時期，僅葉爾羌一地每年得納貢賦十萬騰格。凡回民所種米、穀、菽、麥，「眼同收割，先與平分，而後用十分取一之法，重徵糧稅」。準部差往各地之頭目，「日奉以酒肉婦女，去仍多索賕遺，少不如意，輒縱其從人，恣行搶掠」[145]。另外，準噶爾統治者還强迫大量回人去伊犁從事耕作，受役者若奴佃，「課其引水種稻秈，服勞供賦不敢怠」[146]。許多地方回人不堪其擾，死絕逃亡。

順治三年（一六四六年），吐魯番首領遣使奉表入貢，算是清朝與回地正式往來的開始。後因河西回民丁國棟等聯合哈密、吐魯番抗清，清政府下令關閉嘉峪關，交通斷絕。順治八年，葉爾羌頭目主動送還所掠內地民人，取得清廷諒解，重開貢道與貿易[147]。噶爾丹入侵南路後，强行阻斷回部地區與清朝的通貢。康熙三十五年（一六九六年），被準部當作人質的回部首領阿布都實特自拔來投，康熙派人護送到哈密[148]。爲避免哈密、吐魯番兩地回人受準部的騷擾，清朝將兩處部分回人移居內地。康熙六十年（一七二一年）五月，厄魯特宰桑和勒博斯額穆齊率兵五百圍攻投清的回人，撫遠大將軍允禵令發兵二千赴吐魯番。雍正三年（一七二五年）四月，大兵撤還，朝廷議徙吐魯番回人於內地，此次願遷入內地者共六百五十人[149]。雍正九年三月，再次曉諭回人，「伊等倘自揣力不能敵，不妨仍爲移避之計」[150]。雍正十年十二月，回民一萬餘口內附安插於瓜州，皇帝命總督劉於義、巡撫許容妥善處理，協助其築堡、造房，給與口糧、牛種等項[151]。

乾隆初，準噶爾問題尚未解決，清朝對回政策仍然是防護與遷移兼顧。十二年（一七四七年）七月，命將金塔寺一百餘戶回衆移於哈密種地居住[152]。征準前夕，又遣官赴瓜州編旗隊，置管旗章京、副管旗章京、參領、佐領、驍騎校各員，如哈密例[153]。十九年，清軍準備兩路出擊，橫掃回疆北路。此舉得到各地回衆支持，他們積極配合清軍，有乘機逃離準部者，有爲清軍當嚮導者，也有直接參與戰鬥者。二十年五月，伊犁貿易回人阿達莫米木等十三宰桑共率二千餘戶來投，又組織熟悉地形的回軍三百名幫助追擒叛首達瓦齊[154]。

清軍攻下伊犁，大小和卓木兄弟結束了長期受制於人的囚徒生涯，回部地區也擺脫了準噶爾貴族的殘暴統治。在這種新形勢下，對大小和卓木的合理安排及對回部地區的妥善管理問題，擺在乾隆面前。

二十六年六月，定北將軍班第提出，讓兩和卓木返回南疆招服回衆：

> 伊等原係喀什噶爾回人頭目，因葉爾羌、喀什噶爾人心所服，是以懇求前往阿克蘇城，招服葉爾羌、喀什噶爾人衆。[155]

乾隆對這一建議深以爲然，但作了兩點補充：一是盡快催促兄弟倆進京覲見，二是「仍令復回原部，並將此預行告知，俾知感激」[156]。其實，在乾隆的潛意識裏存在著這樣一種想法：回部長期爲準噶爾所困，大小和卓木不過是厄魯特人的囚徒，北路蕩平，足以震懾南路，回部地區歸順是指日可待之事，沒有想到縱虎歸山貽下後患。二十一年四月，他風聞回部有投誠之意，便派策楞帶兵曉諭南路，「卽準其歸降，其如何安插納貢之處，奏聞請旨」[157]。十月，別有用心的小和卓木派人來北京城裏試探風聲，乾隆高興不已，以爲回部遣使來謁，意甚誠篤，「果能遵諭貢賦，卽不必加以兵力」[158]。他以爲大小和卓木是「感激圖報，永知恭順之忱」[159]。於是乎下旨召見大小和卓木，意欲通過施恩加寵，從而撫定回部。但小和卓木卻另有如意算盤。他並不想就這麼輕易讓回部納入清朝版圖，受中央政府的管轄。時適阿睦爾撒納在北路叛清。這無疑使野心勃勃的回部强人受到鼓舞，決定脫離清朝，參與阿睦爾撒納的叛變行動。阿睦爾撒納叛亂轉眼間被平定，小和卓木逃回故居，開始策劃反清[160]。起初，大和卓木對弟弟的行爲頗有疑慮，規勸說「從前受辱於厄魯特，非大國兵力，安能復歸故土，恩不可負，卽兵力亦斷不能抗」[161]。小和卓木不以爲然説：「你我兄弟二人被準噶爾禁錮，歷有年所，今始得歸故土，若聽大皇帝諭旨，當與禁錮何異？」[162]。其實，這位民族分裂分子小和卓木眞正擔心的是，乾隆會追究其「率衆助逆」之責，決心與清朝鬧獨立：「莫若與中國抗拒，地方險遠，内地兵不能卽來，來亦率皆疲憊，糧運難繼，料無奈我何。且準噶爾已滅，近地並無强鄰，收羅各城，可以自立。」[163]

對於小和卓木的狂悖叛逆行爲，乾隆漸有所聞，因此耐心逐漸消失，二十二年正月，指示軍機處：

令波羅泥都（大和卓木）等酌定貢賦章程，前來陳奏，伊等遵行則已，倘稍有拒犯，俟剿滅厄魯特後，再派兵前往辦理。[164]

同年四月，他再諭軍機大臣：「伊等不卽前來投順，明係別生異心，卽應派兵擒拿」，他還特別强調：卽使兩和卓此時來歸，「亦卽擒拿來京，否則，卽派兵剿滅」[165]。

同年五月，又發生副都統阿敏道在南疆被害事件。二十一年秋，阿敏道奉右副將軍兆惠之命，率索倫兵一千名、厄魯特兵二千名及投誠的回部伯克（意卽總管）鄂對（回部汗的部屬），前往南路招撫兩和卓木。由於侍衛托倫泰的文書報告内容失實，兆惠誤認爲「回城地方並無事故，毋庸多帶兵前往，」而阿敏道也因此喪失警惕，隨行的伯克鄂對曾提醒他注意小和卓木的陰謀，但他不聽，僅以滿兵百人馳入庫車城内，結果被拘留。二十二年五月，小和卓殺害阿敏道，正式叛清。

阿敏道被殺，清朝招撫政策失敗。乾隆憤怒地説，決不能「忍心於死事之臣，而不爲之復仇也」[166]。遂卽命雅爾哈善爲靖逆將軍，統兵征討。

（二）平叛從挫折到勝利

葉爾羌和喀什噶爾是大小和卓木的叛亂基地。這二大回城，都有他們祖父阿布都實特的黨羽與親戚故舊。小和卓木說服哥哥叛淸，二回城雲集響應。他們還派員傳示各城整備鞍馬器械，聽命兩和卓木。除葉爾羌、喀什噶爾、和闐等所屬數十萬回戶外，庫車、阿克蘇、烏什、拜城、賽里木等所屬部分回人亦受其惑[167]。一時間，天山南路黑雲壓城，大有分裂割據之勢。

乾隆低估了叛軍力量，以爲「厄魯特等旣皆翦除，則回部自可招服」[168]。正是輕敵，導致他平叛初期犯了用人不當、主觀冒進的錯誤。二十三年（一七五八年）四月，他竟降旨調平準主帥兆惠返京休整，令雅爾哈善代兆惠總理回部事務。

雅爾哈善，全名覺羅雅爾哈善，文人出身，在征準戰役中，因剿殺降人沙克都爾曼濟立功，授參贊大臣、兵部尙書等職，旋又以靖逆將軍掛帥征回。《嘯亭雜錄》作者昭槤說：「雅固書生，未嫻將略，惟聽偏裨等出策，令不晝一。」[169]對雅爾哈善的弱點，乾隆並非一無所聞，只因他忽視回部現有力量，以爲一雅爾哈善足矣！一念之差，帶來嚴重後果。

二十三年五月，雅爾哈善率滿漢官兵萬餘在舊庫車阿奇木伯克引導下，由吐魯番進攻庫車。和卓木兄弟聞訊，帶鳥槍兵萬餘由阿克蘇戈壁捷徑來援。六月，領隊大臣愛隆阿半途截擊，先後於和托鼐、鄂根河畔斬殺數千。和卓木兄弟收餘衆退保庫車城中。雅爾哈善自以爲敵人自投羅網，用兵緊圍，待其力竭而降，自己則終日棋弈，不巡壘，亦不出擊。阿奇木進諫說：「賊必不株困圍城，勢必遁。遁有二道：一由城西渭干河涉淺渡；一由北山口向阿克蘇戈壁。請於兩要隘各伏千兵以待。」[170]雅爾哈善不予理會。二十四日凌晨，索倫兵聽到城中駝鳴負重之聲，潛告雅爾哈善，雅爾哈善仍不相信。兩和卓木及伯克阿布都遂出西門，由北山口逃走。把守西門副都統順德納得報告，以昏夜不發兵，及天亮始遣百餘人追之，為時已晚。事後，雅爾哈善將責任推給順德納，上書參劾。乾隆降旨將順德納革職，並斥責雅爾哈善身為將軍難辭其咎，要他一面加緊圍攻庫車，一面追擊小和卓木。庫車城牆以沙土、柳條築成，十分堅厚，且依山傍水，易守難攻。提督馬得勝令綠營兵穴地為隧道，可惜操之過急，讓守城回兵知道，反塹其外，實薰焚之，六百餘名清軍化為灰燼。雅爾哈善又把失敗的責任推給馬得勝。

庫車之役從五月持續到八月，一無所獲，乾隆心急如焚。當他再次接到雅爾哈善彈劾他人的報告時，尖銳地指出：

前後奏報，情詞矛盾，惟圖左枝右梧，始參順德納以卸過，繼參馬得勝以諉咎，並無一語引罪，殊不思身任元戎，指麾諸將者，誰之責歟？此而不置之於法，國憲安在！已降旨命兆惠就近前往庫車一帶辦理回部，雅爾哈善、哈寧阿、順德納俱著革職，兆惠至軍營日，即著拿解來京，將此先行通諭知之。171

二十四年正月，雅爾哈善以失職罪在京伏法。

庫車之敗，給乾隆發熱的頭腦潑下冷水。他不得不收回成命，讓兆惠重新出山。事實上，兆惠在接獲回京諭旨之前已經動身進入回部地區，返京之事並未付諸行程，可惜領兵不多，難有作為。他沿途息馬，等待機會。及乾隆命令兆惠移師回部，小和卓木早已放棄庫車，退至阿克蘇。

二十三年八月二十日，兆惠軍至阿克蘇城下，回衆頭目頗拉特、和闐伯克霍集斯先後請降。兆惠辦理回務不久，各地回城伯克受撫的消息不時進京，乾隆激動之餘，又錯以為征回大功告成在卽，無須多煩兵力，故下令停止續派清軍，同時又命車布登扎布將喀爾喀士兵自阿濟必濟帶回游牧地休息，厄魯特汗羅布藏多爾濟所領厄魯特兵丁亦奉命返回駐地，副將軍富德則奉命等候兆惠消息，無需前往協助。就在兆惠帶兵四千名，兼程向葉爾羌突擊時，清軍停止後續增援，使兆惠陷入困境。

時小和卓木已堅壁淸野，割田禾斂民衆入城，使清軍無所得。又於葉爾羌城東北五里掘壕築土臺，讓大和卓木據喀什噶爾相犄角。十月六日，兆惠兵臨城東，派兩翼奪據土臺，擊敗回軍從東、西、北三門出動的數百名騎兵。由於葉爾羌城周十餘里，四面十二個門，兆惠兵少不能攻城，只得在城東隔河有水草處結營自固，待援師到來。

葱嶺北河流經喀城外，葱嶺南河流經葉爾羌城外，當地回人稱北河爲赤水河，南河爲黑水河。兆惠屯營處卽南河岸邊，他一方面派副都統愛隆阿分兵八百，守住喀什噶爾來援之路，另方面積極謀求物資以充軍實。十三日，偵知奇盤山下有回人牧羣，遂率兵千餘由城南奪橋過河。淸兵甫過四百餘，橋忽斷。敵方先出四、五千騎堵截，萬餘步兵隨後，對清軍前後夾擊，兩翼衝殺，使清軍散落成數處，各自爲戰，陣亡者數百，受傷無算。總兵高天喜、副都統三保、護軍統領鄂實、監察御史何泰、侍衛特通額俱戰歿。

兆惠經此打擊，不敢輕易復出。十七日夜，派五名精明强幹者分路赴阿克蘇告急。舒赫德將緊急軍情飛章入奏乾隆。

回軍雖數倍於淸軍，且團團圍住「黑水營」，但他們素聞兆惠帶兵凶悍勇猛，故不敢强取，只是沿清軍營壘別築土臺，以爲長久圍困之計。回人素有掘地藏糧之俗，據説過去是爲了逃避準噶爾人的搜括 172。兆惠令清軍在營中林地挖掘，意外得粟數百石。回軍又引水灌營，反供清軍水源。回軍鳥槍所射鉛子夾於樹葉間，清軍伐樹得數萬以回擊。清軍就這樣奇蹟般堅持了三個月之久。

時值布魯特人掠喀什噶爾城，清軍乘機縱火攻焚回軍大營，大和卓木疑布魯特人是應清軍之邀前來夾擊。所以使人見兆惠議和，兆惠提出必須以縛獻小和卓木爲條件，和議不成。

副將軍富德在北路聞黑水營之警，卽率新到的索倫、察哈爾兵二千名及北路厄魯特兵一千餘名冒雪馳救。二十四年（一七五九年）正月六日，戰回部騎兵五千名於呼爾璊。九日，渡葉爾羌河，距黑水營尚有三百里，但因沿途均有叛軍阻擊，行動緩慢，卻正好碰上巴里坤大臣阿里袞帶兵六百名，合愛隆阿之兵一千餘連夜趕到，三路奮進，直驅黑水營。大小和卓兵敗遁走，兆惠與援軍合師，振旅退回阿克蘇休整[173]。

黑水被圍，清軍得救，功歸兆惠。他在一定程度上把乾隆部署不當所帶來的損失減少到最低程度。但他不以此爲功，反主動上奏以輕敵引咎請罪。這與雅爾哈善推責諉過形成鮮明對比。乾隆以兆惠忠誠勇敢，晉升武毅謀一等公，加賞紅寶石帽頂，四團龍補服。

黑水營解圍之後，兆惠準備厚集兵力，由阿克蘇、和闐兩路出擊。他與阿里袞及參贊大臣巴祿等領兵駐候馬駝糧餉外，分兵一半，令參贊大臣愛隆阿前往烏什駐紮，以就口糧，兼防喀什噶爾一路。又由於回酋鄂斯璊等進犯和闐，侍衛齊凌扎布等請兵應援。兆惠因眼前馬力疲乏，先揀官兵數百名，令瑚爾起、巴圖濟爾噶勒前往，沿途捉生詢問軍情。若和闐守禦如舊，卽會同守軍內外夾擊；如已被占據，則俟糧餉馬匹到後，派富德、巴祿卽領兵接濟。而兆惠自己俟辦足五千兵糧馬，再策應富德，並從和闐往取葉爾羌。二十四年二月，乾隆獲悉兆惠等人計畫，很不滿意。責問道：一、兆惠身爲將軍，爲何自己不救援和闐，而反以瑚爾起、巴圖濟爾噶勒前往？二、巴祿得到和闐被圍消息，因進援兆惠，未經前往，今黑水圍既解，何以不速馳和闐？三、兆惠、富德所議兩路進兵，均以葉爾羌爲目標，回部兩和卓木另一個根據地——喀什噶爾如何未曾籌及？因此，乾隆要兆惠從阿克蘇取葉爾羌，富德由特穆爾圖諾爾或烏什取喀什噶爾。四月，富德抵額里齊，和闐所屬六城阿渾、伯克及回民數千攜酒跪迎，和闐之警解除。由於這時各路清軍位置已有變更，乾隆改命兆惠往取喀什噶爾，富德就近攻葉爾羌，巴祿由巴爾楚克向葉爾羌方向移動，以期與富德相呼應。是年閏六月二日，小和卓木自知孤城難守，放棄葉爾羌，逃往英吉沙爾。城內以喀瑪勒和卓爲首的大小伯克情願請降，富德卽遣鄂博什等人率兵五百名持檄往諭。十四日，鄂博什抵葉爾羌城內。十八日，富德整飭旗纛，自南門進城，城中百姓觀者塞道，爭獻果餌，對清軍態度極爲友好。葉爾羌和平收復，未遭戰火之劫，大部分居民安然無恙。與此同時，另一路兆惠於是月十四日帶兵抵喀什噶爾城，回民「獻牛羊果餌，歌舞慶幸」。攻下大小和卓木二個叛亂基地，乾隆表示滿意：「逆賊兄弟雖畏罪先逃，而兩大城實回部著名之地，既歡迎恐後，則二賊亦可計日就擒。」[174]

小和卓木放棄葉爾羌，遣阿布都克勒木傳信大和卓木，將喀什噶爾屬下各城回民移往巴達克山，並相約六月二十四日在提斯袞會師。清軍從俘獲回人口中得知他們去向，參贊大臣明瑞率前鋒一千餘騎追至霍斯庫嶺，斬敵五百名。七月十日，清軍在阿爾楚山與回軍決戰，富德以火器健銳營居中，明瑞、阿桂爲左翼，阿里袞、巴祿爲右翼，別列奇兵、援兵二隊，如牆而進。奇兵奪下左右兩山，左翼、右翼、中間三線同時出擊，戮賊一千餘，獲兵械器具無算[175]。

三天以後，兩和卓木敗抵巴達克山界之伊西洱庫河。大和卓木護送家屬先走，小和卓木以萬衆據北山及迤東諸峯負嵎頑抗。富德令阿里袞由南岸趨西嶺追大和卓木，自己全力攻東峯之小和卓木軍。是役降回衆一萬二千餘人，牲畜萬計，兩和卓木攜妻孥及三、四百人逃入巴達克山[176]。富德一方面派遣伯克霍集斯、侍衛額勒登額等帶兵一百名，向巴達克汗索勒坦沙索取兩和卓木，一方面將上述情況馳奏。乾隆聞知，對富德僅派遣侍衛額勒登額和伯克霍集斯一行赴巴達克很不滿，降諭斥責。富德遭斥，於八月二十五日，以强硬口氣限巴達克汗索勒坦沙在三十天之內將兩和卓木交出，生者縛送，死者驗屍，逾期不至，即行加兵。爲杜絕後患，索勒坦沙將兩和卓木誅殺，並通知清軍。九月初九日，經熟悉小和卓木兄弟的右衛滿洲納達齊前往巴達克山驗看屬實，十月初二日，富德自巴達克山凱旋。征回戰役宣告結束。

戡定回部叛亂之後，西北局勢基本穩定。乾隆戡定準部與平定回疆，時間是互相銜接，目的都是爲阻止西北分裂，維護國家統一。他總結平準、征回兩役，得意之情喜形於色，十月二十四日，頒《御製開惑論》宣示中外[177]。十一月五日，又作《御製平定回部告成太學碑》、《御製平定回部勒銘葉爾羌碑》、《御製平定回部勒銘葉什勒庫勒諾爾碑》等，將用兵準部、回部本意及成功始末刻石以誌之。

（三）治理回部的構想與措施

平定大小和卓木叛亂後，如何治理回部地區問題提到議事日程。廷臣積極上疏，陳述己見。問題圍繞著怎樣對待伯克（總管）、建立什麼體制而展開。

二十三年（一七五八年）九月初，負責征回後勤供應的陝甘總督黃廷桂在有關踏勘運糧道路及調撥馬匹駝隻的奏摺中，建議將來回部平定，仍應駐兵。乾隆認爲這種看法「於回地情形，尚未深悉」。他說，回部與伊犁不同，伊犁控制遼闊，不得不駐兵彈壓，回部則應「揀選頭目，統轄城堡，總歸伊犁軍營節制」。他傳諭兆惠，「將來辦理回部，惟於歸順人内擇其有功而可信者，授以職位，管理貢賦等事」[178]。九月中旬，兆惠奏請任用庫車阿奇木伯克鄂對爲各回城總管，乾隆不以爲然，他說：

> **現在招徠新附，令鄂對暫行管理尚可，若平定葉爾羌、喀什噶爾辦理安插回衆時，朕意不必用回人爲總管，仍循其舊制，各城分設頭目，統於駐紮伊犁之將軍，再於庫車派大臣一員管理。**[179]

所謂「循其舊制」，是指沿用其官制舊名，但不能以回人爲總管。乾隆在具體運用中，突出二點：一是各城分設回人頭目，保持原有官職，以統轄城堡；二是除少數重鎮外，盡量在各回城少駐或不駐軍隊，但强調各回城應受制於駐紮伊犁的將軍。這就是說，要在清中央政府的管轄下，讓各回部自治，以回治回。乾隆在征討大小和卓木的過程中，曾聯絡一批回部上層人物，如吐魯番回人望族額敏和卓、哈密頭目玉素布、庫車阿奇木伯克、烏什阿奇木伯克霍集斯、拜城回人噶岱墨特父子、拜城舊伯克色提卜阿勒第兄弟等人，利用他們在回人中的影響，分化叛亂隊伍，取得了很好的效果。平叛後，他們成了乾隆推行「以回治回」政策的社會政治基礎。

根據乾隆「以回治回」的構想，兆惠等人擬定了具體措施。二十四年七月，兆惠撫定喀什噶爾後，就該地設官、定職、徵糧、鑄錢及駐兵分防諸事提出了具體的建設性主張。他建議各城村設立阿奇木伯克爲首的政權機構，以阿奇木伯克總理一城，伊沙噶伯克協辦阿奇木伯克事，噶雜納齊伯克管理地畝錢糧，商伯克管理租賦，哈子伯克管理刑名，密喇卜管理水利，訥克布管理匠役，帕察沙布查拿盜賊，茂特色布承辦經教，等等。乾隆同意兆惠的意見，但對於阿奇木伯克等職，不許世襲，「應如各省大臣之例，遇缺補授，或緣事革退，則開缺另補」[180]。唯哈密、吐魯番兩地回人對清朝統一新疆南北路出力尤多，特准「世襲罔替」。關於阿奇木伯克的地位問題，舒赫德指出：阿克蘇是回部大城，村莊甚多，過去由伯克、密喇卜等管理，今雖不必准以內地官制，而品級職掌宜爲釐定，庶足以辨等威而昭信守。乾隆認爲此奏甚是，「著照所請，以阿奇木伯克爲三品，伊沙噶伯克爲四品，噶雜納齊伯克爲五品，……其小伯克密喇卜等爲六、七品。……其餘各城，俱一體辦理。」[181]二十六年（一七六一年），乾隆還推行回城等級制度，把所有大小回城分爲三個等級，其中喀什噶爾、葉爾羌、阿克蘇、和闐四重鎮爲第一等級；烏什、庫車、闢展、英噶薩爾等城次之；拜城、賽里木、沙雅爾等二十三城爲下[182]。各城伯克地位的高低、特權的大小，既取決其本身條件，也根據清政府對他們的重視程度。葉爾羌、喀什噶爾曾是回地中心，地理位置較重要，乾隆分別任命額敏和卓、玉素布爲伯克。乾隆認爲「有此等舊人在彼，始堪倚任」[183]。同年，又根據左都御史永貴的建議，阿奇木伯克等原私刻圖記一律停用，由清中央政府「一體給與印信」[184]。

對於大小和卓木的霍集占家族，乾隆放心不下，將他們遷移京都。二十四年九月，他說：

> 至於霍集占族戚等所以留住京師，並令伯克霍集斯等俟撤兵時同來者，因恐伊等仍居舊地必妄生希冀，致啟釁端，此正所以保全之地。兆惠等此時宜曲加撫慰，不可稍有洩漏，俟霍集斯到京後，卽曉示各城回人，以中外一家惟知共主，阿奇木伯克不過辦事人員，毋許自稱「諾顏」，私收貢賦。卽阿奇木等缺出，亦揀選賢員或以伊沙噶什補，不准世襲。章程既定，則伊等希冀之念自消。[185]

「霍集占族戚」就是額爾克和卓額色尹及他的侄子鄂托蘭珠和卓瑪木特。他們雖屬和卓木家族，但與小和卓木有仇，於二十四年投靠清朝，移居北京。同去的還有額色尹的弟弟帕爾薩，以及他哥哥阿里和卓的兒子圖爾都等[186]。二十七年，辦事大臣永慶等又奏稱，大小和卓木族人阿塔木和卓、居烏什所屬之喀薩哈，無知回人因他係和卓木近族而俱來禮拜，「伊又將所收糧食散給貧人，以沽名譽，若聽其留住，於地方無益，請將阿塔木和卓及其家屬十三名，送往哈密安插」。乾隆同意遷移安插，但不是安插在哈密，而是京師[187]。

為了加强中央對回城的控制，清朝在回城派遣辦事大臣、領隊大臣。乾隆在喀什噶爾設參贊大臣節制南路各回城，「各城大者設辦事大臣，小者領隊大臣」，其中大城主要有：西四城包括喀什噶爾、葉爾羌、英吉沙、和闐，東四城包括烏什、阿克蘇、庫車、闢展，連東路哈密、吐魯番、哈喇沙共十一城為中心城鎮，而各城周圍下轄五至六個、十餘個或二十餘個不等的需星小鎮，層層隸屬，同時又受北路伊犁將軍的管轄[188]。

清軍駐防南路的情形，主要視各城地位而定。阿克蘇是回部適中之地，喀什噶爾、葉爾羌為回城之冠。英噶薩爾境屬邊圍，與外藩相接。以上幾城皆滿營、綠營分兵防守。其他如哈喇沙爾、庫車、賽里木、烏什、和闐等僅留綠營以資捍衛。

軍臺、卡倫之設，是清朝固邊守疆的一項輔助辦法。北路在戡定準部叛亂後已設，南路則稍晚。據《西域圖志》記載：「蕩平西域，全隸版圖，地周二萬餘里，為之遍置軍臺，而於其嚴疆要隘，毗接外藩處所，酌設卡倫以資捍衛。」在回疆喀喇沙爾、烏什、阿克蘇、葉爾羌、喀什噶爾之間，有河溝阻絕戎馬之處，「造舟以濟，回民為水手，免其納賦」。軍臺以營員及筆帖式領之，卡倫則以前鋒校、驍騎校領之，統於侍衛。各處駐兵多少則「視其地之大小簡要為差」[189]。

為解決駐防清軍的生計問題，乾隆實施了若干相關的賦稅、貨幣及貿易政策。據兆惠釐定貢賦數目，回人每人納糧、棉、紅花等稅約二萬一千餘騰格。南路駐防官兵雖然為數不多，但由於回部初定，賦稅收入不穩定，且數量有限，清政府必須每年撥銀補給。二十六年十二月，軍機大臣奏稱：

現在伊犁回部馬兵三千一百十名，步兵一萬一千三百四十七名，臺站、卡倫兵二千六百二十三名，共兵一萬七千餘名，所需糧食料豆八萬二千八百餘斤，俱於屯田支給，大臣養廉、官兵菜銀歲需三十三萬三千四百餘兩，計葉爾羌等城所交騰格作價五萬八千餘兩，每年內地添用銀二十七萬五千餘兩。190

乾隆本著「量入為出」的指導思想，不贊同從內地撥過多的白銀。二十五年六月，他讓參贊大臣舒赫德認真核查新疆的租賦收入，酌定屯駐官兵經費，強調：「伊犁、葉爾羌、喀什噶爾、阿克蘇、庫車等處駐兵，應即計其地之所入，以定章程，不可致煩內地民力。」191 十月，舒赫德經過核實，報告回地各城官兵口糧不缺，但所徵騰格錢文，不敷支給。乾隆指示：「所奏錢文不敷支給，自應計各城錢糧，量入為出。閱所奏支給之項，不敷者十分之三，即可撤去三分兵額。」192

為填補「量入為出」不足所帶來的缺口，乾隆允許在南路試行新的貨幣與貿易政策。二十四年，定邊將軍兆惠奏請於葉爾羌開局設爐，改鑄制錢。參贊大臣舒赫德請於阿克蘇開鼓鑄局，為阿克蘇、烏什、庫車、沙雅爾、喀喇沙爾、賽里木、拜城等七城鼓鑄193。新鑄之錢初如舊式，後改如內地模樣，面鑄乾隆通寶漢字，而以設局地名附於背面，如鑄局在葉爾羌，即書葉爾羌回文字樣，每「普爾」重二錢194。由於計畫不周，新錢一經上市，立即引來通貨膨脹，銅錢與白銀比例猛跌。二十四年，銅錢五十文合銀一兩，二十五年，七十文折銀一兩，二十六年，一百文才折銀一兩，三年內翻上一倍[195]。於是二十七年，他批准葉爾羌辦事都統阿桂的建議，勸課回人織布，每年約可得五萬疋，再由官府發庫貯餘錢購買[196]。繼而，喀什噶爾辦事尚書永貴亦建議，將該地所徵糧賦折成現錢，購買布匹、棉花運往伊犁[197]。次年八月，新柱又請將此法推行於葉爾羌、和闐兩地。採取這些措施，終於使「錢法流通，而兵丁回人衣食亦有裨益」[198]。

與靈活的貨幣政策相比較，乾隆關於回部貿易措施就顯得保守。爲解決駐回官兵的生活必需，他曾鼓勵內地商人往南路交易。二十七年（一七六二年）三月，諭陝甘總督楊應琚，酌通新疆商販：

自回部蕩平，內地商民經由驛路及回人村落，彼此相安。臺站回人又疏引河渠，開墾田地，沿途水草豐饒，行旅並無阻滯，若曉示商民，不時前來貿易，即可與哈密、吐魯番一體，於官兵亦有裨益。[199]

然而，清政府的貿易政策很快便由鼓勵改爲限制。乾隆諭：

內地貿易商民將來漸多，所居或與官兵相近，尚可彈壓，不令生事。若聽其隨意棲止，與回人相雜，不免易滋事端。[200]

三十年（一七六五年）烏什事變後，限制更加嚴厲。乾隆還禁止哈薩克商人直接入回疆，說「回疆新定，不可令哈薩克紛紛往回地行走，故只准在伊犁貿易」[201]。這些貿易禁令，顯然不利於回部地區與外界的交往，影響其社會經濟發展。

（四）烏什之變及對回政策的變化

三十年（一七六五年）二月，烏什回人掀起了一場規模不大卻頗具影響的抗暴鬥爭，使乾隆「以回治回」政策受到挑戰。

乾隆「以回治回」政策，維護了南疆地區少數上層統治集團的權益。尤其是額敏和卓、玉素布二大望族，爲乾隆特別倚重。南疆各城統治核心，幾乎全是二大家族成員構成。他們居功恃寵，援引故鄉回人在各大臣衙門作通事，掊克虐殺，作惡多端，其中又以烏什情況最爲嚴重，烏什，因烏赤山而得名，在今新疆維吾爾族自治區西部。烏什伯克阿布都拉性情暴戾，對烏什人需索無度，稍不如意，即鞭責凌辱。與之隨來的屬下，四出詐騙，「烏什回人不堪其虐」202。對於回部伯克們的種種劣跡，乾隆雖有所聞，卻不過問。

乾隆派到各回城任職的官員，多用侍衞及口外駐防武官，這些人素質差，缺乏行政能力，又身兼「監督」回人職責，格外專橫跋扈。他們多事貪贓枉法，成了回地一大禍害。他們與伯克狼狽爲奸，斂派回戶。據記載：

> 喀什噶爾歲斂普爾錢八、九千緡，葉爾羌歲斂普爾錢萬緡，和闐歲斂普爾錢四、五千緡。又土產氈裘金玉緞布，賦外之賦需索稱是，皆章京、伯克分肥，而以十之二奉辦事大臣。各城大臣不相統屬，又距伊犁將軍窵遠，恃無稽察，威福自出。而口外駐防筆帖式更習情形，工搜括。甚至廣漁回女，更番入直，奴使獸畜，而回民始怨矣。203

淸朝駐烏什辦事大臣蘇成父子在回地久有惡名。他們經常派烏什回人去伊犁購馬匹，採辦官糧，又從不給價，甚至將瘦羊以每隻白銀四兩的高價强行賣給回人。蘇成性淫暴，回人婦女稍有姿色，皆喚入署內，「父子宣淫，且令家人兵丁裸逐以為樂，經旬累月，始放出衙。烏什回子，久欲寢其皮而食其肉矣」[204]。烏什小伯克賴和木圖拉之妻就曾經被留宿衙內。

三十年二月，蘇成强徵回人二百四十名運送沙棗樹前往濟克德種植，派自己兒子押運，沿途行李俱令回人背負，運夫對此極為不滿。早已對蘇成父子懷恨在心的小伯克賴和木圖拉利用這個機會，於二月十四日夜，與二百四十名運沙棗樹回人，挑起了事變，聚噪城中。回部各城聞變，反應强烈。葉爾羌人情洶洶，動搖可危；阿克蘇回衆「微有不安意」；庫車城中「不逞之徒亦思因之作亂」[205]。

此次回部之亂，實際上是一次「官逼民反」的抗暴事件。事發前夕，有回人偵知情況，奔赴阿奇木伯克阿布都拉家報告。阿布都拉正「飲酒半酣，以為阻興，不信其言，斥逐而去」。是夜三更，暴動回衆三、四百人先殺民憤極大的阿布都拉，然後攻入蘇成署內，殺其父子家人和屬衆[206]。

阿克蘇距烏什最近，辦事大臣邊特哈（又有稱邊他哈或卞塔海），得知烏什有變，匆忙帶領數百名駐防官兵前來鎮壓。其時烏什城門雖打開，邊特哈卻以為內中有詐，不敢進城，而令炮手向城內放炮。此舉激怒烏什回人，他們羣起反抗，共推賴和木圖拉為阿奇木伯克，並聯合打敗邊特哈[207]。

烏什事態繼續擴大，總理南路回疆之參贊大臣那世通不得不從喀什噶爾趕來。伊犁將軍明瑞、參贊大臣永貴亦率滿漢官兵一萬餘人由穆蘇爾達巴罕趕到，各路淸軍合力圍困烏什。明瑞抵烏什後發現那世通與邊特哈不和，遇事推諉，遂具摺參奏。三十年四月，乾隆下令將兩人處死，並派阿桂去烏什襄助明瑞。

阿桂到達烏什後，加强清軍攻擊力量。六月，賴和木圖拉在一次戰鬥中中箭身亡，回人軍心動搖，遂於八月十五日被鎮壓下去。

烏什暴動失敗後，清朝對回人進行血腥屠殺。早在五月間，乾隆就下狠心，降諭「克復烏什城後，勿留孑遺，盡數殺戮」208。烏什城破，明瑞、阿桂報告已擒首惡，分別正法及送往伊犁。乾隆卻認爲處罰失之過輕，應當「大示懲創」。根據乾隆旨意，除屠殺事件參與者三百六十餘人外，又將倖存烏什人送往內地，賞給大臣官員爲奴。十月，明瑞等奉旨起解，因害怕人多出亂子，途中將二千三百五十名男子全部處死，僅留下婦女兒童209。烏什城原有回人約二萬餘人，經此浩劫，所剩無幾，地方一片空虛。

烏什風波平息後，明瑞認爲回部各伯克久專一城，根基牢固，敲詐勒索無所不爲，應予調換。乾隆不同意。他擔心「若盡行移調，則回人、布魯特等不知情事，妄起猜疑，謂國家乘新取烏什之威，將伊等移調」210。由此可見，乾隆害怕移調會引起回部上層人物的不滿。但是，對於伯克權力又不能不予以限制。因此，三十年底，他諭令伊犁將軍明瑞等，重新釐定回部事宜條例。最後作出如下規定：

第一，「阿奇木之權宜分」。今後一切事務，阿奇木伯克應先交承辦大員，俟其呈稟，仍與伊沙噶伯克會商。若有仍前攬權獨辦，許伯克於該駐紮大臣前控告，查訊得實，即治阿奇木之罪，虛者反坐。

第二，「格訥坦之私派宜革」，準噶爾統治時期，有臨時酌派「格訥坦」名色，沒有定額。每年各城或派四五千騰格不等，易滋擾累。今後部落使人已官給口糧羊隻，大臣等俱有養廉，自應將前項陋規禁止。

第三，「回人之差役宜均」。每隔一年，派委妥員查核一次，若有輕重不均，一經首告訪聞，即將該阿奇木議處。

第四，「都官伯克之補用宜公」。嗣後該伯克缺出，必與伊沙噶、雜伯齊（噶雜納齊）、商伯克共同保舉，阿奇木等族姻俱令迴避。

第五，「伯克等之親隨宜節」。伯克所有親隨謂之「顏齊」，向有定額，惟取中等人戶。應將各該伯克之「顏齊」令阿奇木共同查核，如有額外挑派，概行革除。

第六，「賦役之定額宜明」。回人每人應辦賦役定額，令該大臣以印文榜示，俾衆共知，如有不遵定額，准其控告，虛者反坐。

第七，「民人之居處宜別」。內地貿易商民與回人相雜，易滋事端。請交各大臣徹底淸查，俱令赴駐兵處所貿易，若仍與回人雜處，即行治罪。

第八，「伯克等與大臣官員相見之禮宜定」。今後阿奇木伯克、伊沙噶伯克見大臣官員，照總官、副總官之例，其餘伯克俱照官兵之例，仍令大臣官員不得稍形簡傲。211

從上述規定來看，這次對回政策的更定，彌補了由烏什事變所暴露出來的種種漏洞。乾隆吸取了烏什之變教訓，重在解決回部大小伯克與駐紮大臣勾結擅權、貪贓勒索等問題，但他對回政策的基本思想和方針沒有改變。

閉關政策與對沙俄蠶食的遏制

（一）關閉三海關

康熙二十三年（一六八四年），清朝下令取消海禁，「令出洋貿易，以彰富庶之治」212。二十五年又宣布建立粵海關、閩海關、浙海關和江（蘇）海關，以廣州、廈門、寧波和松江爲四個對外通商口岸。雍正五年（一七二七年），又廢除對南洋海禁。清朝海外貿易從此進入一個新的發展時期。據統計，從康熙二十三年至乾隆二十二年（一七五七年）的六十七年間，中國開往日本的商船總數達三萬零十七艘，噸位小的百噸，大的千噸，一般是一百五十噸。歐美各國來華商船，從康熙二十四年至乾隆二十二年共有三百十二艘，噸位小者一百四十噸，大者四百八十噸，一般是三百噸213。人們描述這時期對外貿易的盛況是「江海雲清，梯航雲集」214。廣東更是「東起潮州，西盡廉隅，南盡瓊崖，凡分三路，在在均有出海門戶」215。

清朝對來華貿易的外商，是和平友好的。對於在中國洋面遇風遭難的商船，清朝有關部門與沿海百姓，總是盡力救護，並給予必要的物質支援。如雍正十三年（一七三五年），有英吉利船一艘，在外洋失風，遇難外國人十三名飄到廣東。廣東地方官「加意撫恤，給與衣帽口糧，於稅羨項內，賞給回籍盤費，令其附搭洋船回國」216。還有一艘駛往日本貿易的荷蘭商船，在洋面遭風桅折斷，海水浸濕貨物，被廣東地方當局救起，賜銀一、三二八兩，另給銀五百兩修理船隻。第二年，荷蘭駐咬𠺕吧城署公班𧥄巒律仁直力等來文稱謝，說「非惟公班衙事銘刻不忘，卽和蘭祖家亦沐於無旣矣」217。

但是，西方殖民者對中國旅外僑民，不僅野蠻奴役剝削，甚至殘酷殺害。乾隆五年（一七四〇年），荷蘭東印度公司當局悍然對居住在巴達維亞城的無辜華僑，進行血腥大屠殺，近萬名僑胞遇難，華僑房屋被毀達六千七百家，僥倖脫逃的僅一百五十餘人。這就是震驚世界的「紅溪慘案」。

乾隆六年，「紅溪慘案」的消息，經逃回國的華僑講述，被清政府知道了。署福建總督策楞等因此建議禁止南洋貿易：

> 噶喇吧（巴達維亞）恃其荒遠，罔知顧忌，肆行戕害多人，番性貪残叵測，倘嗣後擾及貿易商人，勢必大費周章。請照例禁止南洋商販，擯絕不通，使知畏懼矣。218

御史李清芳反對這種意見，以爲這是因噎廢食政策：

> 南洋通商非特噶國一處也。今噶國生事逗留民人，而欲將南洋商販盡行禁遏，不幾因噎而廢食乎？……凡江浙閩廣四省海關稅銀多出於此，一加禁遏，四省海關稅額必至於缺，每年統計不下數十萬。……內地販往外洋之物，多係茶葉、桔、柚、磁器、水銀等貨，易其朱提而還。禁之則內地所出土產雜物，多置無用，而每歲少白金數百萬兩，一二年後東南必至空匱。……每年出洋商船不下數百艘，每船中爲商人爲頭舵爲水手者幾及百人，統計數十萬衆，皆不食本地米糧，若一概禁止，則此數十萬人不惟糊口之計，家室之資，一時不能捨舊圖新。因轉而待哺，內地米價必加增長。219

支持李清芳意見的，還有太子少保署兩廣總督慶復。他說，如果禁止南洋貿易，「但損歲額之常，兼致商民之困。就粵省而論，於商民衣食生計，實大有礙」220。

乾隆對這一場爭論，態度謹慎，沒有匆忙下結論，也沒有採取禁貿的斷然措施。所以，荷蘭東印度公司商船仍准來華做生意。如六年（一七四一年）八月，荷蘭商船到達廣州，地方官「准其照舊在黃埔停泊，照常貿易」221。但是，嚴禁沿海人民赴南洋貿易定居。如十五年三月，福建尤溪縣民陳怡老，往噶喇叭貿易二十餘年後，「攜帶番婦並所生子女、銀兩、貨物回歸原籍」，旋即被地方官逮捕，乾隆還降旨「徹底清查，按律辦理」222。

清政府雖然開放四個對外貿易港口，但粵海關是主要外貿口岸，占全國對外貿易總額的六成以上。請看下表：

雍正七年（一七二九年）至乾隆二十年（一七五五年）四海關外貿總額及關稅統計表

關名＼項目	貿易額		關稅收入	
	貿易總值	百分比	關稅收入	百分比
粵海關	二二七、四六八、九七〇（銀，兩）	六二・六%	四、五四八、八二五・四（銀，兩）	六一・八%
閩海關	九二、五七七、二七〇・五（銀，兩）	二五・五%	一、八五一、五四五・四（銀，兩）	二五・二%
浙海關	三六、八三八、五七六（銀，兩）	一〇・一%	八三〇、八三六・四（銀，兩）	一一・三%
江海關	六、三六九、八七二（銀，兩）	一・八%	一二七、三九三・五（銀，兩）	一・七%
合計	三六三、二八一、六八七・五（銀，兩）	一〇〇%	七、三五八、六〇〇・七（銀，兩）	一〇〇%

資料來源：黃鼎臣〈清代前期海外貿易的發展〉，《歷史研究》一九八六年第四期

在中國外貿商品中，以絲與茶葉爲大宗。其中絲主要產自浙江。誠如曾任兩廣總督李侍堯所說：

惟外洋各國夷船，到粵販運出口貨物，均以絲貨爲重，每年販買湖絲並綢緞自二十餘萬斤至三十二萬斤不等。統計所買絲貨，一歲之中價值七八十萬兩或百餘萬兩，至少之年亦買價至三十餘萬兩之多。其貨均係江浙等省商民販運來粵，賣與各行商，轉售外夷，載運回國，……。223

產自江浙的絲，經內地商人販運到廣州出口，廣州的市價當然要高於產地。同時，浙江又是進口洋貨的廣闊市場。因此，外商急於要拓展江浙市場，增加在寧波港的進出口貿易額。正如閩浙總督喀爾吉善所說：

……如向來由浙赴粵之貨，今就浙置買，稅餉腳費俱輕，而外洋進口之貨，分發蘇杭亦易，獲利加多。224

正因爲如此，外國商人不願把貿易侷限在廣州一地，更想直接赴江浙作生意。乾隆二十年三月，英商喀利生（又譯作霞里筭）、洪任輝在廣州售盡帶來的貨物後，又率船北上，四月到達寧波，被當地地方官安排在李元祚洋行住歇。六月，另一艘由呷噂噶率領的商船也到達寧波。兩船共帶來番銀二十二萬兩，欲在寧波購買生絲茶葉。這是洪任輝第一次到達寧波。乾隆知道此事後，僅詢問船上八名廣東香山縣水手爲何不留髮辮？經地方官說明之後，事情也就過去了，並未引起他的關注。乾隆二十二年，洪任輝第二次率商航到寧波貿易，引起乾隆的注意。他擔心寧波會成爲第二個澳門：

近來奸牙勾串漁利，洋船至寧波者甚多。將來番船雲集，留住日久，將又成粵省一澳門矣，於海疆重地，民風土俗，均有關係。[225]

爲了禁止外國商船駛入寧波貿易，乾隆指示採取三條措施。其一，提高浙海關關稅，「洋船意在圖利，使其無利可圖，則自歸粵省收泊，乃不禁之利也」；其二，對來寧波貿易的洪任輝等外國商船，强制性地「令原船返棹至廣，不准入浙江海口」；其三，不許在寧波開設洋行及天主教堂。他認爲，番商來寧波貿易，寧波必有奸牙串誘，地方官「並當留心查察，如市儈設有洋行，及圖謀設立天主教堂等，皆當嚴行禁逐，則番商無所依，即可斷其來路耳」[226]。

乾隆採取這三條措施，從海防安全出發，實際上把浙海關關閉。同年十一月，更明確宣布，洋船「將來只許在廣州收泊交易」[227]。這一命令，就把閩、浙和江海關都關閉了。不過，這些關閉禁令，只是針對歐洲，特別是英國和荷蘭商船。至於亞洲商船，不在禁止之列。如乾隆二十二年，即閩海關閉關不久，福建地方官報告有呂宋番船一隻來廈門貿易。乾隆下令確實查明是哪一國商船，如不是「紅毛船」，而是「向來到廈番船，自可照准其貿易」[228]。

（二）處理英商洪任輝事件

乾隆限制歐洲商人在華貿易活動的政策，是不可能遏制西方商人要擴大對華貿易的欲望的。特別是英國，十八世紀中葉，它不僅取代荷蘭取得了海上霸權，而且英國東印度公司已逐步在印度獲得統治地位，並以此爲根據地，擴大對華貿易。雍正九年（一七三一年），它在廣東設立分公司，派駐代理商，努力開拓在華市場。因此，對於乾隆的三條規定，他們不會就範，一定要按照自身利益，選擇可以賺大錢的地方作貿易港口，不可能聽從中國皇帝的旨意，把買賣局限於廣州。中國政府封建閉關政策，與西方殖民者開拓市場的矛盾，已經顯露出來。乾隆二十四年（一七五九年），英國商人洪任輝第三次闖入寧波港，正是這一矛盾的產物。

由於清朝已宣布禁止外國商船進入寧波港，所以，洪任輝此次赴浙貿易，採取了更加巧詐的伎倆。第一，他自己一行十二人乘小船先赴寧波探明情況，另由大班率大貨船隨後；第二，如果浙江方面阻止進港，洪任輝就以在廣州受清朝官員勒索且被行商拖欠貨款爲理由，要求入寧波港向清朝投遞呈詞。五月三十日，洪任輝船至四礁洋面，果然被清兵船攔截至雙歧港拋碇，並責令其駛回廣東。洪任輝按其預先策劃好的方案行事，回答說：「回廣東生意不好，意欲仍來浙交易。」229這一要求被拒絕後，洪任輝又說：「我有呈詞一紙，要衆位收去，我卽開船，否則仍須赴寧波投遞。」230隨卽遞交了呈詞，六月一日駛離寧波。

洪任輝沒有回廣州。六月二十九日，直隸總督方觀承上奏，六月二十四日大沽營游擊在海口炮臺外，發現有三桅小洋船一艘，內有一稍知官話者洪任（輝）供稱：

> 我係英吉利國四品官，向在廣東澳門做買賣，因行商黎光華欠我本銀五萬餘兩不還，曾在關差衙門告過狀不准，又在總督衙門告狀也不准，又曾到浙江寧波海口呈詞也不准，今奉本國公班衙派我來天津，要上京伸冤。231

等語。洪任輝還說：「我衹會眼前這幾句話，其餘都寫在呈子上了。」乾隆接到方觀承奏摺後，傳諭兩廣及浙江，要兩廣總督李侍堯傳集在粵夷商，明示寧波禁止貿易，應嚴行約束；要浙江巡撫莊有恭留心察訪，浙江省是否有「奸牙潛爲勾引」。六月二十九日，又降旨將洪任輝呈詞中所指控的粵海關監督李永標解任審訊，並調福州將軍新柱、給事中胡銓馳往廣東，會同兩廣總督李侍堯審理此案。

正當本案在審理之時，閩浙總督楊廷璋報告，七月二十八日在雙歧港又發現英國商船，船上有水手一百名，在大班味啁率領下，裝載著番銀貨物來寧波貿易。清水師告以寧波奉禁不准貿易，應速回棹。味啁回覆，因不知禁，是以前來，今既不准貿易，當卽回去，但篷帆破壞，食物用完，必須整船篷，買購食物，寬停幾日，就回廣東232。降至八月二十九日，因味啁仍賴在浙江洋面不走，浙江地方官又傳喚味啁，味啁不得不道出眞情：

> 我們從本國開行，公司有書一封，叫我面交洪任（辉）。七月初一日行到廣東馬口洋面，有我國在廣東貿易的大班祿兀善思子先來送信，說公司昨已信知洪任，叫他先到舟山稟請交易，如若不許，他還要到天津去，你們可在舟山等他。所以我們在此等候。233

至此，洪任輝闖寧波上天津是東印度公司指使的內情已完全暴露在乾隆面前。乾隆態度堅決：洪任輝呈詞中所指控的事件可以審理，開放寧波港斷難容許。八月二日，新柱和李侍堯在乾隆的指示下，於廣州召見包括已返粵的洪任輝在內的英國、法蘭西、荷蘭等五國商人代表共二十一人，宣布說：

> 皇上對夷人的恩典最寬，卽如洪任煇所遞呈子，皇上惟恐稍有屈抑，差遣我們來審問，可見無一不體恤爾等的了。爾等須要安靜守法，不可聽人引誘滋事。

新柱還答應外商，「一切陋規，替你們革除，再無需索，可以安心在此貿易了」234。這次召見，對於安定廣州的外商起了一定作用。

與此同時，新柱等人就洪任輝呈詞，對當事人李永標等進行審訊。而有關呈詞的執筆人問題，乾隆甚爲注意，新柱也著力查究。

九月四日，新柱等人將審訊結果奏報乾隆，內容包括：

一、關於「關口勒索陋規」問題。據海關則例記載，外船進口，每艘收「歸公規禮銀」和「梁期正銀」三千二百兩；粵海關實收三千四百兩，多收二百兩至三百兩。外船進口「原有陋規花錢」，「緣番人性情躁急，放關即要開行，不過要總巡口查驗爽快之意，其來已久，並無勒索」。李永標本人没有索賄，只是「到任以來，毫不實力查察，以致家人書役恣意濫索，咎實難辭」，本應照「不枉法贓杖一百，流三千里」，因係旗人，照例枷六十日，鞭一百，解部發落。

二、關於行商欠款問題。洪任輝狀告資元行已故商人黎光華拖欠公班衙門資本銀五萬餘兩，伊子黎兆魁藉父身故，不肯償還。審理結論是，黎兆魁因病回原籍福建晉江縣，已飛咨福建督撫，轉飭地方官，查明黎兆魁家產，然後照欠各夷商銀數，按股勻還。

三、關於保商挪移外商貨銀問題。洪任輝狀告，外商「入口貨銀，統歸保商輸納，保商任意挪移，將伊貨銀轉填關餉，又關憲取用物件短價，千發無百，百發無十」。對此，新柱等判決是：

> 查外洋夷船到粵貿易，言語不通。凡天朝禁令體制，及行市課稅，均未諳曉，向設行商代爲管理，由來已久。後因行商內有資本微薄，納課不前者，乾隆十年經原任督臣策楞管關任內，於各行商內選擇殷實之人，作爲保商，以專責成，亦屬慎錢糧之意。未便因該商一面之詞，遽易成規。惟是行商共有二十一家，保商現只五家，一切貨物，各行商俱得分領售賣，

> 及至完納課稅，各行商觀望耽延，勢不得不令保商代爲先墊，暫挪番商貨銀，情或有之。臣李侍堯現在詳籌辦理，以除積弊。至所稱監督取用物件短價，千發無百，百發無十，……查夷商洋貨賣與行商，轉售於官，於夷商本無干涉，所控實屬憑空無據之詞。[235]

顯然洪任輝狀告這一款，其目的無非是要給保商橫加罪名，而後逼清政府取消保商制度，力圖擺脫清朝通過保商、行商對外商所實行的控制。但新柱等人認爲不能以「夷商一面之詞遽易成規」，堅持了保商制度。

對於新柱等人的判決，乾隆表示贊同，硃批「公論」二字。

同一天，新柱等還把修改過的洋船進出口規禮則例，呈乾隆御覽。舊的洋船進口規禮共三十條，修改後僅十七條；舊洋船出口規禮共三十七條，修改後僅十六條。以往進出口規定條例規定的規禮銀合計三千三百至三千四百兩左右，如今僅一千七百三十四兩，減少了一半[236]。應該說，清朝在改善外商進出口管理方面，表現了一定的誠意。

關於呈詞是誰執筆問題，洪任輝一口咬定，是福建人林懷在船上寫的。此人住噶喇吧年久，現已蓄髮，於今年三月坐嘁嘀咟船入關，五月已回噶喇吧。又說，他在寧波做買賣，認識福建人郭四觀、李受觀、辛文觀。這幾個人或在國外，或已故，無從對證。閩浙總督楊廷璋也上奏，說浙江「委無奸牙勾引，代之捉筆之弊」[237]。浙江既無奸牙內奸，奸牙內奸就必定出在廣東。新柱等人將在廣州與洪任輝做買賣的陳祖觀、羅彩章、劉亞匾、葉惠等加以審訊。特別是徽商汪聖儀、汪秀蘭父子，曾經借洪任輝資本作買賣，洪任輝在寧波時，父子二人俱爲包攬生意。寧波閉港後，汪氏父子到廣東，與洪任輝「彼此極其親密」。汪聖儀又是婺源縣生員，自然成了懷疑的重點對象。

但審訊結果，認定是四川籍商人劉亞匾，「始則教授夷人（洪任輝）讀書，圖騙財物，繼則主謀唆訟，代作控詞」238。乾隆決定，要將此事宣示中外，使外商「俾識天朝節制」。他指示新柱等人，「一面提出劉亞匾，並傳集在廣（州）洋商及該處保商人等；一面密傳洪任輝，毋令先期聞信潛逸」。然後當衆宣布諭旨：

一、將劉亞匾「明正典刑」；

二、洪任輝以「勾串內地奸民，代爲列款，希冀違例別通海口」罪，判處「在澳門圈禁三年，滿日逐回本國」；

三、向外商宣布淸朝對外貿易的基本方針：「論（中國）內地物產富饒，豈需遠洋些微不急之貨。特以爾等自願懋遷，柔遠之仁，原所不禁。今爾不能安分奉法，向後卽准他商貿易，爾亦不許前來。」239

在處理洪任輝事件中，乾隆不僅整頓了廣州海關對外貿易的管理條例，更重要的是，他維護了國家的主權。作爲一個主權的國家，在對外貿易中，有權決定開放哪些港口或關閉哪些港口。這種法令，經貿的對方必須尊重和遵守。因此，乾隆對無視淸政府法令，闖入寧波港而又不聽勸阻耍弄陰謀詭計的洪任輝，以「違例別通海口」罪，判以圈禁澳門三年，是維護國家主權的正義判決，無可非議。但是，發展對外貿易，不僅對外國有利，對發展中國的經濟也有利。乾隆看不到這一點。他以爲中國物產富饒，不需外國「些微不急之貨」，把批准外商來華貿易，視作皇帝的「柔遠之仁」，是對外商的恩賜，則愚昧至極。這是植根於自給自足自然經濟土壤中天朝帝王傳統的虛驕心理的暴露。不過，這又是洪任輝事件所反映出問題的另一方面。我們不應當以乾隆愚昧與虛驕的時代局限性，去否定他爲維護國家主權而對「違例別通海口」的不法外商的正義判決。因爲，前一個問題，是國際間經貿關係所必須遵行的準則；而後一個問題則是中國人自己內部的事情。

洪任輝事件，使乾隆帝對來華貿易的西方商人警覺起來。二十四年（一七五九年）十二月，他批准了兩廣總督李侍堯上奏的防範外夷條規：

一、禁止外商居留廣州越冬，即使有行欠未清，亦令在澳門居住，行商如有意掯留壓滯貨款，按律處治；

二、外商到粵，宜寓歇行商館內，由行商管束稽查；非官充行商，不許設寓招誘；

三、禁止借領外商資本和外商雇請漢傭人。嗣後倘有違禁借貸，照交結外國、借貸誆騙財物例問擬，借銀查追入官；

四、嚴禁外商雇人傳遞信息；

五、外船停泊碼頭，應增撥營員兵丁駐防巡查。[240]

這五項規定，嚴格了廣州海關的外貿管理，對於外商的貿易以至生活等，的確造成某些不方便。但乾隆鑒於洪任輝事件的教訓，從社會穩定與大清帝國的安全考慮，不得不如此。況且，條例中對行商有意拖欠貨款的歸還問題作了嚴厲的規定，對保證外商正當權益也起了積極作用。

二十四年閏六月，乾隆批准臣下奏請，決定禁止生絲出口。這是繼關閉閩江浙三海關之後，又一重大失策。其實，江西道御史李兆鵬上摺《嚴絲出外洋之禁》，說：

> 臣見近年以來，南北絲貨騰貴，價值較往歲增至數倍。雖由生齒日繁，生者少而用者多，然推因求故，亦不盡由此。查絲之出產，各省俱有，而以江浙爲最多。顧因地近海洋，彼地

織作精巧之物，非內地絲斤不能經緯純密。民間商販，希圖重利出賣，洋艘轉運，多至盈千累萬，以致絲價日昂。若不禁止，是內地日用之物，不能充內地之用，而外洋如嗶嘰、羽毛等物，索價高貴，又非常用所急需，且競尚華靡，於崇儉抑奢，酌盈濟虛之道，兩無裨益。……臣愚仰懇皇上，勅下江浙督撫及各省濱海地方，查有將內地絲斤販賣出洋者，照販米出洋之例，嚴行飭禁。其失察偷漏，亦一體議處。241

乾隆將李兆鵬奏摺批給大學士會同部議，盡速回奏。議論結果，同意禁止生絲出口。但是，兩廣總督李侍堯提出，本年外商已買生絲，有的已搬運下船，應允許其出口，禁令請從庚辰年，即乾隆二十五年開始生效。皇帝同意，降旨如議執行。

在當時對外貿易中，生絲和茶葉都是主要出口貨物。正如前面所說，每年僅湖絲出口價值就七十至八十萬兩甚至百萬兩銀。這巨額生絲出口貿易，有利於刺激農村商品經濟的發展。而且，禁止生絲出口，並沒有使市場上生絲價格下降。因此，二十九年（一七六四年）二月，乾隆又降諭弛生絲出口之禁。他說：

前因內地絲觔綢等物，價值漸昂，經御史李兆鵬等先後條奏，請定出洋絲觔之禁，以裕民用。乃行之日久，而內地絲價仍未見減，而且更貴者有之。可見生齒繁衍，取多用宏，蓋物情自然之勢。……徒立出洋之禁，則江浙所產粗絲轉不得利，是無益於外洋，而更有損於民計，又何如照舊弛禁，以天下之物，供天下之用，尤爲通商便民乎。242

這樣，乾隆將以前制定的錯誤政策，很明智地改正了過來。

（三）遏制沙俄蠶食野心

雍正五年（一七二七年）七月，中俄《布連斯奇條約》簽訂後，雙方劃定了喀爾喀地區的邊界。第二年五月，又簽訂《恰克圖條約》，共計十一款，主要內容包括：中俄中段邊界以恰克圖爲分界點，東自額爾古訥河，西至沙畢納依嶺，界線以南爲中國境，以北爲俄國境；雙方不得收容逃犯；俄商三年一次至北京貿易，每次人數不超過二百人；允許在京設立俄國教堂等等。《恰克圖條約》簽訂後，我國貝加爾湖一帶和唐努烏梁海以北的葉尼塞河上游廣大地區，都劃歸了俄國的版圖。俄方在中俄貿易中更是得到巨大經濟實惠。簽約後，俄國在恰克圖建立了邊貿市場，來此貿易的，除沙俄官方商隊外，還有私商，貿易額逐年上升。十八世紀四〇年代，沙俄在恰克圖貿易中周轉額年約五十萬至六十萬盧布，五〇年代初達八十萬至九十萬盧布，乾隆二十一年（一七五六年）僅貿易額就達六十九萬二千盧布，二十四年更增至一百四十一萬七千盧布，沙俄政府僅稅收就徵得十五萬七千盧布[243]。

清政府簽訂《布連斯奇條約》和《恰克圖條約》，是以重大的讓步來謀求邊境的安寧。但是，沙俄政府並不因此而滿足，《恰克圖條約》簽訂之後，繼續執行蠶食我國東北、西北和蒙古地區的政策。

沙俄歷來垂涎我國東北黑龍江地區。尤其是十七世紀末以來，隨著商品生產的發展，全俄市場的形成，沙俄更急於謀求我國黑龍江流域，以便作爲它東北方向的出海口。乾隆二十一年，沙皇伊麗莎白・彼得洛夫娜派使者來華，隨帶俄國樞密院致清朝理藩院信件，提出俄國船隻假道黑龍江的要求：

俄羅斯驛遞在理藩院呈遞薩納特衙門文書，內稱伊國東北邊界居人被災，現造船挽運口糧，必由東路尼布楚地方陰葛達河額爾袞及黑龍江行走，求勿攔阻。

二十二年八月，乾隆接到這份文書，當即斷然拒絕俄方的侵略性要求。他說：「初與俄羅斯議定《恰克圖條約》十一條內，並無逾界遣人運送什物一項」。為了防止沙俄船隻强行闖入黑龍江，乾隆在指示理藩院行文批駁的同時，命令黑龍江邊防臺站官兵，「加意防範卡座，勿令私過」244。面對著沙俄對黑龍江航行權的赤裸裸的野心，乾隆不得不採取有效措施，加强防範。同年十一月，他批准蒙古土謝圖汗桑寨多爾濟的奏請，在蒙古車臣汗嘛呢巴達嘛部落與俄國接壤的各卡座，補足缺額兵丁245。二十三年正月，又批准黑龍江將軍綽勒多奏請，在靠近俄羅斯邊界添設卡座，其中車臣汗部落三十七卡，托索克內十七卡，托索克外十六卡，共計七十卡，「委員巡查，一日一會哨」246。自康熙二十九年（一六九〇年），即《尼布楚條約》簽訂第二年之後，清朝未曾對東北邊境的諸河流的河源作過勘察。為了進一步摸清東北邊境的河防，乾隆三十年（一七六五年），清朝組織力量，查勘了格爾畢河、精奇里江、西里木第河和鈕曼河的河源。查勘之後，當年八月黑龍江將軍富僧阿上奏：「查呼倫貝爾與俄羅斯接壤之額爾古訥河，西岸係俄羅斯地界，東岸俱我國地界，處處設有卡座，直至珠爾特地方」。他建議，自珠爾特至莫哩勒克河，再添設二卡，並於索博爾罕，添立鄂博，逐日巡查。富僧阿還提出，每年六月派章京、驍騎校及兵丁巡查托克、英肯兩河口以及鄂勒希、西里木第河，第三年派副總管、佐領、驍騎校於解凍後由水路至河源興堪（安）山巡查一次，黑龍江官兵每年應巡查至格爾畢齊河河口，每三年亦應至河源興堪（安）山巡查一次。乾隆批准了這一建議247。乾隆的這些措施，有效地遏制了沙俄對黑龍江流域的蠶食。

沙俄對我國的西北和蒙古地區同樣是虎視眈眈。

乾隆二十一年（一七五六年）七月，正當清朝出兵平定阿睦爾撒納叛亂時，喀爾喀蒙古和托輝特部郡王青滾雜卜乘機叛亂，擅自撤回駐守伊犁各卡座喀爾喀兵丁，並派人搶劫第二十七至第二十九臺站，「將商人駝隻物件擄去」[248]。青滾雜卜叛變後，企圖逃往俄羅斯。俄國西伯利亞總督米亞特列夫得到這一消息，立刻向沙俄外交委員會建議，要收容這一小撮叛亂分子，以促使更多的喀爾喀部民叛逃。俄國樞密院不僅批准了米亞特列夫的報告，而且還於乾隆二十一年八月十二日，在關於青滾雜卜叛亂聲明所作的覆文中，公然要求清政府用割讓領土的方式，作爲將來引渡叛匪的條件[249]。但是，乾隆對抓獲青滾雜卜作了周密布置。他任命賽音諾顏部親王成衮扎布爲定邊左副將軍，督師擒獲叛匪，曉諭衆喀爾喀協力，並要蒙古阿拉善部貝勒羅布藏多爾濟派兵一至二千名以備調遣。乾隆說：「現今準噶爾盡入版圖，其北則俄羅斯境地，伊卽欲逃竄，斷不能脫身遠颺。」[250]果然，當年十一月二十八日，青滾雜卜在逃到沙俄邊境杭哈獎噶斯地方被擒。沙俄拿不到叛匪青滾雜卜這張牌，如意算盤也就打不響了。爲了加强西北邊防，乾隆二十六年，參贊大臣阿桂奉命駐兵塔爾巴哈臺（簡稱塔城）。七月，他向皇帝建議，在伊犁與烏魯木齊之間的瑪納斯、庫爾喀喇烏蘇和晶河三處，「安設村莊，駐兵屯田」，又於烏魯木齊至伊犁之間，設二十一個臺站，每臺站配備馬兵五名，人給馬二匹，綠旗兵十五名，人給馬一匹，每臺站再配駱駝四隻。晶河以西臺站歸伊犁管轄，托多克以東臺站歸烏魯木齊管轄[251]。第二年，阿桂經查勘後，又就伊犁至塔爾巴哈臺之間的設卡地點，向皇帝建議：「擬自輝邁拉呼至愛呼斯、招摩多，自阿勒坦額默勒至伊犁河岸十七處，立木爲記。對伊犁河四處，壘石爲記。今春派護軍統領伊勒圖等前往安設訖。」[252]對於阿桂的這兩次建議，乾隆全部批准。

前已說過，在平定阿睦爾撒納叛亂前後，清朝加强了對唐努烏梁海、阿爾泰淖爾烏梁海和阿爾泰烏梁海的管轄，設旗分佐領，駐兵屯牧，確定貢賦。但是，沙俄染指烏梁海的野心不死，尤其是阿睦爾撒納敗亡後，更是加緊對烏梁海和額爾齊斯河上游中國轄地的蠶食。乾隆二十七年（一七六二年）新沙皇葉卡特林娜二世執政。她曾叫嚷「不把中國的傲慢加以制服」，「我是死不瞑目的」[253]。在她的支持下，沙俄軍隊不斷侵入烏梁海地區。二十八年八月，據烏里雅蘇臺將軍成袞扎布報告，俄羅斯在衛滿河（卽鄂依滿河、哈屯河上游）、布克圖爾瑪庫克烏蘇（哈屯河上游）等處「造屋樹柵」。同時，烏梁海地區一居民瑪木特，也向清朝交出一份有關蠶食該地區陰謀的俄國文書。瑪木特還供稱，「實有其事，並色畢亦曾造屋樹柵」[254]。沙俄這些活動，使乾隆意識到其侵略的野心。他說：

> 布克圖爾瑪庫克烏蘇，係果勒卓輝舊游牧，色畢係呼圖克舊游牧，俱係準噶爾地方。……準噶爾地方，此時均已內附，與俄羅斯無干，伊等豈可擅自造屋樹柵！觀此，足見俄羅斯漸有侵占準部地方之意。[255]

乾隆當卽降諭成袞扎布等，率兵前往「庫克烏蘇、色畢地方，將俄羅斯木柵屋宇，盡行拆毀」[256]。九月四日，乾隆決定暫停恰克圖地區的中俄貿易[257]，以示對沙俄侵略行徑的抗議。

停止恰克圖貿易，是沿海閉關政策在中俄邊貿中的延續。隨著中俄兩國，尤其是中國蒙古地區商品經濟的發展，中俄邊貿已成難以阻擋之勢。禁令頒布後，「據恰克圖往來之人及恰克圖居住人皆言，俄羅斯尚通貿易」[258]。三十年四月，乾隆重申禁貿令，說：「恰克圖停止貿易，特爲俄羅斯等背原定價值，增加貨稅，一切諸事推託支吾，不肯簡速辦理。今既將民人貿易停止，而蒙古豈可私行」，責令蒙古土謝圖汗桑寨多爾濟徹底查察[259]。查察結果，桑寨多爾濟也派人參與邊貿，因而被革去王爵，解京閒住。恰克圖貿易既然禁不了，只好重新開放。三十三年七月，俄羅斯哈屯汗派使者向清朝提出恢復中俄貿易十一款，內容包括「凡貿易悉循法令，不敢狡賴」；「照舊派學生四人，隨貿易人等來京學習文字」；「嗣後邊界逃竊事件，詳定章程，嚴查速辦」等等[260]。八月，乾隆降諭：「俄羅斯既知遵照章程，著准其通商。」[261]恰克圖禁貿令正式取消。

乾隆雖已看出「俄羅斯漸有侵占準部地方之意」，也採取一些防禦性措施，遏制沙俄蠶食；但是中俄邊界線太長，又遠離清朝政治經濟中心，防禦力量不足，因此中國仍然失去準部地區不少土地。這就助長了沙俄野心，隱藏著更嚴重的邊疆危機。

處理蒙古土爾扈特部回歸

（一）回歸故土的壯烈行動

平定準部叛亂之後，西北邊疆局勢穩定，良好的政治環境，吸引遠離祖國的土爾扈特蒙古回歸故土。

土爾扈特本是西北厄魯特蒙古四衞拉特之一，游牧於塔爾巴哈臺所屬額什爾努拉一帶，十六世紀末至十七世紀初，其西部牧地到達額爾齊斯河上游、伊斯姆河一帶。相傳，他們是元朝大臣翁罕後代，至明崇禎年間（一六二八至一六四四年），其十傳首領是和鄂爾勒克。正是這一時期，土爾扈特部舉族西遷，離開故土。其遷徙原因，是逼於內外壓力。

內部壓力，指的是土爾扈特部受準噶爾部威脅。時準噶爾部首領巴圖爾渾臺吉，「恃其強，侮諸衞拉特」[262]。土爾扈特不甘受其欺凌。外部壓力是來自沙俄威脅。十六世紀末十七世紀初，沙皇俄國勢力已滲透我國西北邊疆，不斷派出所謂「外交使團」，到厄魯特蒙古各部，包括土爾扈特部，要求他們「轉入俄國國籍」，定期納稅，「效忠沙皇」，否則不允土爾扈特部在額爾齊斯河流域游牧[263]。

為使土爾扈特擺脫被吞併的命運，大約在明崇禎元年（一六二八年），和鄂爾勒克汗率本部及和碩特、杜爾伯特的部分牧民共五萬餘帳向西南方移去。他們沿托波河上游挺進，途經諸蓋草原，擊潰企圖阻止他們西進的諸蓋人，越過哈薩克地區，渡烏拉爾河，抵達還未完全被俄國開發的伏爾加河下游。他們雖身處異域，卻保持厄魯特蒙古本色，生活上「習蒙古俗，務畜牧，逐水草徙」[264]，管理上「置鄂拓克，設宰桑」[265]，信仰上「重佛教，敬達賴喇嘛」[266]，完全是獨立於沙俄的一個游牧部落。

土爾扈特西遷後，一直不忘故土，與厄魯特蒙古各部保持著聯繫。和鄂爾勒克汗曾將女兒嫁給準部巴圖爾渾臺吉，巴圖爾渾又把女兒嫁給土爾扈特的朋楚克，朋楚克將女兒嫁給和碩特的鄂齊爾圖車臣汗；爾後土爾扈特汗阿玉奇的女兒則嫁給策妄阿拉布坦，和碩特車臣汗之女又嫁給阿玉奇長子沙克都爾扎布，噶爾丹策零之女嫁給土爾扈特的巴圖爾烏巴什[267]。這些婚姻關係，表明土爾扈特部一直視自己為厄魯特蒙古家族的一員。

身居異域的土爾扈特，與清朝同樣往來不絕。順治十二年（一六五五年），和鄂爾勒克汗長子書庫爾岱青遣使向清朝「奉表貢」。因「蒙古俗最重喇嘛」[268]，書庫爾岱青還親自入藏「熬茶、供佛、謁達賴喇嘛」[269]。康熙年間，土爾扈特汗阿玉奇之嫂攜子阿喇布珠爾入藏禮佛，歸途「以準噶爾道梗，留嘉峪關外，遣使至京師，請內屬」[270]。當康熙出兵西北時，土爾扈特部在軍事上和道義上支持清軍平定準噶爾貴族叛亂。三十五年（一六九六年），平定噶爾丹的戰役中，阿玉奇汗聞訊派宰桑率一千餘人赴阿爾泰的土魯圖地方協助清軍。戰爭結束後，他又派人向清朝「入貢祝捷」。康熙五十五年，策妄阿拉布坦叛亂，清命和碩特部派兵扼守準部通青海、西藏的要隘噶斯。阿玉奇汗的侄子阿喇布珠爾時在青海，主動請命效力，率三百人屯守噶斯。

清朝對土爾扈特的忠誠也給予積極回報。康熙五十一年（一七一二年）曾派使團到伏爾加河流域探望他們。五十三年由太子侍讀殷扎納、埋藩院郎中納顏、內閣侍讀圖理琛、厄魯特人舒哥、米斯等組成的使團抵馬怒托海附近時，阿玉奇汗得知消息，命土爾扈特全部臺吉、喇嘛沿途「陳設筵宴，排列牲畜，遠來迎接」。阿玉奇對使臣說：「滿洲、蒙古大率相類，想起初必係同源」，而蒙古「衣服帽式，略與中國同，其俄羅斯乃衣服、語言不同之國，難以相比」[271]。話中表示土爾扈特人對於作爲中華民族大家庭中一員的認同。繼這次訪問之後，雍正帝又曾兩次派人探訪他們。雍正九年（一七三一年），土爾扈特臺吉烏巴什多爾濟赴藏，皇帝派人護送，並賞給他們大量財物[272]。

與清朝態度相反，沙俄對來自中國西北這一支民族，進行殘酷的掠奪與迫害。土爾扈特人在伏爾加河下游生活悲慘。十七世紀末和十八世紀初，沙俄通過威脅利誘，逐步控制了土爾扈特部。降至十八世紀中葉，沙皇葉卡特林娜二世發動對土耳其戰爭，土爾扈特人被大批徵調，「十六歲以上者盡數赴敵」，僅傷亡就達七、八萬人。沙皇以大批土爾扈特人當炮灰，還包含著藉征戰「欲殲滅土爾扈特」的罪惡陰謀[273]。爲了脅迫土爾扈特人去打仗，沙俄甚至把土爾扈特汗渥巴錫的兒子拘留在彼得堡當人質[274]，從而搞得「土爾扈特人人憂懼」[275]。被派往土爾扈特部的沙皇特使更是傲慢無禮，竟指著渥巴錫汗說：「你只是用鏈子拴住的一隻熊，趕到哪兒就到哪兒，而不是想到哪兒就去哪兒。」[276]

備受沙俄欺壓的土爾扈特人，格外懷念自己的故土，回歸的願望日趨强烈。正如此後渥巴錫汗在寫給哈薩克汗努爾阿里的信中所說：「自古以來，土爾扈特人没有如今這樣負擔苛捐雜稅。由於繁重的負擔，全體人民陷入波動與不安。這就是不願接受俄國統治的原因，而希望回到自己的衆所愛戴的法定人和自己的故土，所以離開俄國去游牧。」[277]

東返故土，是土爾扈特幾代人的夢想。從十七世紀中葉書庫爾岱青汗和十八世紀初阿玉奇汗等，都作過回歸的嘗試，均未成功。乾隆二十一年（一七五六年）土爾扈特汗敦羅布喇什遣使吹扎布，繞道俄羅斯，千里迢迢到承德避暑山莊晉見乾隆，明確表示他們身在俄羅斯，「附之，非降之也。非大皇帝有命，安肯為人臣僕！」[278]及至平定準噶爾，西北局勢平穩的消息傳到土爾扈特部，更是上下一心，堅決要求東返。

三十五年，渥巴錫汗與策伯克多爾濟等商量東返事宜。隨後，從伊犁來的厄魯特臺吉舍楞及大喇嘛洛桑丹等也力主離開伏爾加河流域。渥巴錫汗還召集土爾扈特部首領們會議，詳細討論回歸計劃。是年冬天，渥巴錫汗帶領土爾扈特部三萬三千戶，十六萬九千人動身返國。他把隊伍編成三路。婦孺老弱居中，舍楞率騎兵開路，自己則殿後保護掉隊者。一位西方史學家描述當時動人場面：「整個部落異口同聲發出驚呼：『我們的子孫永遠不當奴隸，讓我們到太陽升起的地方去』。」[279]

沙皇政府得知土爾扈特部離開伏爾加河流域的密報後，出動大批正規軍追擊，並通知哥薩克人在途中攔截，又唆使哈薩克人、巴什基爾人乘機搶劫。在經過白雪皚皚的哈薩克草原時，土爾扈特部與哥薩克人發生了激烈的戰鬥。三十六年五月，大隊人馬抵達伊爾吉茲河流域，面臨戰鬥減員、疾病威脅、饑荒侵襲，有些人意志消沉。渥巴錫及時召開「扎爾固」會議，策伯克多爾濟說：「我國是奴隸國土，中國是理想之邦，讓我們奮勇前進，向東，再向東。」[280]六月，渥巴錫及主力陸續進入清朝轄區伊犁河畔。至此土爾扈特部僅存一萬五千戶，七萬餘人，只及起程時的一半。土爾扈特人付出沉重代價，終於實現祖祖輩輩的夢想。

（二）對土爾扈特部的接濟與安排

土爾扈特部回歸的消息，很快傳到北京。三十六年六月九日，乾隆命參贊大臣巴圖濟爾噶勒馳驛趕赴伊犁辦理接待土爾扈特部事宜。十日，又派固倫額駙色布騰巴爾珠爾馳驛到伊犁，將土爾扈特部大臺吉等迎至承德避暑山莊，乾隆要親自接見他們。同時，乾隆還指令在烏什辦理回部事務的參贊大臣舒赫德，就近前往伊犁，主持接待工作。

土爾扈特部西遷約一個半世紀，而這次回歸中，又有一個重要人物叫舍楞。此人原是阿睦爾撒納手下宰桑，曾誘殺清朝副都統唐喀祿。阿睦爾撒納敗亡，舍楞遠逃，投奔土爾扈特部。因此，清朝中一些人對土爾扈特部回歸的誠意，抱有疑慮。疑慮之一是，舍楞與俄國串通，與渥巴錫「同商僞順」[281]，別有陰謀；疑慮之二是，舍楞係俄羅斯「叛臣」，如果接納，「虞啓邊釁」[282]。六月十六日，乾隆接到巴圖濟爾噶勒奏摺，說土爾扈特投誠「不可深信」。懷疑派看法雖然對乾隆發生過影響，但乾隆並不盡信，認爲「不必過爲疑慮」[283]。舒赫德等則認爲，土爾扈特「力窮遠來，投誠屬實」。額駙色布騰巴爾珠爾也說，土爾扈特部與俄羅斯「經教不同，互相不睦。今準部全平，想伊犁等處閒曠，渥巴錫率領八九萬戶投誠，欲往伊犁，行伊黃教，皆屬應有之事，誠如諭旨，不必過慮」[284]。看了舒赫德等人的奏摺，乾隆作了更深入的思考。他從土爾扈特部本身習俗、宗教信仰及其與清朝、與俄國的關係，從此次投誠的主動性等各個方面加以分析。他回顧了康熙年間圖理琛伏爾加河之行，以及俄羅斯對土爾扈特「徵調師旅不息」，為了徵兵甚至以渥巴錫之子為人質的歷史事實，了解到土爾扈特與俄羅斯宗教信仰各異，認為此次返伊犁是「合族臺吉密謀，挈全部投中國興黃教之地以息肩」[285]，即要從沙皇俄國強加給他們的民族災難中解脫出來。所以，他們是「弗加徵而自臣屬」，是主動回歸，並非武力強迫，是眞誠的「投誠向化」。至於舍楞與俄國的陰謀問題，乾隆認為不應過高估計舍楞號召力，舍楞「一人豈能聳動渥巴錫等全部？」乾隆指出，舍楞並非俄羅斯叛臣，而是「我之叛臣」。他逃往俄羅斯，清朝「何嘗不一再索取，而俄羅斯迄未與我也。今既來歸，即以此語折俄羅斯，彼亦將無辭以對」。基於對土爾扈特部的了解與信任，乾隆宣布「夫明知人以向化而來，而我以畏事而止，且反致寇，甚無謂也」[286]。他降諭對舍楞「往咎概不介意，前罪一律寬宥，還特加恩賜」[287]。乾隆對土爾扈特部回歸動機的正確分析與判斷，表現出他超人的膽識。這些言論排除了干擾，使接待與安置工作得以順利進行。

乾隆對土爾扈特部的接待包括三個方面：對上層人物政治安撫、對全體牧民眼前生活救濟和長期游牧地區的確定。

乾隆宣布，土爾扈特部若遣頭目入覲，朕必加恩，「即舍楞雖係獲罪之人，今既知悔前非，朕必恩施格外」[288]。六月二十五日，渥巴錫等從伊犁起程，赴熱河朝覲。沿途某些地方因接待簡慢，被乾隆革職處分。九月八日，渥巴錫等在額駙色布騰巴爾珠爾陪同下到達木蘭圍場，乾隆在伊綿峪接見他們，並用蒙古語交談，了解土爾扈特重返祖國後的情況。主人盛情款待遠方來人，又邀請他們與蒙古王公、厄魯特諸部首領一起參加秋獮活動。乾隆興奮地賦詩抒懷：「類已全歸衆蒙古，峪征嘉兆信伊綿，無心望蜀猶初志，天與欽承益鞏虔。」[289]數日後，乾隆在避暑山莊澹泊敬誠殿（又稱楠木殿）再次召見渥巴錫等人，並「賜宴萬樹園及溥仁寺，命設燈宴，觀火戲」[290]。十五日大封土爾扈特部衆首領。渥巴錫封卓哩克圖汗，策伯克多爾濟封布延圖親王，舍楞封弼哩克郡王，其他人或封貝勒、貝子、臺吉等。九月底，普陀宗乘廟落成，渥巴錫及蒙古王公、西北各部少數民族首領參加盛大法會，乾隆親自撰寫《御製土爾扈特全部歸順記》和《御製優恤土爾扈特部衆記》兩文，用滿、漢、蒙、藏四種文字刻碑立於廟內。

三十六年六月，當乾隆獲悉土爾扈特部歸來時，就考慮「遠人攜眷來歸，量地安插，賞項在所必需」[291]。他指令陝甘總督吳達善，從陝西藩庫中撥銀二十萬兩作備賞安插銀，解赴安西道庫及巴里坤和烏魯木齊等處。七月，乾隆接到舒赫德報告目睹土爾扈特部窮困情狀：「或衣服破爛，或靴鞋俱無，其幼孩有無一絲寸縷者。」[292]立刻意識到若不加意撫恤，這些「凍餒交迫」之人可能「或至餓斃」，指令緊急接濟，不可稍有遲緩。西安巡撫文綬立即從哈密廳協庫內翻出棉襖、氈衣、號褂、棉褂、鞋、棉襪等六千餘件，挑揀可用的發放，並將巴里坤存放的二萬餘條夾布口袋改製成帳房衣物，運往土爾扈特部。乾隆還傳諭文綬，要他在巴里坤、哈密、吐魯番等地購辦牛羊供給土爾扈特。據統計，從六月至九月，共撥牧畜二十六萬五千五百隻，官茶二萬多封，米麥四萬一千石，羊裘五萬一千多件，布六萬一千多匹，棉五萬九千多斤。氈房四百多具，白銀二十萬兩[293]。西北地區的其他部族也慷慨支援，厄魯特部出馬牛羊二萬餘隻，商都達布遜諾爾、達里剛愛送馬羊十萬隻[294]。土爾扈特部每戶「賞給孳生羊三十、二十、三、五、八隻不等，賞給白銀五十、三十、二十兩不等」[295]。

土爾扈特部回歸之初，暫住伊犁地區。乾隆不贊成他們長期久留此地。經過反覆考慮，決定讓土爾扈特部居住塔爾巴哈臺東科布多西之額爾齊斯、博羅塔拉、額密勒齊等處爲妥[296]。三十六年十月，舍楞請求在科布多、阿爾泰附近地方居住，乾隆允其所奏，並加恩授舍楞爲盟長。渥巴錫所部人數較多，先在塔爾巴哈臺附近游牧，後請求移到珠勒都斯，於三十八年四月獲准。

土爾扈特部在清中央政府統一管轄下，設置了地方政權。舍楞所部被稱爲新土爾扈特，渥巴錫所部爲舊土爾扈特。在新土爾扈特，建立青色特啓勒圖盟，設有兩扎薩克，游牧於阿爾泰山一帶，受科布多參贊大臣管轄，定邊左副將軍節制。在渥巴錫舊土爾扈特聚居區建立烏訥恩蘇克圖盟，有十個扎薩克，置南北東西四路。其中渥巴錫率四扎薩克，游牧於珠勒都斯河，受喀喇沙爾辦事大臣管轄，伊犁將軍節制；親王策伯克多爾濟率三扎薩克，游牧於塔爾巴哈臺，受塔爾巴哈臺參贊大臣管轄，伊犁將軍節制；郡王巴木巴爾領二扎薩克，游牧於庫爾喀喇烏蘇，受庫爾喀喇烏蘇辦事大臣（後改爲領隊大臣）管轄，伊犁將軍節制；貝勒默們圖領一扎薩克，游牧於精河一帶，直接歸伊犁將軍管轄。另有隨土爾扈特歸來的和碩特部貝勒恭格領四扎薩克，爲巴圖色特奇勒圖盟，游牧地與渥巴錫同。至此，土爾扈特部重新加入中華民族大家庭，乾隆曾欣喜寫道：「自斯凡屬蒙古之族，無不爲我大清國之臣。」[297]

土爾扈特部回歸，使沙皇政府惱怒不已。三十七年八月，俄羅斯薩納特衙門向清朝理藩院遞交咨文，聲稱「渥巴錫人等俱係悖教匪人，不當收留」，又説「此等逃人内有悖教惑衆匪人，叛服不常，日後必再投回」。在誣蔑土爾扈特部同時，還威脅清政府「有不守和好，恐兵戈不息，人無寧居」。乾隆指示理藩院針鋒相對地給予回答：「土爾扈特渥巴錫人等與爾別一部落，原非屬人，自準部入居爾境，爾國徵調煩苛，不堪其苦，率衆來投，我皇上爲天下共主，撫馭衆生，豈有將原爲臣僕之人，拒而不納之理。」對沙皇的威脅亦毫不含糊地表明：「或以兵戈，或守和好，我天朝惟視爾之自取而已。」[298]乾隆以堅定的態度挫敗了沙皇企圖重新奴役土爾扈特部的陰謀。

與緬甸交兵

（一）戰前清緬關係

緬甸與中國交通甚早，見諸史籍者，漢稱撣國，唐稱驃國，宋始有緬國之稱。元忽必烈三次征伐，責其貢賦。明洪武二十七年（西元一三九四年）置緬中宣慰使司，永樂年間又設緬甸宣慰使司。萬曆十年（一五八二年），緬甸掠邊境諸土司，明出兵討伐[299]。明末清初，緬甸乘中國改朝換代之機，出兵吞併洞吾、古剌、木疏、木邦、孟艮、耿馬、孟密、孟養、新街、孟拱等部，明廷邊外所設三宣六慰諸土司大多喪失。

清政府與緬甸的交往始自順治十六年（一六五九年）九月。其時南明桂王政權被清軍擊潰，永曆帝越國界逃往緬甸。明朝降臣洪承疇以兵部尚書、武英殿大學士等身分致書緬王，以强硬口氣要求交出南明永曆皇帝，聲稱「留匿一人，累及合屬疆土」[300]。第二年，吳三桂鎭雲南，奏請進兵緬甸，追擒永曆。順治因南方初定，無意輕啓邊釁。順治十八年五月。緬王弟莽猛白弒兄自立，又殺永曆從臣四十餘人。吳三桂看時機成熟，於九月與定西將軍愛星阿帶五萬大軍出南甸、隴川、猛卯，隨後兵分兩路直擣緬都阿瓦城。緬相錫眞持貝葉緬文納款議和。十二月，緬人獻出永曆帝及太后、后妃、從臣百餘人，清軍返回雲南[301]。

康熙年間，清與緬甸中斷交往。雍正九年（一七三一年），緬甸與景邁國交兵，景邁遣使謁見雲貴總督鄂爾泰，主動提出入貢，請求得到保護。由於鄂爾泰正集中力量整飭羣苗，且獲知景邁爲緬甸世仇，便婉言拒絕。直至乾隆年間，清緬雙方才重新建立關係。邊境上茂隆銀廠主人吳尚賢對此作出了貢獻。

雲南永昌、順寧徼外有卡瓦，北接耿馬土司，南連生卡瓦，西鄰木邦，東依孟艮，其地方二千餘里，號葫蘆國，酋長蚌築，有世傳鐵印，緬文曰：「法龍湫諸木隆」，卽大小箐之長。其民皆山居穴處，以布纏頭，敞衣短袴，刀耕火種，是個較落後的山區。但其地多礦，最著名的有茂隆山銀廠，「自前明開採時甚旺」302。乾隆十一年（一七四六年），雲南石屏州佃民吳尚賢出邊赴該廠開採，礦砂大旺，獲利甚豐。吳尚賢還得到葫蘆國王信任，茂隆廠聚衆十萬，皆以兄弟相稱。時值雲南某武弁因事被革職投奔礦廠，極力規勸尚賢說服葫蘆國王蚌築內附爲清朝番屬303。蚌築遂造緬文奉表，以課銀三千七百兩，請耿馬土司罕世屛會同吳尚賢、翻譯楊公亮將白銀解到雲南省城。雲貴總督張允隨將情況上奏朝廷，稱：「葫蘆乃係化外野夷，輸誠內附，請將此項廠課，飭令減半抽收，一半賞給該酋長，以慰遠人之心。」304乾隆得報，允其所請。

葫蘆國內附後，吳尚賢被張允隨委以茂隆廠課長。他想進一步推動緬甸與清朝兩國建立關係。十三年，緬甸國王遣土目十五人抵鎭康，通過鎭康土司刀悶鼎向清政府表達通貢意向。但乾隆初政國事繁忙，尙無意邊遠，回絕所請。吳尚賢見緬使無功而返，決定親自出面斡旋。十五年七月，吳尚賢致書雲貴總督碩色，稟稱：

緬甸國王莽達拉情願稱臣納貢，永作外藩。命工匠製造金銀二鈚，篆刻表文，又造貼金寶塔，裝載黃亭，氈緞緬布土物各色，馴象六隻入貢，又貢皇太后馴象二隻，氈緞緬布等物。差彼國大臣一員、頭目四人，象奴夷衆數十人出境過江，於四月已抵邊界，請代奏。[305]

碩色及巡撫圖爾炳阿令司道等會議討論，一致認爲吳尚賢不可信，通貢不可行。雲南巡撫圖爾炳阿只好把吳尚賢的稟文及緬王表文一起呈報。表文歌頌乾隆「德隆三極，道總百王，洋溢聲名，萬邦率服」。說緬甸「願充外藩，備物致貢，祈准起程，由滇赴京，仰覲天顏，欽聆諭旨」[306]。乾隆受表文迎逢誇張之辭感動，不但准其所請，還指示邊省地方官員一應接待事宜，俱照各國王貢使之例，以示綏懷。

十六年，緬使一行由滇起程赴京，吳尚賢貪慕虛榮，以內地委員難於照料約束爲理由，願自備資斧，伴同來回。是年六月，乾隆御太和殿受緬甸使臣朝貢，禮部筵宴二次，又賞蟒緞、靑藍綵緞、藍素緞、錦、紬、羅、絲等物。七月，緬使返國，十月抵雲南境。總督碩色筵宴後遣順寧府知事孟士錦、把總趙宋儒沿途護送出邊，但把吳尚賢留下。

茂隆廠擁有礦徒十萬，佔地六百餘里，其勢之大足以構通緬王，威懾邊界諸土目。但是，清政府地方大吏及朝中要員對吳尚賢綏邊作用缺之認識，更無視他在重建淸緬關係中的貢獻，反而心存猜忌。甚至連乾隆都覺得吳尚賢與緬使親密日久，將來若再令赴廠，誠難保不與夷人私相往來，造言誇張聲勢[307]。因此，在吳尚賢隨緬使進京之際，軍機處就指令雲南方面，「將來緬使回滇之時，另行委員護送出境，其吳尚賢卽令居住省城，如果安分守法則已，設或暗布流言，煽惑番夷各情形，卽將吳尚賢拘禁」[308]。碩色就是按軍機處指示扣留吳尚賢，又聽從負責監視吳尚賢的官員報告，說吳「望澤未遂，時懷悵怏，見於辭色」[309]。碩色留吳尚賢在雲南，又廣泛搜羅他昔日種種不法行爲，最後將吳尚賢監斃獄中[310]。

緬甸貢使出雲南邊界僅到耿馬土司，就聽説南邊得楞人在葡萄牙人和西班牙人的幫助下已攻陷本朝都城阿瓦及擄走緬王[311]。他們只好與前來迎接的二王子到猛迺城，「搭建亭閣貯敕旨御賜，欲俟其國平定始旋」[312]。乾隆十八年木疏酋長甕籍牙率鄰近四十六村之衆抗擊得楞軍隊，收復阿瓦城，建立阿隆丕耶王朝，威及滇緬交界諸土司。據《清史稿・緬甸傳》所記：

> 永昌之盞達、隴川、猛卯、芒市、遮放，順寧之有孟定、孟連、耿馬，普洱之車里數土司外，又有波龍、養子、野人、棍根都、犿瓦、濮夷雜錯而居，非緬類，然多役於緬，土司亦稍致饋遺，謂之花馬禮，由來久矣。暨緬人內訌，禮遂廢。甕籍牙父子欲復其舊，諸土司弗應，乃遣兵擾其地。[313]

甕籍牙王朝的勢力往北擴張，凡緬甸舊屬土司皆遣人降服，敢不從者，「輒治兵攻無虚日」[314]。此時茂隆廠勢已衰，無所憑藉，唯波龍廠銀礦貴家頭目宮里雁尚有礦徒十萬，成爲甕籍牙王朝稱雄緬北的絆腳石。關於貴家或言桂家，其籍已不可考。據《緬事述略》作者師範稱：

> 貴家者，故永明入緬所遺種也。緬劫永明時，諸人分散駐沙洲，蠻不之逐，謂水至盡漂矣。已而水至，洲不沒，蠻共神之，百餘年生聚日盛，稱貴家，兵力強，羣蠻畏之，廠力弱不能支蠻者，乞請卽往。[315]

二十七年正月，宮里雁亦被緬軍擊敗，率衆由猛榜奔耿馬，後又輾轉孟定之邦模、南板、莽旦，五月走孟連之猛尹，將所屬散處各村寨。猛尹頭目不容，孟連土司刀派春赴猛尹盡繳宮里雁部屬兵器，並敲詐銀兩。雲貴總督吳達善聞宮里雁有祖傳寶物「七寶鞍」，向他索要，宮里雁不給，只好帶著妾婢六人投奔石牛廠，吳達善對此耿耿於懷，適宮里雁之妻囊占不滿刀派春之貪婪，糾衆焚劫孟連城，刀派春家屬三十人被殺，吳達善藉爲口實，命永順鎮府督飭土司火速緝拿。七月，永昌守楊重英檄耿馬土司罕國楷帶人誘擒宮里雁及餘衆，因解赴省。布政使姚永泰力保宮里雁，他指出：「孟連之變，雁不與知，況其夫妻不睦，雁是以避居兩地。今若留雁，可以爲緬酋之忌憚，不可代敵戮仇」[316]。姚永泰所言頗具遠識，可惜吳達善不聽，十月，斬殺宮里雁，還將此事檄知緬人，令拿送宮里雁之妻囊占一行，豈知囊占逃入緬甸嫁給緬王莽紀覺之弟懵駁，緬人以爲清有意羞指其淫行，益加忿恨。木邦土司莽罕底與宮里雁相善，及宮里雁被殺，莽罕底堂弟黑罕勾結緬甸滋擾內地之耿馬土司，石牛廠主周德會率丁練在滾弄江擊殺緬將普拉布。事後，吳達善反以周德會殺良冒功，置之於法，緬人益輕清朝。二十八年十月，緬軍逼脅景線、整賣、孟艮、整欠諸土司附從。

繼雲貴總督碩色殺吳尚賢後，吳達善又殺宮里雁，論者均以爲大謬，如清人趙翼說，殺宮里雁使「緬甸益無所忌，侵尋而及我耿馬土司矣」[317]。魏源認爲，「騰越邊外爲桂家銀場，爲緬夷所憚，永昌邊外有茂隆銀場，爲倮夷所憚」。及吳尚賢、宮里雁爲官所捕治，「於是兩場之練勇皆潰散，緬夷遂猖不可制」[318]。滇省千里邊境失去有力屏障，緬甸益輕清朝，助長其擴張野心，雙方交戰在所難免。

（二）對緬甸四次戰爭

清緬戰爭，起因於緬甸統治者對中國邊境的侵擾。

乾隆三十年（一七六五年），緬甸國王莽紀覺死，其弟懵駁嗣位，宮里雁前妻囊占斯時已爲王妃，她助懵駁略定西之結些，南之白古、大姑拉、小姑拉，並嗾使孟艮土司侵犯中國普洱之車里。普洱在雲南省城西南，幅員遼闊，與緬甸之孟艮、猛勇、整欠接壤，南通南掌，統轄九龍江土司，車里宣慰司、倚邦土守備、六困土守備、猛遮土千總、普騰土千總、猛阿、猛籠、猛臘、猛旺、整董、猛烏、烏得等土把總，共計十三司，俗稱十三猛，或十三版納。當年四月，普洱鎮總兵劉德成據車里宣慰司刀紹文、猛臘土弁召文稟報後，即令刀紹文及六困土弁調集土練抗擊。新任總督劉藻「老儒也，不識事體」。他以爲「王者須正疆里」，力主驅逐之，親赴思茅駐紮，又命鎮沅府知府龔士模速往普洱協助劉德成[319]。緬人以小股兵力游擊清軍，劉藻雖組織土練東堵西截，偶有小勝，然疲於奔命，始終未能退敵。入秋以後，緬人飽掠各處土司而退，劉藻居然以緬軍聞風遁去，清軍大捷奏聞。

三十年冬，緬軍再一次分路侵擾。西路由孟艮打入打樂，至猛遮、九龍江一帶；東路由整欠到橄欖壩及猛阿的整控渡。劉藻聞警，匆忙馳往普洱督率官兵，又與提督達啓商定四路進兵：一路由奇木嶺進攻，其餘三路從普騰分剿橄欖壩、易比、撒袋等，然後會師於猛臘。乾隆唯恐劉藻心存僥倖，頒諭窮力追擒：

> 劉藻等既經調兵進剿，必當窮力追擒，搗其巢穴，務使根株盡絕，邊徼肅清。恐劉藻拘於書生之見，意存姑息，僅以驅逐出境，畏威逃竄，遂爾苟且了事，不知匪徒冥頑不靈，乘釁生事，視以爲常。……此次若復稍存寬縱，難保其不再干犯，養癰貽患之說，尤不可不深以爲戒。[320]

乾隆意圖明確，他要求劉藻除惡務盡，使滇緬邊陲一勞永逸，但諭旨同時還反映乾隆對劉藻缺乏信心。

不出乾隆所料，劉藻雖調集各鎮營兵、土練多路出擊，結果還是吃敗仗。參將何瓊詔、游擊明浩、守備楊坤一路，渡過整控江後，沿途束器械以行，毫無戒備，在猛旺遭到緬軍伏擊，所部六百餘人除死傷外，皆被沖散，何瓊詔、明浩、楊坤等下落不明。劉藻委罪他人，具摺參奏何瓊詔等人冒進，並聲稱他們俱已陣亡。時隔不久，何瓊詔、明浩先後返回軍營，劉藻又以潛行逃歸參奏。三十一年二月乾隆下令處罰一批失事者，何、明、楊以貪功輕進正法，劉藻本屬書生，軍行機宜非所嫻習，故不責其以所不能，然亦難勝總督之任，降補湖北巡撫，提督達啓身爲滿洲坐失職之罪，交部嚴加議處。總兵劉德成交繼任總督楊應琚查明再降諭旨[321]。楊應琚因劉德成熟悉邊情，請旨留滇酌量補用，得到乾隆批准。

在楊應琚未到任之前，劉藻想挽回敗局，又指揮各路官兵奮力進攻猛籠、葫蘆口等處，結果一無所獲，不久，吏部議准將他革職，留滇效力。年過七旬的劉藻受不了這一打擊，於三月三日中夜「自剄不殊，宛轉於床榻間，七日乃死」[322]。乾隆知道劉藻死訊，諭地方官通知其家人「將來旅櫬回籍，止可照常人歸葬」，不得立墓碑書刻原任總督及歷官事實[323]。未免處罰太苛。

楊應琚，字佩之，漢軍正白旗人，廣東巡撫楊文乾之子。乾隆初，以員外郎爲河東道、西寧道，歷任兩廣總督、閩浙總督、陝甘總督，加太子太保、太子太師銜，二十九年，拜東閣大學士[324]。三十一年三月，楊應琚抵雲南，會普洱戰事未完，急忙奔赴陣前，指揮清軍乘緬人退去之機，收復整欠、孟艮等地，以土自叭先捧、召丙守之[325]。爲了穩妥起見，楊應琚奏請於內地土司挑選能幹者，給以土千總、土把總銜，分管各猛地方，遇事與叭先捧商議，留官兵二百協助駐守[326]。

普洱戰事結束，清朝理應息兵保衛邊境，努力與緬甸修好。但是，一部分雲南地方文武竟頭腦發熱，鼓動楊應琚對緬作戰。騰越副將趙宏榜、知州陳廷獻、開化同知陳元震等認爲木邦、蠻暮各土司情願歸附清朝，緬甸勢孤易取，力主開戰。而永順鎮總兵烏爾登額「書凡七上」，反對出兵。迤西道陳作梅、永昌知府陳大呂都認爲：「賊勢甚大，邊釁不可開。」老成持重的楊應琚以劉藻下場爲鑒，本無意冒險邀功，說：「吾官至一品，年逾七十，復何求而以貪功開邊釁乎？」[327]。但主戰派立功心切，尤其是趙宏榜少爲波龍廠丁，頗悉緬事，自稱「願假某兵數百，可生縛緬酋於麾下矣」。而陳廷獻甚至吹噓：「並不煩官兵，某已集土練四千以待。」楊應琚經不住部屬一再鼓動，態度轉變，將永昌知府陳大呂革職。主戰派得楊應琚支持，開化同知陳元震未經清廷批准，即馳檄緬甸，「號稱合各國精兵五十萬，大炮千尊，有大樹將軍統領以震懾之。又密布牒，分遣通事至各土司說降」[328]。此時楊應琚以緬甸阻礙木邦內附爲理由，上疏乾隆，要求「發兵辦理」。乾隆信任楊應琚，七月降諭云楊「久任封疆，夙稱歷練，籌辦一切事宜，必不至輕率喜事，其言自屬可信。況緬夷雖僻處南荒，其在明季尚入隸版圖，亦非不可臣服之境」。但提醒楊應琚說：

> 其地究屬遼遠，事須斟酌而行，如將來辦理，或可相機調發，剋期奏功，不至大需兵力，自不妨乘時集事。倘必須勞師籌餉，或致舉動張皇，轉非慎重邊徼之道。該督務經詳審熟籌，期於妥善，以定進止。[329]

儘管乾隆以「不至大需兵力」爲前提同意進兵緬甸，但他對緬甸抱有擴張野心，認爲此「亦非不可臣服之境」。所以，對緬的防禦戰爭結束後轉化爲侵緬戰爭，乾隆有不可推卸的責任。

早在乾隆降諭之前，楊應琚部下已急不可待地把戰爭打響了。六月，趙宏榜率兵五百名出鐵壁關，七月，乘蠻暮土司瑞團抵阿瓦未歸，輕取所屬重鎮新街。陳元震也派人收取蠻暮五、六十寨。所以，這場侵緬戰爭未經乾隆批准就由雲南部分地方官員發動起來了。

九月，楊應琚派往緬甸境內偵察的人員陸續回報，緬甸幅員遼闊，南通外洋，所轄土司二十餘處，都城阿瓦，又名三江城。由永昌前往，有水陸三路可通，間有險要之處。木邦、蠻暮二處爲緬甸門戶，又是其屬最大土司。目前各土司早已解體，聞清兵收復新街，緬人甚爲畏懼。另據永昌官員禀稱，木邦因前定九月內歸順內地，現已殺緬甸差來監事之人，懇請天朝大人迅速發官兵到境保護[330]。楊應琚遂調撥預備鎮營三千餘名進駐木邦所屬之遮放，自己於九月十二日起身往永昌察看情形。乾隆對此舉頗爲賞識，下旨鼓勵說：「果有可乘之機，不致重煩兵力深入，而成戡定之功，以永靖南服，尤爲一勞永逸。」[331]向來持重的楊應琚發動這場非正義的征緬戰爭是極不明智的。他僅憑密探和少數主戰派不可靠的報告作出判斷，輕率行事，種下禍根。

新街位於南大金江水口，扼緬甸水陸之要衝，水路順流而下，四、五日可至緬都阿瓦，陸路出猛密、波龍，七、八日抵緬境，又是緬甸與中國市易之會，乃兵家必爭之地。趙宏榜攻下此鎮，僅有所部幾百人駐守。緬軍卻出動數萬人從蠻暮、猛密、猛育、木邦、滾弄江對清軍形成四路包圍，並在木邦之猛樟、大視罕、錫箔、宋寨等處布防重兵。八月中旬，緬方派人到新街詐降，實則刺探清軍情形，趙宏榜不知是計，犒而縱歸。及緬軍摸清其虛實，直撲新街。楊應琚聞報，飭令永順鎮都司劉天佑、騰越都司馬拱垣帶官兵四百餘人出關救援。由於雙方力量懸殊太大，劉天佑戰歿，趙宏榜與馬拱垣等放棄新街，間道退回鐵壁關，緬軍亦尾隨入關內。時楊應琚行次永平縣太平鋪，聽說新街失守，痰疾舊病復發，不能視事。乾隆獲前方失利，楊應琚病倒的奏摺，做出以下安排：第一，兩廣總督楊廷璋，可藉巡邊之名先往廣西邊界候信。楊應琚若已痊癒，就返回廣東，否則即刻取道赴永昌接辦。第二，特賜內府所製十香返魂丹十粒、活絡丹二十粒，由驛傳飛寄給楊應琚，另賜荷包六個，以示眷念。第三，楊應琚老年病體，侍奉有人，似更易於痊癒，傳諭常鈞令楊之長子楊重谷即速赴永昌照看，其寶慶府知府事務，另委員暫行署理[332]。

楊應琚新街失守，深感責任重大，加以舊病復發，遂以「心神恍惚，恐有貽誤」爲由，懇請皇帝簡大員來滇接替。乾隆順水推舟，命楊廷璋火速趕往永昌，同時，爲使楊應琚精神愉快，特降旨擢升他的次子楊重英爲江蘇按察使[333]。十二月，楊應琚報稱身體轉好，乾隆即命楊廷璋停止動身，並「著照前再行賞寄」。可見乾隆對楊應琚之倚寵。然而，這未能扭轉征緬戰爭的敗局。三十一年十一月，總兵朱崙督兵赴楞木地方，與緬軍遭遇，雙方苦戰四晝三夜，互有死傷。緬軍退走。事後，楊應琚竟以大捷奏聞，稱「殺死賊匪約共四千有餘，並奪獲槍炮等器械甚多」[334]。時隔不久，緬軍由萬仞關抄小路直入永順，焚掠盞達、戶臘撒，鎮守銅壁關的清軍被沖散。楊應琚急令劉德成救盞達，提督李時升亦遣游擊馬成龍援戶臘撒。但馬成龍在途中被伏擊遇難，朱崙等一看楞木孤立難守，遂撤出守軍，新街一帶緬軍乘機進發，與戶臘撒方面會師，焚劫隴川。次年正月，緬軍一路犯猛卯，由底麻渡江，占領木邦，提督李時升、總兵朱崙奉命追擊，但二人相互觀望，遷延不進，故意迴避與緬軍正面作戰，爲了塞責，又虛報戰果，而楊應琚信以爲眞，仍以大捷入報。乾隆把兩次所報傷亡數字累計，發現竟達萬餘，疑心頓起。他認爲二萬餘緬兵若被殺至萬人，實非尋常之捷，遠近傳聞，風聲鶴唳，緬兵勢必掠竄不已，何以還敢擁衆相抗？況從前平定準噶爾、回部，大小不下百戰，統計所戮尚不及萬人，楊應琚謂兩次交鋒，俄頃之間，方隅之地，竟能殺敵萬餘，實難令人相信[335]。乾隆還「按圖詳閱」，發現楊應琚摺中提到的交戰地點，只稱在銅壁關、鐵壁關之外，語甚含糊，至於清軍的進退位置，也與圖上所標大相逕庭[336]。

是月，楊應琚等又奏稱緬王懵駁之弟卜坑及領兵頭目莽聶眇遮屢赴軍前乞降，自言緬軍攻打各土司「原非抗拒大兵，今屢被懲創，情願息兵歸順」，並懇請將蠻暮、新街等處賞給貿易。乾隆不信，認爲：

> 是緬匪名爲乞降，實不過暫退其衆，且欲得其故地。此等狡詐伎倆，其將誰欺！而該督遂甘受其愚，據以入告，可見所奏全非實在情形，不過粉飾虛詞，藉此以撤兵了局耳。[337]

對於楊應琚的種種錯謬行爲，乾隆覺得「頗不類其平日所爲」。一方面對楊「明白諄諭，使其知所猛省，不墮迷途」，另一方面又遣皇宮御醫李彭年隨侍衛福靈安到雲南診視楊的病勢[338]。二月，據福靈安奏，經御醫診斷，楊病體確未痊癒。乾隆馬上降旨爲楊應琚開脫，說楊協理緬匪種種錯誤之處，皆因病中神志恍惚，復爲提督李時升等所愚。於是調楊應琚次子楊重英馳驛赴永昌，「省督伊父，並襄助一切軍務」。乾隆給楊重英很大權力，既可從旁代父籌劃，又可隨提督楊寧前往軍營，「仿古來監軍之意」，協同辦事[339]。同時，乾隆處罰一批失職官員，將提督李時升、總兵朱崙等革職拿解入京，調湯聘爲貴州巡撫，其雲南巡撫之職由鄂寧擔任。

二月，楊應琚爲先前所報殺敵數目具摺辯解，聲稱「差人察核」、「實係確情」。乾隆閱此「不勝憤懣」，認爲楊應琚揑飾乖謬，雖幾經降旨嚴切飭責，尚不知悔悟猛省。今所奏內容仍一派虛詞，此等荒唐不可信之事，朕豈能爲所矇蔽，負恩欺罔，大出情理之外[340]。三月，乾隆回顧吳達善、劉藻及楊應琚自任雲貴總督以來，滇緬邊界糾紛越鬧越大，深感用人不當，感慨「正當全盛之時」的天朝，竟征服不了區區緬甸，遂下決心以能征善戰的八旗驍將明瑞代替楊應琚：

朕初無欲辦之心，因楊應琚以爲機有可乘，故聽其辦理。及至緬匪侵擾內地，則必當殲渠打穴，以申國威，豈可遽爾中止。且我國家正當全盛之時，準夷、回部悉皆底定，何有此區區緬甸而不加翦滅乎！而楊應琚竟思就事完事，實爲大謬，至此時尚不知幡然改悔，奮勇自效，深負委任之恩。若非念其疾病糊塗，必將重治其罪。但如此漫無措置，軍務斷非伊能辦理，若仍令其復膺重任，必致僨事失機，其爲貽誤更大。楊應琚著回京入閣辦事，俾得安心調攝，其功過於事定後再降諭旨，雲貴總督員缺，著明瑞補授，前往經理軍務，相度辦理，並將此通諭中外知之。[341]

這時候乾隆心情是複雜的。他雖一再提醒過楊應琚不能勉強從事，但畢竟並未反對出兵緬甸。因此，對楊應琚的處分很是猶豫。先是調他回京入閣辦事，後來才革職交刑部候審。六月，楊應琚被押往避暑山莊，經廷臣鞫訊，乾隆命其自盡。

此時，對緬戰爭「已成騎虎之勢，斷難中止」[342]。乾隆只好重新命將，第三次與緬甸交兵。新總督明瑞，字筠亭，姓富察氏，滿洲鑲黃旗人，孝賢皇后侄兒，自官生襲爵。二十一年（一七五六年）從征阿睦爾撒納，以副都統立功授參贊大臣，二十四年征回凱旋，擢正白旗漢軍都統，二十七年出爲伊犁將軍[343]。此時，乾隆將他從新疆調來接替楊應琚雲貴總督之職。又增調滿洲兵三千名，川、貴及滇省綠營兵二萬餘名，以副都統額爾景額爲參贊，調河南開歸道諸穆親爲滇鹽道，陝西漢中道錢受谷爲滇迤東道，軍機處司員戶部滿郎中傅顯、漢郎中馮光熊等同往襄助軍事[344]。

新任雲南巡撫鄂寧於三十二年四月抵普洱主持邊務。他對楊應琚之子楊重英爲監軍頗不服氣，遂以妨礙軍務參奏。乾隆解釋說：前令楊重英馳往雲南軍營，襄助伊父辦理一切，並非加監軍之名。現將他交給明瑞，以道府銜聽候差委[345]。

四月底，鄂寧以緬甸瘴氣大作，奏經乾隆批准，從普洱回到省城，等明瑞到達後再籌進剿。他對沿途臺站現狀極爲不滿，奏請加以整頓，乾隆同意。爲確保從雲南到京師的遞路暢通無阻，乾隆委員往雲南、貴州、湖南、湖北、河南、直隸等各省督辦。

五月，明瑞抵達雲南省城。這時乾隆就淸軍進退問題，指示說：

賊衆旣在木邦屯聚，或該處瘴氣稍輕，如此際機有可乘，自不妨添選官兵，先將木邦收復，剿殺賊匪，震以先聲，且爲將來進兵之地。或佯爲撤兵，誘彼出砦，得以出其不意，邀截掩殺，亦設奇制勝之一法。或在彼駐兵無益，卽撤回以蓄我兵銳氣，秋間更調新兵，亦無不可，俱著明瑞確按該處實在情形，熟籌妥辦。[346]

爲了保證明瑞能順利出師，乾隆還多次諭令地方官給予積極配合，重點解決軍隊的調遣、後勤的供應及淸查勾結緬方的「漢奸」等問題。他原估計當年七月逢閏，入秋節氣早涼，瘴癘可消，要明瑞九月間出擊。後得知邊外只有十月至次年三月方可用兵，又吩咐明瑞「隨時審度，倘餘氣未淨，卽靜俟初冬亦不爲遲」[347]。明瑞隨卽向乾隆詳陳作戰方案：

第一，改變過去逢關必守的做法，擇要隘駐兵。永昌、騰越、順寧、威遠、普洱沿邊土境二千餘里，迤西七關八隘，若均以兵扼守，二、三萬衆亦不足分派。除九龍江、隴川、黑山門等扼要處自應留營外，其餘崎嶇小路，只令各總兵驅將弁游巡備禦。

第二，伐木造舟以迷惑緬軍。淸軍在新街水路上游地帶伐木造船，故意讓船料木片沿江流下，給敵方造成清軍將從水路出擊的錯覺，然後清軍暗自出永昌、騰越兩口，以宛頂、木邦一路作爲正兵，其餘分二路或三路由猛密等處齊進，形成聯絡聲援之勢。

第三，關於運送軍糧及安設臺站事宜。過去雇覓夫馬設站滾運所需兵糧，撥兵護送。這次改爲土兵自裹帶，所費亦省。官兵出口後，自黑山門、遮放以內，仍照例安設臺站，遇有奏報，即於作戰官兵內挑選能幹可信者十員，長川送至黑山門交遞。所經外夷部落，在誠心歸化者處，酌留官兵數十或二、三百名，作一大臺站以資遞送。348

明瑞此行出征，有滿洲八旗官兵三千名，各省綠營官兵二萬二千名。其中四川兵八千名，貴州兵一萬名（除派往普洱一千名，尚餘九千名）、雲南兵五千名。他還向乾隆上奏「一主二輔」的進攻計劃。即親率滿洲兵一千名、綠營兵七千名負責主攻任務，自宛頂出木邦。滿洲領隊大臣扎拉豐阿、伯玉魯斯，總兵國柱、李全等隨行。參贊大臣額爾景額、提督譚五格統領滿洲兵九百名，綠營兵七千爲中路輔攻，自鐵壁關出猛密、攻緬甸之北，與明瑞相約會師阿瓦城下。另一路輔攻由領隊大臣觀音保領滿洲兵九百名、綠營兵三千名，自扎防以南經過猛古、猛浦，與猛密中路遙相呼應，並尋機直搗緬巢349。此外，又將乾隆派往雲南的乾清門侍衞及一百名巴圖魯侍衞官員兵丁分爲三隊，在緊要地方備用。剩餘綠營官兵四千餘人，由總兵達興阿帶往木邦駐防。

乾隆批准了明瑞作戰方案並指示明瑞、鄂寧、額爾景額等：

若我兵直抵阿瓦，攻克其城，即當戮其逆酋，剿其凶黨，大示懲創，並就其地界，酌量分置土司，以永靖蠻服。或王師將抵賊巢，匪黨等果有仇彼渠魁，諭縛來獻者，即俘囚奏捷，並多執其助惡逆黨，解送京師，彼時或可貸以不死，另爲處置，而進兵之始，則不可稍存寬乾隆意圖是明確的。他發動第三次征緬戰爭，不僅要打到緬都阿瓦，「戮其逆酋，剿其凶黨」，還要將緬甸領土分置依附於清朝的「土司」。如此赤裸裸的擴張行為，理所當然地受到緬甸上下的堅決抗擊。

出師之前，明瑞修訂了作戰計劃。觀音保一路編入明瑞麾下。使三路進攻變為南北二路。九月二十四日，明瑞率部自永昌起程。當日大雨滂沱，三晝夜不絕，人馬俱於泥潭中跋涉，下鞍無駐足之地，士兵在馬背上過夜351。十月初，渡過潞江，師次宛頂。十一月二日，明瑞率清軍南路主力出宛頂進入緬境。十日，占領木邦，駐紮該處緬兵早已聞風逃去。時參贊珠魯訥從騰越來，明瑞命其統兵五千留守，以備聲援。楊重英、郭鵬沖、陳元震、胡邦佑留司印務糧餉。北路軍由參贊大臣額爾景額率領，十月抵騰越，十一月出虎踞關向猛密挺進，數日後在老官屯與緬軍遭遇。緬軍立木柵相持，清軍傷亡甚多。十二月，額爾景額得疾身亡，乾隆令額爾景額之弟額爾登額接任北路統帥，命伊桂為領隊大臣協助。額爾登額是一懦夫，他懼敵不前，行動遲緩，在乾隆一再催促下，直至次年二月四日才到達宛頂，比南路軍遲到三個月之久。明瑞等不到北路軍消息，遂率一萬二千餘人自木邦抵錫箔江，結浮橋搶渡，在蒲卡擊潰緬軍前哨，並偵知緬軍主力正屯駐蠻結，於十一月二十九日率部直逼蠻結。十二月二日，明瑞與諸大臣及侍衛官員商議，分隊進攻，力破緬軍四柵，其餘十二柵緬軍乘夜逃去。清軍繳獲大批糧械，殺敵二千餘人，此即蠻結之役。乾隆得捷報，封明瑞為一等誠嘉毅勇公，賞給黃帶子、紅寶石帽頂、四團龍補服等，其所有原襲承恩公爵，由他弟弟奎林承襲。其他立功將士亦賞賚有差352。

宵之心也。350

蠻結會戰的勝利，使明瑞產生輕敵情緒。他繼續率兵深入，迅速逼近天生橋渡口。此地有「一夫當關，萬夫莫開」之險，從前桂家宮里雁曾以數百兵丁擋住了緬甸數萬大軍的去路。明瑞派人偵察，發現正面過渡沒有可能，但隨行嚮導兼翻譯馬必興告知往北有小路可以繞行，遂令達興阿帶二千人正面佯攻，吸引住守渡緬軍。明瑞自帶官兵到河流發源處涉水而過。天生橋渡口的緬軍往宋賽方向退去。這時，領隊大臣觀音保認爲：「我兵出師時已失軍裝，今軍器日見其少，糧餉不足，恐難深入以受其紿。」[353] 明瑞不聽，執意要乘勝攻阿瓦城。

緬軍正是採取誘敵深入和「燒積貯、空村落」的策略。十二月十三日清軍抵宋賽，十七日到邦亥，十八日至象孔，沿途如入無人之境，距緬都阿瓦僅七十里。可是清軍糧盡馬疲人乏，已無力攻城。明瑞召集諸將商議，沒人敢言退字。後探子報稱猛籠土司有糧，且鄰近猛密，遂驅兵前往，得糧二萬餘石。十二月底，明瑞看年關已近，駐軍猛籠休整度春節。這時，他們已經與北路軍失去聯繫，完全陷入孤立無援困境。春節過後，明瑞命將士攜足糧食，取道大山土司，向木邦撤退。

木邦是清軍這次遠征大本營和聯絡中樞，參贊大臣珠魯訥奉命留守。明瑞順利進軍，珠魯訥便派參將王棟到錫箔、索柱往宋賽、守備郭景霄抵天生橋渡口開闢臺站，保持與明瑞的聯繫。但明瑞進入象孔、猛籠後，聯絡中斷。當緬軍得知清軍糧絕，又不攻阿瓦，遂尾追清軍，無日不戰，咬住不放。同時進攻木邦，切斷清軍退路。三十三年正月八日，緬軍包圍木邦，珠魯訥一面領兵迎敵，一面差把總李進采等間道往永昌告急。坐鎮永昌的巡撫鄂寧前後七次檄調額爾登額分兵增援木邦，結果石沉大海。正月十八日，緬軍攻破木邦大營，珠魯訥自刎，陳元震臨陣脫逃，楊重英被俘。

木邦失陷後，各路緬軍集中對付明瑞，明瑞只得改向宛頂方向前進。二月七日，清軍到達小猛育，除受傷及染病者，戰鬥人員還有五千餘，而緬軍數萬則將四面山口堵住，層層設圈。明瑞試圖派出哨探，回稱「路旁已有賊柵矣」[354]。二月十日，明瑞決定乘夜突圍，令達興阿等率部分官兵在前衝殺，他自己和領隊大臣觀音保、扎拉豐阿、總兵哈國興、常靑、德福及巴圖魯侍衞數十人、親兵數百人殿後。戰鬥中，扎拉豐阿等陣歿，觀音保自盡，明瑞多處負傷，自縊而死。明瑞的死，淸人說「雖古名將不能過也」[355]。然而，對於指揮一場非正義戰爭的統帥，其死實不足惜。

二月初，當木邦失陷、明瑞死訊還未傳到北京之前，乾隆曾動了撤軍念頭，說明瑞深入「如大功指日可成，甚善，若一時不能剿辦，與其徒傷精銳，不如暫時撤兵」[356]。及至二月敗訊傳來，乾隆殊爲震驚。一方面殺額爾登額等人，親奠明瑞，另方面深自引咎說：「是朕之蔑視緬酋，未爲深思遠計，不得不引爲己過者。」[357]

但是，乾隆「引爲己過」的是對緬甸的輕敵，對侵緬的非正義戰爭，並沒有幡然醒悟，反而變本加厲，要報喪師辱國之仇，說「現在續派官兵赴滇，籌辦進剿緬匪，一切機宜關係緊要，必須重臣前往調度」[358]。他把自己的王牌、大學士忠勇公傅恆抛出來，授以經略，要發動第四次征緬戰爭。同時，還任阿里衮、阿桂爲副將軍，舒赫德爲參贊大臣，原雲南巡撫鄂寧升任雲貴總督，江蘇巡撫明德調補雲南巡撫缺。乾隆不僅重新任命了征緬主帥，調整了雲南前線文武官員，爲了彌補綠營軍戰鬥力不足，還特地增撥京城滿洲兵六千名、索倫兵一千名、厄魯特兵三百四十名、荆州八旗滿洲兵一千五百名、成都滿洲兵一千五百名、火器營兵四千五百名、健銳營兵二千五百名、貴州綠營兵九千名，共增二萬六千三百四十名。

按乾隆安排，傅恆等出兵前夕，雲南軍務由阿里衮暫行處理，阿桂自伊犁返京後即往雲南。三十三年三月，副將軍阿里衮攜幕府郎中明善、員外郎薩靈阿及參贊大臣舒赫德等先後抵滇。辦事向來謹愼的舒赫德隨即往永昌實地調查，並與新任總督鄂寧反覆商討，聯合向乾隆反映征緬有五難：

第一，辦馬之難。此次從征滿洲兵萬名需馬三萬八千匹，綠旗兵三萬名需馬五萬七千匹，而官員乘騎、馱載運糧及安臺續運軍裝糧食又需馬數萬匹，共需馬十萬匹，各省撥解既費周章，購備草料亦難。

第二，辦糧之難。永昌地處極邊，官民積糧甚少，連年用兵，米糧早已耗盡。今計兵備糧，四萬人日需米四百石，以十個月計算，需米十二萬石。再永昌無馬料，以米代之，十萬馬匹日需千石，現全省可撥之倉糧僅三十五萬石左右，米糧缺口大。

第三，行軍之難。永昌出口道路有兩條：一由騰越之虎踞關，一由永昌之宛頂。兩處均山峻道窄，雙人不能並行，數萬人行軍則綿長幾十里，前營已到，後營尚未起程，前後難以兼顧，聽說邊外道路更險，勢難遄行。

第四，轉運之難。以每三夫運米一石，則需運夫百餘萬人次，且永昌之潞江以外，騰越之南甸以外，連年用兵，當地夷民早已逃避，一切軍裝糧運無人可雇，內地民人雖高價亦不願赴口外，如强迫使行，往往半途逃匿，若仗馬騾馱載，馬夫亦無從雇覓。

第五，適應之難。邊外煙瘴橫行，每年冬月漸減，正月復生，一年內無瘴時間很短。即使冬季無瘴，但因水寒土濕，易患瘧痢，去年錫箔一路官兵患病影響戰鬥力，猛密一路官兵雖未深入，但得病者仍很多。

根據上述理由，舒赫德等人認爲清軍征緬「實無勝算可操」，從長遠計，莫過「設法招致緬夷投誠」359。舒赫德等人上奏征緬之難，本欲勸說皇上知難而退，化干戈與緬方議和。但是，乾隆竟斥舒赫德等人「竟是不知改之庸愚」，革去舒赫德尚書和參贊大臣職，命以都統赴烏什任辦事大臣。鄂寧則降補福建巡撫。乾隆還狂妄地對軍機大臣們說：「我堂堂大清，勢當全盛。簡卒儲糧，殄此醜類，於力有何不給！」360他決計將戰爭繼續下去。

三十四年正月，乾隆看阿里袞、阿桂籌緬進展不大，便催促傅恆動身赴滇總理軍務，阿桂兼任的雲貴總督一職，由巡撫明德擔任，雲南巡撫缺出，著喀寧阿補授。又命臺灣鎮總兵葉相德帶領福建水師二千名赴滇備用，另加派索倫、吉林兵各一千名隨往。

傅恆動身前，奏請按康熙五十七年（一七一八年）大將軍出征例，由內閣大臣在太和殿頒給敕印，乾隆同意。這時，阿里袞、阿桂等由雲南傳來加急遞報，議定分兵三路出擊，且擅自調用瓦寺雜谷兵二千名補貴州綠營之缺。乾隆不悅，飭令他們只需加意飼養馬匹，備辦糧餉，進兵之事待傅恆抵滇後再爲籌劃361。

二月，傅恆起程，乾隆御太和殿授之敕印。隨行幕府有侍讀學士紬奇、侍讀孫士毅、給事中劉秉恬、郎中博卿額、主事惠齡，以及清代著名學者趙翼。三月，乾隆對雲南人事再作更動，降雲貴總督明德爲江蘇巡撫，彰寶代之，傅恆出面上奏挽留明德暫辦總督事。不久，乾隆又令阿思哈代彰寶爲雲貴總督，駐守新街，以彰寶任雲南巡撫。

四月，傅恆由省城往永昌，會同副將軍阿里袞、阿桂及諸幕僚商討進軍時間和路線。阿里袞、阿桂均建議霜降後出師。傅恆卻認爲幾萬大軍須坐守四、五個月，既耗費糧餉，也影響士氣，以前諸役就因過於拘泥避瘴，忽視出敵不意的戰術，因而主張出師時間在七、八月間。對於進攻路線，傅恆認爲以前明瑞從東路錫箔進軍是錯誤的，因阿瓦在大金江之西，由錫箔進，阿瓦仍隔江外，因而決定主力改由大金江上游之戛鳩江經孟拱、孟養兩土司，直達木疏，再由木疏用步騎攻阿瓦。另遣偏師由提督五福統五千人從普洱出發。幕僚趙翼指出：「圖中戛鳩、普洱相距不過三寸許，其實有四千餘里。兩軍既進，東西遠隔，聲息相聞，進退皆難遙斷。前歲明瑞之不返，由不得猛密路消息也。」所以他認爲：「大兵既渡戛鳩之西，則偏師宜由江東之蠻暮、老官屯進取猛密，則夾江而下，造船以通往來，庶兩軍可互應。」[362]

傅恆經過初議，將作戰計劃報送朝廷。乾隆高興地說：「我兵於八月乘其不備，分路進勦，可以直抵阿瓦。」[363]對於造船一事，倍加讚賞。說：

> 水陸並進，實爲征緬最要機宜。乃朕屢次詢問，而阿里袞、鄂寧、阿桂等並以該處崖險澗窄、斷難行船爲辭，卽朕今年特派傅顯、烏三泰等前往專辦此事，亦從沿江一帶，實無造船處所奏覆。及傅恆既至永昌，卽遣人往勘，則於銅壁關外野牛壩地方，卽得可以成造船隻之處，……何以前此竟無一人見及而傅恆得之，竟爾便於取攜，可見事無難易，人果專心致力，未有不成者。[364]

三十四年七月二十日，傅恆祭纛誓師，副將軍阿里袞帶病隨征，阿桂留蠻暮督造戰船。八月四日，傅恆率清軍渡過戛鳩江，直逼猛拱、猛養兩土司，緬甸此時正值秋成割獲，未料清軍的突襲，加之猛拱、猛養非其腹地，所以，清軍如入無人之境，歷二千里皆不血刃。但是，清軍雖未遇勁敵，卻難避惡劣氣候的困擾，「途間忽雨忽晴，山高泥滑，一馬倒，則所負糧帳盡失，軍士或枵腹露宿於上淋下濕之中，以致多疾病」[365]。九月，蠻暮野牛壩所造戰船已成，阿桂會同新到福建水師由蠻暮江出大金江，擊潰緬甸賓雅得諾所部水軍，打通江路。又遣伊勒圖領兵二千接應傅恆。十月，傅恆原路返回蠻暮。緬軍見傅恆撤退，馬上分三路尾隨。清將哈國興率水師，阿桂、阿里袞將陸軍予以還擊，克獲新街。這時，一些將領欲就此罷兵，與緬甸議和。副將軍阿里袞卻力主進攻老官屯，說：「老官屯有賊柵，前歲額爾登額進攻處也，距此僅一舍，不往破之，何以報命？」[366]傅恆從其議。

十月十八日，傅恆率部進攻老官屯。老官屯地處大金江東岸，北至猛拱，南通阿瓦，東往猛密，是緬甸北部水陸交通要道，爲兵家必爭之地。緬軍在此築柵結營，易守難攻。據趙翼說：「賊柵據大坡，周二里許，自坡迤邐下插於江，柵大皆徑尺，埋土甚深，遇樹則橫貫之以爲柱，柵之外掘深濠三層，濠外又橫臥木之多枝者，銳其末而外向，名曰木簽。」[367]去年額爾登額即疲師於此。今傅恆集清軍主力以炮擊、火攻及掘地道埋炸藥爆破等戰術，皆不奏效。進攻二十餘日，傷亡很大。加之水土不服，得疾病逝者不計其數，水陸軍三萬一千名，僅存一萬三千名，傅恆之子傅顯、總兵吳士勝、副將軍阿里袞、水師提督葉相德等將領也相繼病歿。形勢對清軍不利，軍內發出了與緬方議和息兵的呼聲。

（三）與緬甸議和活動

乾隆原不贊成圍攻老官屯，怕的是重蹈額爾登額覆轍。獲新街報捷，他才改變主意，認爲：「新街距老官屯不遠，且近日剿殺賊衆，大振軍威，乘勝前往，甚合機宜。」[368]及至十一月傳來副帥阿里袞卒於陣前的消息，他意識到自己的疏忽，遂降諭傅恆酌情撤兵：

> 倘賊衆全力固守，直至此旨到時，仍在老官屯抗拒，則已相持月餘，勢難必克，又何能深入阿瓦。況前途瘴癘更甚，我兵恐不能支，自應尋一屯駐處所，或遣人往諭緬匪投誠，或

以已獲大捷，奉旨撤兵之言，宣示於衆，卽可籌劃旋師。著傳恆等酌量辦理，不可拘執。369

乾隆此諭一改以往拒絕和談的態度，說明他對這場戰爭有了較爲客觀認識。幾天後，他又給傳恆發去更明確諭旨：

我兵與其曠日持久，多傷勇士，不如相機徐圖。卽令已得老官屯，亦當計出萬全。阿瓦爲緬匪巢穴，固守必甚，……況此次大兵，已將戛鳩、猛拱、猛養等處收服，軍威大振，撤兵不爲無名。傅恆等於拿獲賊人內，擇其明白者，諭以緬匪罪重，理宜全行殲戮，但大皇帝好生，不忍盡殺，爾等告知懵駁，悔罪投誠，將軍等卽遵旨撤兵。370

事實上，前方清軍在接到乾隆上述命令之前，已經與緬軍陣前將領展開了「和議」活動。

十一月十日，緬帥諾爾塔遣人乞和，願結柵於兩軍適中之地，請傅恆蒞臨，諾爾塔親來面受和約。諸將亦以兵多染瘴，爭勸傅恆受降撤兵。傅恆不許。不久因傅恆亦染重病，由阿桂主持軍務。阿桂集諸將計議，決定與緬方和談，傅恆只得勉從。提督哈國興同都統明亮、侍衞海蘭察、明仁、哈清阿、提督常靑、總兵馬彪、于文煥、伊昌阿、李時擴、副將雅爾姜阿、彭庭棟等十二人代表淸方，與緬軍代表十四人相商。哈國興提出緬甸必須進表納貢及歸還所占諸土司。緬方不從，和談失敗。「哈國興單騎入其柵責之，眇旺模（卽諾爾塔）不敢見，別遣人出請如約」。這時緬王懵駁遣使持貝葉書來前線乞降，和議成功371。傅恆具摺說：「用兵之始，衆以爲難。臣執意請行，負委任，請從重治罪。」372同時報稱緬酋懵駁奉有蒲葉書，遣老官屯大頭目諾爾塔詣軍門請求投誠歸附，並根據哈國興的稟報上呈所議條款：一，緬方須照古禮奉表進貢；二，永不許犯我天朝邊境；三，將所有留在緬甸的俘人如數送還。乾隆接到奏摺後對傅恆說，「半月前卽迭傳諭，決計撤兵」。「朕籌辦軍國重務，一切惟順天而行，今審時度勢，自當知難而退，不宜復執直抵阿瓦之說」，要傅恆與緬方和談，「以完此局」[373]。乾隆在征緬戰爭無法進行下去的情況下，才同意息兵議和。三十四年二月，傅恆回歸，三月帶病赴天津行在朝見皇帝，七月十三日卽與世長辭。

然而，清緬兩軍將領陣前所議條款含義不明確，各自上報朝廷內容互有差異。緬王不肯承諾，還懲治了緬方諸將[374]，因此，緬甸的貢表未能如期送來。清方自傅恆退師之後，乾隆一直期待緬王屈服求貢的表文。三十五年正月，老官屯頭目諾爾塔差人送來棕葉緬文，提出「欲通貿易」。乾隆很不高興。他堅持先奉表求貢爾後允許通商，說：「緬匪急於相通，觀其屢次所遞之書，情詞畢露，幸朕預爲料及，節次諭令俟其奉表後，再行奏聞，許通交易」，宣布「降表一日不至，一日不可許其與內地通商」[375]。降至三月，仍不見緬甸奉表入貢，乾隆按捺不住，令軍機大臣以阿桂、彰寶名義擬寫檄緬文稿，急遞雲南，再由阿桂等譯成緬文送給老官屯緬方。同月十四日，老官屯頭目遣人持蒲葉緬文到虎踞關，文書中不僅沒有求貢意向，反而要求清方按約交出木邦、蠻暮、猛拱諸土司，而且言詞「不馴」，說「滿洲領兵大人，向我大頭目說，只要把話說明白，木邦等三土司，自然給你們」。乾隆閱後，勃然大怒，認爲僅限制對緬貿易「實不足以制其死命」[376]，決定派兵侵擾。他責備阿桂當初退兵過於匆忙，致使緬人探得我軍虛實，產生輕視之心，命阿桂等冬季瘴氣稍退時，挑選精銳二、三千人，統以勇將，「乘其不備，襲擊而進，掩殺賊衆，以申我威稜，雖於事無甚大益，亦庶幾稍紓憤懣耳」[377]。六月，阿桂請求簡派八旗侍衛到雲南幫助訓練綠營，以備掩襲之用，乾隆同意，相繼派出侍衛烏什哈達、拉布棟阿等三十員往雲南。清緬戰爭面臨著再度爆發的危險。

留守雲南前方的副將軍阿桂頭腦清醒，竭力反對清緬繼續交惡。九月，老官屯緬軍首領諾爾塔派人致書，請求清軍停止今歲進兵，阿桂作書回覆，並上報乾隆。十月二十二日，乾隆接到阿桂奏摺，連降數道諭旨，斥責「所給回文稿，通體措詞軟弱，無一語切實，顯露遷就了事之意，徒見輕於賊匪」[378]。十月二十七日，阿桂上奏諾爾塔再次遣人致書的摺子又到了北京。阿桂在奏摺中說：緬方「書中並無不馴之詞，似知畏懼。況以綠營兵千名，卽使攻掠，亦無大獲，反使賊有詞，不若示以大度，暫停攻擊，以俟後信」。乾隆在摺子中冷冷地批道：「此是阿桂本意。汝既不願前往，自可暫行停止。」[379]不管乾隆態度如何，阿桂堅持主張與緬甸罷兵媾和。十二月他再次上疏說：「此次（緬方）復遣人來呈遞書信，看來賊匪料及事無底止，頗有悔心，且自禁止貿易以來，伊處必用之黃絲等物，價增十倍，現在上下莫不需此，而去歲亦頗有苦於兵革之狀。」[380]乾隆仍聽不進去，斥責阿桂「甚屬錯謬」，要他「妥協辦理明年大舉」。三十六年五月，阿桂仍然以「偏師不可深入」[381]。向乾隆陳言。乾隆怒斥阿桂「逞其小智，昧良妄奏」，降旨革職，留軍營在兵丁上行止，著溫福馳驛往雲南署理副將軍之職。但是，降至九月，爲征剿小金川，乾隆命令溫福帶著阿桂赴四川，襲擊緬甸的計劃被擱置起來。此後，緬甸入貢問題，乾隆一直念念不忘。直至五十三年緬甸稱臣奉表納貢，該事才算了結。這時年已七旬有餘的老皇帝對當年的未成之功也有了新認識，他說：「予以古稀望八之歲，五十三年之間，舉武功者凡八，七胥善成，其一惟征緬之事，以其地早濕瘴癘，我軍染病者多，因其謝罪求罷兵，遂以振旅，是此事究未成也。近據雲南總督富綱奏報，緬甸謝罪稱臣奉貢之事，命送其使至熱河，將以賜宴施惠，是則此事又以善成於斯矣。」[382]

再征金川

（一）從「以番攻番」到再度出兵

乾隆十二年（西元一七四七年）至十四年，乾隆首征金川，莎羅奔表面上臣服，但清中央政府並未獲勝，土司制度依然保留。土司制度是川西藏族聚居地戰亂的禍根之一。各土司間為了爭奪人口、土地和財富，常相互攻伐，血腥殘殺。鑒於以往瞻對，特別是金川之役的教訓，乾隆對川西藏族各土司的爭鬥，持謹慎態度。十七年雜谷土司蒼旺聚眾攻掠梭磨、卓克基土司。雜谷相當於今四川理縣，延袤二千餘里，地方險要。八月底，四川總督策楞、提督岳鍾琪發兵四千名進剿，攻下雜谷腦，蒼旺等「盡數投誠，情願改土歸流」。策楞等委員逐寨「查造戶口，以定將來輸賦」。乾隆聞奏降諭說：「不料奏功如此迅速，甚屬可嘉」。但對於改土歸流一事不以為然，多次指出：「蓋歸流非夷情所願，萬一稍有風聲，必致衆情驚駭，將人自為守，又成不了之局」；「蓋環蜀皆土司地，一聞雜谷改流，將謂天朝有兼併蠻地之意，人人自疑」。對於已經改土歸流的雜谷，事既至此，只可不加深究，但乾隆強調，「應明示以蒼旺孽由自作」[383]。

二十三年，大金川與革布什咱兩土司因結親構釁。大金川頭人郎卡將女兒嫁給革布什咱土司色楞多敦布，並指使女兒控制革布什咱。革布什咱所屬丹多部民勾結大金川進攻革布什咱，奪取丹多。小金川土司澤旺兒子僧格桑率兵救援革布什咱，大金川遂出兵攻打小金川孫克宗地方。四川總督開泰檄諭金川撤兵，並令沃日、雜谷各土司派土兵赴孫克宗協助小金川防守，又令綽斯甲布相機乘虛攻擊大金川。乾隆獲悉後指出：「番蠻自相攻劫，乃事所常有。」不可繩以內地官法，但開泰調集各土司對付大金川，給乾隆以啓迪，說「以番攻番，亦屬可行」[384]。

所謂「以番攻番」，即清中央政府不出兵，利用川西藏族各土司力量，「共爲合從」，聯合攻擊金川。乾隆答應，消滅金川後，將金川土地分與各土司，以調動各土司合縱攻擊的積極性。他說：「金川原屬不安分土司，若衆土司等能力除之而分其地，於番境轉可久遠相安，正不必以滋釁不已爲慮。」[385]但是，開泰並未將「以番攻番」政策貫徹始終。二十五年大金川土司莎羅奔病故，郎卡爲承襲土司職務，不得不討好清朝，向開泰稟稱：「我本天朝土司，惟與衆土司不和，衆土司因將不法之事，向內地官府前控告。如今止求作主剖斷，情願恪遵，絲毫不敢多事。」[386]二十六年，開泰因各土司圍堵大金川兩載有餘，「既不能克日奏功，轉恐日久生懈」[387]。將各處土兵土練次第撤退。二十七年，開泰企圖以襲封土司一事壓郎卡屈服。原來慣例，襲職土司，除了須經清中央政府批准外，還要取得土舍頭人及鄰近土司甘結。開泰認爲，取具甘結，無疑給郎卡一次重新結好各土司的機會，主張取消。乾隆贊同，並要開泰曉諭郎卡：「鄰近土司與爾素有嫌隙，今因承襲之事，照例取結，伊等定不樂從。今據爾懇求，竟免其輾轉取結。」[388]但是，大金川土司印信，貯於四川司庫，清政府遲遲不交給郎卡。

郎卡襲得土司之職，又立刻出兵攻掠黨壩。各土司被迫集兵抗拒。乾隆因勢利導，指示開泰聽從各土司，協力剿除金川，但「斷不可有先事部署官兵協力佽助之計」[389]。第二年，正當綽斯甲布等九土司合攻大金川之時，開泰多次在成都接見郎卡的代表，且常加撫慰。這勢必引起九土司的疑慮。乾隆切責開泰「既譎以籠絡郎卡，復隱爲援助土司，殊失控制大體」，奪開泰總督職，以阿爾泰代之，並要阿爾泰向綽斯甲布等土司宣布：「郎卡既得罪於衆土司，爾等悉銳往攻，倘能剿滅番碉，亦免爾等後患。」但官府仍不可出兵應援[390]。這是乾隆首次要求四川地方官，在執行「以番攻番」政策時，公開表白官府站在九土司一邊的明確立場。二十九年六月，阿爾泰赴京請訓。工部尚書阿桂奉旨巡邊，暫署川督。他了解到金川情況後，上疏建議：「將金酋罪在不赦傳諭各土司。」這一舉措旨在公開譴責大金川負罪於清中央政府，以釋九土司疑慮。乾隆不同意，說：「若如阿桂所云，『金酋罪在不赦』，則似郎卡實獲罪天朝，於理卽當聲罪致討，又豈應假手九土司！」391 此時的乾隆，仍竭力避免把金川擺在與中央政府直接對立的位置上。但是，官府若不表白對金川的憎惡，九土司又「未免存觀望遲疑之見」，因此，乾隆要求阿桂、阿爾泰以欽差大臣與總督名義，明諭九土司說：

郎卡反覆狡詐，爲衆土司之害，天朝豈肯以衆人之蠹，曲爲庇護！是以該土司印信，仍存成都，不准給發。爾等集衆往攻，原爲自除己害，欽差與總督不惟不爲禁遏，且有應行獎勵之處。金川殄滅後，所有土地，各番寨就近分析，劃界管理。392

平定金川，鏟除土司割據勢力，固然是維護國家與民族統一大業所必須，但其中也包含著大淸皇帝要臣服四方的狂熱統治欲。乾隆始終不願意把「以番攻番」，要借助各土司力量消滅金川，滿足這一統治欲的眞實意圖透露給各土司，說「以蠻攻蠻，止當用力，不可使之知」393，反覆强調九土司聯合攻打金川，「原爲自除己害」，不僅充分表現了封建最高決策者的狡詐，而且加劇了各土司間的矛盾和衝突。

行之多年的「以番攻番」策略，並未收到實效。究其原因是，乾隆制定這一政策時，對各土司的眞實情況缺乏了解。九個土司中，巴旺、革布什咱地小兵單，僅可牽制一面。沃日、梭磨、松岡、卓克基等土司，不與金川接壤，兵少力薄，進攻頗難。黨壩地小力微，自立尙難。唯有綽斯甲布堪與大金川匹敵，但與金川是姻親，首鼠兩端，進攻不力。總之，九土司中弱者居多，非金川對手，個別强者又不願與金川結仇，合縱攻擊金川之策，自然難以奏效。三十年正月，四川總督阿爾泰建議，以該省犍爲、富順二縣餘鹽售賣得價銀年約萬餘兩，犒賞九土司[394]，但仍於事無補。當年十二月，大金川反撲，攻破黨壩土司的額碉，占領巴旺土司的卡卡角地方，其他土司「聞風輒怖，裹足不前」[395]。三十一年六月，乾隆感慨地說：「看來土司等性多狡猾，以蠻攻蠻之計，似難責效。」[396]九月，總督阿爾泰與四川提督岳鍾琪抵康八達巡視，郎卡率衆跪迎，表示要退還所占各土司地盤，交換條件是發給土司印信，釋放被官府拘禁的喇嘛。阿爾泰應允。乾隆知道後，斥責阿爾泰有「將就了事之意」[397]。第二年正月，乾隆又聽說阿爾泰批准郎卡將女兒嫁給小金川土司澤旺之子僧格桑，敏感地意識到，「此又伏釁端矣！」[398]

金川地區形勢的發展，不出乾隆所料。三十五年春，僧格桑藉口沃克什土司色達克拉咒詛伊父子，以致澤旺病倒，發兵攻占沃克什的三個寨子。明正、革布什咱兩土司勸阻無效，沃克什土司向四川總督求援。阿爾泰委員調解，僧格桑要求沃克什「賠償」損失，將被占三寨准小金川耕作，繼而又託詞再攻沃克什。阿爾泰與提督董天弼親往彈壓，僧格桑被迫撤沃克什之圍，但拒不退回所占土地。乾隆聞報，指令阿爾泰傳集小金川土司，諭以利害：「爾土司本彈丸之地，又非險要。爾若稍有不馴，大兵無難朝發夕至。爾自度力量能與天朝抗乎？」[399]僧格桑懾於皇帝聖旨，叩頭謝罪，表示願退還所占土地，並釋放所俘沃克什土司母舅僧格以及二十四名部民。

小金川擴張騷擾行爲剛剛被制止，大金川又出兵攻掠革布什咱。三十五年郎卡病故，其子索諾木襲大金川土司。第二年四月，革布什咱土舍郎卡瓦爾佳勾結索諾木，攻打革布什咱，殺土司色楞多敦布。阿爾泰委游擊宋元俊馳往處理，並調土兵土練彈壓。乾隆指示，不能急於追捕革布什咱土舍，以防止他固結金川，猝難解散，只可往諭大金川，責其襲占鄰地非理，應迅速撤兵。

但索諾木不予理會，反而要求「將革布什咱地方百姓賞給當差」。乾隆指出，「此顯係覬覦土境，妄思占據」，「斷不可稍涉遷就」400。

大金川攻掠革布什咱，小金川受到鼓舞。僧格桑先是出兵再攻沃克什，繼而又襲擊明正土司。明正土司甲勒參得與僧格桑是郎舅之親，當僧格桑出兵攻打沃克什時，明正屢加勸阻，雙方由此成仇。三十六年六月，僧格桑趁明正土兵派赴與革布什咱交界處防守時，發兵攻占明正土司的納頂官寨。阿爾泰認定，「僧格桑非口舌可以化導」，主張派兵四千名防禦明正土司要隘。乾隆斥阿爾泰此舉「似無扼要之見」，應當先發兵討伐小金川。七月十四日傳諭：

小金川因金川與革布什咱相仇，敢於效尤滋事，其情甚為可惡！就兩處情形而論，亦判然不同。朕意宜先辦小金川，擒其凶渠，治以重罪，則金川自當聞風畏懼，歛跡歸巢，斯為一舉兩得。401

他當日宣布，派四川滿洲兵一千名、綠營及土練兵五千名前往鎮壓。鑒於阿爾泰部員出身，未嫻軍旅，且年邁體肥，馳驅行陣，殊非所宜，辦事又遷延不決，畏首畏尾，獨任運籌，於事未必有濟，免其四川總督，僅以大學士銜留川協理事務，調雲貴總督德福任川督，令速馳打箭爐視事。又調副都統鐵保率成都駐防滿洲兵二百名前往備用，還命令在雲南參加征緬戰爭的理藩院尚書溫福，從永昌統領現有滿洲勁旅並精幹黔兵數千名星馳入川。

八月二十八日，德福上疏說：「緬（甸）賊狡詐，與苗種相仿。然無妄念，……且關外崎嶇林箐，兼有瘴氣，我兵不能久駐，請暫停襲擊之舉。」402乾隆閱後，斷定德福是「藉滇省事宜，欲以諷罷小金川之事」，降旨奪其川督之職，以三等侍衛赴伊犁聽差，仍由阿爾泰暫署總督403。

但是，阿爾泰坐守打箭爐數月，藉口明正與金川隔河交界，要等造便木船，方可進攻。乾隆對阿爾泰終於完全失去希望，降旨責備說，身任總督，於需兵若干，作何調撥，何路進攻，何路堵截，並未通盤謀劃[404]。十一月，革去阿爾泰大學士及兼管四川總督之職，由溫福補授大學士，任軍機處行走戶部侍郎桂林爲四川總督。

（二）用溫福兵敗木果木

溫福，字履綏，姓費莫氏，滿洲鑲紅旗人，是康熙時吏部尚書、文華殿大學士溫達之孫，自繙譯舉人，授兵部筆帖式。乾隆初累遷戶部郎中，擢湖南、貴州布政使，坐事奪職，戍烏里雅蘇臺。二十年起內閣侍讀學士，從定邊將軍兆惠討大小和卓木，槍傷顴，擢內閣學士，累遷吏部侍郎、軍機處行走，進理藩院尚書。三十六年十月十八日，以定邊右副將軍銜馳至成都，主持征伐金川軍務。而桂林則於十月十三日抵成都。在溫福到成都前一天，桂林已奔赴打箭爐。

爲剿滅金川，乾隆不惜遣重兵，撥巨餉。至三十七年五月，他先後多次從陝甘調兵一萬七千名，從貴州調兵八千名，合四川原有兵力，共計六萬二千五百餘名[405]。至三十八年六月，共撥餉銀二千九百萬兩，而且乾隆還表示，「但能掃蕩擒殲爲一勞永逸之計，即使再多費一千萬兩，朕亦不靳」[406]。當時清朝部庫所積八千餘萬兩[407]，爲剿滅小金川，乾隆不惜支付國家積聚的三十六%以上。

溫福、桂林抵任後，制定了兩路進攻的軍事征剿計劃。溫福擬從汶川出西路，桂林自打箭爐出南路。十一月十日，溫福從汶川抵臥龍關，部署進兵：提督董天弼攻打達木巴宗，桂林、阿爾泰進剿約咱，溫福則進擊巴朗拉。十一月二十二日，溫福破巴朗拉，十二月中旬清軍攻下達木巴宗官寨，二十九日進逼到資哩。資哩是小金川門戶，山險碉多，僧格桑併力抗拒，直至第二年二月才被攻破。繼而，溫福又攻下阿喀木雅。桂林所部於三十六年十月二十一日破約咱，進克其東山梁大小戰碉五座、石卡二十餘座。第二年三月，又攻克木巴拉、博祖、薩瑪、多覺、藏布覺等，四月破墨龍溝、達烏一帶險要，進逼小金川的咽喉僧格宗。僧格桑見所居美諾官寨危在旦夕，送妻妾到澤旺所居布朗郭宗官寨。

前方捷報頻傳，乾隆興奮不已，於三十七年四月降諭指出：「此時自當並力攻剿小金川，速擒逆豎，乘勝進剿，出其不意，方合事機。」[408]二十六日，又傳諭溫福，應派阿桂與參贊大臣豐升額「速往布朗郭宗，擒獲澤旺，並俘僧格桑妻妾，毋任逋逃」[409]。

可是，正當乾隆沉浸於勝利喜悅中時，前方清軍受挫。五月，桂林部將薛琮率兵三千在墨龍溝被小金川切斷後路，圍困七日。薛琮求援，桂林坐視不救，以致全軍覆沒，僅二百人泅水逃歸。乾隆怒奪桂林職，從西路調取阿桂，授爲參贊大臣統率南路軍，並改陝甘總督文綬爲四川總督，籌辦糧運。

三十七年十月底之後，清軍進展順利。十一月十三日，南路軍占領西山邦甲山梁後，守衞在僧格宗一帶的小金川兵接踵投降。僧格宗與美諾隔河相對，僅半日路程，這裏「田地稍饒，戶口最多，碉寨亦密」[410]。十二月二日，乾隆得報攻下僧格宗，即傳諭軍機大臣說：「小金川之事，自當克日告蕆。」[411]十二月下旬，西路也攻破路頂宗，十二月五日得美諾官寨的另一門戶明郭宗。六日，清軍分路攻破美諾寨，俘獲男女婦三十四名。乾隆聞訊，授溫福定邊將軍，阿桂和尚書豐升額爲右副將軍。

美諾寨破，僧格桑逃往布朗郭宗，繼而再逃底木達寨，求見澤旺。澤旺閉門不納，僧格桑只好逃往大金川勒烏圍寨，投靠索諾木。十二月十一日，溫福攻下底木達寨，俘獲澤旺。乾隆指示把澤旺解京嚴訊。攻破小金川後，溫福等隨即制定三路進攻大金川的作戰方案。一路由溫福率領，從功噶爾拉進逼喀爾薩爾，攻取勒烏圍心腹之地噶拉依。一路由阿桂率領，從僧格宗、納圍、納扎木至當噶爾拉，攻取噶拉依。一路由豐升額率領，從章谷、吉地赴綽斯甲布，會同副都統舒常進兵俄坡，攻取勒烏圍。十二月二十七日，乾隆批准以上作戰方案，並任命舒常為豐升額參贊大臣、都統海蘭察和西安提督哈國興為溫福參贊大臣、副都統明亮為阿桂參贊大臣。

三路大軍進展都不順利。十二月二十六日，溫福兵抵功噶爾拉山下牛廠地方。這裏，大金川據險排立五座大卡，官兵仰攻不易，加上嚴冬雪深數尺，步履維艱。溫福久攻不下，只得改變進攻路線，於翌年二月十日移師木果木，決計攻剿昔嶺，進逼噶拉依。阿桂一路也被阻擋在當噶爾拉山前。金川在綿亙二十餘里的當噶爾拉山梁建戰碉十四座，碉外又有橫牆，牆外護以木柵，木柵之外掘深壕，壕中松簽密布，再潑水成冰，層層布防，清軍難以推進。加上山高雪大，雲霧迷漫，睜眼看不見戰碉。阿桂用炮轟擊，揮兵撲碉，至三十八年三月二十日以很大的傷亡代價，才攻克第五、第四戰碉。豐升額一路進攻金川緊要門戶達爾圖，同樣因碉牆堅厚、雪深冰滑，無從下手。大金川除了利用戰碉阻擋清軍之外，還組織兵力，每四、五百人一股，潛出林箐，邀擊清軍，使清軍疲於應付。五月，僧格桑派人聯絡降清的小金川兵，從清軍內部反水，密謀出兵曾頭溝、底木達以切斷清軍後路。

溫福大軍深入，後方空虛，早就引起乾隆的憂慮。三十八年正月，乾隆獲悉僧格桑從小金川逃往金川時，在曾頭溝隘用樹木攔斷，感到「此甚可疑」。他說：

> 雖賊酋懼官兵進剿，堵塞路徑，使我無從躡跡。但此等要隘之處，我進較難，賊出甚易。安知非賊酋詭計，借攔阻追兵爲名，俟官兵一過，仍由美臥溝而出，復占布朗郭宗、底木達等處？所關不小，溫福等匆匆進兵，於此緊要關鍵未能籌萬全。朕偶念及，心中甚爲不懌。[412]

應當說，乾隆的判斷是正確的，擔心也是有根據的。僧格桑逃跑時，以樹木攔斷曾頭溝要隘，是要阻止清軍進入曾頭溝，保住這條從大金川通往溫福後方的通道，以便日後潛兵奇襲，切斷溫福後路。乾隆既慮及此，立即著手布防。他頒諭新任四川總督劉秉恬駐紮美諾，與提督董天弼共同防守曾頭溝，又擔心劉秉恬兵力不足，降旨調官兵增援。當溫福移駐木果木時，乾隆再次提醒說：「朕按圖察看，我兵業已深入，後路各處，均關緊要。賊匪本屬狡詐，不敢明爲接仗，或乘間由大兵之後，前來偷襲，亦未可知」，「且竊劫營寨，是其長技，尤不可不防」[413]。

乾隆擔心的事情終於發生了。他雖降諭設防曾頭溝，但所用非人。董天弼昏庸，另立營盤，不守碉卡，所部官兵皆怯懦，戰鬥力差。劉秉恬更是措置乖張，不在金川兵出沒處督兵擒獲，反而分派士卒於已降各寨逐一搜查，致使藏民驚疑生怨，失去民心。曾頭溝防衞形同虛設。六月一日夜，大小金川兵潛出大板昭正南山口至底木達，突襲清軍營盤，擊殺董天弼。隨後又搶占清軍設在喇嘛寺糧臺，奪占布朗郭宗等處清軍營卡。七日夜，溫福決定撤出昔嶺以防後路，但後路已被切斷。九日，大小金川兵突破木果木大營東北木柵。時運糧客兵民夫及炮臺匠役二三千人聞金川兵至，逃奔軍營。溫福閉門不納，以致四處奔竄，驚恐所及，綠營兵隨之潰散，金川兵搶占了清軍炮臺。十日，清軍大營後面木柵也被金川兵攻垮，溫福率滿洲兵百人抵抗，左胸中槍斃命。

海蘭察見大勢已去，率部越過山溝，夜半抵功噶爾拉兵營。

木果木之敗，清軍損失慘重。溫福所部二萬名，陷沒約四千人。陣亡將領除溫福本人外，還有副都統巴朗等二員，提督董天弼等三員，以及總兵、御前侍衛、副將、參領、知府、知州、知縣、主事、同知、典史、都司、守備、參將等文武官員百餘人，損失米糧一萬七千餘石，銀五萬餘兩，火藥七萬餘斤，大炮五位。

乾隆獲悉底木達、布朗郭宗失守，是六月十八日。第二天，他强作鎮靜說：「但此等不過零星賊匪，見董天弼毫無準備，遂爾乘勢滋擾，本不成事體。」[414]降諭溫福、阿桂「即速馳赴底木達一帶上緊克復，若不將一帶剿辦全完，亦斷不宜前進」。他還指示海蘭察，「於美諾溝斷賊歸路，尤爲第一要務」，必須選派勇幹將領，挑揀精兵五六百名堵禦[415]，但爲時已晚。二十三日，他接海蘭察奏摺，知道木果木大營被攻破，溫福斃命，「實爲駭異」。此時，乾隆最擔心的是阿桂部隊安危，說：「阿桂聞賊勢猖獗，自必須統領人兵撤回殺賊。只須阿桂與海蘭察等會合，大局即定。」[416]他命令海蘭察，「現在開通將軍等後路，辦理接站等事，最爲緊要，難以稍離」[417]。關於木果木兵敗原因，乾隆歸結爲二點。一是綠營兵私遁。他說：「溫福等失皆爲綠營兵棄營所誤。去年春，朕已派定健鋭營精兵數千備調，因溫福、阿桂奏，以京兵較綠營兵費幾數倍，朕爲其説所游移，遂爾中止。今事已如此，悔亦無及。」[418]乾隆當即決定，選派健鋭、火器營兵各一千名，黑龍江、吉林兵各一千名，其中黑龍江所派，索倫兵應有五百名，著色布騰巴勒珠爾以固倫額駙爲參贊大臣，統率前往。二是董天弼、德爾森二人所誤。溫福移師木果木時，董天弼受命防守曾頭溝，侍衛德爾森奉遣守護木果木北面山梁。乾隆還特別傳諭德爾森：「時刻留心瞭望，毋稍忽略，敢幹咎戾。」[419]可是，二人竟罔顧聖命，導致金川兵偷襲成功。乾隆認爲，駐防美諾的劉秉恬雖難辭其咎，固念其平日辦事尚屬認眞，姑從寬典，革去總督職，拔去所賞孔雀翎，以按察使銜在營效力。對於溫福，乾隆初惜其臨陣捐軀，特加恩賞給一等伯爵，世襲罔替，入祀昭忠祠，並賞銀二千兩治喪。後了解到溫福「性褊而愎，參贊以下之言，概置不聽。又不察地勢之險易，不知士卒之甘苦，常令攻碉，多傷兵衆，其實未能得賊人緊要碉卡。安營之後，復距水甚遠。平時既不得人心，臨事又全無措置，以致於潰」。乾隆氣憤地說：「使其身尚在，卽當立正典刑，以申軍紀。」[420]遂命削去賜爵。

（三）倚阿桂平定兩金川

溫福喪師後，乾隆將平定兩金川希望寄託在阿桂身上，說阿桂「統辦進剿之事，實堪倚任。此外大臣等，亦罕能出其右者」[421]。

阿桂，字廣遠，姓章佳氏，大學士阿克敦的兒子，乾隆三年（一七三八年）舉人，以父蔭授大理寺丞，累遷吏部員外郎，充軍機章京。十三年參與首征金川。二十年擢內閣學士，又參與平定準噶爾、大小和卓木以及征緬戰爭，歷任都統、工部尚書、禮部尚書、加太子太保。阿桂智勇兼備，「臨敵，夜對酒，深念得策，輒持酒以起，且必有所號令」。且又知人善任，諸將有功，「獎以數語或賚酒食。其人感激效死終其身」[422]。三十八年六月二十五日阿桂被乾隆任爲定邊將軍，後改爲定西將軍。

阿桂受命於危難之時。他最緊迫的第一件事，是如何率領全軍安全撤出當噶爾拉。金川兵襲擊木果木後，索諾木由噶拉依奔襲巴旺、布拉克底，企圖切斷阿桂後路。阿桂鎭靜自若。木果木之敗，小金川降卒起過不少的作用。阿桂汲取教訓，淸除了軍中小金川投降者，還派兵將當噶爾拉至章谷一帶退兵必經之路的周圍碉寨盡行燒毀，占領達烏、翁古爾壟、色木則等要隘。爲了切斷河南河北大小兩金川間的聯繫，他還派兵將僧格宗山後皮船盡數收起。爲了配合阿桂撤軍，乾隆指令豐升額從宜喜趕赴打箭爐接應，要海蘭察把守美諾，明亮駐兵僧格宗，以爲犄角之勢，阻截金川兵竄入通道堵攻阿桂。但是，乾隆還不知道，美諾、底木達、布朗郭宗、僧格宗早已落入金川手中。

正當阿桂處於危險境地之際，索諾木多次派人求見阿桂，希望阿桂退兵，說：「我金川係大皇帝家舊土司，如今官兵、百姓等，我金川一點不敢侵犯」。阿桂深知當噶爾拉後路險仄綿長，如翁古爾壟、策爾丹、色木等處，懸崖鳥道，數十人據險，萬夫莫過。如果能退兵扼守住這些地方，「現在則易防後路，將來則易於進攻，於事轉有把握，莫若將計就計，權爲撤出」[423]。從六月二十五日至七月一日，阿桂親自斷後，振旅徐徐撤抵翁古爾壟。七月十六日，乾隆聞阿桂全師安全轉移，十分高興，諭豐升額仍返回宜喜。

這時，大金川與鄰近土司關係更趨緊張。當年九土司聯合攻擊大金川，索諾木耿耿於懷。木果木襲擊得手，他又被勝利沖昏頭腦，擴張野心更加膨脹。他一方面派人求阿桂撤兵，因爲清軍畢竟是他地區擴張行爲的主要障礙，而且阿桂治軍有方，布防有力，未可輕易動搖。另方面又在謀劃新的擴張行動。他派人威脅綽斯甲布土司工噶諾爾布說：「爾等從前協助天朝攻剿，今爾一路官兵不久卽欲退出，我卽發兵報仇。」工噶諾爾布回答：「官兵退否，我等豈能預知，爾欲抗拒，亦自由汝。」[424]索諾木還遣人赴黨壩遊說，被黨壩人拒於界外。襲擊木果木之前，索諾木利用僧格桑的威望，令他潛回小金川，引誘當地部民反叛。及索諾木占領小金川後，令其兄岡達克固守，將所得銀、緞、鉛藥、馬匹、糧食、物件全數運回大金川，並把僧格桑軟禁在大金川的科思科木，身旁換以大金川士兵，視如「孤腸腐鼠」[425]。各土司包括小金川中一部分百姓，皆對索諾木不滿，希望清中央政府能贏得這場戰爭的勝利，主動支援清軍。阿桂曾向乾隆報告說：「自當噶爾拉軍營撤回時，見沿途各險隘皆有土兵把守接應。查係布拉克底、巴旺土司，及革布什咱土司亦俱添兵前來，較原派之數加多。」[426]一些土兵自願爲清軍作嚮導，還有人把偵知大金川軍事行動的情況密報清軍。乾隆正確地把握了各土司與大金川的矛盾，以及他們對中央政府的親善態度，作出部署。他指出「蓋索諾木兄弟之意，久思吞併各土司，雄踞一方」[427]，已失人心，清軍應聯絡各土司，以爲我用。他一方面接連嘉獎各土司如布拉克底、巴旺、明正、革布什咱、黨壩等頭人，以及梭磨土婦；另方面向各土司宣布：「朕已降旨，調各處勁兵數十萬，厚儲糧餉，以如許兵力、軍資剿殄賊番，易於反掌。朕如此籌辦者，皆爲爾土司等恐致失所耳。爾等自應努力並心，同期滅賊，以冀永受朕恩。」[428]乾隆還指示阿桂，遣人四處揚言「已調動十餘萬精兵前來合剿，則賊酋聞之喪膽震動，而各土司亦可定其游移之志」[429]。乾隆聯絡各土司孤立大金川的決策，對爾後軍事上勝利進攻兩金川，發揮了積極作用。

阿桂回師翁古爾壟後，根據乾隆先打小金川後攻大金川的指示，積極醞釀進攻路線。十月，新調集的滿漢各路兵陸續到達軍營。二十七日，阿桂揮師三路進攻小金川。西路由海蘭察率領，自達木巴宗山之北出兵，分別攻打底木達、布朗郭宗、沃克什、明郭宗，插向美諾。南路由副將軍明亮和參贊大臣富德統率，從綽斯甲布進兵。阿桂親率中路軍攻打資哩。二十九日，阿桂部破資哩南北山梁、阿喀木雅、美卡卡、木蘭壩，收復沃克什官寨。西路軍於十一月一、二日連克路頂宗、明郭宗等處，三日克美諾官寨和底木㻗官寨。六日，南路明亮軍克復僧格宗。至此，小金川已被清軍全部平定。

阿桂從出兵到平定小金川，前後僅十天時間。速度之快，爲乾隆始料不及。十一月十四日，乾隆接到前方戰士克復美諾寨，興奮地說：「收復小金川之易，朕原早已料及。第官兵能於一、二日內連次克復美諾等處，剿殺多人，並搶獲炮位、米糧，實屬迅速」，同時指示阿桂，當一面酌量小金川善後事宜，一面帶兵分路攻剿大金川，「乘將士新勝銳氣，鼓勇直前」[430]。

爲平定大金川，阿桂要求增兵添餉。乾隆又一次表示：「只要大功必成，多費實所不惜。」[431]截至三十九年十二月，他共撥出餉銀九百萬兩[432]，還先後調荊州駐防兵一千名、湖廣綠營兵一千名、成都駐川綠營兵二千名、黔兵二千名、雲南兵三千名，共計九千名趕赴川西[433]。

乾隆與阿桂等人反覆商討進攻大金川路線。阿桂所部擬從谷噶、凱立葉進攻。馬奈、馬爾邦是首征金川時老路，明亮所部擬由此兩地進攻。巴旺、布拉克底土司告訴明亮，大金川料定清軍將循阿桂原來路線從當噶爾拉進攻，因而於此處竭力設防。明亮決定避開正面山梁，於東西兩邊山路探明抄截途徑，以便出敵不意。豐升額所部原擬從俄坡前進，直逼勒烏圍。後偵知這裏樹木叢深，道路險窄，不利於進攻，遂改定計劃，擬於黨壩附近進攻穆爾津岡要隘，然後從上面下壓取勒烏圍。乾隆批准了以上三路進攻計劃。

三十九年正月二日，阿桂至布朗郭宗查點滿漢官兵後，分撥海蘭察等爲第一隊，率兵五千名於六日進發；色布騰巴勒珠爾等爲第二隊，率兵五千餘名於七日進發；阿桂爲第三隊，率大軍於八日進發。明亮一路，於正月五日進抵格藏橋，即伏兵橋北，嗣後由參贊大臣富德率六千人從河北駱駝溝進攻，都統奎林率四千人從河南博堵進攻。豐升額於正月八日帶兵至薩爾赤鄂羅山，派兵駐守通往大金川要隘孟邦拉山梁等處[434]。

征剿大金川的戰鬥打響後，儘管遇到敵方頑強抗擊，三路清軍仍步步向前推進。至二月下旬，明亮所部先後攻下馬奈和卡卡角山梁；阿桂分兵繞攻羅博瓦，連克大碉八座，殲敵二百餘名；豐升額也占領了莫爾敏山。爲了配合軍事進攻，乾隆於三月七日指示阿桂，應展開政治攻勢，要他以大將軍名義，於各路遍爲宣諭：

> 因爾逆酋索諾木、莎羅奔弟兄及其大頭人等負恩反噬，抗拒天朝，實爲覆載所不容，是以聲罪致討，必須掃穴擒渠，立時誅磔，以申國憲，原於爾番衆無涉。況逆酋平日恃其凶惡，蠶食鄰疆，方其攻奪之時，衆番等爲之捨死出力，及既占得地方，則逆酋獨專其利，絲毫不以分人。爾番衆始終不知悔悟，已屬至愚，乃竟敢與王師相抗，尤爲愍不畏死。今選用八旗勁旅，分路進攻，所向殲戮無遺，此皆爾等所目擊者。……本將軍仰體大皇帝如天好德之心，不忍盡行洗蕩，特爲明白宣諭，爾等各宜猛省。如能曉然於禍福利害之機，即速設法將索諾木並其兄莎羅奔其姑阿青及用事頭人丹巴沃咱爾等一並擒獻軍門，不但可免爾等之罪，並當奏聞大皇帝予以恩賞，或並加之錄用。若僅詣軍營投降，亦當待以不死，仍令安居樂業，共爲良民，豈不甚善！設若迷而不悟，則大兵所至，有殺無赦。[435]

此諭在指出索諾木一夥罪責，表明清中央政府誓平大金川決心的同時，把金川土司頭人與普通部民區別開來，把繼續頑抗與歸順投降的區別開來，號召廣大部民「各宜猛省」，放下武器，這無疑起到分化敵方營壘的作用。

經過數月激戰，阿桂隊伍於七月中旬推進到大金川重要據點遜克爾宗。此時，索諾木又玩弄投降詭計。他先用藥毒死僧格桑，埋在遜克爾宗壩前。八月十五日，索諾木挖出僧格桑屍體，遣人送屍詣阿桂軍前求降。乾隆知道後，明確指示：「官軍費如許力量，始得平定其地，不當以受降完結。」[436]於是，阿桂拘禁獻屍者，並割下僧格桑首級暫存成都，以備日後一併獻俘。索諾木求降不成，轉而併力抗拒。清軍久攻遜克爾宗不下，阿桂遂於十月十六日遣海蘭察等分兵攻破墨格爾山梁各碉寨。明亮所部則於八月十六日攻破俄坡一帶戰碉，十月十九日又攻克日旁山後碉寨，與阿桂軍營隔大金川河相望。兩軍距勒烏圍都只有二十里路程。為了攻破二十里之外的勒烏圍，清軍奮戰達九個月之久。直至四十年七月十四日，阿桂、明亮二路大軍才合圍勒烏圍。八月十五日，勒烏圍終於被攻破。第二天，阿桂馳奏紅旗報捷。二十四日，乾隆於木蘭行宮得捷音，興奮至「幾欲垂淚」[437]。八月十七日，阿桂、明亮兩路軍五萬七千人攻打大金川最後碉寨噶拉依。十二月十八日，噶拉依寨被清軍層層圍困。二十日，索諾木母親阿倉、姑母阿青等至阿桂軍營投降。二十八日，岡達克亦出降。四十一年一月三日，阿桂以阿倉、阿青、岡達克圖記，遣人勸索諾木投降。二月四日，索諾木看大勢已去，出寨乞降。清軍蕩平大金川全境。四月二十七日乾隆龍袍袞服御午門，受獻俘禮，又在瀛臺親鞫索諾木等，傳旨將索諾木、岡達克等「寸磔」處死。

乾隆以五年時間，調兵近十萬，動帑共七千萬餘，才最終平定大小兩金川。為確保這一地區的長期穩定，他於戰後採取了若干措施，其中主要的有如下幾點：

第一，建立各土司輪流入覲制度，「俾擴充知識，以革其獷悍之風」[438]。

第二，設將軍駐紮成都，「其管理番地之文武各員，並聽將軍統轄。凡番地大小事務，俱一稟將軍，一稟（四川）總督，酌商妥協。」另設提督一員，駐紮雅州，於勒烏圍設總兵、游擊各一員，都司、守備各二員，駐兵千名。他如噶拉依亦派兵駐守。[439]

第三，金川藏民篤信佛教，但缺少喇嘛。今於噶拉依、美諾兩處建廟宇，從京師派喇嘛前往住持。

第四，綽斯甲布、布拉克底、巴旺、黨壩各土司被金川所占據土地，查明確係無礙田土，繪圖具奏後，酌量賞給各土司。

第五，金川部民應遵制薙髮，但服飾可以照舊。至於沿邊各土司百姓，可免薙髮。

第六，兩金川改土歸流，於小金川設立美諾廳，於大金川設阿爾古廳。四十四年阿爾古廳併入美諾廳，爾後美諾廳又改名懋功廳。

第七，安兵屯墾。四十三年興屯之初，共一百五十戶，計男婦大小三百六十五口，分插在卡卡角、沉角溝、卡爾金、大板昭、丹扎寨等地。十年後，屯墾規模擴大，累計墾種土地達一三六、六三五畝。新任四川總督保寧向乾隆報告金川屯務時説，「穡事日興，荒土盡開闢」440。

主持《四庫全書》的編纂

（一）親自主持《四庫全書》的編纂

曠古大叢書《四庫全書》的編纂，是乾隆盛世於文化方面的顯示。

三十七年正月四日，乾隆降諭蒐集古今羣書：

朕稽古右文，聿資治理，幾餘典學，日有孜孜。……是以御極之初，卽詔中外搜訪遺書，並令儒臣校勘「十三經」、「二十一史」，徧布黌宮，嘉惠後學。復開館纂修《（通鑑）綱目三編》，《通鑑輯覽》及《三通》諸書，凡藝林承學之士，所當戶誦家絃者。……惟蒐羅益廣，則研討愈精。如康熙年間所修《古今圖書集成》，全部兼收並錄，極方策之大觀，引用諸編，率屬因類取裁，勢不能悉載全文，使閱者沿流溯源，一一徵其來處。今內府藏書，插架不爲不富，然古今來著作之手無慮數千百家，或逸在名山，未登柱史，正宜及時採集，彙送京師，以彰千古同文之盛。其令直省督撫會同學政等，通飭所屬，加意購訪，除坊肆所售舉業時文，及民間無用之族譜、尺牘、屏幛、壽言等類，又其人本無實學，不過嫁名馳鶩，編刻酬倡詩文，瑣屑無當者，均無庸採取外，其歷代流傳舊書，內有闡明性學治法，關繫世道人心者，自當首先購覓。至若發揮傳注，考核典章，旁暨九流百家，有裨實用者，亦應備爲甄擇。又如歷代名人洎本朝士林宿望，向有詩文專集，及近時沉潛經史，原本風雅，如顧棟高、陳祖范、任啟運、沈德潛輩，亦各著成編，並非剿說巵言可比，均應概行查明，在坊肆者或量爲給價，家藏者或官爲裝印，其有未經鐫刊，只係鈔本存留者，不妨繕錄副本，仍將原書給還。並飭所屬，一切善爲經理，毋使吏胥藉端滋擾。但各省蒐輯之書，卷帙必多，若不加之鑑別，悉令呈送，煩複皆所不免。著該督撫等先將各書敘列目錄，注係某朝某人所著，書中要旨何在，簡明開載，具摺奏聞，候彙齊後，令廷臣檢核，有堪備閱者，再開單行知取進。庶幾副在石渠，用儲乙覽，從此四庫七略，益昭美備。441

乾隆在這篇諭旨中，追述自登極以來，倡導整理編纂文獻取得成就，同時對康熙時期編纂的《古今圖書集成》表示不滿，說是「因類取裁，不能悉載全文」。他要窮搜博採古今更多圖書，做到「四庫七略，益昭美備」。這一時期，也正是清王朝財政收入最好時期。同年同月，乾隆說：「此時部庫所積，多至八千餘萬，朕每以存積太多爲嫌。天地生財，止有此數，今較乾隆初年，已多至一半有餘，朕實不欲其多聚。」442。豐厚的物質基礎，使乾隆萌發編纂曠古大叢書的雄心。不過，這道諭令主要是講搜集圖書的範圍，首先是有關繫世道人心的「性學治法」，其次是「考核典章」的政書與「九流百家」著作，以及歷代與本朝名人詩文集。第二年二月，乾隆才決定這部叢書將來編成之後，著名《四庫全書》。

江南是人文薈萃之地。乾隆把搜書重點放在江浙淮揚，特別是幾處大的藏書家。三十八年三月二十九日，他頒諭：

……遺籍珍藏，固隨地俱有，而江浙人文淵藪，其流傳較別省更多。果能切實搜尋，自無不漸臻美備。聞東南從前藏書最富之家，如昆山徐氏之「傳是樓」、常熟錢氏之「述古堂」、嘉興項氏之「天籟閣」、朱氏之「曝書亭」、杭州趙氏之「小山堂」、寧波范氏之「天一閣」，皆其著名者，餘亦指不勝屈。並有原藏書目，至今尚爲人傳錄者，即其子孫不能保守，而輾轉流播，仍爲他姓所有。第須尋原究委，自不至湮沒人間，縱或散落他方，爲之隨處縱求，亦不難於薈。又聞蘇州有一種賈客書船，平時在各處州縣兌賣書籍，與藏書家往來最熟，其於某氏舊有某書，曾購某本，問之無不深知，如能向此等人善爲咨詢，詳加物色，因而四處借鈔，仍將原書迅速發還，諒無不踴躍從事。至書中即有忌諱字面，並無妨礙，現降諭甚明，即使將來進到時，其中或有誕妄字句，不應留以疑惑後學，亦不過將書毀棄，轉諭其家不必收藏，與藏書之人並無干涉，必不肯因此加罪。443

二天之後，乾隆又頒發了內容相似的諭旨，尋書的重點卻放在商人之家。他强調「淮揚係東南都會，商人中頗有購覓古書善本弆藏者。而馬姓家蓄書更富，凡唐宋時秘冊遺書，多能裒輯存貯，其中宜有可觀，若能設法借鈔副本呈送，於四庫所儲，實有裨益」[444]。

在乾隆推動下，徵書很快取得進展。當年五月，據報告，浙江、江南督撫以及兩淮鹽政購求之書已不下四、五千種。至三十九年夏，各地共進書十二次，計四、五二三種，五六、九五五卷，無卷數者二、〇九二冊尚不計及。各地著名藏書家進獻書目尤多，如浙江鮑士恭、范懋柱、汪啓淑以及兩淮之馬裕四家爲數至五、六百種。乾隆降旨賞以上四家《古今圖書集成》各一部。江蘇周厚堉、蔣曾瑩，浙江吳玉墀、孫仰曾、汪汝瑮等進書百種以上，朝臣黃登賢、紀昀、勵守謙、汪如藻等也進書多種。對於以上各家，乾隆賞給內府初印《佩文韻府》一部。乾隆還降諭，收集到各書「於篇首用翰林院印，並加鈐記，載明年月姓名於書面頁，俟將來辦竣後仍給還各本家」[445]。三十九年六月，乾隆令館臣，對進書最多者，擇其中善本十餘種，題以御製詩句[446]。七月，又著令凡一人進書百種以上，「可稱藏書之家，即應將其姓名附載於各書提要末」[447]。這些表彰性政策，使藏家感到榮耀，對於鼓勵獻書，無疑起了很大推動作用。

除向民間徵書外，乾隆還諭令要充分利用官方藏書，包括從清初至乾隆三十八年以前官方編纂的《周易折中》、《春秋傳説匯纂》、《性理精義》、《大清會典》、《唐宋詩醇》等，以及皇史宬、懋勤殿、摛藻堂、昭仁殿、武英殿、景陽宮、上書房書、內閣大庫、含經堂等內廷藏書。乾隆特別重視從《永樂大典》中擇輯罕見書籍。三十八年二月，他批准安徽學政朱筠條奏，降諭將二二、九〇〇餘卷、一一、〇九五冊的《永樂大典》中「不恆經見」的古書，「可以湊合成書者」，詳細檢閱，並與《古今圖書集成》互爲校核，先行摘開目錄奏聞，「候朕裁定」[448]。但是，經查核，《永樂大典》缺千餘本。乾隆估計在康熙年間開館修纂《古今圖書集成》時，總裁等官徐乾學、王鴻緒、高士奇等在局日久，家裏或存有剩本，遂降旨令各家後裔，若有存書，「無論本數多寡，卽爲繳出送京」[449]。當年八月，紀昀、陸錫熊因從《永樂大典》中檢出各書，「考訂分排，具有條理，而撰述提要，粲然可觀」，乾隆特授他們翰林院侍讀，以示獎勵。

據統計，經多方搜集所得書，計一萬二千九百餘種，十六萬八千餘冊。其中，各省督撫進書約一萬一千餘冊，私人獻書近一千冊[450]。經過紀昀等人努力，從《永樂大典》輯出失傳書籍，計經部六十六種、史部四十一種、子部一百零三種、集部一百七十五種，共四、九二六卷。這些近一萬三千種書籍的徵得，爲《四庫全書》的編纂，奠定了豐富的基礎。

爲了編纂《四庫全書》，乾隆建立一個龐大的四庫全書館組織機構，由正總裁總攬編纂工作，以副總裁襄助之。總裁之下，有總閱官，總理閱定羣書；有總纂官，總理編纂之事；有總校官，總理校訂。還有翰林院提調官、武英殿提調官，職掌兩處藏書提調；有總目協勘官，管理協定全書總目。有繕寫處，專掌鈔書。總纂官之下，又有纂修官，分任編書之目，其職又分四種：校勘《永樂大典》纂修官、校辦各省送到遺書纂修官、黃簽考證纂修官、天文算學纂修官。總校官之下，有篆隸分校官、繪圖分校官。繕書處亦設總校官、分校官、篆隸分校官。此外還有督催官、翰林院收掌官、武英殿收掌官、繕書處收掌官、監造官等等，共三百六十員，其中不乏優秀學者。三十八年閏三月，乾隆批准大學士劉統勳薦舉，任紀昀、陸錫熊爲總辦，以姚鼐、程晉芳、任大椿、汪如藻、翁方綱爲纂修，以余集、邵晉涵、周永年、戴震、楊昌霖等人「在分校上行走」[451]。這一批學者，都是當時飽學之士。紀昀學貫儒籍，旁通百家，他在編纂工作中，「鉤深摘隱，各得其要旨」，爲該書編纂作了重大貢獻。陸錫熊、邵晉涵以史學著稱。周永年以校勘學著稱。姚鼐擅長經學、理學、小學。戴震更是「皖派」考據大師，精通經學、天文、地理、音韻、訓詁等，卻屢試進士不第，乾隆特以舉人召置四庫全書館充纂修官。有這一批著名學者參與其事，對編纂《四庫全書》的質量有保證作用。乾隆還任命皇六子永瑢、皇八子永璇、十一子永瑆以及大學士劉統勳、舒赫德、阿桂、于敏中等爲總纂官。皇子與顯臣參與其事，表明乾隆高度重視《四庫全書》的編纂，對其工作的順利進展，起到了政治上、行政上的保證作用。

這部巨帙叢書的分類原則，是乾隆親自裁定的。乾隆三十八年二月十一日，他在諭旨中對《永樂大典》按韻分字編排的分類法，表示不滿：

編韻分字，意在貪多務得，不出類書窠臼，是以踳駁乖離，於體例未能允協。即如所用韻次，不依唐宋舊部，惟以洪武正韻爲斷，已覺凌雜不倫，況經訓爲羣籍根源，乃因各韻轇轕，於《易》先列蒙卦，於《詩》先列大東，於《周禮》先列冬官，且採用各家，不論易書詩禮春秋之序，前後錯互，甚至載入六書篆隸眞草字樣，摭拾米芾、趙孟頫字格，描頭畫角，支離無謂。至儒書之外，闌入釋典道經。於古柱下史專掌藏書守先待後之義，尤爲鑿枘，不合朕意。從來四庫書目，以經史子集爲綱日，裒輯分儲，實古今不易之法。是書旣遺編淵海，若準此以採擷所登，用廣石渠金匱之藏，較爲有益。452

乾隆强調按經史子集四部分類法，是要突出儒家經典居羣書之首的地位。

乾隆主持《四庫全書》的編纂，不僅親自確定書籍徵集的範圍、原則、方法，親自遴選纂修人員，親自確定全書編纂原則，而且還親自閱讀了纂修人員陸續呈送的部分著作。可以説，乾隆抓《四庫全書》的編纂，是抓得相當具體細緻。他不時審檢《四庫全書》館送來的繕寫本，多次發現其中錯字。有一次，他閱讀康熙御製詩集，内「桃花」的「桃」字，誤寫作「梅」字，降諭説：「朕於所繕各種書籍，原未嘗有意苛求，亦實無暇通身細閱，而信手披閱，錯字自然呈露，則其他舛誤，諒更不少。」他要求總裁們每日到館，「但能每本抽閱數處，時爲駁正，則校對及謄錄等皆知有所儆畏經心」[453]。爲了使校繕人員能悉心工作，以「免魯魚亥豕之訛」。三十八年十月，在乾隆的要求下，總裁大臣們議定出考成章程，卽《功過處分條例》，對謄錄、校對人員的功過賞罰作了明文規定[454]。儘管處分條例規定甚嚴，但謬誤仍難避免，爲此而被記過或罰俸者甚多。如總纂紀昀、陸錫熊、孫士毅於乾隆四十五年冬被記過三次，纂修周永年於四十六年冬記過五十次。總校官王燕緒、朱鈴、何思鈞、倉聖脈四人被記過最多，倉聖脈達一、六八六次，朱鈴達二、七三四次，王燕緒達三、七〇五次，何思鈞達三、七二八次[455]。這說明乾隆對《四庫全書》的質量督察甚嚴。

乾隆還獲悉，浙江寧波府范懋柱家「天一閣」藏書處，「純用磚甃，不畏火燭，自前明相傳至今，（藏書）並無損失」，三十九年六月，他諭浙江地方官到天一閣，「看其房間製造之法」，然後「燙成準樣，開明丈尺呈覽」。地方官察看後報告說：

> 天一閣在范氏住宅之東，坐北向南，左右磚甃爲垣，前後簷上下俱設窗門，其梁柱俱用松杉等木，共六間。西偏一間，安設樓梯，東偏一間，以近牆壁，恐受濕氣，並不貯書。惟居中三間，排列大櫥十口，內六櫥前後有門，兩面貯書，取其透風。後列中櫥二口、小櫥二口。又西一間，排列中櫥十二口，櫥下各置英石一塊，以收潮濕。閣前鑿池，其東北隅又爲曲池。傳聞鑿池之始，土中隱有字形，如「天一」二字。因悟「天一生水」之義，卽以名閣。閣用六間，取六成之義。[456]

同年秋，乾隆命在避暑山莊建「文津閣」，在圓明園建「文源閣」，四十年又在紫禁城建「文淵閣」，四十一年於盛京建「文溯閣」，準備存放《四庫全書》。以上合稱「北四閣」。乾隆曾作《題文津閣詩識語》注云：「是閣與紫禁城、御園、盛京之三閣，均仿范氏天一閣之制，以貯《四庫全書》者。」[457]四十四年，又在鎮江建文宗閣，四十五年，在揚州建成文匯閣，四十七年在杭州興建文瀾閣，合稱「南三閣」。它們同樣是仿天一閣建成。

從乾隆三十七年正月算起，《四庫全書》編纂花費十年時間，至四十六年冬才完成第一部繕寫工作。乾隆令貯文淵閣。翌年及四十八年、四十九年又陸續完成第二、三、四部，分別貯文溯、文源、文津三閣。四十七年七月，乾隆決定再繕寫三部，分別貯南三閣。他說：

> 因思江浙爲人文淵藪，朕翠華臨蒞，士子涵濡教譯，樂育浙摩，已非一日，其間力學好古之士，願讀中秘書者，自不乏人。茲《四庫全書》允宜廣布流傳，以光文治。如揚州大觀堂之「文匯閣」、鎮江口金山寺之「文宗閣」、杭州聖因寺之「文瀾閣」，皆有藏書之所，著交四庫館再繕三份，安貯各該處，俾江浙士子觀摩謄錄……。[458]

五十二年三月，當南三閣三份《四庫全書》卽將告竣之際，發生李清《諸史異同錄》事件。乾隆在閱讀內廷《四庫全書》時，發現李清《諸史異同錄》內說，清康熙時與明崇禎時有「四事相同」，「妄誕不經，閱之殊甚駭異」。乾隆嚴厲指出：

> 李清係明季職官，當明社淪亡，不能捐軀殉節，在本朝食毛踐土，已閱多年，乃敢妄逞臆說，任意比擬，設其人尚在，必當立正誅刑，用彰憲典。今其身既倖逃顯戮，其所著籍悖妄之處，自應搜查銷毀，以杜邪說而正人心。乃從前查辦遺書時，該省及辦理四庫全書之皇

子大臣等，未經撤毀，今續辦三分全書，猶復援例繕，方經朕摘覽而得，甚屬非是。……所有辦《四庫全書》之皇子、大臣及總纂紀昀、孫士毅、陸錫熊，總校陸費墀、恭泰、吳裕德，從前覆校許烺，俱著交部分別嚴加議處。……所有四閣陳設之本及續辦三分書內，俱著掣出銷毀。459

在乾隆斥責下，四庫館臣趕緊對北四閣四庫全書進行重檢，不僅銷毀李清《諸史異同錄》，還抽出李清撰《南北史合注》、《南唐書合訂》、《列代不知姓名錄》，以及吳其貞《書畫記》、周亮工《讀書錄》、《閩小紀》、《印人傳》和不著撰人、但內有錢謙益辨證的《國史考異》等等。

（二）編纂《四庫全書》的功過

《四庫全書》的編纂，對於保存與整理我國古代文化遺產，起了巨大的作用。

《四庫全書》共收錄書籍三、四八八種，存目達到六、七八三種。其中有三百八十餘種佚書，經眾多學者長期搜輯，失而復得。還有不少書籍，經過艱苦的考訂，鑑版本，證眞僞，補殘篇，斟字句，使古籍恢復了原貌。酈道元《水經注》，由於長期輾轉抄刻，經注混淆訛誤不可卒讀。經戴震精心研究，確定了區別經與注的三原則，使長期混淆的經與注，得以區別開來。《四庫全書》的編纂者，還編寫了《四庫全書總目》，介紹著錄與存目書籍，寫明作者姓名、所處年代與該書要旨，集圖書作者、內容與版本三者於一體，對我國目錄學的發展，有重大影響。

但是，由於《四庫全書》編纂者抱著狹隘的政治目的，在編纂過程中，對於不利於清朝的書籍，採取銷毀、刪削、挖改等文化專制手段，使中國古代文化又遭受一次浩劫。

三十七年正月四日，在搜集羣書的諭旨中，乾隆開宗明義，說此舉是爲「聿資治理」。《四庫全書》編纂過程，始終貫徹著「聿資治理」這一政治意圖。

儒學是官學，居意識形態領域統治地位，是不容懷疑的。對於那些譏諷儒學鼻祖孔孟的著述，不論其學術價值如何，都受抨擊或摒棄。如東漢王充《論衡》，在中國思想史上具有難以抹煞的地位，《四庫全書》編纂者對此不得不承認，說此書「終不能廢」，收入四庫全書，但對其中富有批判性的《刺孟》、《問孔》二篇，卻斥之「以與聖賢相軋，可謂悖矣」460。明代進步思想家李贄在其《藏書》中提出，漢唐以來，人們「咸以孔子之是非爲是非，故未嘗有是非耳。」對於李贄言論，乾隆等人視之爲洪水猛獸，不僅把他的著作列爲毀焚書目，而且直斥李贄「爲小人無忌憚之尤」，「非聖無法，敢爲異端」，「別立褒貶，凡千古相傳之善惡，無不顛倒易位，尤爲罪不容誅，其書可毀，其名亦不足以污簡牘」461。

對史部書籍，乾隆強調要以「正統」史觀來編纂甚至刪改。這一點，我們留待後面敍述。

編纂《四庫全書》時，乾隆尤其注意明末清初人的著作，四十一年頒諭：

> 前因彙輯四庫全書，諭各省督撫編爲採訪。嗣據陸續送到各種遺書，……第其中有明季諸人書集，詞意抵觸本朝者，自當在銷毀之列。……如錢謙益，在明已居大位，又復身事本朝；而金堡、屈大均則又遁跡緇流，均不能以死節，靦顏苟活，乃託名勝國，妄肆狂信，其人實不足齒，其書豈可復存，自應逐細查明，概行毀棄，以勵臣節而正人心。若劉宗周、黃道周立朝守正，風節凜然，其奏議慷慨極言，忠藎溢於簡牘，卒之以身殉國，不愧一代完人。又如熊廷弼受任疆埸，材優幹濟，所上封事，語多剴切，乃朝議所撓，致使身陷大辟。嘗閱

其疏內，有「灑一腔之血於朝，付七尺之軀於邊塞」二語，親爲批識云：「觀至此爲之動心欲淚，而彼之君若不聞，明欲不亡得乎！」可見朕大公至正之心矣。又如王允成《南臺奏稿》，彈劾權奸、指陳利弊，亦爲無慚骨鯁。又如葉向高爲當時正人，頗負重望，及再入內閣，值逆閹弄權，調停委曲，雖不能免責賢之備，然觀其《綸扉奏草》，請補閣臣疏至七十七上，幾於痛哭流涕，一概付之不答，則其朝綱叢脞，更可不問而知也。以上諸人所言，若當時能採而用之，則亡未必若彼之速，是其書爲明季喪亂所關，足資考鏡，惟當改易違礙字句，無庸銷毀。又彼時直臣如楊漣、左光斗、李應昇、周宗建、繆昌期、趙南星、倪元璐等，所有書集，並當以此類推，即有一二語傷觸本朝，本屬各爲其主，亦止須酌改一二語，實不忍並從焚棄，致令湮沒不彰。462

從這諭旨可以看出，乾隆把明季文集分作三種類型。第一類是「抵觸本朝者」，一律銷毀；第二類是明季降臣和遺臣，這些人或因降清，或因遁跡緇流，皆不能對明朝盡忠死節，人不足齒，書不可留；而且，禁毀的範圍還涉及到那些收錄有明季降臣遺臣詩文的地方志。四十四年十一月，乾隆降諭：

錢謙益、屈大均、金堡等人所撰詩文，久經飭禁，以裨世教而正人心。今各省郡邑志書往往於「名勝古蹟」編入伊等詩人，而「人物」、「藝文」門並載其生平事實，及所著目，自應逐加艾削，以杜謬妄。463

第三類是如劉宗周、黃道周、熊廷弼、葉向高、楊漣等明朝忠臣的著作。這些人「立朝守正，風節凜然」，曾慷慨指陳時弊，明朝不能採納，因而加速敗亡。這些人著作「足資考鏡」，應予保留，「即有一二語傷觸本朝」，稍加「酌改」即可。無論是鞭笞還是表彰前人，乾隆目的都是爲了今人，爲了激勵今人能死心踏地爲現政權效勞。但是，問題並不如此簡單。這一批明代忠義之臣的文集，凡涉有對淸朝的祖宗不敬之語，同樣被禁毀。從各省地方官上報銷毀書目中可知，葉向高《綸扉奏草》、《蒼霞餘草》，熊廷弼《熊經略書牘》、《熊芝岡詩草》、《經略續草》，倪元璐《倪文正遺稿》、《奏牘》和託名黃道周的《郡言典》都列爲禁毀書。

在編纂《四庫全書》期間，乾隆出於政治目的，禁毀書籍總數，據地方官上報的數字共計二、六二九種[464]。又據《四庫全書纂修考》一書作者郭伯恭統計，全毀書計二、四五三種，抽毀書目四百零二種，銷毀書版目五十種，銷毀石刻目一十四種，共計二、六二九種。每種數部或數十部不等，所銷毀總數至少當在十萬部左右[465]。

註釋

1《乾隆實錄》卷三五〇。
2《南巡記》，《重修揚州府志》卷三《巡幸三》。
3、4《乾隆實錄》卷三五七。
5《乾隆實錄》卷三六一。
6《乾隆實錄》卷三五七。
7、8《乾隆實錄》卷三六一。
9《乾隆實錄》卷三六〇。
10《乾隆實錄》卷三七四。
11《乾隆實錄》卷三五六。
12《乾隆實錄》卷三八〇。
13《乾隆實錄》卷三七一。
14《乾隆實錄》卷三七九。
15《乾隆實錄》卷三七六。
16、17、18《乾隆實錄》卷三七九。
19《乾隆實錄》卷三八〇。
20、21、22《乾隆實錄》卷三八一。
23、24《乾隆實錄》卷三八二。
25、26、27、28、29《乾隆實錄》卷三八三。
30《乾隆詩選》第一一三頁，春風文藝出版社，一九八七年版。
31《乾隆實錄》卷三八四。
32《乾隆實錄》卷三八五。
33《乾隆實錄》卷三八六。
34《乾隆實錄》卷三八九。
35《乾隆實錄》卷五三三。
36《乾隆實錄》卷六五八。
37《乾隆御製詩三集》卷二一《觀海塘志事示總督楊廷璋巡撫莊有恭》。
38《乾隆實錄》卷一一〇四。
39《乾隆實錄》卷一一〇二。
40《乾隆實錄》卷一二〇一。
41《乾隆實錄》卷五三四。
42、43《乾隆實錄》卷六五四。
44《乾隆實錄》卷一〇九九。
45《乾隆實錄》卷一二〇〇。
46《乾隆實錄》卷五三二。
47《乾隆實錄》卷五三五。
48《乾隆實錄》卷五三一。

49《乾隆實錄》卷七三〇。

50《清秘史・弘曆非滿種與易服色之不成》。

51《海寧渤海陳氏宗譜第五修》卷二五《原大傳》三《第十一世侍讀愚亭公》。

52《乾隆實錄》卷五七六。

53《乾隆實錄》卷一二〇一。

54《乾隆實錄》卷三七三。

55、56《平定準噶爾方略》初編卷五四。

57 昭槤：《嘯亭雜錄》卷三《西域用兵始末》。

58 茲拉特金：《準噶爾汗國史》，商務印書館，一九八九年十二月內部版。

59 祁韵士：《皇朝藩部要略》卷十《厄魯特要略二》。

60 魏源：《聖武記》卷四《乾隆蕩平準部記》。

61 茲拉特金：《準噶爾汗國史》，商務印書館，一九八〇年內部版。

62《宮中檔乾隆朝奏摺》乾隆十九年九月初五日，劉統勳奏摺。

63 昭槤：《嘯亭雜錄》卷三《西域用兵始末》。

64 茲拉特金：《準噶爾汗國史》，商務印書館，一九八〇年內部版。

65 昭槤：《嘯亭雜錄》卷三《西域用兵始末》。

66《乾隆實錄》卷四六九；魏源：《聖武記》卷四《乾隆蕩平準部記》。

67 昭槤：《嘯亭雜錄》卷四《薩賴爾之叛》。

68《乾隆實錄》卷四四五。

69《乾隆實錄》卷四五二。

70《乾隆實錄》卷四六四。

71《乾隆實錄》卷四七四。

72《乾隆實錄》卷四五九。

73、74《乾隆實錄》卷四七四。

75《乾隆實錄》卷四四五。

76《乾隆實錄》卷四七五。

77《乾隆實錄》卷四六四。

78《乾隆實錄》卷四六八。

79 昭槤：《嘯亭雜錄》卷四《薩賴爾之叛》。

80 昭槤：《嘯亭雜錄》卷三《西域用兵始末》。

81《乾隆實錄》卷四六九。

82《乾隆實錄》卷四六五。

83《乾隆實錄》卷四七〇。

84《乾隆實錄》卷四七九。

85《乾隆實錄》卷四七六。

86 魏源：《聖武記》卷四《乾隆蕩平準部記》。

87《乾隆實錄》卷四七七。

88、89《乾隆實錄》卷四八六。

90《乾隆實錄》卷四八七。

91《乾隆實錄》卷四八五。

92《乾隆實錄》卷四八九。

93《乾隆實錄》卷四九〇。

94《西域圖志》卷首一《天章》。

95、96魏源：《聖武記》卷四《乾隆蕩平準部記》。

97《乾隆實錄》卷四八五。

98祁韵士：《皇朝藩部要略》卷一二《厄魯特要略四》。

99《乾隆實錄》卷四八九。

100昭槤：《嘯亭雜錄》卷三《西域用兵始末》。

101《西域圖志》卷首二《天章》。

102《明清史料》庚編，第十本。

103《乾隆實錄》卷五〇六；五〇七。

104魏源：《聖武記》卷四《乾隆蕩平準部記》。

105《乾隆實錄》卷五二九。

106《乾隆實錄》卷五三〇；魏源：《聖武記》卷四《乾隆蕩平準部記》。

107《乾隆實錄》卷五三〇。

108《乾隆實錄》卷五四三。

109《平定準噶爾方略》正編卷四四。

110、111《乾隆實錄》卷五四七。

112《乾隆實錄》卷五五七。

113魏源：《聖武記》卷四《乾隆蕩平準部記》。

114昭槤：《嘯亭雜錄》卷三《西域用兵始末》。

115趙翼：《皇朝武功紀盛》卷二《平定準噶爾前編述略》。

116椿園：《異域瑣談》卷二。

117魏源：《聖武記》卷四《乾隆蕩平準部記》。

118龔自珍：《上鎮守吐魯番領隊大臣寶公書》；《皇朝經世文編》卷八一《兵政》。

119《乾隆實錄》卷四八〇。

120《乾隆實錄》卷四八五。

121、122《乾隆實錄》卷四九〇。

123（清）姚元之：《竹葉亭雜記》卷一。

124楊應琚：《籌回民墾種安集疏》；《皇清奏議》卷五一。

125《西陲總統事略》卷七。

126王樹枏：《新疆圖志》卷三〇。

127《西陲總統事略》卷七。

128 文綬：《陳新疆情形疏》；《皇清奏議》卷五九。
129 《乾隆實錄》卷六四五。
130 祁韵士：《西陲要略》卷二。
131 《西陲總統事略》卷一《伊犁駐兵書始》。
132 祁韵士：《西陲要略》卷二。
133 素諾穆策凌：《陳新疆事宜疏》；《皇清奏議》卷六三。
134 祁韵士：《西陲總統事略》卷四。
135 何秋濤：《朔方備乘》卷五《征烏梁海述略》。
136 徐松：《西域水道記》卷五。
137 何秋濤：《朔方備乘》卷五《征烏梁海述略》。
138 孫福坤：《蒙古簡史新編》第一二五頁。
139 何秋濤：《朔方備乘》卷五《征烏梁海述略敘》。
140 和卓，伊斯蘭頭面人物的稱呼。和卓既是宗教領袖，又是擁有大量土地和農奴的大農奴主。
141 魏源：《聖武記》卷四《乾隆戡定回疆記》。
142 張星烺：《中西交通史料匯編》第二冊。
143 《西域總志》卷二。
144 《西域總志》卷一八。文中所說「騰格」，回部地區貨幣，一騰格準制錢五十文，值錢一兩。
145 七十一（椿園）：《西域聞見錄》卷七。
146 《西域總志》卷一二。
147 祁韵士：《皇朝藩部要略》卷五。
148 魏源：《聖武記》卷四《乾隆戡定回疆記》。
149 《平定準噶爾方略》前編卷九。
150 《平定準噶爾方略》前編卷二二。
151 《平定準噶爾方略》前編卷三三。
152 《平定準噶爾方略》前編卷五〇。
153 祁韵士：《皇朝藩部要略》卷一五。
154 《平定準噶爾方略》正編卷一二。
155 《平定準噶爾方略》正編卷一四。
156 《乾隆實錄》卷四八七。
157 《乾隆實錄》卷五一一。
158 《平定準噶爾方略》正編卷三三。
159 《平定準噶爾方略》正編卷四七。
160 魏源：《聖武記》卷四《乾隆戡定回疆記》。
161 《平定準噶爾方略》正編卷五八。
162、163 《回疆通志》卷一二。
164 《平定準噶爾方略》正編卷三六。
165 《平定準噶爾方略》正編卷三八。
166 《回疆通志》卷一二。
167、168 《乾隆實錄》卷五三三。

169 昭槤：《嘯亭雜錄》卷六《平定回部始末》。
170 魏源：《聖武記》卷四《乾隆戡定回疆記》。
171 《乾隆實錄》卷五六八。
172 七十一（椿園）著：《西域聞見錄》卷七。
173 昭槤：《嘯亭雜錄》卷六《平定回部始末》。
174 《乾隆實錄》卷五九二。
175、176 魏源：《聖武記》卷四《乾隆戡定回疆記》。
177 《乾隆實錄》卷五九九。
178 《乾隆實錄》卷五七〇。
179 《平定準噶爾方略》正編卷六一。
180 《平定準噶爾方略》正編卷七九。
181 《平定準噶爾方略》正編卷七五。
182 《乾隆實錄》卷六四二，《平定準噶爾方略》續編卷一三。
183 《回疆通志》卷四《額敏和卓列傳》。
184 《平定準噶爾方略》續編卷一三。
185 《平定準噶爾方略》正編卷七九。
186 《乾隆實錄》卷五九七。
187 《乾隆實錄》卷六九九。
188 魏源：《聖武記》卷四《乾隆戡定回疆記》。
189 《西域圖志》卷三一。
190 《平定準噶爾方略》續編卷一五。
191 《平定準噶爾方略》續編卷二。
192 《平定準噶爾方略》續編卷六。
193 《回疆通志》卷七。
194 《西域圖志》卷三五。
195 《回疆通志》卷七。
196 《平定準噶爾方略》續編卷一八。
197 《平定準噶爾方略》續編卷一九。
198 《平定準噶爾方略》續編卷二二。
199、200 《平定準噶爾方略》續編卷一六。
201 那彥成：《阿文成公年譜》卷三。
202 《回疆通志》卷一二。
203 魏源：《聖武記》卷四《乾隆蕩平準部記》。
204 七十一著：《西域記》卷六《烏什叛亂紀略》。
205 《回疆通志》卷一二。
206 《回疆通志》卷一二。另根據《東華錄・乾隆》卷六一的記載，事變爆發過程略有差別：「至運沙棗樹科之時，賴和木圖拉兄弟謀逆。伊父額色木圖拉阻止，不從，因在素誠署前放火拆屋，素誠與阿卜都拉殺賊數人後，見賊勢愈眾，先殺其子，復行自盡。阿卜都拉被擒，以女與賴和木圖拉之子爲妻，始末殺害。」

207《回疆通志》卷一二。

208《乾隆實錄》卷七三五。

209《平定準噶爾方略》續編卷三二。

210《平定準噶爾方略》續編卷三〇。

211《平定準噶爾方略》續編卷三二。

212《清朝文獻通考》卷三三「市糴」。

213 黃啟臣：〈清代前期海外貿易的發展〉，《歷史研究》一九八六年第四期。

214 乾隆《浙江通志》卷八六「榷稅」。

215、216《粵關志》卷五「口岸」。

217《史料旬刊》第一六期，鄂爾達楊永斌摺。

218《史料旬刊》第八期，德沛摺。

219《朱批奏摺・外交類》案卷號三五五，中國第一歷史檔案館。

220、221《史料旬刊》第二二期，慶復摺。

222《乾隆實錄》卷三六一。

223《史料旬刊》第五期，李侍堯摺。

224、225、226《乾隆實錄》卷五三三。

227《乾隆實錄》卷五五〇。

228《乾隆實錄》卷五五三。

229《史料旬刊》第四期，浙江定海鎮總兵羅英笏摺。

230《史料旬刊》第四期，楊廷璋摺。

231《史料旬刊》第四期，方觀承摺。

232《史料旬刊》第三期，楊廷璋摺。

233《史料旬刊》第六期，莊有恭摺。

234《史料旬刊》第五期，新柱等摺。

235《史料旬刊》第四期，新柱摺。

236《史料旬刊》第五期，新柱摺。

237《史料旬刊》第四期，楊廷璋摺。

238《史料旬刊》第九期，李侍堯摺。

239《乾隆實錄》卷五九八。

240《乾隆實錄》卷六〇二；《史料旬刊》第九期，李侍堯摺。

241《史料旬刊》第一八期，李兆鵬摺。

242《乾隆實錄》卷七〇四。

243 引自《沙俄侵華史》第七九頁，復旦大學歷史系編，上海人民出版社一九五七年版。

244《乾隆實錄》卷五四四。

245《乾隆實錄》卷五四八。

246《乾隆實錄》卷五五五。

247《乾隆實錄》卷七四三。

248《乾隆實錄》卷五一九。
249《故宮俄文史料》第三〇七至三一二頁。
250《乾隆實錄》卷五一九。
251《乾隆實錄》卷六四一。
252《乾隆實錄》卷六六三。
253 弗羅倫斯基：《俄國——歷史與解釋》第一卷第六〇四頁注三，一九五五年紐約版。
254《乾隆實錄》卷六二九。
255、256《乾隆實錄》卷六九二。
257《乾隆實錄》卷六九四。
258《乾隆實錄》卷七三八。
259《乾隆實錄》卷七三四。
260、261《乾隆實錄》卷八一四。
262 張穆：《蒙古游牧記》卷一四《額魯特蒙古新舊土爾扈特部總敘》。
263 茲拉特金：《準噶爾汗國史》，第一二四頁。
264 何秋濤：《朔方備乘》卷三八《土爾扈特歸附始末敘》。
265 祁韵士：《西陲要略》卷四《土爾扈特源流》。
266 何秋濤：《朔方備乘》卷三八《土爾扈特歸附始末敘》。
267 祁韵士：《皇朝藩部要略》卷九《厄魯特要略一》。
268 趙翼：《簷曝雜記》卷一《蒙古尊奉喇嘛》。
269 何秋濤：《朔方備乘》卷三八《土爾扈特歸附始末敘》。
270 祁韵士：《皇朝藩部要略》卷一〇《厄魯特要略二》。
271 圖理琛：《異域錄》卷下。
272 祁韵士：《皇朝藩部要略》卷一四《厄魯特要略六》。
273 七十一著（椿園）：《西域總志》卷六。
274 海西希、田中克彥：《蒙古歷史與文化》（舊譯本）第八一頁。
275 何秋濤：《朔方備乘》卷三八《土爾扈特歸附始末敘》。
276（英）霍渥斯：《蒙古史》第一卷第五七六頁。
277 帕里莫夫：《留居俄國境內時期的卡爾梅克民族史綱》第七二頁。
278 祁韵士：《皇朝藩部要略》卷一三《厄魯特要略》。
279 斯文・赫定：《熱河・皇帝城》第三一頁。
280 斯文・赫定：《熱河・皇帝城》第五二頁。
281《乾隆實錄》卷八八七。
282《乾隆實錄》卷八九二。

283、284《乾隆實錄》卷八八七。

285、286《乾隆實錄》卷八九二。

287 中國第一歷史檔案館：《滿文土爾扈特檔》，乾隆三十六年三月。轉引自馬大正：《厄魯特蒙古論集》第二一四頁。青海人民出版社，一九八四年版。

288《乾隆實錄》卷八八七。

289 彭元瑞編《高宗詩文十全集》卷九，商務印書館，叢書集成初編。

290 祁韵士《土爾扈部總傳》，見《外藩蒙古回部王公表傳》卷一〇二。

291《乾隆實錄》卷八八七。

292《乾隆實錄》卷八八九。

293《乾隆實錄》卷八九二。

294《乾隆實錄》卷八九〇。

295 中國歷史第一檔案館：《滿文土爾扈特檔》，乾隆三十六年九月。

296《乾隆實錄》卷八八七。

297《乾隆實錄》卷八九二。

298《乾隆實錄》卷九一四。

299《明史》卷三一五《雲南土司》。

300《文獻叢編》第十四輯，北京故宮博物館藏有該稿照片。

301 徐鼒：《小腆紀傳》卷六《永曆》下。

302、303 昭槤：《嘯亭雜錄》卷五《緬甸歸誠始末》。

304 師範：《緬事述略》，《皇朝經世文編》卷八七《兵政》。

305、306 昭槤：《嘯亭雜錄》卷五《緬甸歸誠始末》。

307《軍機處月摺包》。乾隆十六年閏五月，轉引莊吉發《乾隆十全武功研究》一書第二七二頁。

308、309《乾隆朝宮中檔奏摺》第一輯，乾隆十六年十一月。

310 吳尚賢之死，諸說不一。師範《緬事述略》及屠述濂《緬考》均謂餓死，昭槤《嘯亭雜錄》僅稱「瘐死於獄」，魏源《乾隆征緬甸記》則明確説「被滇吏藉事斃諸獄」。

311 哈威著、姚枬譯《緬甸史》，商務印書館。

312 昭槤：《嘯亭雜錄》卷五《緬甸歸誠始末》。

313《淸史稿》卷五二八《緬甸傳》。

314 趙翼：《平定緬甸述略》，《皇朝經世文編》卷八七《兵政》。

315 師範：《緬事述略》，《皇朝經世文編》卷八七《兵政》。

316 昭槤：《嘯亭雜錄》卷五《緬甸歸誠始末》。
317 趙翼：《平定緬甸述略》，《皇朝經世文編》卷八七《兵政》。
318 魏源：《聖武記》卷一四《武事餘記》。
319 昭槤：《嘯亭雜錄》卷五《緬甸歸誠始末》。
320 《乾隆實錄》卷七五一。
321 《乾隆實錄》卷七五四。
322 昭槤：《嘯亭雜錄》卷五《緬甸歸誠始末》。
323 《乾隆實錄》卷七六六。
324 《清史稿》卷三二七《楊應琚傳》。
325 昭槤：《嘯亭雜錄》卷五《緬甸歸誠始末》。
326 《乾隆實錄》卷七六三。
327 《清史稿》卷三二七《楊應琚傳》。
328 昭槤：《嘯亭雜錄》卷五《緬甸歸誠始末》。
329 《乾隆實錄》卷七六五。
330、331 《乾隆實錄》卷七六九。
332 《乾隆實錄》卷七七二。
333 《乾隆實錄》卷七七四。
334、335 《乾隆實錄》卷七七三。
336、337、338、339 《乾隆實錄》卷七七七。
340 《乾隆實錄》卷七七九。
341、342 《乾隆實錄》卷七八〇。
343 《清史稿》卷三二七《明瑞傳》。
344 昭槤：《嘯亭雜錄》卷五《緬甸歸誠始末》。
345 《乾隆實錄》卷七八二。
346 《乾隆實錄》卷七八四。
347 《乾隆實錄》卷七八五。
348 昭槤：《嘯亭雜錄》卷五《緬甸歸誠始末》。
349 《乾隆實錄》卷七九四。
350 《乾隆實錄》卷七九五。
351 周裕：《從征緬甸日記》第一頁。
352 《乾隆實錄》卷八〇二。
353 昭槤：《嘯亭雜錄》卷五《緬甸歸誠始末》。
354、355 趙翼：《平定緬甸述略》，《皇朝經世文編》卷八七《兵政》。
356、357 《乾隆實錄》卷八〇四。
358 《乾隆實錄》卷八〇五。
359、360 《乾隆實錄》卷八〇九。
361 《乾隆實錄》卷八二七。
362 趙翼：《簷曝雜記》卷三《緬甸之役》。
363 《乾隆實錄》卷八三五。
364 《乾隆實錄》卷八三七。

365 昭槤：《嘯亭雜錄》卷五《緬甸歸誠始末》。
366 趙翼：《平定緬甸述略》，《皇朝經世文編》卷八七《兵政》。
367 趙翼：《平定緬甸述略》。
368、369、370 《乾隆實錄》卷八四六。
371 趙翼：《平定緬甸述略》，《皇朝經世文編》卷八七《兵政》。
372 《清史稿》卷三〇一《傅恆傳》。
373 《乾隆實錄》卷八四七。
374 G．E．哈威：《緬甸史》第二九八頁，姚枬譯注、陳炎校訂，商務印書館一九五七年版。
375 《乾隆實錄》卷八五〇。
376 《乾隆實錄》卷八五六。
377 《乾隆實錄》卷八五九。
378、379、380 《乾隆實錄》卷八七一。
381 《乾隆實錄》卷八七五。
382 《乾隆實錄》卷一三〇七。
383 《乾隆實錄》卷四二二，四二三，四二四。
384 《乾隆實錄》卷五六〇。
385 《乾隆實錄》卷五六二。
386、387、388 《乾隆實錄》卷六三四。
389 《乾隆實錄》卷六七五。
390 《乾隆實錄》卷六九一。
391 《乾隆實錄》卷七一三。
392 《乾隆實錄》卷七一六。
393 《乾隆實錄》卷七五六。
394 《乾隆實錄》卷七二七。
395 《乾隆實錄》卷七五四。
396 《乾隆實錄》卷七六三。
397 《乾隆實錄》卷七六八。
398 《乾隆實錄》卷七七七。
399 《乾隆實錄》卷八六四。
400 《乾隆實錄》卷八八七。
401 《乾隆實錄》卷八八八。
402 《乾隆實錄》卷八九一。
403、404 《乾隆實錄》卷八九三。
405 《乾隆實錄》卷九〇九，九一〇。
406 《乾隆實錄》卷九三六。
407 《乾隆實錄》卷九〇〇。
408、409 《乾隆實錄》卷九〇七。
410 《乾隆實錄》卷九二一。
411 《乾隆實錄》卷九二三。

412《乾隆實錄》卷九二四。
413《乾隆實錄》卷九二七。
414、415、416、417、418《乾隆實錄》卷九三七。
419《乾隆實錄》卷九二七。
420《乾隆實錄》卷九四〇。
421《乾隆實錄》卷九三九。
422《清史稿》卷三一八《阿桂傳》。
423《乾隆實錄》卷九三九。
424《乾隆實錄》卷九四一。
425、426《乾隆實錄》卷九三九。
427《乾隆實錄》卷九四二。
428、429《乾隆實錄》卷九三七。
430《乾隆實錄》卷九四六。
431《乾隆實錄》卷九四九。
432《乾隆實錄》卷九七三。
433、434《乾隆實錄》九五二、九五五。
435《乾隆實錄》卷九五四。
436《乾隆實錄》卷九六四。
437《乾隆實錄》卷九八九。
438《乾隆實錄》卷九九四。
439《乾隆實錄》卷一〇〇四。
440《乾隆實錄》卷一二九七。
441《四庫全書總目》卷首《聖諭》，中華書局一九六五年版。
442《乾隆實錄》卷九〇〇。
443《乾隆實錄》卷九二九。
444《乾隆實錄》卷九三〇。
445《四庫全書總目》卷首《聖諭》。
446《乾隆實錄》卷九六一。
447《乾隆實錄》卷九六三。
448《乾隆實錄》卷九二六。
449《乾隆實錄》卷九二七。
450據涵秋閣鈔本《各省進呈書目》，見涵芬樓秘笈本。
451《乾隆實錄》卷九三〇。
452《四庫全書總目》卷首《聖諭》。
453《乾隆實錄》卷九五三。
454《乾隆實錄》卷九四四。
455見《辦理四庫全書檔案》附錄《四庫館職員記過統計表》。
456《乾隆實錄》卷九六一。
457《高宗御製文餘集》卷三《題文津閣詩識語》。
458《乾隆實錄》卷一一六〇。

459《乾隆實錄》卷一一二七七。
460《四庫全書總目》卷一二〇子部雜字四。
461《四庫全書》卷五〇史部，別史類存目，卷一七八；集部，別集類存目五。
462《乾隆實錄》卷一〇二一。
463《乾隆實錄》卷一〇九五。
464 據雷夢辰《清代各省禁書匯考》，書目文獻出版社，一九八九年版。
465《四庫全書纂修考》第五十四至五十五頁，一九三七年商務印書館。

第四章　從盛入衰的轉折年代（乾隆三十九年至嘉慶四年）

鎮壓山東、西北人民起事

（一）鎮壓王倫起事

三十九年（西元一七七四年）是乾隆朝從盛入衰的轉折點。爆發於這一年的山東王倫起事，是為轉折標誌。這次起事規模雖不大，歷時僅一個月，但它爆發於清王朝統治的腹心地帶，引起了乾隆高度重視。它不僅是當時社會階級矛盾激化的產物，也揭開了清代中期以後各族人民大規模反抗鬥爭的序幕。

王倫，山東壽張黨家莊人，乾隆十六年從堂邑張既成習清水教。清水教是白蓮教支派，稱「飲水一甌，可四十九日不食」[1]，因而得名。王倫精拳棒，通氣功，善治皮膚病，往來於壽張、堂邑、陽穀一帶行醫傳教，教徒發展至數千人。七月，王倫聚一批清水教骨幹，密謀於八月二十八起事。他們製造輿論，說「自八月至九月，有三十餘日大劫，從我者得免」[2]，以此動員羣衆。至約定日，壽張、堂邑同時發難。王倫率頭裹白布教徒五六千人破壽張，殺知縣沈齊義。王聖如率衆七八百人攻下堂邑後，赴壽張與王倫會合。起事軍踞壽張三日，王倫自稱「眞紫微星」，封和尚梵偉（或作范偉）為軍師，孟燦、王經隆為正副元帥，還設置將軍、參謀、宣行、總兵、校尉等官。九月三日，偵知臨清副將葉信率部奔壽張，遂棄壽張，攻陽穀，殺典史方光祀、縣丞劉希燾、把總楊兆立。

兗州總兵惟一、署壽張游擊趕福從兗州增援陽穀，結果趕福被擊斃於南門，惟一逃命張秋。當時民謠曰：起事軍「振臂一呼破壽張，橫刀躍馬入陽穀。游擊死，總兵生，惜哉誰救趕將軍！」[3]所下三個縣城，均搜抄庫藏，釋放監犯，並根據梵偉建議，「收人心，不殺掠，一切食物易之以價」。有一名戰士，因食梨少與値，「立斬之，而倍以償」[4]。起事軍因而得到羣衆擁護，隊伍迅速擴大。五日，占領距臨清四十餘里的柳林莊。七日，山東巡撫徐績率兵五百，從梁家淺趕到柳林莊。時「適正遇大風，官兵望見賊影，卽將槍炮放盡，及至『賊人』蜂至，無法抵禦」[5]。徐績被圍，幸惟一帶兵接應，才免於死。起事軍乘勝於當夜進兵臨清。臨清有二城，一爲舊城，一爲臨清城。舊城土城傾圮已久，無險可守，卽時被占領，並遭包圍臨清城西門和南門。臨清守將束手無策，竟然「急呼妓女上城，解其褻衣，以陰對立」，「兼以雞狗血糞汁縛帚灑之」[6]。山東地方官昏庸一至如此。後因德州、青州與直隸正定相繼派兵增援，臨清城才得以守住。

九月五日，乾隆接徐績奏摺，才知道王倫造反。他口頭上說：「什麼烏合，不過自速其死。計徐績、惟一到彼會剿，自可迅卽就擒」[7]，似乎很不在意，其實內心卻十分焦急。他知道，僅依靠山東省力量，是無法撲滅起事烈火。八日，傳諭軍機大臣：

> 壽張、堂邑奸民滋擾不法，不可不迅速剿捕。但恐該省綠營兵庸懦無能，且與奸民等或瞻顧鄉情，不肯出力。而徐績於軍旅素所未嫻，恐不能深合機宜。[8]

時大學士舒赫德奉命赴河南督視河工，乾隆估計已行抵天津，降諭舒赫德速改赴山東，主持會剿事務，並令天津鎮選綠營一、二千名，滄州、青州各選滿洲兵數百名備調。第二天，又下旨令額駙拉旺多爾濟、左都御史阿思哈，帶健銳、火器二營京兵二千名，往東省會剿。十一日，乾隆悉叛軍進攻臨清，又急忙降諭直隸、河南二直省堵截，防止他們向鄰境蔓延。

十二日，兗州鎮總兵惟一、德州防禦尉格圖肯各帶兵二百五十名增援臨清。起事軍突擊清援兵，清軍潰散，惟一逃往東昌，格圖肯奔夏津。十三日，舒赫德到德州，知道惟一、格圖肯臨陣脫逃，上疏參劾。乾隆惱怒，令將惟一、格圖肯軍前正法。舒赫德還密奏徐績在柳林莊被圍慌張無措情狀。乾隆降旨，徐績問題留以後處理。

九月二十日，經過反覆磋商，乾隆終於批准了舒赫德制定的三路圍攻的計畫。東路由舒赫德、拉旺多爾濟率領，自德州經恩縣、夏津進攻臨清；南路由阿思哈、徐績率領，自東昌向臨清進發；北路由直隸總督周元理率領，自景州經由故城、油房逼向臨清。三路約定在九月二十四日共同進兵，以期一舉掃平。乾隆還指示，應在臨清西面丘縣、館陶設兵防守，勿使叛軍西竄。

從九月七日開始，歷半個月之久，屢攻臨清不下。此時，他們偵知清大兵齊集，打算放棄臨清北上。二十一日，突擊運河西岸清兵軍營，不逞。二十三日，舒赫德率部至臨清。叛軍五六百人排列城外東南，迎擊清軍。雙方激烈正酣，適阿思哈、徐績領兵趕到，一齊向叛軍掩殺。叛軍寡不敵眾，只好退回舊城，與清軍展開巷戰。舊臨清城民居稠密，垣牆高厚。小巷多至百數十處，縱橫相錯，有的只容單人行走。他們利用有利地形，化成小股，到處迎擊清軍，有的還上屋拋擲磚瓦，並手執紅旗，指揮作戰。清方雖從新臨清城調來三百名官兵協助，終因路徑不熟而撤退。第二天，清兵再入城，全力搜捕王倫。王倫居康熙時曾任河南巡撫的汪灝大宅。王倫義女烏三娘，「年二十許，娟娟多姿而有膂力，工技擊」[9]。為保衛王倫，她率領女兵與清兵巷戰，被清軍以炮擊斃。二十九日，汪宅已被清兵團團圍住。侍衛音濟圖摸上王倫住的樓上，欲縛獲王倫，被護衛軍殺退。有人勸王倫下樓投降，王倫拒絕，最後舉火自焚。據目擊者說：「火勢炎烈時，王倫衣服鬍鬚已經焦灼，而王倫仍東北角上。」[10]

清兵攻下舊臨清城後，血腥屠殺起事軍。據舒赫德報告，被殺者不下一、二千人，「舊城街巷『賊』屍填積塞路」，穢氣薰蒸。乾隆指示「擇一離河平敞地面，無礙田廬者，刨兩大坑，分別男女屍身，投擲其中」。至十月三日，已抓獲一、七八八名[11]，乾隆仍嚴旨各地緝捕逃脫的叛軍將士。直隸總督周元理、河東總督姚立德建言將脅從者釋放，乾隆責備他們「所辦俱未允協」。乾隆説，即使是脅從，既敢於與官兵接仗，即與賊無異，豈有輕宥[12]。這些被捕的人或被凌遲，或被斬決。其家屬有的被殺，有的被沒爲奴。王倫的家族，除被誅之外，全部遣放烏魯木齊。王倫的祖墳，於三十九年與五十七年兩次被刨開。

當乾隆剛獲悉王倫起事之時，還指令軍機處，應查明事變原因，「或該縣平昔貪虐不堪，民情怨望，致釀事端，又或辦理不善，激生事變」[13]，如果是地方官治績不善激成民變，山東巡撫應據實陳奏，不得心存欺罔。可是，後來起事軍首領孟燦招供説，因今年歲歉收，地方官妄行額外加徵，「以致激變」[14]。給事中李漱芳又奏説：「壽張奸民聚衆滋擾，大半皆無告饑民激成。」[15]乾隆不同意這種意見。他説：「叛匪」「捏造此言，冀其解免」，所供不足信。李漱芳無知，摭拾入告，「轉爲亂民設説，尚可謂之人類乎！」乾隆自我吹噓説：

> 朕臨御三十九年，遇有水旱偏災，不惜帑金蠲賑，並酌予緩帶，俾紓民力；若雨暘稍有不時，必多方詢問，以通民隱，何致有窮黎之事！[16]

在乾隆看來，把王倫起事的原因，歸結爲饑民無告滋事，是往他臉上抹黑，因而堅決否認。

王倫被鎮壓後，清朝統治者感到必須推行保甲制度。早在二十二年，乾隆就要求各省督撫，詳議保甲條款，加以推行。但各省視爲具文，沒有認眞貫徹。鎭壓王倫後，十二月，直隸總督周元理奏請保甲制，說：

山東逆匪王倫，聚衆謀爲不軌，先由邪教而起，有白蓮、白陽、清水等各種名色，始則念經聚會，斂錢哄騙，漸則散布邪言，習學拳棒，以致流爲謀叛。欲除邪教之根，惟有力行保甲之法。現已通飭道府各州，逐細查造，設立循環二簿，以及門牌。其紙筆等費，在於州縣辦公項內支給。如有不法事端，卽令首報。官民容隱，分別查參治罪。

乾隆閱後，批道：「自應如此辦理。」他說：「淸理保甲，原係弭盜詰奸良法，地方果能實力奉行，何至有邪教傳播，糾衆滋擾之事。」[17]他要求各省仿效查辦，不得僅以虛文覆奏了事。此後，保甲法各省迅速執行貫徹。

與推行保甲制度同時，舒赫德奏請在全國範圍內，查繳民間所藏鳥槍。他說：

此次壽張逆匪王倫滋事一案，雖由滿漢官鼓勇無前，得以早行剿滅，而亦因賊無鳥槍一項，搜捕較易爲力。是知民間藏匿鳥槍所關甚巨，若不實力查禁，恐日久滋生事釁。臣愚以爲所有商民防禦盜賊猛獸應用鳥槍呈明製造之例，請永行停止，其竹銃鐵銃之類，亦概不許私自製造之例。其民間現存藏在家者，請立定限期，交地方官查收。如有逾限不繳，及地方官不能查察者，並請皇上飭部嚴定科條，示以懲儆。[18]

十一月二十八日，乾隆批准舒赫德奏請，要求各省督撫轉飭地方官，遍行示諭，嚴定期間，收繳民間私藏鳥槍，並將收繳數目，分晰報部。如有逾限不繳者，杖一百、徒三年，私行製造，杖一百、流二千里；每一件加一等，罪止杖一百，流三千里[19]。

推行保甲制度和收繳鳥槍，表明清王朝在全國範圍加强防範措施，以適應日益高漲的民間反抗情緒。

（二）鎮壓蘇四十三、田五起事

甘肅循化廳（今青海撒拉族自治縣）是撒拉族聚居地，被劃爲十二個行政區，稱十二工。撒拉族信奉伊斯蘭教，每個居民區都可建立一座清眞寺，聘一人任教長，主持教儀，傳授經書，形成一個獨立的教坊。每位教民要把年收入的一定比數，交給教長，謂之「天課」。教民遇有吉凶事，請教長誦經，給以銀錢，謂之「布施」。平日，教民還須饋贈教長，「金粟畜產，無物不納」[20]。教長通過「天課」、「布施」和接受饋贈等方式，盤剝教民，蓄積財富，購買土地，又把土地租給教民佃種，形成了教長與教民之間的剝削關係。隨著一些教長集中土地的增加，教長管轄的教坊增多，原來各不統屬的教坊制度被打破，形成了一個凌駕於各教坊之上的門宦掌教。門宦掌教是世襲的，他可以任命所屬教坊的教長，對教民也有更大權力，「教下之民，概尊之曰老人家，對於老人家的命令，服從惟謹，雖令之死，亦所心甘」[21]。這種門宦制度，是封建等級制在宗教上的表現及其制度化[22]，使撒拉族人民蒙受更沉重的壓迫與剝削。

乾隆二十六年（一七六一年）安定縣（今甘肅定西縣）人馬明心，自中亞回國，爲反對門宦勢力對教民的壓迫與剝削，另創新教，「別纂 經，名曰《卯路》」。《卯路經》內容比舊教《冥沙經》簡明易懂，不僅在形式與舊教有所區別，「念經時則搖頭，念畢要拳舞手」，而且經濟上「入其教者，皆有周濟」[23]。新教受廣大貧苦的撒拉族人擁護，十二工之中有九工的絕大多數人改奉新教，賀麻路乎、蘇四十三、韓二個等人，都拜馬明心爲師，先後入教。二十七年，馬明心在循化傳教，河州舊教門宦馬國寶勾結循化營游擊，將馬明心驅回原籍。但新教並沒有因而沉寂，賀麻路乎、蘇四十三、韓二個等人繼續傳教。爲打破舊教對禮拜堂的控制，賀麻路乎自籌資金，建禮拜堂三座。三十四年，十二工總掌教韓哈濟通過循化廳同知，枷責賀麻路乎，關閉三個新教教堂。賀麻路乎無罪受罰，心中不服，上控陝甘總督，結果被判以「誣告反坐」，發往烏魯木齊。蘇四十三接替賀麻路乎，成爲新教首領。此後，新舊教不斷摩擦。他們之間的矛盾，實質上是撒拉族窮苦農民與封建主鬥爭在宗教上的反映。四十六年三月十八日，蘭州知府楊士璣、河州副將新柱赴循化，查辦清水工舊教頭人韓三十八被殺事件。在此之前，官府已將馬明心及其子婿逮捕，投進蘭州監獄。新柱到循化後，公開宣稱支持舊教。蘇四十三、韓二個等人被迫反抗，於當天夜間與次日上午，率衆攻入楊士璣、新柱下榻的白莊和起臺堡，殺死楊、新二人。二十一日，蘇四十三等又攻下河州，殺官吏，放囚獄，一場轟轟烈烈的撒拉族反封建事件便爆發了。

三月二十八日，乾隆接陝甘總督勒爾謹奏摺，才知道起事的消息。第二天，又悉起事軍直逼河州。他急忙連下幾道諭旨，一方面令在河南查辦河務的大學士阿桂馳赴甘肅，傳諭西安提督馬彪帶兵二千、西寧鎮副將貢楚達爾率兵一千趕赴甘肅，乾清侍衛福寧、泰斐英阿、明山、阿蘭保等馳驛前往，受阿桂指揮，令西安、寧夏各選兵一千名備調。另方面宣布對新舊教不同政策，「應明切曉諭舊教之人，赦其互相爭殺之罪，令其殺賊自效」[24]。三月三十日又說：「至新舊教既自相仇殺，必非合伙，或赦一剿一，以分其力。」[25]明確表示要利用舊教，鎮壓新教。

起事軍攻下河州後，半夜渡洮河，從間道進逼蘭州，並斷黃河浮橋，以阻絕清軍。同時環城鼓譟，要求釋放馬明心。守衛蘭州的甘肅布政使王廷贊殺馬明心，但因抗擊失利，不得不釋放馬明心子婿，並登城求和。

四月一日，起事軍圍逼蘭州城的消息傳到北京。乾隆心急如火，一面令阿桂迅速遄行，趕赴甘肅；另方面加緊調兵遣將，命額駙拉旺多爾濟、侍衛內大臣海蘭察、護軍統領額森保，帶領健銳、火器營京兵各二千名前往；尚書和珅即時趕到甘肅，俟阿桂到達後返京供職；同時，命山西派兵五千趕赴前線。乾隆還大罵勒爾謹對撒拉族新教傳播事，「平時不能預爲覺察，以致養癰貽患」[26]。及至四月六日，乾隆獲悉貢楚達爾已收復河州，擒獲蘇四十三之侄蘇二個、蘇五個，才稍稍放心，根據勒爾謹的請求，除健銳營已發一千五百名外，其餘停止前進。

起事軍沒有攻破蘭州，而是引兵奔蘭州西南的龍尾山、華林山。這裏，地接蘭州繁榮的西南關廂，可居高臨下，俯逼蘭州城，又負地險，「崖磡止容一人一騎，魚貫上下」[27]。蘭州時已聚集萬名官兵，只因阿桂未到，無人統率，「聲勢既不聯絡，紀律又不嚴肅」，「兵不顧將，將不顧兵，一遇賊匪，惶遽退回」，起事軍雖僅一千餘人，但官兵沒有對他們形成威懾力量。身爲陝甘總督的勒爾謹，更是終日安坐衙署，一籌莫展[28]，不久被乾隆革職，降旨拿交刑部。乾隆還命阿拉善王羅布藏多爾濟帶蒙古兵七百人，四川建昌鎮總兵鄂輝率藏兵一千人到甘肅助剿。

四月二十日阿桂到達蘭州。他立即根據乾隆指示，發布檄文，對起事軍展開政治攻勢，宣布「罪魁」僅蘇四十三等人，若能將「罪魁」擒獻，脅從者均可奏請寬減，倘執迷不悟，將來大兵剿捕，無分首從，一體受戮[29]。阿桂還嚴密封鎖龍尾山、華林山，斷其供給，使之不戰自亂。起事軍糧盡水絕，幾次下山挖水源，覓食物，均被清兵殺退。六月十五日，海蘭察、明亮等率官兵、川兵及阿拉善兵，冒雨出擊。蘇四十三率軍奮勇抵抗，終因寡不敵衆而失敗。蘇四十三戰死，餘部二百人退守華林寺，繼續抗擊清軍。六月二十三日、二十六日又兩次殺退清兵的進攻。乾隆聞訊，切齒大罵：「賊黨垂斃之時，尚敢抵死抗拒，傷我官兵，實堪痛恨！」[30] 七月五日，淸兵進逼華林寺，放火焚燒。第二天，淸兵緣牆而上，進入華林寺。起事軍戰鬥到最後一滴血，全部壯烈犧牲。

蘇四十三被鎭壓下去後，乾隆對新教進行了殘酷迫害。五月五日，他指示阿桂，「新教逆如此肆擾，實爲罪大惡極，不可不嚴斷根株」，「應於事平之後，趁兵威嚴整之時，痛加懲治」[31]。乾隆宣布新教和白蓮教一樣是異端，應嚴行禁止，所有新教的教堂，嚴令拆毀，教徒慘遭殺害，家屬被發往雲貴極邊煙瘴地。

但是，新教徒並沒有屈服，在蘇四十三失敗的當年，他們就在田五的領導下，積極醞釀新的暴動，爲馬明心及其他教友報仇。

田五是甘肅伏羌縣（今甘肅甘谷縣）一位新教的阿訇。乾隆四十六年，他就組織力量，在通渭縣石峯堡製造旗幟、號衣、帳房、器械，修築城堡，準備起事。四十九年正月，田五到靖遠縣，與新教掌教哈得成、頭人哈彥商定，於當年五月五日發難。後因消息洩漏，不得不提前暴動。四月十五日，田五於鹽茶廳小山起事，占領了距鹽茶廳僅三十里的西安州營土堡後，奔襲靖遠、會寧，皆不克。

四月二十四日，乾隆獲悉田五興亂，降旨陝甘總督李侍堯迅速帶兵堵截擒剿。四月下旬，甘肅提督剛塔率兵擊叛軍於優羌城外，田五身受重傷，在馬營水自刎身亡，叛軍首領田介洪、吳二、韓二等相繼犧牲。但是，張文慶、馬四娃、李可彪等人，很快又招集同志千餘名，在馬家堡、黑莊二處聚結。五月五日，從輸家梁翻山，渡過黃河，攻陷通渭。通渭知縣王樓嚇得藏匿後園倉房中。西安副都統明善率兵一千二百名，由靜寧進搗，遭受伏擊身亡。乾隆此時才感到問題嚴重性，

「此時若不再派重臣前往督率，恐有貽誤」[32]。五月十五日，命尚書福康安、侍衛內大臣海蘭察率勇將馳驛前往，並檄調西安、寧夏、涼州滿漢官兵數千名，旺沁班巴爾率蒙古厄魯特兵一千名，前往會剿。五月二十一日，乾隆又獲悉叛軍欲攻伏羌、秦州，急令清軍把守入陝門戶汧瀧一帶，降諭阿桂率健銳、火器營兵二千前往鎮壓。二十六日，革李侍堯陝甘總督職，由福康安接任。

五月底，叛軍分兵作戰。一路由鄒家河奔隆德潘隴山，合靜寧底店山軍隊，直撲靜寧州城。知府王立柱率兵頑守，叛軍未能攻克，遂分兵二路，一在底店山固守，一回石峯堡，一奔雷大灣。乾隆指示福康安，先肅清後路，再厚集兵力，攻打底店山、石峯堡。六月七日，海蘭察奉命攻擊靜寧。十一日，率四千名官兵從隆德進攻靜寧底店山。叛軍傷亡一千餘人，餘部退至石峯堡。石峯堡據萬山之中，四面削險，溝壍縱橫。六月二十三日，阿桂率京兵趕到。七月五日，福康安、海蘭察帶兵攻上石峯堡，張文慶、馬四娃及二千名同志並家屬計三千人全部被俘，起事失敗。

在圍剿期間，乾隆曾發布指示，除叛軍領袖的家屬殺無赦外，所有婦女及十五歲以下男孩，全部罰爲奴。鎮壓起事之後，將歷次戰鬥中俘獲的二千六百名家屬，全部賞給江寧、杭州、福建、廣東等處駐防滿洲官員兵丁爲奴。乾隆還頒諭禁止新教。七月二十三日，他降旨說，此後倘有陽奉陰違，信奉新敎，或滋生事端，斷不曲貸[33]。

鎮壓林爽文起事

自山東王倫起事之後，各族人民的反抗鬥爭此起彼伏。距田五暴動僅二年，即乾隆五十一年

（一七八六年）十一月，臺灣又發生林爽文起事。

康熙二十二年（一六八三年），清朝統一臺灣，次年四月，設立臺灣府及臺灣、鳳山、諸羅三縣。雍正元年（一七二四年）八月，以諸羅北境遼闊，增設彰化縣和淡水廳。乾隆時期，臺灣仍是一府四縣一廳的建制。

臺灣受清政府管轄時間不長，卻吏治廢弛，官吏貪贓枉法，嘉慶時人金城說，臺灣「從前地方文武，以械鬥、捕盜、捕會匪爲利藪，擇肥而噬，正凶巨匪雖被獲，得賄輒縱去」34。是以受委臺府官員，皆不以冒險渡海爲畏途，反以得美缺爲喜。臺灣滿漢官員不和，互相攻訐，也是突出問題。雍正時，巡臺滿御史禪濟布與漢御史景考祥不協，各樹黨羽，指摘對方。禪濟布甚至公開指使「刁民」，拆毀臺灣縣糧書馬仁、黃成等房屋35。降至乾隆年間，臺郡兵政更趨渙散。兵丁經常在外開賭嫖娼，貿易牟利，以致戍兵所存無幾。一些老兵竟毫無顧忌地出外打工或做生意，每月交三百文至六百文雇請同營兵丁替班，稱爲「包差」。起初，包差的錢文全部交代班兵丁以及署內四項目兵收受。乾隆四十八年，柴大紀任臺鎭總兵之後，帶頭敲詐，各級又相率效尤，於所管「包差」兵丁，派繳錢文。由於大多兵丁長期在外，兵房營汛焚毀倒塌極爲嚴重，據統計，原先有二千四百多間，到乾隆五十三年僅存四百餘間。許多營兵乾脆在外租房，甚至寄宿娼家。林爽文起事前夕，據閩浙總督李侍堯咨查得實，原有兵丁額數一萬多名，僅存五千七百餘名，其餘無著多達二千五百餘名，臺灣府有戍兵三千七百餘名，實存僅有五百名。在營兵丁，軍紀敗壞，打家劫舍，跡類兵匪。皇六子永瑢說：

查臺灣一府，地居海中，番民雜處，是以多設兵丁，以資彈壓。乃兵丁反結夥肆橫，凌辱民人，強買強賣，打毀房屋，甚至放槍行凶，以致該處居民，畏其強暴，相約結合，各持小刀，計圖抵制。是十餘年來，小刀會之舉，皆係兵丁激成。[36]

康乾之際，臺灣號爲難治。由於臺灣土地肥沃，物產豐富，內地尤其閩粵民人爭相移居。據清人鄭光策說，漳、泉客民占移民十之六七，主要定居近海及諸羅、彰化等地，而粵籍客民占十分之三四，主要棲身近山地帶及北部淡水、南部鳳山等地[37]。爲了保護自身的利益，移民們以鄉誼爲紐帶，聚族而居，形成閩籍與粵籍、漳州籍與泉州籍不同的社會集團，並爲其鄉閭利益，經常發生械鬥。「閩、粵之人各分氣類，睚眦之怨，糾鄉衆持白梃以鬥，好事輕生，其習尙然也」[38]。清政府雖屢下禁令，但械鬥之風卻愈演愈烈，成爲官府頗感棘手的社會問題。與此同時，臺灣還有許多秘密會社。面對官吏侵漁，兵丁搶掠，臺灣民衆不滿情緒逐漸高漲，反清秘密組織悄然興起，天地會、小刀會、添弟會、父母會、一錢會等應運而生。林爽文就是天地會成員。

林爽文，原籍福建漳州府平和縣人，乾隆三十八年隨父林勸徙居臺灣彰化大里杙，四十九年三月，加入天地會。爲發展組織，五十一年八月，他邀約林泮、林領、林水返、張回、何有志、王芬、陳奉先、林里生等飲酒結拜天地會。林爽文爲人喜交結，有義氣，被推選爲大哥。其時，諸羅縣捐職州同楊文麟二子楊光勳、楊媽世爭奪家產，楊光勳組織了「添弟會」，楊媽世也組織「雷公會」，相互爭鬥。官府派員彈壓，一部分會衆逃往大里杙藏匿。五十一年十一月彰化縣俞峻領兵到大里杙緝捕，放火焚毀林泮等房屋。林爽文、林泮等遂於十一月二十五日集結二百餘人，在茄荖山（今臺灣省南投縣草屯東北）起事，推漳州龍溪縣人劉升爲盟主。二十七日一舉攻破大墩營地和彰化縣，殺知府孫景燧、同知長庚、同知劉亨基等。一場臺灣人民反抗封建統治的事件便爆發了。

起事軍破彰化縣後，劉升因無法服衆，林爽文被公推爲盟主，稱盟主大元帥，竪旗號，初書「天運」年號，後改稱「順天」。當即分兵二路，一路由王作帶領攻淡水，一路由林爽文帶領攻諸羅。臺灣總兵柴大紀、臺灣道永福等雖調兵東堵，但無濟於事。

林爽文起事後，林爽文的摯友莊大田也按約於十一月二十九日在鳳山仔港莊竪起反清大旗，攻陷鳳山縣城，自稱洪號輔國大元帥。相對林爽文的北路軍，莊大田所部是南路軍。莊大田祖籍也是漳州府平和縣人，乾隆七年隨父母定居臺灣鳳山仔港莊，務農爲生。他的起兵，南北兩支隊伍遙相呼應，使臺灣清政府慌作一團。

十二月二十日，乾隆得知彰化縣城陷落，認爲是該縣不能嚴密防範，失之疏懈。他把林爽文領導的民變運動，視爲一羣烏合之衆，以爲只要派福建水師提督黃仕簡渡海督率臺灣鎮道盡力剿殺，即可撲滅，要緊的是不能讓暴民殘餘四處竄逸，或偷越內渡，所以，命閩浙總督常青、福建陸路提督任承恩加强沿海各口岸的巡防[39]。

根據乾隆的旨意，常青具體部署進兵鎮壓。他飛咨黃仕簡率提標兵一千名、金門鎮兵五百名、南澳鎮銅山等營兵五百名，由鹿耳門登陸進攻，又派副將丁朝雄、參將那穆素里帶領標兵八百名、海壇鎮兵四百名、閩安烽火營兵三百名，聽海壇鎮總兵郝壯猷調遣，由閩安口出發，至淡水登陸，實施南北夾擊。同時參將潘韜、都司馬元勳帶陸路提標兵一千名赴鹿港堵禦，常青本人駐紮泉州，會同陸路提督任承恩居中調度。因郡城吃緊，常青又與任承恩再三商量，決定增調提標兵一千二百名，由任承恩親自統領，自鹿耳門上岸，與黃仕簡聲勢相援。對於這種安排，乾隆並不十分贊同，但迫於任承恩已經啓程的事實，他只好默認，且鼓勵他「務須實力勇往，會同黃仕簡分路夾攻，速擒逆匪，以期克日蕆功」40。

乾隆五十二年正月初，黃仕簡、任承恩、郝壯猷等領兵陸續登岸。按預定計畫，黃仕簡進駐臺灣府城，派郝壯猷等率兵二千三百餘名往南路收復鳳山，臺灣總兵柴大紀會同參將潘韜等領兵二千二百三十名往北路收復諸羅、彰化。任承恩在鹿仔港登岸後，則派守備潘國材等帶兵五百名進攻中路南投，同時分出小股兵力分別遣往南、北兩路配合作戰。清軍如此部署各路兵馬未能聯成一體，適被起事軍分割圍打，屢創敗績。黃、任二人同是提督大員，互不統屬，前者株守郡城，後者安居鹿仔港呼應不靈，各顧所屬，消極觀望。渡臺三個月，官軍疲於奔命，未能如乾隆所願，黃、任被革職，交刑部治罪。

在清軍鎮壓過程中，臺灣各地鄉民義勇發揮重要作用。署鹿仔港守備陳邦光，僅有五十名兵丁防守汛地。五十一年十二月，他邀約泉籍「義民」林湊、林華等率衆抗拒，不但守住鹿仔港，而且一度攻占彰化縣城。淡水同知程峻的幕友壽同春，年屆七十，親往各莊招募義民，會同俸滿巡檢李生椿及塹城書院掌教原任榆林縣知縣孫證等攻破竹塹，擒殺了包括起事軍重要人物之一王作在內的三十多人。所謂義民鄉勇，絕大多數是平日與會黨勢不兩立的械鬥團體，清朝政府只要稍加利用，就會給反清起義帶來巨大損失。林爽文等人對此亦有所認識，盡力爭取過對立派的同情和支持，曾派遣涂達元、張載柏執旗前往東港上游招引港東、港西兩里粵民，但一切努力付諸東流。五十二年正月，乾隆得知泉州、興化、廣東客民幫助清軍守護取得勝利的消息，很受啓示，認爲這是一股值得利用和發揮的力量，除指示常青要分別查明嘉獎外，對陣亡者，也應照官兵之例議恤，同時確定了分化瓦解的方針，五十二年正月，諭常青：

此等匪徒糾衆滋事，無論何處民人，其從賊者卽係夥黨，自應按名駢戮。若漳泉民人鄉勇，果能應募拒賊，出力堵禦防守，自應加以奬賞，不應預存歧視，稍露形跡，轉致漳民心生惶懼，別滋事端。[41]

乾隆這一政策，在鎭壓活動中很起作用。

在短短的幾個月內，乾隆逐漸認識到臺灣局勢的嚴重性，唯恐閩浙總督常青無法「料理裕如」，改派久歷封疆的李侍堯來閩接任，而常青熟悉閩臺情形，正好親自渡海赴臺坐鎭指揮[42]。另外，又陸續調遣一批深諳臺情的官員赴臺協助。原任山東按察使楊廷樺在福建多年，曾任臺灣道，雖因監犯越獄而獲罪，乾隆仍讓其帶罪補授臺灣知府。江南提督藍元枚，係福建世家，乾隆調他接替任承恩陸路提督之職，並隨常青赴臺。

五十二年二月，常青一行自廈門渡海，三月初由鹿耳門登岸進駐臺灣府城。常青抵臺後，隨卽調查了臺灣官兵的布防情況，各路新舊兵丁共有一萬三千餘名，主要分駐府城、鳳山、諸羅、淡水及鹿仔港五地，遠少於林爽文部和莊大田部，兼之他們南北互應，清軍難以奏捷。常青向乾隆請求增兵七千。閩浙總督李侍堯欲調浙籍兵丁三千，乾隆認爲浙兵「脆弱無能，恐不濟事」，命恆瑞帶領福建駐防滿洲兵一千赴府城，命藍元枚帶閩兵二千赴鹿仔港[43]。

四月初，乾隆授年逾七旬的常青爲將軍，恆瑞、藍元枚爲參贊，藍元枚同時補福建水師提督。二十七日，常青奏報擊敗前來攻打府城的叛軍，擊斃二千餘人，生擒正法者五十餘人，並招撫頭目之一莊錫舍及其部屬二千餘人。乾隆大悅，指示讓投順之人立功贖罪，賞給莊錫舍守備銜，其屬下授千把總、外委職銜等[44]。爲表彰常青以古稀之年離家「報國」，不辱使命，特地錫給他兒子刑部筆帖式喜明爲三等侍衛，馳驛赴臺灣省親[45]。五月，乾隆偶然披閱福建人藍鼎元所著《東征錄》，該書描寫康熙年間鎭壓臺灣朱一貴起事的經過。乾隆認爲書中許多策略值得採納。曉諭常青、李侍堯等人「即往購取詳閱，於辦理善後時，將該處情形細加察核，如其書內所論各條，有與現在事宜確中利弊窾要者，不妨參酌採擇，俾經理海疆，事事悉歸盡善，以爲一勞永逸之計」[46]。

降至夏季，林爽文等聲勢壯盛，十餘萬健兒把清軍分割包圍於各個據點。清軍名爲征剿，實則處於防禦挨打的境地，一萬三千士兵因水土不服，患病者千餘人，其他皆鬥志喪失。臺灣府城郊外十里皆被盤踞，清兵補給線被切斷，藍元枚及各路均中途被阻，無法救援府城。五月，常青偵知林爽文與莊大田約定將合攻省城，「日夜惟涕泣而已」。五月二十四日，他勉强出城接仗，城中士民還設犒酒以待，企圖藉此爲將兵壯膽。但是，「甫交綏，常青戰慄，手不能舉鞭，於軍中大呼『賊砍老子頭矣』，即策馬遁」[47]。於是，常青再請增兵一萬一千名以解困境。六月，莊大田又集中兵力急攻常青大營，林爽文則自鹿仔港夾擊。常青畏葸，密札和珅，乞求調離臺灣。林爽文配合莊大田攻臺灣府不克，移師包圍諸羅縣，占領該縣周圍村莊。但是，總兵柴大紀率清軍與義民拚命頑抗，叛軍屢攻不克，損失慘重。七月初，藍元枚奏稱鹿仔港四面受賊滋擾，彰化、淡水交界大溪等處也爲叛軍所扼；適常青又奏報官軍爲賊所圍，不能動彈。乾隆對此甚爲不滿。他認爲：

用兵之道，合則勢盛，分則勢弱。今賊首林爽文、賊目莊大田等明知重兵俱在常青、藍元枚兩處，而林爽文牽綴北路，莊大田牽綴南路，使我兵分投堵禦，奔走不暇，賊匪得以乘間蹈隙，將南北兩路緊要各港社隘口任意搶占，賊勢轉得聯絡，狡計顯然，乃常青等爲其所愚，止知結營自守，分兵防備。遇賊匪擊東應東，擊西應西，譬之弈棋，使賊人著著占先，通聯一氣，而官兵止辦接應，並無制勝之策，轉致疲於抵禦，何時方可竣事。[48]

乾隆決心換馬。他看中了年富力强的福康安。五十二年七月二十一日，乾隆命令福康安速赴行在，面授機宜，然後帶侍衞章京拜唐阿等往臺灣更換常青督辦軍務。二十七日，授海蘭察爲參贊大臣、護軍統領舒亮、普爾普爲領隊大臣，各帶侍衞章京拜唐阿等二十名，舒亮領頭隊、海蘭察領第二隊、普爾普領第三隊，一同前往臺灣協助福康安作戰。二十九日，大學士阿桂分析了臺灣的地理位置及軍事形勢，指出應調撥擅於跋涉山路的黔楚兵各一萬，合廣東兵萬餘，由福康安通盤籌畫，首先在要緊地方如府城、諸羅、鹿仔港等處駐兵防守，其次占領水沙連、虎仔坑、斗六門等處，打通南北聲勢，阻斷起事軍的聯繫，變被動爲主動，最後挑選可戰之兵數萬，搗其巢穴，「賊必指日授首」[49]。阿桂的建議得到了乾隆的讚許，其後的調兵遣將基本循著這個思路。

八月三日，乾隆授福康安爲將軍，攜帶欽差關防赴臺督辦軍務，隨行大臣有海蘭察、普爾普、舒亮等。又根據阿桂的建議，令舒亮於湖北、湖南各挑備兵二千名；又於貴州挑備兵二千名，配之以奮勇幹練之將弁帶領，一切軍裝火藥，密爲預備。前者由江西入閩，後者自廣西入粤，聽候調撥。另四川屯練降番，素稱勇猛悍捷，命四川總督保寧亦於其中挑選二千名，由曾經行陣奮勇出力的將領張芝帶領，順江而下，出湖南、江南、浙江入閩候用。這時入臺作戰的清兵已不下十萬[50]。

八月五日，負責辦理軍需的福建按察使李永祺由鹿耳門登岸抵達臺灣府城。十八日，藍元枚病故在軍營，乾隆念其「忠勇」，追贈太子太保，並賞銀一千兩，「所有應得恤典，著該部察例具奏，尋予祭葬諡襄毅」[51]。十月，福康安自廈門放洋，十一月初在鹿仔港登陸。此時諸羅已被起事軍圍困數月，爲表彰城內「義民」幫同官兵奮力守禦的「急公向義」行爲，乾隆諭令將諸羅縣名改爲嘉義縣[52]。福康安抵臺後，首先謀解嘉義之圍。十一月八日，清軍萬餘及「義民」千餘分五隊搜索前進，擊退林爽文軍，從而打通道路，並接連攻破長莊、西勢、潭仔、三塊厝、海豐莊等處，直抵縣城。嘉義解圍，使在臺官軍士氣大振[53]。恆瑞、舒亮、海蘭察各部又接連取勝。林爽文、莊大田所領導的軍隊轉眼之間就處於被動。二十一日，清軍克獲南北要衝斗六門，次日又破水沙連山口，並分左右兩翼搜山。林爽文見清軍來勢凶猛，估計根據地大里杙難保，於二十四日夜攜家眷轉移至內山。二十五日，清軍破大里杙。十二月初，福康安追捕林爽文到集集埔爲起事軍所阻。雙方經殊死的激戰，林爽文部大多陣亡，少數潛入山中。這時，福康安偵知林爽文家眷去向，一面派「義民」楊振文、舉人曾大源及社丁杜敷前往水裏社捉拿。同時令海蘭察、鄂輝等人連夜分路追趕林爽文。五十三年正月五日，林爽文等人被捕獲。北路軍失敗，南路莊大田的處境變得十分危險。月底，清軍集中力量掃蕩南路據點，莊大田及其他領導人先後被捕，一場波及臺灣南北的反清事件就這樣被鎮壓下去。三月十一日，乾隆撰《剿滅臺灣逆賊林爽文紀事語》一文，不無得意地說：「平伊犁、定回部、收金川，是三事皆關大政，各有專文勒太學。誅王倫、翦蘇四十三、洗田五，是三事雖屬武功，然以內地，懷慙弗籲其説。至於今之剿滅臺灣逆賊，生擒林爽文，則有不得不詳紀巔末，以示後人者。」[54]

鎮壓林爽文後，乾隆有針對性地採取措施，以嚴明臺灣吏治，整頓治安，增强軍事力量。

乾隆知道，臺灣事變是官吏貪黷所致，整頓吏治實爲穩定臺灣局勢的關鍵。事變過後，首先被查處的是臺灣知府孫景燧，此人在林爽文起事前夕，便在彰化縣城被打死，五十二年七月，常青奏稱臺灣府庫貯兵餉銀款無存，乾隆著人清查，確係孫景燧挪移虧空，於是指示軍機處：「不可因已被賊害而寬其罪，使其家屬仍坐享豐厚。著琅玕即將孫景燧家產查封，以抵官項。」[55]與孫景燧命運相同的還有臺灣縣知縣程峻、署諸羅縣知縣唐鎰、臺防同知劉亨基、董起埏等。他們已先後被起事軍殺死。五十三年三月，湖南巡撫浦霖上奏：「其被害咎由自取，一死不足以塞責，若目其身已被害，置之不問，而其家屬仍得坐擁豐資，豈足以示懲儆！」乾隆遂令將「各犯家產逐一嚴密查抄入官，以備抵補軍需之用，毋任稍有隱匿透漏寄頓情弊」[56]。

總兵柴大紀於乾隆四十八年十月調任臺灣，三年中他賣放戍兵私回內地貿易；聽任漳、泉兵丁販私滋事，勒索餽送；到南北兩路巡查，需索夫價番錢四百元至六百元不等；受兵丁謝禮，報補外委；又將番銀借貸放債，以二分起息。諸如此類醜行，乾隆起初一無所知，還多次嘉獎他作戰有功，五十二年六月，降旨補福建陸路提督缺兼管臺灣鎮總兵事務。及福康安渡臺，具摺參奏柴大紀劣跡。五十三年正月，乾隆諭令革職拿問，在解送京師審訊時，柴大紀供認不諱，最後被斬首。

五十三年四月，爲強化臺灣地方吏治，福康安等奏請添設地方佐員，北路斗六門，原設巡檢一員，官職卑微，應添設縣丞一員，隸嘉義縣；大武壠山內村莊很多，除安設汛防，撥兵駐守外，應加設巡檢一員；南路鳳山舊縣城地處海濱，將下淡水巡檢一員移至該地駐紮，下淡水另設縣丞一員。同時，停止派御史巡臺之例，日後福建督撫、福州將軍及福建水陸兩提督每年輪流派一人前往稽察。五月，福康安、徐嗣曾聯合列出「清查臺灣積弊酌籌善後事宜」十六款：各營操演宜設法稽查以核勤惰；水師兵丁宜按期出洋巡哨；嚴總兵巡查之例以肅營制；兵丁貿易離營等弊宜嚴行禁止；禁革四項目兵名色以杜包差之弊；換防戍兵宜分交水陸提督互相點驗；海口城廟各炮位宜淸查安設以資守禦；嚴禁搶奪械鬥以靖地方；淸查臺灣戶口搜拿逸犯以別奸良；嚴禁私造器械旗幟以靖地方；賭博惡習宜從嚴懲治；臺灣文武各官應責成巡察大員隨時核奏；臺灣道員准令具摺奏事以專責成；請開八里坌海口以便商民；沿海大小港口私渡船隻宜嚴加申禁稽查；臺灣南北兩路宜安設舖遞修治道路船隻以肅郵驛。

對於起事者，乾隆態度强硬，認爲「不特首惡之父兄妻子應行緣坐」，凡「受僞職並與官兵抗拒者，亦應一律緣坐」[57]。其中「被賊逼脅附從者」，未與官軍打仗，「量予遠徙」[58]。淸朝官員根據乾隆指示，在事變之後，對參與者進行了大規模的淸算。五十三年三月，林爽文、楊振國、高文麟、林家齊、廖攀龍、連淸水、金娘、林紅、彭善、賴樹、蔣挺、劉懷淸等二十多人被解京審訊，後被分別處以凌遲、斬決，他們的祖父父子孫兄弟及同居之人不分異姓，及伯叔父兄之子不限籍之同異，「年十六歲以上不論篤疾廢疾皆斬，男十五歲以下及正犯之母女妻妾姐妹，若子之妻妾，給付功臣之家爲奴」[59]。

與此形成鮮明比較的是，乾隆十分重視對所謂義民鄉勇的褒獎。從戰爭開始，每有奏報中提及「義民」立功，必予鼓勵。曾經與林爽文誓不兩立的東港上游的廣東客民，因自行組織壯丁八千名抵抗起事軍，乾隆特頒御書褒忠匾額，並賞給領頭者曾中立同知職銜。南北兩路平定後，受嘉獎的「義民」人數就更多。對於戰死的「義民」，乾隆除優恤其家人親屬外，又鼓勵鄉里爲他們立廟建祠，供後人瞻仰學習。在北港鎭，有乾隆賜給的「旌義」匾額，地方上建起了「旌義亭」。在新埔鎭下寮里也有乾隆頒賜的「褒忠」匾，地方上建起「褒忠亭」[60]。乾隆企圖藉此整肅臺灣民風，與整頓臺灣吏風互爲補充。

福康安、徐嗣曾等人在辦理各項事宜時特別向朝廷突出了改建城垣、添設官兵二項。臺灣舊有城垣是用莿竹編插而成，雖不如磚石工程堅固，但失之易，復之亦易。康熙年間臺灣朱一貴起事，全郡被占，清軍七日之內即經收復。雍正年間吳福生再起時，雍正帝乾脆下諭無須建磚石城垣。及林爽文起事，同樣出現上述情況。有鑑於此，乾隆認爲「臺灣遠隔重洋，又係五方雜處，遊民聚集之地，難保其百年無事，自應深思遠慮，計出萬全」，遂決定臺灣郡城及嘉義縣城改建磚石城垣，「此外如彰化、鳳山等縣，及現在應行添設官弁駐紮處所，不妨仍用莿桐竹木等類栽插」[61]。乾隆還派去熟諳工程的成德赴臺協助建城。成德抵臺後，負責取形，福康安負責取勢，做到「占據要地，不失形勢」。由於採用磚石材料成本太高，成德奏請臺灣府城修築土牆，可省原估價的三分之二。嘉義縣城較小，取勢也合理，可照舊規加高培厚，添建城樓[62]。

臺灣及澎湖原有水陸兵一二、一七六名，其中水師四、一六三名，陸路兵丁八、〇一三名。由於綠營積習，兵政廢弛日久，加之流民雜處，會黨林立，添兵防務事關重大。五十三年正月，乾隆在考慮戰後留臺清軍問題時提出：「應將素耐炎熱之貴州、湖南二省兵丁內，擇其強壯得力者，挑選數千，留彼彈壓。」[63]四月，福康安請在臺灣各要衝及汛口各增兵一百至數十名不等，各海口水師酌爲移撥，均於新徵兵內挑補，歸原營官管轄。臺灣戍兵，過去是由內地各營分撥前往。乾隆覺得如此遠涉重洋，紛繁更調極爲不便，建議福康安根據具體情況，將內地派往兵丁酌留一半，其餘在臺灣當地募補。但福康安不以爲然，說：「若先盡義民挑補，既恐未諳軍紀，不能得力，又恐招募漳泉之人太多。」[64]最後他提出一個折中辦法，就是盡量從內地提督一標及福寧、海壇、汀州、金門、建寧五標內抽調兵丁渡臺，這樣，戍兵中漳泉兵丁大爲減少。爲穩定駐臺官兵的軍心，乾隆想辦法提高他們的待遇，把查抄起事軍田產所得部分，作爲臺、澎戍兵的糧餉，每人每月可加賞銀四錢65。另外，乾隆還整頓戍兵紀律，以期提高守衞能力，在福康安、徐嗣曾等人所提的十六條整頓措施中，其中有七條是針對官兵的。這些措施雖無法徹底改變臺灣戍兵面貌，但在短時內還是有些效果的。

製造文字獄

（一）乾隆前期文字獄

中國封建社會中文字獄古已有之。清朝文字獄不僅數量較往增多，也格外殘酷。乾隆時期，大案迭起，又是有清一代文字賈禍的最恐怖年代。據不完全統計，乾隆在位六十年，製造的文字獄多達百餘起。中國封建文化專制，發展到這一階段，已成爲封建思想文化的恐怖統治。

乾隆朝羅織文字獄罪名甚多，但歸納起來有三類：譏諷官方推崇的理學和聖賢，誹毀皇帝或朝政，詆毀清朝或收藏詆毀清朝的違礙書籍。縱觀乾隆一朝六十年百餘起文字獄，可以三十九年（一七七四年）爲界，分作前後二個時期。前期深文周納的罪名主要是非儒毀聖，攻擊皇帝與朝廷；後期大多以收藏違礙書籍獲罪。

這裏先追述乾隆前期文字獄。

詆毀理學與先賢的文字獄，最典型的案例是乾隆六年（一七四一年）謝濟世案。

清朝把理學推崇爲居統治地位的學説。康熙將朱熹升配「十哲之列」，受到尊奉，凡有悖理學，不敬程朱者，都要獲罪。雍正年間，廣西全州人謝濟世，字石霖，曾因所著《古本大學注》毀謗程朱被彈劾。其時，江南吳縣知縣陸生枏以「誹議時政」獲罪，於軍前正法。謝濟世陪斬後投入大牢。乾隆登基，謝濟世遇大赦出獄，復補江南道御史。他仍堅持己見，以所著《大學注》、《中庸疏》進呈，被乾隆降旨嚴飭，退還其書。乾隆六年，又有人告發謝濟世所注《周易》，多襲取來知德之說。來知德，字矣鮮，四川梁山縣人，明嘉靖三十一年（一五五二年）中舉後，移居萬縣深山中精思易理，歷時二十九年，著《周易集注》，至乾隆時百餘年來信其說者頗多，攻其說者也不少。這本是學術歧見。但告發者說，謝濟世襲取來知德學說，與程朱不合，特別是《論語》、《中庸》更「以朱注爲錯誤支離，而以己意釋之」66。乾隆獲奏，立卽降諭：

朕聞謝濟世將伊所注經節，刊刻傳播，多自逞臆見，肆詆程朱，甚屬狂妄。……恐無知之人，爲其所惑，殊非一道同風之義，且足爲人心學術之害。朕從不以語言文字罪人，但此事甚有關係，亦不可置之不問也。爾等可寄信湖廣總督孫嘉淦，伊到任後，將謝濟世所注經書中，有顯與程朱違悖詆牾，或標謗他人之處，令其查明具奏，卽行銷毀，毋得存留。67

這一案件最終審理結果，只是把謝濟世的著作燒毀，至於本人，清朝認爲「爲人樸直自愛，其居官操守甚好，奉職亦勤，誠爲聖諭可保無他」68，身家性命得以保全。謝濟世在乾隆時期，是位有一定影響的學者。乾隆二十二年（一七五七年），湖南茶陵生員陳兆安著《大學疑思辨斷》、《中庸理事斷》等書，違背朱注，崇拜謝濟世。湖南巡撫富勒渾上奏朝廷，乾隆認爲只不過鄉村學究「識解膚淺」，無庸辦理69。

從上述二個案件可以看出，違背理學雖然獲罪，畢竟是學術之爭，處理較輕。但是，對於直接把攻擊矛頭指向皇帝的案件，處理就極爲嚴厲。乾隆十六年孫嘉淦僞奏疏案正是如此。

孫嘉淦，山西興縣人，性耿直。雍正時曾多次犯顏直諫，觸怒皇帝至擬斬，然秉性不改，雍正說「朕亦不能不服其膽」[70]。乾隆元年（一七三六年），孫嘉淦上《三習一弊疏》，勸年輕皇帝「時時事事常存不敢自是之心」[71]。十五年擢工部尚書，署翰林院掌院學士。由於孫嘉淦有很高社會聲望，有人假託其名，作僞奏疏，指斥乾隆「五不解十大過」。乾隆對此十分惱火，說「此案之誣謗朕躬，全屬虛捏」[72]。爲保自己的尊嚴，他曾對要求追查此事的侍郎錢陳羣說：「不得存稿，如欲留以取巧沽名，將來別經發覺，並爾子將不保首領。」[73]因此，時人對僞奏稿內容皆諱莫如深，以至今天也難以弄清。但是，從後來追查結果可以斷定，內容至少包括兩點。其一是反對乾隆帝南巡。據十七年十二月江西巡撫鄂容安奏，僞稿係官貴震與其妻舅鄭岐山同作。乾隆南巡，「江寧省城因修御路，將他（官貴震）沿街房屋拆毀，是以不甘」[74]，爲洩胸中不平而作此僞奏疏。其二是爲張廣泗鳴不平，「僞稿內以張廣泗爲有功」[75]。僞奏稿於十六年六月由貴州安順府提塘吳士周查獲，乾隆旋卽指令全國各地追查僞稿炮製者和傳播者。至同年十一月，僅四川就逮捕了涉嫌犯二百八十餘人。山東巡撫準泰對此案重視不夠，當地發現僞奏稿時，他以爲「無庸深究」，不行具奏，被乾隆革職拿問。十七年十二月，御史書成上疏委婉提出勸阻，說該案外省督撫不能實力查辦，曠日持久，「株連終所難免，懇將現在人犯悉行免釋」[76]。乾隆閱後勃然大怒，連降二道諭旨駁斥：「根尋首犯，非從傳看之人逐層根究，何由得其實在來歷」，「伊等身爲大清國赤子，見此等逆詞，不稍動心髮指，而稱爲新聞，不問事之有無，樂爲傳錄，此等皆幸災樂禍，不安本分之流，既各有證有據，有給有收，並非流言無根，腹非道謗，繫風捕影，驅良民而加之罪也」[77]。書成遭革職處分，追查仍在繼續。降至十八年春，乾隆把江西千總盧魯生、南昌守備劉時達定爲「商同揑造」僞奏疏的主犯。盧魯生凌遲處死，劉時達及盧魯生之子俱斬監候，其他各省傳抄人犯一概從寬釋放，遂草草結案。

僞奏稿案風波甫息，乾隆二十年又發生胡仲藻「堅磨生詩鈔案」。胡仲藻，江西新建人，曾任內閣學士，是鄂爾泰得意門生，自誇「西林第一門」，與鄂爾泰從子鄂昌過從甚密。乾隆十八年，已有人將他所著《堅磨生詩鈔》秘密呈給乾隆。乾隆下令戶部尚書、協辦大學士蔣溥暗中辦理。二十年二月，又令廣西巡撫衛哲治，將胡仲藻在廣西任學政所出的鄉試試卷，及其與人唱和的詩文並一切「惡跡」，全部密封差人送到京師。同時，命協辦陝甘總督劉統勳搜查甘肅巡撫鄂昌衙門，將鄂昌與胡仲藻往來應酬詩文以及與別人往來字跡，封固派員馳驛送到京師。三月十三日，乾隆召集大學士九卿翰林詹事科道等，宣布胡仲藻罪狀。他首先就《堅磨生詩鈔》的書名論罪。說「堅磨」出自《魯論》，孔子所稱「磨涅，乃指佛肸而言。胡仲藻以此自號，是誠居何心」。乾隆把「堅磨」解釋作《論語》中「磨涅」，套進了一段歷史典故。原來孔子雖然聽從了叛亂者佛肸在中牟的召喚，但以爲自己是堅而磨不破，白而黑不染，不肯與叛亂者同流合污。乾隆這一解釋，把胡仲藻推到與自己對立的位置上。接著，又指出詩鈔中「其種種悖逆之不可悉數」者。如「又曰『一把心腸論濁清』加『濁』字於國號之上，是何肺腑？」「至若『老佛如今無病病，朝門聞說不開開』之句，尤爲奇誕。朕每日聽政，召見臣工，何乃有朝門不開之語」；「至其所出試題內，考經義有『乾三爻不象龍之說』，……乾隆乃朕年號，龍與隆同音，其詆毀之意可知」；「至於孝賢皇后之喪，乃『並花已覺單無蒂』之句，……喪心病狂一至如此」。乾隆還指出，鄂昌身爲滿洲世僕，歷任巡撫，見此悖逆之作，不但不知憤恨，「且喪心與之唱和，引爲同調，其罪實不容誅」[78]。經過進一步審訊，還發現鄂昌著有《塞上吟》，「稱蒙古爲胡兒」，並接受大學士史貽直賄賂，爲其子史奕簪請託。結果，胡仲藻斬立決，鄂昌賜自盡，史貽直致仕回籍，已故大學士鄂爾泰也從賢良祠中撤出[79]。

僞奏疏案和胡仲藻「堅磨生詩鈔案」都是以攻訐皇帝而成獄的。但是，究其實質，兩案不一。僞奏疏案，指名攻擊乾隆帝「五不解十大過」，反映出社會上一部分人，主要是中下級官吏對乾隆若干政策的不滿。而胡仲藻案，實際上是羅織罪狀，鍛煉成獄。昭槤說：「胡閣學仲藻爲西林（鄂爾泰）得意士，性多狂悖，以張（廷玉）黨爲寇讎，語多譏刺。上正其罪，益深惡黨援，非以語言文字責也。」[80]更準確地，胡仲藻之獄，是統治階級內部矛盾鬥爭的產物。

乾隆二十一年，還發生朱思藻「弔時語案」。時江蘇災，米價昂貴。常熟人朱思藻憤於污吏玩視民瘼，不予賑恤，將「四書」成語，湊集成文，題爲《弔時語》，以洩胸中不滿。乾隆知道後，認爲是「侮聖非法，實乃莠民」。但朱思藻攻擊矛頭是污吏，沒有對準皇帝，所以處理較輕，僅發配黑龍江[81]。

乾隆前期，收藏具有反清內容的所謂「違礙」書籍案，可以彭家屏之獄爲代表。這一案件頗具戲劇性。彭家屏，字樂君，河南夏邑人，先後當過江西、雲南、江蘇布政使，「擁有厚貲，田連阡陌」，是個官僚地主。乾隆十六年河南災荒，夏邑彭家屏和李肖筠兩家，一方面欠官府賦稅七千餘兩，另方面彭家屏弟弟彭家植又追租逼死佃戶。乾隆得悉後，下令所欠稅七千餘兩加倍還官，並將彭家植從嚴擬罪。二十年十月，彭家屏因久任布政使不得升遷，「心懷怏怏」，被總督尹繼善參奏「老病不勝繁劇」，請勒令休致。乾隆批准彭家屏在家養病。二十二年二月，乾隆南巡，彭家屏到江蘇接駕，面奏去年夏邑及鄰近永城縣災獨重。乾隆詢問河南巡撫圖爾炳阿，回答是否定的。乾隆隨即要他們二人去實地考察，自己又直接詢問河東河道總督張師載。張師載回答與彭家屏一樣。四月初，乾隆到徐州，見徐州百姓「鶉衣鵠面，相望於道」[82]，進而想到與徐州毗連的夏邑，遂遣步軍統領觀音保秘密前往調查災情。四月七日，夏邑人張欽到徐州遮道告發河南地方官重災輕報。九日，乾隆到鄒縣，又有夏邑人劉元德告發河南地方官匿災不報。夏邑人連日遮道告狀，引起乾隆懷疑，認定必有刁民主使，把劉元德交侍衞成林審訊，同時，通行曉諭百姓，務各安份，不得以子民而訐其父母官，「凌囂冒妄，自干罪戾」[83]。不久，觀音保密行災區調查後，向乾隆報告，夏邑等四縣連歲未登，窮黎景況，不堪入目。他在當地以四、五百文買童男兩名，持買身券回來作證。四月十八日，乾隆在德州降諭，圖爾炳阿如此玩視民瘼，著革職發往烏里雅蘇臺效力。夏邑、永城二縣知縣革職拿問[84]。二十日，乾隆接到侍衞成林報告，劉元德供出，他遮道上奏，是受生員段昌緒、武生劉東震指使。成林到夏邑差官提訊段昌緒，知縣孫默在段家搜出吳三桂檄文一紙，「誹謗本朝之言，極其悖逆」，而段竟為之濃圈密點，「加評讚賞」。這一報告，使案情發生了根本的變化。乾隆認為，緝邪之功大，諱災罪小，圖爾炳阿及夏邑、永城二縣知縣俱免革職，仍留原任。乾隆懷疑「卽彭家屏家恐亦不能保其必無」，召彭到京詢問。彭說家中無吳三桂檄文，但存有明末野史《潞河紀聞》、《豫變紀略》、《日本乞師》等。六月七日，乾隆說：

> 野史所紀，好事之徒，荒誕不經之談，無足深怪。乃迄今食毛踐土，百有餘年，海內搢紳之家，自其祖父，世受國恩，何忍傳寫收藏，此實天地鬼神所不容。[85]

他卽時降諭，著彭家屏斬監候，段昌緒斬立決。

愛新覺羅氏取代明朝，以少數民族君臨天下，對漢族知識分子懷著敏感的猜疑心，見到「明」、「清」字樣，就神經緊張，總要竭力揣測其中是否寄寓著反清情緒。由此所造成的文字獄中，眞正的反清者固然有之；但更多的是深文周納，使無辜者受害。如乾隆三十二年，江蘇華亭人蔡顯《聞漁閑閑錄》就是深文周納的典型。蔡氏書中，除了寫有「戴名世以《南山集》棄市，錢名世以年（羹堯）案得罪」外，便是幾首所謂「反清」詩，如「風雨從所為，南北杳難分」；「莫教行化烏場國，風雨龍王欲怒嗔」；還抄寫有前人《紫牡丹》詩句「奪朱非正色，異種也稱王」。這些詠風、雨、花的詩句，竟被乾隆視作「有心隱約其詞，甘與惡逆之人為伍」。結果蔡顯斬立決，乃子斬監候。蔡的門人及印刻者、販買者均被判刑[86]。

浙江天臺縣生員齊周華，倒是一位確有反清思想的漢族知識分子。早在雍正九年（一七三一年）呂留良案件發生時，雍正諭各省生監表態，如認為呂留良應當正法者，即行出結；若「有獨抒己見」，可以呈明。齊周華居然赴刑部「獨抒己見」，結果被判處永遠監禁。齊在獄中還作《祭呂留良》文，「極力推崇，比之夷齊孟子」。乾隆即位，齊周華遇赦回家，又遊歷各省，繼續著述。乾隆二十六年，他決心變賣家產刻書，遭妻、子及族人反對，並被驅逐出齊氏家族，一人獨居僻處。由於長期折磨，這位孤獨的老人神經有些失常，行為乖張。乾隆三十七年，他竟拿著《名山藏初集》等書，懇請正在天臺縣執行公務的浙江巡撫熊學鵬作序，這無異於自投羅網。結果，本人凌遲處死，還禍及家族，子、孫斬監候，妻、妾、媳付功臣家為奴。在他的著述中，發現有當時的名人沈德潛、謝濟世、李紱、呂撫及其族兄禮部侍郎齊召南作的序或跋。這些人或其後裔均不同程度受株連[87]。

在封建思想文化恐怖統治的乾隆朝，由於毛舉細故，陷人於罪，文字獄凶殘到頂點，不僅那些切切於仕進或沽名釣譽的文人反遭殺身之禍，就是一些粗識文墨的瘋子、騙子，乾隆也不肯放過。

一九三一年至一九三四年原北平故宮博物院編輯出版的《清代文字獄檔》一書中，乾隆朝六十四案，內有八案是懲辦那些一心求官又屢試的文人。乾隆三十三年八月，浙江鄉試，頭場剛開考，臨安縣生員徐鼎在考場上就用一根細繩勒自己的脖子至奄奄一息。當他被號軍救醒後，在其號房內發現一張《平緬表》。原來，徐鼎想做官，又不會在科場內答卷，於是事先作了歌頌乾隆征緬甸之功的《平緬表》夾帶入考場。但是，這次考試偏偏不作「表」。徐鼎不甘心自己《平緬表》白做了，於是想起自勒脖子這一絕招，希冀引起考官驚奇，把《平緬表》呈達皇帝，從而得以進用。結果，徐鼎的官非但沒有做成，反而革掉生員，杖責一百[88]。江蘇沛縣監生閻大鏞，乃母年輕守寡，當地修《沛縣志》時，沒有將其母列入節孝之內。閻遂作《沛縣志記》一文，發洩心中不滿。乾隆二十六年，閻被告發，乾隆說「此等藐法劣監，正當嚴行究治」[89]，閻大鏞沽名反而惹禍。

浙江上虞縣有個瘋子丁文彬，自稱曾在曲阜見過老衍聖公孔廣棨。說「老衍聖公守先王之道，實應稱帝」，「看小子（丁文彬）講道論德，與舜無異，故傳位於小子」，並要效法「舜妻堯二女」故事，把自己兩個女兒許配給丁。丁文彬還說，他雖然已當了八年的皇帝，卻「實因沒有幫助，連飯也沒得吃」。乾隆十八年五月，他帶著自己胡編的《文武記》、《憲書》等，來曲阜見現衍聖公孔昭煥。清朝明知丁是瘋子，「妄想富貴女色，痴心日熾，結為幻影，牢不可破」，乾隆還是降諭將丁文彬凌遲處死[90]。山西興縣監生劉得俊，因乃父在黃河放木筏營生時溺死，悲痛過度，致成瘋癲，撰《大江滂書》，「或自比聖賢仙佛，或稱頌伊之文祖，僭擬帝王，甚至諷刺朝廷」，結果被杖斃[91]。浙江常山縣林志功，因妻與子相繼病亡，晝夜啼哭，感發瘋疾，時吐狂語，謂「其如此忠孝行善，竟無人保荐做官」，還揑造諸葛碑文，希望獻給皇帝，結果被捕入獄[92]。

《清代文字獄檔》所列乾隆朝文字獄，有五案懲辦對象是江湖騙子。乾隆三十三年，湖北荊門生員王道定，窮途潦倒，賣卜爲生。他聲稱有煉丹術，手執紙扇，上書「僕有無價之珍，需銀五百兩，非大福星大因緣者不能承受」。這兩句招搖撞騙的牛皮話，引起了地方官懷疑，將王道定逮捕審訊。王供說：「無價之珍」原是指丹藥。最後按妖言惑衆不及律，杖一百流三千里[93]。

對於乾隆文網密張，知識分子動輒以悖逆構罪，有人提出不同意見。乾隆二十三年十二月，御史湯先甲上《刑法宜爲變通》摺，說：「內外問刑衙門，遇有造作妖言，收藏野史之類，多麗逆案。宜坐以所犯罪名，不必視爲大案，極意搜羅」。湯先甲所請求，並非取消文字獄，而是認爲不必視作悖逆大案，「宜坐以所犯罪名」，意卽根據具體案情擬罪。這實際是要求將文字獄降溫。乾隆閱後十分惱火，把奏摺擲還湯先甲，並說：

肆行詆毀本朝之語，此而不謂之逆，則必如何而可謂之逆者！凡在食毛踐土之人，自當見而髮指，而猶存遷就寬貸之意，必其人非本朝之臣子而後可！[94]

湯先甲上疏非但沒有達到目的，此後的文字獄卻愈演愈烈。

（二）乾隆後期文字獄

無獨有偶，幾乎是在乾隆鎭壓王倫起事的同時，也把思想文化領域製造的文字獄升級。編纂《四庫全書》，是乾隆對中國歷史文化重大的貢獻。但在編纂過程中，寓禁於徵，不僅大規模銷毀「違礙書籍」，而且對於著述或收藏者大肆屠戮，把文化建設扭向文化恐怖統治，成爲乾隆後期文字獄的基本內容。

三十八年三月，爲徵集編纂《四庫全書》所需書籍，乾隆曾頒諭保證獻書者、尤其是獻違礙書籍者的身家性命安全：

……至書中有忌諱字面，並無妨礙，現降諭甚明，即使將來進到，其中或有妄誕字句，不應存留以惑後學者，不過將書毀棄，傳諭其家不必收存，與藏書之人並無關涉，必不肯因此加罪。……朕平日辦事光明正大，可以共信於人。[95]

儘管皇帝信誓旦旦保證只要交書，不傷害藏書人，但收效甚微。從乾隆三十七年正月降諭搜輯圖書，至三十九年八月共兩年多的時間，採訪所得遺書已達萬種，其中「竟無一違礙書籍」[96]。究其原因，大致有三：其一，皇帝雖表示藏書人員只要繳書，不予定罪，但人們未必相信，怕繳書反而惹麻煩；其二，「違礙書籍」究竟指的是什麼，心中無數，無從繳起；其三，著書或藏書者本人死後，子孫未必有文化，甚至是文盲半文盲，家中雖有藏書，內容卻不甚明白或一竅不通，更不知是否有違礙書籍。如清初江蘇揚州府興化縣人李驎，是明季內閣輔臣李春芳後代，著有《虬峯集》。李驎無後，死後該書刻板放在李氏宗祠中，竟被看祠堂的人認爲「無用之物，日逐劈作柴薪燒毀，僅存一塊」[97]。

爲了推動違礙書籍的收繳，乾隆使出强硬手段，於三十九年九月製造了屈大均詩文案。

屈大均，明末廣東番禺縣人，與梁佩蘭、陳恭尹並稱「嶺南三大家」。早在雍正八年（一七三〇年）時，清朝因屈大均詩文中「多有悖逆詞」，雍正降諭對其子屈明洪抄家繳書，鎖拿治罪。降至乾隆時屈大均嫡系子孫已死絕。但是，由於番禺書肆仍有屈大均《廣東新語》出售，清朝下令搜查屈氏族人的家。又因傳説南京雨花臺有屈大均衣冠塚，乾隆派員搜尋無著，只好作罷[98]。

三十九年十一月，乾隆就屈大均詩文案，發布《呈獻違礙書籍諭》：

前此諭令各督撫遍行曉諭，如有收藏違礙之書，即早交出，免其治罪。並以筆墨詆毀之事，大率江浙兩省居多，其江西閩粵湖廣亦或不免，因指名交各督撫留心查辦。……若再隱匿不繳，後經發覺，即治以有心藏之罪，必不姑寬。99

諭旨發布後，不僅收繳違礙書籍增多，而且收藏違礙書籍的文字獄也急劇增加。乾隆的思想文化恐怖統治，進入了更加嚴酷時期。

四十年閏十月，乾隆在檢閱各省呈繳的應毀書籍時，發現有僧澹歸著《偏行堂集》，由韶州知府高綱作序並募資刻行。澹歸原名金堡，明末進士，曾任朱由榔桂王政權都給事中，時稱「五虎」之一。桂王政權垮臺後，託跡緇流，所著詩文「多悖謬字句」。高綱時已去世，五個兒子高秉等分居北京、天津、河南等地。乾隆降諭分別查抄高氏五子的家，共抄出書籍二百五十九種，約二千函，其中除《偏行堂集》外，還有明廣東東莞人陳建所著《皇明實紀》，又稱《皇明通紀》，以及江寧清笑生所著《喜逢春傳奇》曲本。這是兩部禁毀書籍。清笑生是化名，眞實姓名及何許人，搜尋無著。陳建子孫，乾隆諭免處分。高秉等人，乾隆認爲：「近年來查辦遺書，屢次降旨宣諭，凡繳出者概不究其已往。今高秉仍然匿不呈繳，自有應得之罪，已交刑部審辦。」100

《偏行堂集》案件之後，又接連發生明代江西人袁繼咸《六柳堂集》案，湖南明末翰林陶汝鼐《茶水堂集》案及其孫陶煊《國朝詩的》案，湖北黃梅縣吳碧峯刊刻明末瞿罕《孝經對問》、《體孝錄》案等等。對於淸人的著作，乾隆尤爲警覺。四十三年，他發現江蘇東臺縣人徐述夔著有《一柱樓集》，書中「逆詞顯然」，如「其詩有『明朝期振翮，一舉去清都』之句，藉朝夕之朝，作朝代之朝，且不言到清都，而云去清都，顯有欲興明朝，去本朝之意」；又其子徐懷祖《詠正德懷》詩云，「大明天子重相見，且把壺兒擱半邊」，都被認爲是「繫懷勝國，暗懷詆譏，謬妄悖逆，實爲罪大惡極」[101]。結果，已故徐述夔、徐懷祖父子被開棺戮屍，孫子徐食田以及爲該書作跋者、校訂者以及對本案處理不力的江蘇布政使陶易等，均判斬監候。曾爲徐述夔作傳的沈德潛雖已去世，也降旨奪官，罷祠削謚，連墓碑也被推倒。四十四年，湖北黃梅縣監生石卓槐，被告發所著《芥圃詩鈔》內有「大道日以沒，誰與相維持」，「廝養功名何足異，衣冠都作金銀氣」等，是攻擊朝廷的「犯悖」言論。石卓槐淩遲處死[102]。四十五年，山東壽光縣民魏塾對晉江統的《徙戎論》作了許多批語，説那時「在朝諸臣俱是駑才豬眼，不用江統之論，遂釀成五胡之災」。乾隆以爲戎狄是影射清朝，魏塾斬立決[103]。同年，安徽和州戴世道被人告發，其曾祖戴移孝著《碧落後人詩集》，其祖父戴昆著《約亭遺詩》，語本犯悖。如「長明寧易得」、「短髮支長恨」、「且去從人卜太平」等，被認爲是懷念明朝，咒駡本朝。戴移孝、戴昆戮屍示衆，戴世道處斬，子斬監候，妻沒爲奴[104]。四十六年，湖北孝感縣生員程明湮代人作祝壽文：「紹芳聲於湖北，創大業於河南」，又在《後漢書・趙壹傳》中的五言詩「文籍雖滿腹，不如一囊錢」後批道「古今同慨」，被人告發，判斬立決[105]。清初浙江仁和縣卓長齡，也是一位具有反清意識的文人。他的著作《高樟閣集》中有詩曰：「可知草莽偷垂淚，盡是詩書未死心；楚衽乃知原尚佐，剃頭輕卸一層氈。」四十七年案發，卓長齡及其子卓徵被剉屍梟首示衆，孫卓天柱等斬立決[106]。與卓長齡有類似思想情緒的，如江蘇興化縣李驎，著有《虬峯文集》，內有「白頭孫子舊遺民，報國文章積等身」，「杞人憂轉切，翹首待重新」等，均被認爲「繫懷勝國，望明復興，顯屬悖逆」之句。李驎死而無後，本人被剉屍梟首示衆[107]。

文字獄是封建思想文化專制產物。在文網密張的特殊環境中，勢必產生一批文化鷹狗。他們爲了向最高統治者邀功請賞，飛黃騰達，到處窺探捕捉對象。浙江巡撫覺羅永德就是一個典型。三十三年他向皇帝報告：

為盤獲行蹤妄僻，詩句牢騷可疑之犯，……臣諄飭各屬，無論窮鄉僻壤，菴堂歇店，細加盤詰。108

官府四處密訪，無恥文人也爲虎作倀，出入書舖、學館，甚至到私人書房中用偷、騙、買等卑鄙伎倆獲取密告材料。乾隆三十九年，一個叫簡上的人，就是用三元錢，從屈大均族人家中誆得屈大均三本著作，從而製造了一起大案。正是這一批文化鷹狗推波助瀾，文字獄愈演愈烈。有些案件，甚至連乾隆都以爲寃枉。四十三年四月，山西武鄉縣生員李掄元，在乃父墓碑上用「皇考」二字。山西巡撫覺羅巴延三以「悖逆」罪逮捕李掄元。乾隆卻另有見解，說：「皇考」之字用於《禮》經，屈原《離騷》及歐陽修《瀧岡阡表》俱曾用之。在臣子尊君敬上之義，固應避之，但迂腐無知，泥於用古，不得謂之叛逆，可無庸查辦109。李掄元因此逃過滅門之禍。同年六月，湖南臨湘縣監生黎大本與鄉人糾紛，被首告私刻《資孝集》，將乃母「比之姬姜太姒文母」，岳州府加以逮捕。乾隆說，此「係迂謬不通，妄行用古」，無庸深究，但應懲治黎大本武斷鄉曲罪110。四十七年三月，署湖南巡撫李世傑查抄到龍陽縣監生高治淸刊刻的《滄浪鄉志》，說其中「語多悖妄」。乾隆閱後說，書內簽出「如『幕天席地』，乃劉伶《酒德頌》中成語；『玉盞長明』，係指佛燈而言，相沿引用，已非一日，何得目爲悖妄……至書中如『德洋恩溥，遠際升平』等，乃係頌揚之詞，該撫亦一例簽出，是頌揚盛美，亦干例禁，有是理乎！如此等類，不一而足。各省查辦禁書，若如此吹毛求疵，謬加指摘，將使人何所措手足耶！此事總因李世傑文理不通，以致辦理拘泥失當」[111]。遂降旨將此案人犯全部釋放。同年四月，安徽巡撫譚尚忠奏，明末方芬《濤浣亭集》語多狂悖，五世元孫方國泰隱藏不首，擬斬立決。乾隆帝審閱此案後批道：

辦理殊屬失當。方芬講集內「征衣淚積燕雲恨，林泉不甘鳥啼新」；又「亂剩有身隨俗隱，問誰壯志足澄清」；又云「蒹葭欲白露華清，夢裏哀鴻聽轉鳴」等句，雖隱躍其詞有厭清思明之意，固屬狂悖，不過書生遭際兵火，遷徙逃避不平之鳴，並非公然毀謗本朝者可比。方芬老於貢生，貧無聊賴，抑鬱不得志，詩意牢騷則有之，況其人已死，朕不爲已甚。若如此則坐大逆之罪，則如杜甫集中窮愁之語最多，卽孟浩然亦有「不才明主棄」之句，豈亦得謂之悖逆乎？若必一一吹求，繩之律法，則詩以言志，乃使人人自危，其將所措手足耶！[112]

更有一些上報的案件令人啼笑皆非。四十七年五月，廣西巡撫朱椿，竟然把身懷回、漢兩種文字的回教經書的回民海富潤逮捕。乾隆接到報告後批道：

海富潤有抄錄回字經卷及漢字《天方聖賢實錄》、《年譜》等書。其書內大意約略揄揚西域回教國王穆罕默德之意居多，回回民持誦經典，自唐宋以來，早已流傳中國，現在相沿舊本在，民俱家喻戶曉，並無謗毀悖逆之語，……（朱椿）如此矜張辦事，殊非大臣實心任事之道，實屬可鄙可笑。[113]

這一類案件固然說明了清朝官吏的愚昧無知，但也反映了文字獄之恐怖。

此外，在地主文人之中，有一部分人爲狹隘的一家一姓的私利，不惜挾嫌首告，希冀把對手弄得家破人亡。如河南登封縣生員李一，自號「半癡先生」，與同里監生喬廷英平日以詩文唱和。乾隆四十八年，李一兒子李從先與人爭奪秤行。李從先認定對手受喬廷英指使，遂向縣官控告喬廷英。喬遂以李一所著《半癡糊塗詞》呈官。李一也告發喬廷英詩稿中有「千秋臣子心，一朝日月天」等悖逆詩句。結果二人均被凌遲處死，還禍及妻兒[114]。四十四年，江西饒州府德興縣已革生員祝平章，因盜公田，拆毀宗祠等，被同族控告在官，心懷不滿，首告其族兄祝浹家藏乃祖祝庭諍《讀三字經》。官府查抄，發現書內「於前代帝王興廢，猶且大加詆謗」，如「髮披左，衣冠更。難華夏，遍地僧」等，「明係隱寓詆謗」。結果，祝庭諍被開棺戮屍，祝浹及其十六歲以上子孫均斬立決[115]。

乾隆前期，一些人因利欲熏心而遭殺身之禍。這一類文字獄並沒有使文人們引以爲戒。乾隆後期，爲求功名利祿或沽名釣譽而身罹重罪的案件，仍時有發生。山西按察使黃檢，將其祖父、已故大學士黃廷桂奏疏，刊刻分送與人。書中輯入雍正及乾隆硃批。四十四年此事被乾隆發現，他惱羞成怒斥曰：「刊刻奏疏乃明季陋習」，「硃批事件更非臣下所宜宣露」，「所謂君不密則失臣，臣不密則失身」，降旨將刻書全部銷毀。時黃檢任福建巡撫，被交部議處。乾隆還爲此降諭，大臣家如有硃批刊刻，其子孫應一併繳出[116]。四十六年，致仕大理寺卿尹嘉銓，爲其曾任河南巡撫的父親尹會一請求謚號。乾隆批道：「謚號乃國家定典，豈可妄求」。尹嘉銓碰了釘子仍不知趣，竟又上疏請求，將乃父從祀文廟。乾隆惱火，硃批「竟大肆狂吠，不可恕矣。」命鎖拿抄家，進而又發現悖逆文字。如尹嘉銓所著《名臣言行錄》，竟將本朝高士奇、鄂爾泰、張廷玉列入，並在書中鼓吹門戶之爭。乾隆還進一步毛舉細故，說：「朕御制《古稀說》頒示中外，而伊竟自號『古稀老人』，且欲娶年逾五十之處女爲妾，所行種種乖謬，出於情理之外。」[117]尹嘉銓本想請恩光耀門庭，結果反而被判絞立決。

直隸鹽山縣王珣是個名利狂。他聲稱家有「乩仙」寫的「神書」。「乩仙」說他與翰林紀昀「俱是聖門子弟。紀昀是子貢轉世，王珣是顏回轉世」，以此招搖撞騙。還叫他哥哥王琦到鹽山縣儒學投遞書帖。結果王珣被處斬[118]。直隸高邑人智天豹，自稱在駱駝崖採藥時，「曾遇見老主顯聖，授予《本朝萬年書》一部」。書中說本朝國運比周朝八百年更為長久，並按八卦名目，編造了清朝八百年年號，其中乾隆是五十七年。他授意一個目不識丁的徒弟張九雷，在乾隆謁陵路上跪獻，說：「若進了此書，皇上必然喜歡我們，我們都可以富貴了。」原來，乾隆一心想和乃祖康熙一樣，能當六十年皇帝，說乾隆一朝僅五十七年，無異於詛咒皇帝。結果，智天豹斬立決，張九雷斬監候[119]。

乾隆朝文字獄，還反映出在封建科舉制度下知識分子的乖蹇命運。湖北長陽縣生員艾家鑒於四十五年鄉試時，不會作試題又不甘心交白卷，竟在答卷上寫起條陳。內有一句「使是君為堯舜之君」，這就觸犯了皇帝。「君」字既沒有頂格書寫，又在其上「妄加『使是』兩字」，「尤屬喪心病狂」，被發往烏魯木齊充苦差[120]。山西臨汾縣生員馮起炎，三十歲未娶，卻想得張、杜二家表妹作妻妾，但家貧不能娶，就異想天開，於乾隆四十八年抄摘《詩》、《易》二書，胡加注釋，在乾隆謁陵路經長新店時跪獻，冀飛黃騰達，結果被發配黑龍江給披甲人為奴[121]。湖南耒陽賀世盛，從乾隆十七年三十三歲入學，至六十九歲時功名仍未遂，心中抑鬱，以所著《篤國策》赴京進獻，圖賞官職。因書中「指斥官員，妄議朝政」，落個被斬立決下場[122]。

以上數例引頸受戮的文人，是迂腐可悲的。腐朽的封建文化教育，把自己培養出來的仕途坎坷的腐儒送進了文字獄的屠宰場。但是，也應當看到，其時受文字獄迫害的知識分子，並不都是具有反清意識或是利欲熏心者，也包括一些具有真知灼見的文人。他們針對社會某些弊端，上書言事，稍不合最高統治者的心思，也會釀成大禍。如四十五年七月，廣西潯州府平南縣生員吳英，向藩司攔輿投遞《策書》，提出五點建議：一、蠲免錢糧，添設義食；二、加强十家爲甲之制；三、革除官管食鹽買賣；四、禁止種煙；五、裁減寺僧。這五項建設，都没有超越封建政治經濟制度所允許的範圍，僅僅是要求對現行的某些具體政策作細微更動，具有一定合理性。如添設義倉一款，因官府救荒的義倉皆設在城廂，鄉村饑民赴城廂領賑一石，除去路費僅能得二三斗，因而希望設義倉於鄉里。又如，建議在官府蠲免錢糧時，田主亦能對佃戶免租。這更是乾隆曾頒諭的。至於禁止種煙一項，他説：

> （種煙）似屬小耗，實民間之大蠹也。小民迷於利而不自知，自相殘害而不覺。今種煙之家十居其半。大家種植一二萬株，小家亦不減二三千。每萬株費工人十或七八，灰糞二三百擔，麩料糞水在外。至於收成鬻於商賈，刨切發賣，大市煙鋪三二十間，中市小市亦十餘間五六間。大鋪用工人三二十，中鋪小鋪亦不減十餘或七八。以致製造煙斗以供煙用，天下又不知幾千萬店。銷煙斗銅以鑄錢，可以供三二省之用。總種植煙苗治末之工費，以圖耕稼種植雜糧，實可以活天下大半之人，非誣説也。邇來穀粟騰貴，百姓困憊，未始不因以有用之工費，營無益之虛耗而不力農之所致。[123]

吳英所披露的潯州地區，鄉村城鎮種煙製煙售煙的規模之大，令人驚嘆。在糧食供應已形緊張，糧價扶搖上漲的乾隆時期，如能運用國家權力，稍抑煙葉的種植，增加糧食生產，於國計民生不無裨益。吳英獻策毫無惡意，廣西巡撫卻認定「語涉狂悖」，又因《策書》內有二處用了「弘」

字，犯了「疊用御名」之罪，擬凌遲處死。

清朝以文字陷人於罪，勢必引起社會的強烈不滿，文人們尤爲憤懣。儘管絕大多數人是敢怒而不敢言，但不怕死犯顏直諫者仍有人在。乾隆四十三年，湖南安化縣八十六歲老翁劉翱，自赴兵部侍郎顏希深衙門投狀，被逮下獄。在審訊中，問他，你說「自古國運接續之際，妄生議論，何代無之？」又云「是非之心人皆有之，有不得已之鳴。不揣狂妄，原發部律，重罪甘心」，是什麼意思？劉回答說：

因聞皇上查繳違礙藏書，自必生疑士民，妄生議論。故備述我朝聖聖相承，恩深百姓，縱有昧心狂筆，何忍存留，少釋聖主之疑，冀免查繳。甘冒重罪，律擬甘心，這便是不得已之鳴。124

這些話的意思是，歷來在改朝換代之際，總是有人發表不同議論。皇上爲此而下令查繳違礙書籍，反而使百姓生疑，妄生議論，大可不必。他還說，講這些話的目的，是爲了「少釋聖主之疑」。可是，乾隆怎能聽進！劉翱被認爲「悖逆」、「狂吠」，發配烏魯木齊。

乾隆製造文字獄，對社會產生了深遠影響。在封建思想文化恐怖政策之下，著書會惹禍，刻書會惹禍，藏書會惹禍，售書會惹禍，讀書也會惹禍。文人筆墨不敢觸及現實，不敢議論時政，甚至不敢治史，寧可治經，埋頭於故紙堆，作煩瑣考證。清代人說：

今人之文，一涉筆惟恐觸礙於天下國家，……人情望風覘景，畏避太甚。見鱔而以爲蛇，遇鼠而以爲虎。消剛正之氣，長柔媚之風。此於世道之心，實有關係。125

進步的思想受扼殺，科學精神被遏制，隨之而來的是「萬馬齊暗」的歲月。乾隆推行封建思想文化恐怖統治，必然導致國運衰落。

寵信和珅

寵信和珅以及和珅弄權，是乾隆後期敗政的集中體現。自和珅弄權，清朝社會已陷入黑暗年代。

和珅字致齋，姓鈕祜祿氏，滿洲正紅旗人。他生於乾隆十五年（西元一七五〇年），父親名常保。和珅曾祖父尼雅哈納曾因軍功賜巴圖魯，授三等輕車都尉世職。和珅十歲左右與乃弟和琳一起被選送入咸安宮官學讀書。咸安宮官學在西華門內，創辦於雍正六年（一七二八年）。這所學校原爲培養內務府人員的優秀子弟而設立的。乾隆年間擴大招收八旗官員子弟入學。所學課程，主要是滿漢蒙古語文以及經史等典籍，還學習騎射與火器等軍事技藝。和珅因天資聰明，記憶力强，成爲咸安宮官學中出類拔萃學生。乾隆三十二年，和珅與內務府大臣、戶部侍郎英廉的孫女結婚。英廉，字計六，號夢堂，姓馮，內務府包衣籍漢軍鑲黃旗人。和珅作了英廉的孫女婿，不啻找到一個相當强大的靠山。和珅婚後，英廉又連續升遷，乾隆三十四年任刑部尙書，四十二年爲協辦大學士，四十五年授東閣大學士。

和珅結婚那一年，還承襲了三等輕車都尉，這個職銜雖不顯要，但薪俸頗豐。第二年，他參加順天府試落第，二十三歲時又被授予三等侍衞，挑補黏竿處。黏竿處又稱「上虞備用處」。《嘯亭續錄》卷一載：

定制，選八旗大員子弟中猿捷者爲執事人，司上巡狩時扶輿、擎蓋、捕魚、罟雀之事，名曰上虞備用處。蓋少年血氣僨張，故令習諸勞勩，以備他日干城衛之選。實有類漢代羽林之制，而精銳過之。

也就是說，黏竿處是皇帝的御前近侍，皇帝出巡時在輿旁服侍，平時要陪同捕魚罟雀等遊樂，又帶有護衛性質，只有八旗大員子弟才有資格入選。淸朝前期，不少達官顯貴或本人由此出身，或設法送子入黏竿處當侍衛，以求日後騰達。

不久，和珅又調任儀鑾衛侍衛。

乾隆四十年，和珅開始平步靑雲，騣騣向上。這一年，他被擢爲乾淸宮御前侍衛兼副都統。第二年正月，授戶部侍郎。三月命爲軍機大臣。四月兼內務府大臣。八月調任鑲黃旗副都統。十一月充國史館副總裁，戴一品朝冠。十二月兼步軍統領。四十二年，兼崇文門稅務總督，總理行營事務，補鑲藍旗滿洲都統，六月授正白旗都統，領侍衛內大臣。四十四年八月，命在御前大臣上學習行走。四十五年三月，授戶部尙書，御前大臣兼都統、議政王大臣。十月，充《四庫全書》館正總裁，兼任理藩院尙書。四十六年，兼任兵部尙書管理戶部三庫及方略館總裁。四十七年以原銜充經筵講官，封太子太保。四十八年賞戴雙眼花翎，任國史館總裁。四十九年任吏部尙書，協辦大學士仍兼管戶部，授一等男，兼正白旗都統。五十一年授文華殿大學士，仍管戶部。五十三年封忠襄伯，賜紫韁。五十七年兼任翰林院學士。嘉慶元年（一七九六年），調正黃旗都統。二年調管刑部，仍兼管戶部。三年充任參贊機政並兼部務，晉封一等忠襄公。此外，和珅還兼管太醫院、御藥房以及崇文門稅務監督。因此，《淸史稿》本傳說他「寵任冠朝列矣」。

在封建專制政治制度下，大臣們的進退，唯皇帝個人意志是從。和珅政治上扶搖直上，從一個小小的三等輕車都尉，轉眼間入軍機處，任尙書、議政王大臣、大學士並封伯進公爵，原因只有一條，他深得乾隆歡心。

乾隆爲什麼寵愛和珅，有關傳說不少。或說，乾隆當皇子時，因嬉弄一個妃子，致使這妃子被賜死，深感內疚。和珅長相酷似那個妃子，遂得乾隆寵愛。或說和珅熟讀《論語》，能流利地向乾隆作答，因而得器重。陳康祺《郎潛紀聞》卷一：

> 一日警蹕出宮，上偶於輿中閱邊報。有奏要犯脫逃者，上微怒，誦《論語》「虎兕出於柙」之語。扈從校尉及期門羽林之屬咸愕眙，互詢天子云何？和珅獨白，「爺謂典守者不能辭其責耳」。上爲霽顏，問，「汝讀《論語》乎？」對曰「然」。又問家世年歲，奏對皆稱旨，自是恩禮日隆。

這些傳說的眞實性，難以考訂。不過，應該說，爲人機警，善於揣測主子心思，又小有才幹，辦事幹練，是和珅取寵於乾隆的主要原因。他得勢之後，更是投乾隆所好，百般曲意逢迎。作爲軍機大臣，「言不稱臣，必曰奴才，隨旨使令，殆同皂隸」[126]，「皇帝若有咳唾，和珅以溺器進之」[127]。乾隆晚年揮霍無度，內務府入不敷出。和珅經管崇文門稅務，以崇文門所得稅款，供內務府開銷，使內務府不僅「歲爲盈積，充外府之用」[128]。乾隆七旬、八旬慶壽以及千叟宴，都是由和珅主持的，規模盛大，乾隆十分滿意。而和珅家族與皇室聯姻，又使和珅與皇家之間從君臣關係發展爲裙帶關係，感情更加密切。四十五年，乾隆賜和珅長子名豐紳殷德，並把自己最寵愛的小女兒和孝公主嫁給豐紳殷德。「豐紳」滿語是福澤意思。和孝公主出嫁時，乾隆賞給她大量土地、莊丁和珍寶作妝奩。和珅的女兒，也嫁給康熙的玄孫貝勒永鋆作福晉。和珅的侄女，即和琳的女兒又嫁給乾隆的孫子即皇六子永瑢的兒子綿慶。這幾樁婚姻，把和珅和皇室緊緊地結合在一起。

和珅得勢後，竭力培植親信，結黨營私。在和珅政治集團中，除了和琳之外，還有福長安、蘇凌阿、伊江阿、國泰、景安、徵瑞，以及和珅老師吳省蘭、吳省欽兄弟等。和琳比和珅小三歲，在和珅翼蔽之下，從一個小小筆帖式累遷至工部尚書、鑲白旗漢軍都統，乾隆五十九年授四川總督。乾隆六十年，貴州苗民石柳鄧起事，和琳赴軍中督戰，封一等宣勇伯。第二年，雲貴總督福康安卒，和琳受命督辦軍務。八月，染瘴氣卒於軍，追晉一等公。福長安是大學士傅恆的小兒子、孝賢皇后侄兒。他從藍翎侍衛累遷正紅旗滿洲都統，武備院卿，兼領內務府。四十五年受命在軍機處學習行走，累遷戶部尚書。和珅是軍機大臣又長期兼管戶部。福長安入軍機處、任戶部尚書，與和珅關係更密切，勾結也更緊。蘇凌阿，姓他塔拉氏，滿洲正白旗人。乾隆六年繙繹舉人。年輕時充中書舍人，人們笑其庸劣。晚年時因兒女與和氏家族聯姻，得到和珅提攜，官運亨通。乾隆五十年自吏部員外郎超擢，歷兵、工、戶三部侍郎，遷戶部尚書，出任兩江總督。他任江督時，公然對屬員說：「皇上厚恩，命余覓棺材本來也」。入閣時，「龍鍾目眊，至不能辨戚友」[129]。徵瑞，曾任兩淮鹽政。爲了保住這一肥缺，常以貪污贓款給和珅送禮，其中一次就送白銀二十萬兩。嘉慶元年（一七九六年）二月，和珅妻去世，徵瑞又送二十萬兩銀，和珅嫌少，增至四十萬兩[130]。景安，姓鈕祜祿氏，滿洲鑲紅旗人，是和珅族孫，由官學生授內閣中書，累遷河南、山西、甘肅布政使，乾隆六十年授河南巡撫。嘉慶元年，川楚陝白蓮教起事，北攻河南，景安駐軍南陽籌措軍餉，加太子少保。第二年，他爲了攘功，竟蹦兵戮難民，以此報捷，受賞雙眼花翎，封三等伯。

此人「附和珅，懵於軍事，然居官廉」[131]。國泰，姓富察氏，是四川總督文綬的兒子，紈袴子弟，因早貴盛氣凌人，對屬吏動輒訓斥。乾隆四十二年遷山東巡撫。山東布政使于易簡是大學士于敏中弟弟，國泰竟要求他長跪白事。乾隆四十七年，御史錢灃彈劾國泰貪縱營私，勒索屬員，升調以行賄多寡爲標準，以致歷城等州縣各虧空八、九萬或六、七萬兩之多[132]。乾隆命和珅和左都御史劉墉率錢灃前往山東盤查倉庫。國泰得到和坤潛通消息，在劉墉等到達之前，挪借市銀官庫帑銀。但市銀與帑銀規格不同。帑銀每五十兩鑄成一錠，市銀輕重不一。錢灃了解到此中內幕，在歷城縣宣布，凡商民借給官府市銀，應盡快領回，遲則封庫入官。結果商人紛紛領回銀兩，庫藏一空。盤查結果，虧空四萬兩。接著又盤查了章丘、東平、益都三州縣庫，同樣虧欠。全省共查出虧空達二百萬兩。和珅無法包庇，國泰、于易簡被處以死刑。

和珅上恃乾隆爲靠山，下以一批官僚爲羽翼，貪污索賄，亂政禍國。官員要升遷，先得賄賂和珅。兵部侍郎玉保，詩才敏捷又究心兵家諸書。乾隆原想任玉保爲山西巡撫。但是有人已先以厚貲賄賂和珅謀此缺。結果晉撫一職還是賄賂者所得。朝鮮在華使者鄭東觀說：

> 閣老和珅用事將二十年，威福由己，貪黷日甚。內而公卿，外而藩閫，皆出其門。納賂諂附者，多得清要，中立不倚者，如非抵罪，亦必潦倒。上自王公，下至輿儓，莫不側目唾罵。[133]

和珅弄權，清朝政治腐敗，連外國人也看得很清楚了。如此賣官鬻爵，政以賄成，直接影響清政府國家機器的運轉。以河工爲例，《嘯亭雜錄》載：

乾隆中，自和相秉政後，河防日見疏懈。其任河帥者，皆出其私門，先以巨萬納其帑庫，然後許之任視事。故皆利水患充斥，藉以侵蝕國帑。134

掌管水利的官員，竟然希望發生水災，以便乘機撈錢，河工敗壞，自不待言。

對於和珅擅權亂政，朝中也有心懷不滿者。他們懾於和珅權勢，只能伺機向和珅開火。五十一年五月，發生了兩廣總督富勒渾的家奴殷士俊案件。經江蘇織造四德等揭發，在殷士俊住居的常熟家中，查出現存及出借的銀錢共二萬餘兩，田三百六十餘畝，房屋三所，並起出殷士俊之子殷孝基捐監部照一張。乾隆當即斷定，殷士俊作爲一個家奴如此富足，肯定有勒索行爲，而根子在主人富勒渾，因而將富勒渾革職。家奴勒索致富，罪及主子。殷士俊富勒渾案給和珅反對派很大啓發。六月中旬，御史曹錫寶彈劾和珅家人劉禿子：

（劉）本係車夫，洊管家務，服用奢侈，器具完美，苟非侵冒主財，剋扣欺隱，或藉主人名目招搖撞騙，焉能如此。135

其時乾隆正在熱河。他接到奏摺後，立即面詢隨駕的和珅。和珅回答：

劉禿子劉全兒，並無禿子之名，本係世僕，有旗檔可查。因家人衆多，宅內不敷棲止，是以令其在宅西附近興化寺街居住，一向派在崇文門稅務上照管一切。素著尚爲安分樸實，平時管束家人甚嚴，向來未聞其敢在外間招搖滋事。或因扈從出外日多，無人管教，漸有生事之處，亦未可定，請旨飭派嚴查重處。136

乾隆聽了和珅辯解後，馬上表態：一、劉全兒「久在崇文門代伊主辦理稅務有年，其例有應得之項，稍有積蓄，亦屬事理之常」；二、著留京辦事王大臣會同皇孫綿恩，以及都察院堂官傳見曹錫寶，令其就所奏逐條指定，如有以上情節，卽據實參奏，從嚴審辦，「如若徒空言，豈有以無根之談遽入人罪之理」137。第二天，乾隆又說，據朕揣度，曹錫寶參奏，「或其竟本欲參劾和珅，而又不敢明言，故以家人爲隱約其詞，旁敲側擊，以爲將來波及地步乎？」乾隆這兩次表態顯然是偏袒和珅。他認爲，第一，劉全兒久在崇文門辦理稅務，稍有積蓄，屬事理之常，這就爲劉全兒排除了「剋扣隱私」劣跡；第二，曹錫寶參奏劉全兒目的在於「將來波及」和珅，這就更明確表示要保護和珅。和珅自然心神領會，立卽上疏辯解說，他曾詢劉全兒，回答說：「不但從不敢招搖滋事，交接官員，卽所謂房屋寬敞，器具完美，容或有之，亦非可以挾以出外之物。我與曹御史名姓，素未聞知，彼又何從進宅目睹？」138乾隆與和珅一唱一和，曹錫寶陷入犯有誣陷大臣罪的被動局面。

問題還不止如此。曹錫寶在參劾劉全兒之前，曾把他的奏疏送同鄉朋友江蘇南匯人侍郎吳省欽看過。吳省欽賣友求榮，立卽馳往熱河，把這一消息告訴和珅。和珅令劉全兒立刻毀其居室、衣服、車馬，凡有逾制一切器具，全部藏匿，不留痕跡。

六月十八日，留京辦事王大臣回奏傳詢曹錫寶的結果。據曹錫寶說：

> 我與和珅家人全兒向來從不認識。卽伊在崇文門管理稅務，我亦不知道。伊與額稅之外有無擅自加增，及別項情弊，亦未有人說過。我因聞全兒住屋服用甚是華美，與路過興化寺街留心察看，見有房屋甚是高大，我想伊係家奴，焉有多貲造此華屋，恐有藉主人名目招搖撞騙之事，是以具奏。139

乾隆閱後，更進一步斷言，「看來該御史意欲參劾和珅，而又不敢明言，故爲此奏，隱約其詞，以爲旁敲側擊之計。」遂命令綿恩、都察院堂官並步軍統領衙門司官一員，帶著曹錫寶，先至劉全兒家中「看視住屋，究有若干」，而後再到阿桂等各家管事家人住房察看，「有比全兒多且大者，則當詰詢曹錫寶，何以轉不參劾之故。一經比較，情僞立見」[140]。和珅和劉全兒事先作了準備。察看結果，當然於曹錫寶不利。七月十八日，乾隆宣布此案處理決定。他說：「我朝綱紀肅清，大臣中亦無攬權藉勢、竊弄威逼之人。此所可以自信者」；曹錫寶以虛詞參奏，「必啓門戶黨援之端」，其目的在於「蓋今年爲鄉試之年，伊不過欲因進摺，或記其名而出差耳，所見甚鄙！」給予革職留任處分[141]。

曹錫寶參劾和珅家奴，惹火燒身，受了處分，和珅地位更加穩固。此後，終乾隆之世，再也無人敢去觸犯這位權貴。正如《清史稿》作者所說，高宗中年之後，「大臣恃寵亂政，民迫於飢寒，卒成禍亂」[142]。和珅弄權，對乾隆後期政局敗壞所起的作用，未可低估。

貪污案迭起

和珅擅權，賄賂公行，絕非孤立現象。處於封建社會後期的清王朝，儘管在其前期有過勵精圖治的蓬勃發展階段，但降至乾隆中期，隨著政治相對穩定和經濟某種程度的繁榮，以乾隆爲首的統治集團逐漸倦勤政務，驕侈淫佚之風日熾，吏治日趨腐敗。和珅這一歷史人物的出現，正是封建政權腐朽本質的反映。乾隆前期，皇帝雖然對貪官墨吏嚴加懲處，但是貪污之風卻剎不住，到了乾隆後期反而愈演愈烈，大案接連出現。

乾隆後期，最大的集團貪污案，是以甘肅布政使王亶望爲首的侵吞「監糧」案。甘肅舊例，百姓可以輸豆麥捐國子監生。乾隆三十一年（西元一七六六年）這一舊例被革除。三十九年陝甘總督勒爾謹因甘肅地瘠民貧，戶無糧儲又時有災荒，向朝廷請求恢復捐監舊例，籌糧備賑。乾隆批准勒爾謹奏請，特調浙江布政使王亶望改任甘肅布政使，主持收糧捐監工作。

王亶望是原江蘇巡撫王師的兒子。王師頗有政績，官聲素著。王亶望以舉人捐納知縣，歷官至浙江布政使。乾隆三十八年，皇帝幸天津，王亶望貢方物以及飾珠金如意，被乾隆拒絕。但乾隆還是很看重他。王亶望赴任甘肅僅半年，於乾隆三十九年十月就向皇帝報告，收捐一九、〇一七名，得豆麥八二七、五〇〇餘石。這巨額糧食，引起乾隆懷疑，發「四不可解」諭詰問勒爾謹：一，甘肅民多艱窘，安得有近二萬人捐監？二，民食尚且不敷，又安得這麼多糧食捐監？三，捐監糧多達八十二萬，年復一年，經久必陳腐，又將安用？四，即使每年借給民間，何不留於閭閻，聽其自爲流轉？勒爾謹回奏，甘省報捐監者，多係外省商民。安西、肅州係新疆新闢門戶，商民必經之地。近年甘肅收成頗好，富戶積糧日多，樂於糶糧得價。商人因糧價平減，遂賣貨購糧捐監。乾隆因查不出破綻，只好諭「爾等既身任其事，勉力妥爲之可也」[143]。乾隆還專門派刑部尚書袁守侗赴甘肅盤查，也查不出什麼問題。降至四十二年，甘肅累計收到監糧六百多萬石。王亶望也因功擢浙江巡撫。

四十六年三月，甘肅河州爆發蘇四十三領導的回民起事。乾隆派和珅、阿桂到甘肅督辦軍務。他們到甘肅後報告說，該省雨水太多，妨礙征戰。這又引起乾隆注意：「該省年年報旱，何以今歲得雨獨多？其中必有揑飾情弊。」[144]遂命阿桂與署陝甘總督李侍堯細察上奏。這樣一來，王亶望貪污案敗露了。原來，王亶望與全省官吏通同作弊，捐監收的不是本色糧，而是折色銀。然後又以年年旱災賑濟爲藉口，將上報監糧開銷，而把捐監銀沒入私囊。王亶望家貲三百餘萬兩，大部分是由此項貪污而來。其他行省府州縣官員侵吞二萬兩以上二十人，一萬兩以上十一人，一千兩至九千兩的二十九人。乾隆降旨將勒爾謹、王亶望處死。同案犯陸續正法達五十六名，免死發遣者四十六名。甘肅省道府以上官員幾乎爲之一空。

在查辦王亶望案中，又發生了閩浙總督陳輝祖侵吞王亶望查抄贓物案。四十七年七月，乾隆在熱河行宮看到浙江上報的查抄王亶望家貲底單。以往，逢節慶之時，王亶望經常向皇帝貢獻珍玩。乾隆收了幾件，其餘退還。如今他發現，底單中「發還之物，無一存在，即此可見不實」[145]。他召見現任安徽按察使原任浙江鹽法道陳準，面詢此事。陳準回覆，彼時已起程來京，不能知悉查抄情形。乾隆立即傳諭新任浙江布政使盛柱，要他將何人承辦查抄王亶望家產，有無侵蝕情形，逐一確查密奏。九月初，盛柱報告，其時具體負責首抄王亶望家產的是原浙江糧道現河南按察使王站柱。盛柱還查出呈報的底冊，與王站柱查抄時上報的原冊不符。當時上報原冊中，有金葉、金錠等四、七四八兩，還有玉山子、玉瓶等。在解繳內務府底冊，這些東西都沒有了，而銀子則多七三、五六四兩。乾隆閱了奏摺後，立即命戶部侍郎福長安、刑部侍郎喀寧前往查辦，並命大學士阿桂到河南審訊王站柱。不久，阿桂覆奏，據王站柱供認，他查抄時會同府縣佐雜點驗，金約四千數百餘兩，銀約二、三萬兩，玉器甚多。當即造冊三份，一份呈總督陳輝祖，二份分存藩司、糧道衙門，「我若果有不肖之心，豈肯將底冊留於浙省作爲後人把柄，」並說，「至我查辦時，總督陳輝祖曾另取備用物件」[146]。顯然，問題不出在執行查抄命令的王站柱，而是出在浙江省更高的行政長官。此時，乾隆對陳輝祖已有所懷疑了，命阿桂、福長安押帶王站柱從河南赴浙江審辦。經過審理，案情大白。原來，陳輝祖夥同浙江布政使國棟，以及經辦的衢州知府王士翰、嘉興知府王仁譽、杭州知府楊先儀、錢塘知縣張翥等，用抽換查抄底冊的伎倆，私吞了大批字畫、玉器，還用平常朝珠，換下抄出的上好朝珠，又用以銀易金的手法，侵吞價值約白銀四、五萬兩的黃金。乾隆說：「所云與其有聚斂之臣，寧有盜臣。陳輝祖只一盜臣耳」，與王亶望有所區別，處以斬監候，秋後處決。其他人或發往新疆當苦差，或發往河南河工效力贖罪。四十八年二月，因發現陳輝祖在閩浙總督任上，惟務營私牟利，致閩浙兩省武備廢弛，倉穀虧空，還引起桐鄉百姓鬧漕滋事，令其自盡147。

陳輝祖案件後，浙江又發生了富有戲劇性的清查倉儲虧空案。

四十七年十一月，處理陳輝祖貪污案之後，乾隆估計浙江倉庫錢糧可能虧空，降諭新任閩浙總督富勒渾、浙江巡撫福崧等「徹底盤查，如有虧短情弊，即據實稟明」148。第二年正月，又降諭各直省督撫，將各屬地方是否虧空，據實具奏149。浙江省地方官報告，清查結果各府州縣倉庫共虧空錢糧一百三十餘萬兩。乾隆勒限補足。降至五十一年，浙江省尚虧三十三萬兩。這一年二月，浙江巡撫福崧上奏，要求展限，說他於新年止月傳齊各司、道、府「公同設誓，務期同心協力，共砥廉隅」。乾隆閱後十分惱火地說：「乃歷三四年之久，竟未彌補，尚敢靦顏奏請展限，且稱率同司道各府公同設誓，尚復成何政體耶。」同時派戶部尚書曹文埴，刑部左侍郎姜晟、工部右侍郎伊齡阿馳驛前往浙江，徹底盤查各州縣倉庫，虧空若干，彌補若干，或補銀或米，以及因何遲遲不能補足，「務使水落石出，據實具奏」150。為了給清查虧欠工作創造條件，乾隆還免去福崧浙江巡撫之職，令其來京候旨，由伊齡阿補授浙江巡撫。

四月，乾隆接到二份奏摺。一是曹文埴奏摺，說浙江省虧空倉額，除已補之外，尚虧三十三萬兩。這個數字與福崧所報的相吻合。二是浙江學政竇光鼐奏疏，說浙江省虧空未補者數多，僅嘉興、海鹽二縣，與溫州府所屬平陽，虧空各逾十萬，全省尚不止此數。這一奏疏，較符合乾隆對浙江省虧空問題的估計。因此，他立即降諭指出：「看來曹文埴等亦欲就案完事，殊非令徹底清釐之意。」並要曹文埴等三人照竇光鼐所奏各款，逐一秉公詳細盤查。若回護瞻徇，不盡不實，唯三人是問[151]。五月，因屬臨鄉試，傳諭竇光鼐仍按期主考尚未考完的府縣。

竇光鼐除了揭發浙江省倉庫虧欠之外，又上疏揭發永嘉知縣席世維借諸生穀輸倉；平陽知縣黃梅以彌補虧欠為名對百姓苛索，且於母死日演戲；仙居知縣徐延翰斃臨海諸生馬寘於獄；布政使兼杭州織造盛柱上年到京師，帶貨送禮，其中包括十五阿哥永琰；總督富勒渾經嘉興，受屬員門包，且「供應浩煩，饋閽役數至千百」[152]。這樣，浙江省問題，從原來倉儲虧欠，發展為官場勒索受賄及草菅人命等，涉及者不僅有布政使、總督，而且還有內定儲君十五阿哥。這對乾隆形成了很重的心理壓力。他感到案情重大，派大學士阿桂馳赴浙江查辦，並將盛柱解職候質。

阿桂到達浙江後，面詢竇光鼐，你所奏永嘉、平陽借穀勒派之事是何人告知？竇回答：「不能記起姓名。」又問竇光鼐，你所奏總督收受屬員門包，屬員是誰？竇「亦不能指實」。阿桂又就盛柱帶私人貲進京一節，傳詢盛柱。盛柱回答，上年進京所帶銀兩，是應解葠價三萬九千餘兩，到京後即赴廣儲司兌交，有案可查，並無送給十五阿哥物件。乾隆完全相信阿桂的審訊結果。五月二十一日，他斥竇光鼐：「毫無根據的指責，是竟係信口誣人！」[153]六月十三日諭說，浙江虧空一案，大局已定。倉儲欠虧二五三、七〇〇餘兩，與福崧初報之數有少無多。福崧尚無貪黷敗檢情事，其咎在於不能實力督催，失之柔儒，調任山西署巡撫[154]。

七月三日，阿桂另一奏摺抵京，說竇光鼐所奏永嘉、平陽縣挪移勒派各款，經嚴查並無其事。

至於平陽知縣黃梅母死演戲一事，查係本年正月黃梅爲伊母九十歲生日演戲，適伊母於演戲之夜一時痰壅猝故。乾隆閱後勃然大怒，批道：「該學政不顧污人名節，以無根之談冒昧陳奏，實屬荒唐。竇光鼐著飭行仍據實陳奏。」[155]閏七月一日，竇光鼐的回奏呈到乾隆面前，堅持己見，說黃梅以虧空太多，挾制上司，久據美缺，縱令伊子藉名派索，通省共知，「現在親赴平陽，查核確實，再行回奏。」乾隆閱後很不高興地批道：

> 今竇光鼐固執己見，嘵嘵不休者，以爲盡職乎，以爲效忠乎？且竇光鼐身任學政，校士是其專責，現當賓興大典，多士守候錄科。平陽去省往返二千餘里，該學政必欲親任訪查，而置分內之事於不辦，殊屬輕重失當。且其固執辯論，意在必伸其說，勢必蹈明季科道盈廷爭執，各挾私見，而不顧國事之陋習，不可不防其漸。竇光鼐著交部議處。[156]

同一天，乾隆還諭令伊齡阿，對於竇光鼐赴平陽查訪，應「密行留心訪察，設於地方有多事咆哮之處，即行據實參奏」[157]。

閏七月十八日，都察院同吏部上奏，要給予竇光鼐革職處分。伊齡阿又回奏，竇光鼐到達平陽後，於明倫堂招集生監，用刑逼喝，勒寫親供等狀。乾隆當即批准對竇光鼐處分[158]。二十五日，乾隆又聽信伊齡阿奏報，說竇光鼐從平陽回城後，仍「嘵嘵執辯，並有不欲做官，不要性命之言」，這無異火上澆油。乾隆斥責「竇光鼐竟係病瘋，是以舉動癲狂若此」，著拿刑部治罪[159]。

但是，三日後即閏七月二十八日，乾隆接到竇光鼐以五百里飛馳送來的奏摺，說他到平陽查出：「黃梅以彌補虧空爲名，計畝派捐，每一畝捐大錢五十文，又每戶給官印田單一紙，與徵收錢糧無異，又採買倉穀，並不給價。勒捐錢文，蒞任八年所侵不下二十餘萬。」竇光鼐還將各監生繳出的田單、印票、收帖共二千餘張，各檢一紙呈乾隆閱核。乾隆看了竇光鼐奏摺，立刻轉變態度，認爲竇光鼐調查取證，確鑿可靠，豈可以人廢言。他分析該案説：

> 今黃梅藉彌補而勒捐，既勒捐仍不彌補。以小民之脂膏，肥其欲壑，婪索不下二十餘萬，似此貪官汚吏而不嚴加懲治，俾得漏網吞舟，不肖之徒，轉相效尤，於吏治大有關係。若竇光鼐有賄買招告，及刑逼取供各情，一經質訊得實，其獲戾更重。今觀其呈出各紙，此事不爲無因。又有原告吳榮烈隨伊到杭，願與黃梅對質。若朕惟阿桂、曹文埴、伊齡阿之言是聽，而置此疑案而不明白辦理，不但不足以服竇光鼐之心，且浙省既值鄉試，生監雲集，衆口籍籍，將何以服天下輿論。此事關係重大，不可不徹底根究，以服衆懲貪。160

在這道諭旨中，乾隆還指示已起程還京的阿桂，在途中接到此旨後，立卽返回浙江，重新秉公審理。另外，乾隆也估計到竇光鼐業已由浙江起解，因此命令阿桂，於途中遇見竇光鼐，卽將竇帶回浙江，以便質對。

由於阿桂是此案原審，乾隆怕他難以轉彎，遂採取二項措施。一是增派江蘇巡撫閔鶚元會同審辦。二是開導阿桂，説原審不實，並非阿桂有心爲黃梅開脫，而是被「地方官瞞過」，「阿桂等亦不值爲此等劣員任咎也」，「當不設成見，平心確究，徹底查淸黃梅種種劣跡」161。

阿桂在山東境內接到諭旨，立卽轉回浙江。八月十日，閔鶚元亦星馳赴杭，在常州遇見押解赴京的竇光鼐。閔要竇在常州等待阿桂一同回杭州。八月二十七日，阿桂重審結果的奏疏到達北京，説黃梅已對以彌補虧空之名勒派百姓侵吞肥己的罪行，供認不諱。九月中旬，乾隆頒布對此案處理的諭旨：福崧、盛柱對此等貪官劣員不據實參奏，姑容闒冗，俱行革職。伊齡阿兩次將竇光鼐冒昧參奏是其錯謬，阿桂亦難辭瞻徇迴護之責，二人與曹文埴俱交部議處。閔鶚元在此案審出實情後，没有對阿桂等原審不實之處附摺參奏，亦應交部議處。竇光鼐雖揭發黃梅罪行，但揚言「不要性命，不要做官之語，亦殊失大臣之體」，而且所揭發黃梅母死演戲等情節，已審明並無此事，因此「只令署光祿寺卿，若無此等情節，朕必將伊仍以侍郎補用」[162]。

除了上述三案之外，還有就是前一節敍述過的山東巡撫國泰貪污案、原閩浙總督現任兩廣總督富勒渾縱容家人勒索案等。這幾個案件，僅是乾隆後期無數起貪污案中的典型。它遠不能反映出乾隆後期貪墨成風的官場黑暗全貌。

乾隆後期貪污案，有如下特點：

第一，貪污的花樣多。如侵貪公私款項、侵吞錢糧造成倉儲虧空，官吏勒索屬員和百姓，接受賄賂，以及挪移公款，監守自盜等等。

第二，貪污犯中高級官員多。在總督大員中，就有雲貴總督恆文、李侍堯，陝甘總督勒爾謹，閩浙總督陳輝祖、伍拉納，兩廣總督富勒渾等。巡撫、布政使犯贓者就更多了。所以，乾隆五十五年內閣學士尹壯圖說：「各督撫聲名狼藉。」[163]

第三，集團性貪污案件多。如乾隆四十六年甘肅吞「監糧」案，四十七年山東以巡撫國泰爲首的倉儲虧空案，六十年福建以總督伍拉納、巡撫浦霖爲首的侵吞庫帑案等，都是上下勾結，通同作案。

第四，貪污數額巨大。如四十六年查出哈密通判經方一人竟侵吞帑項達十五萬兩[164]。四十七年山東國泰貪污造成倉庫虧空一百三十萬兩[165]。五十八年查出浙江巡撫福崧一人侵用該省鹽運款達十一萬五千兩[166]。六十年查出福建前後虧空達二百五十萬兩[167]。不僅大官貪污數額多，而且連他們的僕人也招搖婪索致富。如四十五年查出雲貴總督李侍堯的家人八十五等人，平時藉勢積貲達數千金[168]。四十六年查出勒爾謹家人曹祿通過勒索，蓄積現銀達二萬兩[169]。

第五，官官相護，揭發案件難，懲辦更難。甘肅王亶望侵吞「監糧」案，「竟無潔己奉公」，又「竟無一人舉發陳奏」[170]。竇光鼐揭發一個知縣貪污，竟遭到上自大學士阿桂、巡撫伊齡阿的巨大壓力。五十四年冬，高郵州巡檢陳倚道發現，該州胥吏私雕印信，發串票（徵收錢糧憑證）重徵。他將查獲的僞串票稟明該州，「該州意存袒護，沉擱不辦。」後來陳倚道又稟告府、藩司以至江蘇巡撫閔鶚元，各衙門不但「俱未批發」，還將陳倚道差遣他處採辦，以圖消弭[171]。曹錫寶參奏和珅家人劉全兒掌崇文門稅務貪污勒索，和珅主僕還獲得乾隆庇護。

貪污案以上諸特點表明，降至乾隆後期，清朝政治已進入腐朽階段。而官場貪污成風，與乾隆改變懲治貪污犯的政策，也有密切關係。

乾隆前期及中期，皇帝對懲辦貪污很重視，很嚴厲。他在位期間，曾改定或增定了若干有關懲治貪污的法律條例。如乾隆六年，對貪污罪官限內完贓條例作了修改。乾隆說：

> 定制，文武官員犯侵貪等罪者，於限內完贓，俱減等發落。近來侵吞之案漸多，照例減等，便可結案。此輩既屬貪官，除參款外，必有未盡敗露之贓私，完贓之後，仍得飽其囊橐，殊不足以懲儆。著尚書訥親、來保，將乾隆元年以來侵貪各案人員，實係貪婪入己，情罪較重者，秉公查明，分別奏聞。陸續發往軍臺效力，以爲黷貨營私者之戒。嗣後官員有犯侵貪等案者，亦照此辦理。[172]

這就是說，貪污官自不僅應於限期完繳贓款，還要發往軍臺作苦力。降至二十三年三月，乾隆降諭，「著將斬、絞、緩決各犯納贖之例，永行停止。……如此，則犯死罪者貧富一律，不得幸逃法紀」[173]。這一條新規定，對於那些犯有死罪的贓官，再也不可能以家產來贖回生命了。同年九月，又廢除了貪污官吏在限內完贓可以減刑的舊例。乾隆指出：

> 因限內完贓，減等發往軍臺效力，此雖向例，但思侵虧倉庫錢糧入己，限內完贓，准予減等之例，實屬未協。與其因公挪移，尚可典諒。若監守自盜，肆行無忌，則寡廉鮮恥，敗亂官方已甚，豈可以其贓完限內，遂從末減耶！且律令之設，原以防奸，匪以計帑。或謂不予減等，則孰肯完贓？是視帑項爲重而弼教爲輕也！……限內完贓減等之例，著永行停止。[174]

從這一諭旨可以看出，其時乾隆是重「弼教」而輕「帑項」，也就是說，把維護官場清廉風氣放在首位，果斷地修改限內完贓可以減刑的舊例，從而使懲治貪污的法律更加嚴厲了。四十二年，又重申了「虧空錢糧入己，限內完贓，不准減等」規定[175]。乾隆三十年，還規定侵盜倉庫錢糧入己的量刑標準。凡侵盜錢糧一百兩至三百三十兩者，杖一百流二千里；三百三十一兩以上至六百六十兩者，杖一百流二千五百里；六百六十一兩以上者，杖一百流三千里；一千兩斬監候[176]。這些嚴厲的條例，對貪污行爲多少具有某些威懾力。

但是，降至乾隆後期，爲了滿足皇帝個人奢侈生活，乾隆批准實行「議罪銀」制度，對貪污犯的處理減輕了，貪污案也就隨之劇增。

據學者研究估計，「議罪銀」制度創於乾隆四十五年和珅任戶部尚書之時[177]。所謂議罪銀，就是議罪罰銀。它主要是針對督撫等地方大員而設的，但議罪的對象，還包括布政使、鹽政織造、稅關監督等，以至富裕的商人。辦法是「令其自出己貲，稍贖罪戾」[178]。議罪銀收入，大部分解歸內務府供皇室消費，少部分留在地方作水利工程等用途。承辦和追取議罪銀的，是軍機處及其專門設立的機構「密記處」。密記處由和珅直接負責，秘密進行，與吏部所主管的公開罰俸制度不同。罪官出貲多少贖罪，其標準視官缺肥瘠及收入多寡而定，少者一五、五〇〇兩，多者達三八四、〇〇〇兩。犯罪者爲了表示對皇上效忠，多自願從重認罰。只要多罰銀，就可以博取乾隆歡心，不但可以繼續任職，甚至可以超擢更大的官或更肥的缺。實行議罪銀制度，慫恿了貪污行爲。貪污愈多，私囊愈飽，一旦敗露，可以憑腰間巨貲從重認罰，又可以保住官位甚至超擢。可以說，議罪銀制度加速了乾隆後期吏治敗壞。這勢必引起一些正直官員的反對。乾隆五十五年一月，內閣大學士尹壯圖上奏：

> 近有嚴罰示懲，而反鄰寬縱者。如督撫自蹈愆尤，不即罷斥，罰銀數萬，以充公用。因有督撫等自請認罪罰銀若干萬兩者。在桀驁之督撫，藉口以快饕餮之私，即清廉自矢者，不得不望屬員佽助，日後遇有虧空營私，不容不曲爲庇護。是罰銀雖嚴，不惟無以動其愧懼之心，且潛生其玩易之念。請永停罰銀之例，將罰項改爲記大過若干次，如才具平常，或即罷斥，或量予京職，毋許再膺外任。

尹壯圖對貪污犯官罰銀例的批評，是中肯的。但乾隆聽不進去，他辯解說：

> 督撫等坐擁厚廉，以其尸位素餐，故議罰充公之項，令其自出己貲，稍贖罪戾，亦不過偶爾行之，非定例也。[179]

這就是說，對於「尸位素餐」的督撫，只要自己出錢就可以「稍贖罪戾」。二十三年九月，乾隆曾說，限內完贓減等條例將「益肆無忌之行」。將前後不同時期的不同政策與不同的言論作一比較，就可以發現乾隆指導思想已完全變了。五十五年的乾隆，正是二十三年的乾隆所斥責的那種「視帑項爲重而弼教爲輕」的決策者。不僅如此，他還要尹壯圖就奏疏中所說督撫中有人「以措辦官項爲辭，需索屬員，派令佽助」，究竟指的是什麼人，應指實參奏。尹壯圖回奏說：

各省督撫聲名狼藉，吏治廢弛，經過各省地方，體察官吏賢否，商民半皆蹙額興嘆。各省風氣，大抵皆然。若問勒派逢迎之人，彼上司屬員授受時，外人豈能得見？180

尹壯圖沒有想到，他的覆奏，竟被乾隆視爲對自己臨御五十餘年治績的否定。乾隆怒沖沖地斥責說：

摺內所稱，伊經過之直隸、山東、河南、湖廣、江、浙、廣西、貴州、雲南等省，商民半皆蹙額興嘆之語，竟似居今之世，民不堪命矣！朕臨御五十五年，子惠元元，恩施優渥，普免天下錢糧四次，普免各省漕糧二次，爲數何啻百萬。偶遇水旱偏災，不惜千百萬帑金補助撫恤，賑濟兼施，蔀屋窮簷，共霑實施，凡身被恩膏者，無不家喻戶曉，小民等具有天良，方將感戴之不暇，何至蹙額興嘆，相聚怨咨？181

晚年的乾隆已經背著沉重的治績包袱。在他看來，執政五十五年以來，「子惠元元，恩施優渥」，百姓應當「感戴之不暇」，怎麼可能「蹙額興嘆」！尹壯圖所講的吏治問題，成了對當今皇上的攻擊。從五十五年十一月至五十六年二月，乾隆連降十餘道諭旨駁斥尹壯圖，吹噓自己。他甚至說：

朕歷觀史冊，自勝國以溯漢初，僅有漢文帝賜農民田租之半，史臣已侈為美談，從未有如我朝普免正供再三再四者。朕愛養黎元，如傷在抱，惟恐一夫不獲，施惠猶以為未足。是以宵旰憂勞，勤求民瘼，迨今年逾八秩，猶日孜孜，無事無時，不以愛民為念。雖底小康，猶懷大惕。182

漢文帝只減民田租之半，他「普免正供再三再四」。乾隆自詡是有史以來最關心百姓的好皇帝。有如此關心民瘼的皇帝，怎麼會出現百姓「蹙額興嘆」的局面呢！他又說：

若如尹壯圖所奏，則大小臣工等皆係虛詞貢諛，面為欺罔，而朕五十餘年以來，竟係被蒙蔽，於外間一切情形，全無照察，終於不知矣。183

乾隆這幾句話是十分嚴厲的。他認為尹壯圖對吏治的指責，就是視自己為糊塗皇帝。尹壯圖自然就要叫苦不迭了。乾隆對尹壯圖的處理也是別出心裁的。十一月二十二日，他命令戶部侍郎慶成，帶著尹壯圖先到山西，爾後到其他各地「盤驗倉庫」。慶成可以馳驛往山西及其他地方，按品級支取廩給。尹壯圖是「自請盤查之員」，只供驛馬，不支廩給。尹壯圖沿途處境可想而知。他與其說是到各地「盤查倉庫」，不如說是由慶成押著到處認罪。十二月初，在大同盤查的結論是「絲毫並無短少」，這就是說山西的吏治是「清明」的。此時，尹壯圖上疏要求回京，話說得十分可憐：「晝夜兼程，誠恐偶冒霜露之疾，不能平安回京，以受朝廷處治。」184 乾隆不答應，仍然讓慶成押著尹壯圖，像趕鴨子一樣，在短短的四十天之中，從山西趕到山東、直隸，再趕到江南。尹壯圖只得沿途陸續上奏，說「各省均無虧空，沿途所經，各州縣地方，百姓俱極安帖，隨處體察，毫無興嘆事情」185。五十六年二月四日，當乾隆把尹壯圖懲治得差不多時，才宣布對尹壯圖處分決定：免其治罪，以內閣侍讀用，仍帶革職留用，八年無過，方准開發186。這種處分，當然還是皇帝對他的「寬大」了。

尹壯圖事件的影響是惡劣的。議罪銀制度不僅沒有因而被取消，而且也沒有人再敢於對時政發表諫議了。剩下來的只是一片頌諛之聲，而清朝的政治也就在這頌諛之聲中，繼續黑暗下去。

武裝干預安南內政

（一）出兵助黎氏復國

安南位於廣西、雲南界外，歷史上與中國關係特殊。上古時代，安南名南交、越裳，秦朝在此設象郡，西漢改交趾郡，東漢置交州刺史，三國東吳分交州轄地爲廣州、交州，交州下有交趾等六郡。隋設比景、林邑、海陰三郡。唐置安南都護府，安南之名緣此。五代以後，中國割據，安南自雄，奉表入貢始爲藩邦。明永樂四年（一四〇六年）設安南布政使司，宣德二年（一四二七年）廢，改封黎氏爲安南國王。嘉靖年間，黎朝權臣莫登庸竊國，黎氏後人在阮姓舊臣的扶持下出奔清華州（今越南清化），重建黎朝，與莫氏相抗。萬曆年間，黎氏復國，返回東京（今越南河內），莫氏走高平，黎氏舊臣阮氏因不滿權臣鄭氏的跋扈，在安南順化（今順安）自稱廣南王，他們分據南北之地，爭向明朝入貢求封。

清軍入關以後，黎氏仍然主動向南明永曆皇帝入貢，得封大越國王。順治十六年（一六五九年），清軍攻下雲南，安南國王黎維禔遣使請封未就，康熙五年（一六六六年），嗣君黎維禧獻出南明政權所頒敕印，康熙詔封他爲安南國王。這時廣南王阮氏未受承認，但盤踞在高平的莫元清卻得封都統使職銜[187]。康熙六年，黎維禧派兵襲高平，莫元清不敵，攜家眷及屬下三千人投雲南。清政府出面調解，勸黎氏退出高平、泗州等地。康熙十三年，黎氏乘清朝平定「三藩」的機會，重新占領高平，事後清政府雖曾過問，但莫氏已亡，也就不再追究。清政府熱心於扶黎保莫，意在牽制，清人師範曾直言其中奧妙：「莫盛而黎微，宜扶黎以分莫之勢，厥後黎強而莫弱，又存莫不許其併吞，兩存而俱利，即兩敵而相防，蠻人之黨既離，不得不各爲我守邊，以獻媚效功，……故制蠻之道使兩家互牽制，不使勢歸於一家。」[188]

莫氏滅亡後，清政府不再實行「一國兩封」的政策，安南的「合法」政權只有黎氏王朝，定例三年一貢，康熙七年改爲六年一貢。雍正二年（一七二四年），黎氏遣使祝賀新皇帝登極，雍正帝特賜「日南世祚」四字。六年，清政府將雲南開化府馬泊汛外四十里之地賞給安南國王[189]。乾隆年間，西山布衣阮文岳、文惠兄弟占山爲王稱新阮，以別廣南王舊阮。乾隆三十八年（一七七三年），新阮出兵討伐舊阮，次年，黎氏王朝趁機消滅了爲患已久的舊阮政權，形成西山新阮與黎氏南北對峙的局面。

乾隆連年征戰，無暇顧及安南形勢的變化。降至四十年，他從地方官員的奏摺中才得知上述變故。四十九年二月，安南王黎維端依例遣使入貢，時乾隆南巡駐蹕江寧府，安南使臣黃仲政、黎有容、阮鎧一行奉命由廣西、湖北取道江西、安徽，前往江寧迎駕瞻覲。乾隆仿雍正之例，賜予安南國王「南交屏翰」匾額[190]。然而，乾隆不知道，此際黎氏朝綱不振，政權已岌岌可危。

五十一年五月，阮文惠以討伐黎朝權臣鄭棟爲名，揮軍北進。國王黎維耑年屆七十，昏老多病，一切權柄均由鄭氏操縱，民心離散，兵無鬥志。結果阮文惠僅用月餘便輕取黎城（卽東京），鄭棟自殺。阮氏據城第二天，假惺惺地請出老皇帝黎維耑。七月，以黎朝名義頒詔封阮文惠爲元帥扶正翊運威國公，並妻以玉訢公主[191]。不久，老黎王崩於萬壽殿，在阮氏主持下，皇太孫黎維祁繼位，以明年（西元一七八七年）爲昭統元年。

阮文岳得知弟弟文惠占領黎城，急率親兵兼程北上。阮文惠以退爲進，搶先洗劫都城，撤回富春。五十二年四月，阮文岳在歸仁稱帝，封文惠爲北平王，文呂爲東定王。文惠對此安排極爲不滿，是年八月，以「勤王」爲名，帶兵殺向黎城。十二月，黎維祁命王弟黎維袖護送母后、王妃、王子、宮嬪等眷屬出城避難，他自己則隨阮有整出走京北，輾轉匿於民間。據說阮文惠占據黎城後，曾召黎氏文武大臣勸進。大臣們不從，不得已四處尋找黎維祁回京復位。但黎維祁怕有不測，拒絕出山[192]。王室眷口二百餘人逃到諒山，後轉武崖縣博山社。時黎朝轄地多數歸順阮文惠，他們只能間道往北進入清朝境內。五十三年五月，高平舊臣阮輝宿迎接王眷到廣西邊境博淰地方，因該處沒有入境關口，不得不移至龍州斗奧隘。斗奧隘外卽水口關大河，是中國與安南的界河，王眷至此，追兵已到。阮輝宿等見形勢危急，一方面隔河呼救，另一方面帶頭背負老幼涉水過河。清朝龍州通判陳松、護都司陳洪順聞報，連忙帶兵趕往河邊察看盤問，追兵望見清軍，不敢追趕，盡殺未及過河者離去[193]。清方官員清點幸存者，老幼僅有六十二名，其中母后阮玉素、王妃阮玉端、王子黎維詮等均安全脫出。由於龍州地方偏僻狹小，靠近邊關，且夏季炎熱多瘴，廣西提督三德恐內投王眷水土不服，遂與左江鎮總兵尚維昇商量，將他們暫時遷到南寧府城內安插。六月，廣西巡撫孫永清根據太平知府陸有仁的稟報，將安南事變經過及王眷內投詳情具摺上奏。乾隆擔心孫永清從未經歷軍務，「於此事不能得有主見」，特命兩廣總督孫士毅從廣東潮州速往廣西龍州辦理有關事宜[194]。孫士毅受命後，立即飭令三德備兵二千至三千名隨營待命，他自己一抵龍州，便馬不停蹄前往勘探鎮南關、平而關和水口關等要隘，並調左江鎮標兵三百名分頭把守，嚴密查詢來往人員，注視關外動靜。但如何了結安南黎阮之爭，孫士毅則不敢自作主張，只能等待乾隆指示。

安南黎朝是經過清朝冊封的政權，如今落入他姓之手，堂堂宗主國不甘坐視。然而貿然出兵域外，既有征緬甸之戒，又對安南情形知之甚少。因此，乾隆從一開始就表現得非常冷靜和謹慎。五十三年六月，他對前往廣西辦理此事的兩廣總督孫士毅作出交代：其一，向內投王眷了解該國臣下內是否「尚有能爲之滅賊恢復，仍迎伊母子回國者」；其二，阮姓若僅取黎城，而他處仍歸黎姓所有，則尚有可圖之日，清軍亦「不值興師代爲大辦」；其三，若安南地方盡被占據，黎氏子孫俱被戕害，清朝則應以「興滅繼絕」春秋大義爲重，「自當厚集兵力，聲罪致討」[195]。顯然，乾隆認爲，利用安南國內尚存的擁黎勢力爲上策，而清朝出兵實爲不得已的下策。

孫士毅很能揣摩乾隆心思。他獻策說，安南黎阮之爭屬於內訌，只要黎氏仍有立足之地，國祚未絕，作爲宗主國大可不必爲之興師動衆。但阮氏若不容黎氏得寸土，我朝出兵伐暴討罪就義不容辭。爲今之計應多撥附近各省兵弁，早爲訓練操防，大造約定師期、分道進剿的輿論，以穩定安南國內效忠黎朝的勢力，並使從逆者反戈相向。乾隆對此沒有異議，傳諭遣黎朝舊臣回國尋找黎維祁，「趁此招集義兵，力圖恢復」；同時讓他們四處聲言，天朝已調大兵於廣西，各鎮目如甘心從賊，坐視不救黎氏，「天朝即當派員統率大兵，四路會剿，將阮岳（當指阮文惠）及黨羽人等，全數擒誅，明正其罪」[196]。

大學士阿桂閱孫士毅奏摺，知他已有動武的意向，於是向乾隆具摺，極婉轉地表達自己的憂慮。乾隆似有所悟，連忙下諭軍機處：「現在安南雖被阮姓攻占黎城，而嗣孫下落，尚無確信，若遽聲言進討，不免太早。」[197]他重新作出二點安排：一、飭令廣西左江、高廉、雲南開化、臨元等地以守關爲名，整兵備馬，朝夕操練，以壯聲威；二、孫士毅以本人名義檄諭高平、諒山等處鎮目，希望他們歸正，擁戴舊主。七月，護送黎朝王眷內投的阮輝宿等執意返回安南聯絡嗣孫黎維祁，獲准後分別從雲南、廣東間道潛回。乾隆指示，境內所過地方，官府供給糧食、馬匹，另每人賞銀一百兩，供境外接濟。不久，孫士毅奏請朝廷簡派威重大臣帶領巴圖魯入廣東助陣。乾隆以「目下又不至用兵」爲由加以拒絕[198]。

時至八月，乾隆得知阮文惠已撤回富春，僅留兵七千至八千名守黎城，而黎維祁匿於山中不敢出來，實「難望其振作恢復」，清軍如一味虛張聲勢，轉被阮文惠識破，於日後局勢更爲不利。所以他同意孫士毅「先期調兵預備」的請求，但若要用兵進討，孫士毅以兩廣總督任重，不宜輕易離去，該省提督許世亨、總兵張朝龍、李化龍均經歷行陣之人，足可勝任帶兵。同時，他還諭令應糾約廠民、土目幫助黎氏復國[199]。九月，牧馬土司擒獻歸附阮文惠的僞官阮遠猷、朱延理等。乾隆一方面嘉獎該土司，鼓勵他們聯合各處土官「滅阮扶黎」，另一方面密令孫士毅加速進兵收復黎城，只須找到黎維祁下落，即可告功[200]。安南各方土民倒戈抗阮者雖不少，但大多採取觀望態度。文淵等七州地方官及諒山鎮目潘啓德，表示願遵清朝約束，但迫於阮文惠壓力，均請求清朝發兵救援。九月十五日，奉命前去尋找嗣孫下落的安南三臣黎侗等人，帶著黎維祁求救文書返回內地。據黎侗聲稱，安南已全境爲阮文惠所占，黎維祁無所依託，輾轉藏匿於村民家中，等待王師入境；安南各處人心思舊，蠢蠢欲動，準備配合清軍的行動。面對黎朝上下的一片請兵呼聲，乾隆遂於九月底令潘啓德統領文淵等七州人馬，林際清領廠民爲前驅，許世亨帶官兵三千名隨後，擇期動身[201]。

其實，清軍征安南部署，早已在孫士毅主持下悄悄進行。他檄調廣東兵五千名從水路赴廣西邊境集結，這些兵丁大多參加過鎮壓臺灣林爽文起事，加上原駐廣西鎮南關各隘的兵丁五千名，總計約一萬餘人。雲貴總督富綱也檄命開化、臨安、廣南三鎮陸續調撥了五千兵丁，由開化總兵孫起蛟帶往馬白屯住。加上從督撫提三標所密調的兵丁，滇省備兵亦不下萬名。五十三年十月初，因天氣轉晴，清軍決定趁時出發。孫士毅呈請檄約暹羅出兵攻打廣南一帶，乾隆初覺可行，細想後卻稱之爲下策，他認爲，若令暹羅出兵「將來安南事定後，自必將廣南一路給與暹羅」，不如清朝單方面出兵，事後「即以占城舊地，還之占城，更爲名正言順。該國當式微之際，得復國土，感戴天朝，則興滅繼絕之義更爲一舉兩得」[202]。可見，乾隆興兵安南，是出自宗主國興滅繼絕的封建道義，而非領土要求。但是，爲了防止阮文惠等由海上逋逃，仍諭知暹羅國王備兵堵截。

按原計劃，廣東巡撫孫永清與兩廣總督孫士毅均不出關。但孫士毅屢次請戰，乾隆只得留孫永清駐紮邊關督率料理一切。粵西一路由孫士毅親自統帥，而雲南一路則由提督烏大經帶領，兩線形成犄角之勢，最終會合。清軍出師旨在完成「興滅繼絕字小存亡之道」，因此，提前通知內閣撰擬敕文，禮部重新鑄印，待孫士毅收復黎城，即行「冊封復國」[203]。雲貴總督富綱見孫士毅身係漢人，請纓出師被批准，也奏請以兵五千名與烏大經出雲南一路。乾隆認爲，富綱雖爲滿洲總督，無奈平日辦事才具不如孫士毅，是以剿捕安南事宜，專交孫士毅督辦，「況行軍之道，事權貴有專屬」，若富綱前往，則同屬總督，未便受孫士毅之節制，而事權不能歸一[204]。因此，乾隆只讓富綱在雲南邊境負責彈壓，把五千名兵丁交烏大經作爲偏師，隨孫士毅出征。

孫士毅在廣西等待廣東兵到來。十月下旬，他帶廣西現有官兵會同提督許世亨先期開撥，清軍五千餘人自鎮南關向諒山挺進。諒山鎮目潘啓德早已做好迎接準備，一路順利。從諒山至黎城是阮文惠的防區，沿途峻嶺崇山，錯雜難行，孫士毅與許世亨商量分兵兩路：一路由諒山右側江漢地方出發，潘啓德派土兵引導；另一路由諒山左側枚坡地方出發，林際清帶廠民義勇爲前鋒，清軍千餘人隨後。十一月六日，廣東督標兵一千名續到，加入孫士毅一路。十二日，張朝龍等又帶廣東兵趕上前程清軍。孫士毅撥二千名沿邊防守，其餘八千名直搗黎城。爲確保沿途進軍獲取安南百姓的支持，孫士毅重申紀律：「不許兵丁擅入該國民居，妄取一草一木。」[205]同時嚴禁在戰鬥中割敵人首級或耳報功，以致延誤戰機。乾隆對此舉尤爲賞識，稱：「不料汝讀書人具此識見，以手加額慶得一好大臣，較之定安南，尤爲快也。」[206]

阮文惠見清軍來勢甚猛，只得將各股力量匯集，重點防守據險地方，其中壽昌江、市球江、富良江三道防線就成了清軍進抵黎城的障礙。十一月十三日，左江鎮尙維昇、副將慶成、守備張雲等帶兵一千二百名編竹筏搶渡壽昌江成功，總兵張朝龍另以一千五百名僻小道包抄，十四日，游擊張璠帶安南廠民在壽昌江下游出現，負責踞守壽昌江防線的阮文惠軍不戰自潰，清軍輕易獲捷，士氣大振。阮文惠的親信大司馬吳文楚見壽昌江兵敗，卽命潘文璘統兵六千名固守市球江。十五日，清軍逼進北岸，與阮文惠軍對峙。十六日黃昏，清軍一面隔江開炮，一面令義民在右側搭蓋浮橋，故意製造强行渡江的假象，吸引了對方的注意力。與此同時，總兵張朝龍悄悄帶領二十名兵丁從左側外二十里處乘筏搶渡，繞到敵營背後。阮氏守軍被突如其來的打擊搞得不知所措，大隊清軍乘機渡江，大獲全勝。是役殺敵一千餘人，生俘四百二十餘人。乾隆表揚孫士毅調度有方，賞給玉如意、御用漢玉扳指及大小荷包等。其餘帶兵提督將弁亦按功行賞[207]。

十一月十九日黎明，清軍快速集結富良江北岸謀渡。富良江形勢險要，是阮文惠保住黎城的最後一道屏障，吳文楚布防重兵，以期阻止清軍前進。雙方用小船在江心連戰五、六回合，難分高下。提督許世亨乘昏黑率兵丁二千餘名直衝彼岸，阮氏守軍開炮抵禦，但未能奏效，清軍分路剿殺，斬獲無數。二十日清晨，黎城不攻自破，黎氏宗室及百姓出城跪迎，孫士毅、許世亨等入城安撫。乾隆聞訊大喜，加恩晉封孫士毅爲一等謀勇公，著賞紅寶石帽頂，許世亨封爲一等子爵，「用昭懋賞」。其他鎮將文武員弁，由孫士毅查明後，「分別咨部從優議敍」，各路兵丁亦分別賞給一月錢糧[208]。

黎維祁不僅昏庸，且膽小如鼠，一直躲藏到清軍克復黎城的前夜，方詣孫士毅大營。孫士毅按乾隆旨意，令其襲封國王，並遣人護送內投王眷返回安南團聚。

（二）從扶黎改為親阮

孫士毅領軍入安南，進展順暢，僅月餘長驅千里，遂滋長輕敵情緒，竟企圖乘勝進兵廣南，徹底摧垮阮文惠勢力。而乾隆卻表現得格外穩健。早在孫士毅出關前夕，乾隆就指出，追擒阮氏，「搜捕需時」，黎城收復，敕封黎氏後，卽應撤回內地，不必在安南久駐[209]。十二月初，捷報抵京，乾隆一方面爲這次「超越千古」的勝利而高興，另一方面提醒孫士毅不要「功屆垂成之際，轉滋疏縱，致殆後患」，應該幫助黎維祁「振作自强」，派遣有能爲可恃之人率士兵實力防守，清軍卽可告退[210]。不久，廣西巡撫孫永清奏稱軍營糧臺需夫十餘萬，廣西已難添備。雲貴總督富綱亦說，由雲南至黎地有四十站，若安站到廣南，須添五十三臺，人夫不下十萬，不獨滇省官員不敷差委，勞費更屬不支。軍糧籌運困難，乾隆更感到撤兵的必要。他說，卽使消滅阮文惠勢力，但如果黎維祁「不能振作自强，安知三五年後不又有如阮文惠其人者復出，豈有屢煩天朝兵力爲之戡定之理？」「現在非不能辦，揆之天時地利人事，實有不値」[211]。但是孫士毅不理會，竟説「不爲進取之勢，恐賊匪窺探官兵不復進討，未免觀望遷延」，拒絕撤軍[212]。

事實上，此時黎維祁與孫士毅的處境正趨惡化。黎維祁恢復王位後，殘酷報復，波及宗室。母后返回黎城，見狀慨嘆：「亡無日矣！」輔佐大臣亦不思反省，「惟日事屠殺，報復平日睚眦之私」，致人心渙散[213]。孫士毅駐軍黎城待機南進，因內地糧運不繼，只得再四催促黎朝籌措，引起安南百姓的反感。據稱：「清兵在京者肆行抄掠，民益厭之」，「至有涕泣輸納者」[214]。因缺乏糧餉影響軍紀，孫士毅亦放鬆對兵丁管束，「隨便讓各營士兵擅自離隊，來回閒逛，全無紀律。有出城數十里以伐薪者，有至民間市集以貿販者，每日早出晚歸視若常事。將佐亦天天遊蕩飲宴，從不以軍事爲意，凡提及賊情者，衆皆答曰：彼已如釜底游魚，籠中之鳥，氣息奄奄，毋庸置論。」[215]

孫士毅的失誤給阮文惠可乘之機。吳文楚退回廣南清花後，極力描述清軍聲勢壯大。阮文惠卻不張皇，他稱帝於彬山，徵兵買馬，準備反撲，又假意遣人馳書孫士毅乞降，藉以麻痺清方。五十四年正月二日，當清軍歡慶春節之際，黎維祁抱幼子跑到清軍大營，聲言阮文惠要來報復，請求孫士毅送他們出境投奔清朝。孫士毅知情況緊急，召集許世亨諸將商議對策，決定由總兵張朝龍率精兵三千名屯駐河洄、玉洄一帶防禦，許世亨領一千五百名爲第二梯隊，孫士毅則留兵一千二百名駐大本營策應。清軍從進攻態勢轉入防禦，原來主動權已喪失。

正月三日，張朝龍部開始與阮文惠軍接仗，因衆寡懸殊，清軍潰圍而出。許世亨部繼續迎擊，整個戰鬥極爲激烈，雙方傷亡枕藉。駐紮在富良江南岸的清軍三千名在總兵尚維昇、參將王宣等的帶領下，從他路赴援許世亨。孫士毅在大營聞四方吃緊，無心戀戰，帶幾百人拔壘渡河棄城而走[216]。爲阻止阮文惠追兵過河，他還命令隨從士兵斬斷浮橋，置南岸激戰的清軍士兵於不顧。許多突圍清兵衝到江邊，見浮橋已斷，只得重新殺回黎城，致使傷亡慘重。事後，孫士毅爲減輕罪責，謊稱衆將因自己係總督大臣，設有疏虞，有關國體，再三勸阻而退，以掩飾臨陣脫逃的可恥行爲。這一仗，清方陣亡或失蹤士兵多達五千餘人，提督許世亨、總兵張朝龍、李化龍、參將楊興龍、王宣等俱歿。

從雲南出兵的烏大經一路，行動緩慢。五十三年十一月底，他們自馬白出口，隨後抵都童城，進入宣光三岐，往黎城方向移動，次年正月五日，到達富良江北岸，見渡橋竹筏沉斷，無法參戰，只得原路返回。黎維祁於戰鬥打響後，攜母逃過富良江。正月七日進入關內，被送南寧安頓。

乾隆對孫士毅辯解深信不疑，說「從來行軍之際，原不能一往順利」[217]，但考慮若不給予處分，恐廷臣和諸將不服，遂撤回前封公爵及所賞紅寶石帽頂，調離兩廣總督之位，缺由福康安接替。

阮文惠驅逐清軍，戕害清提鎮大員，自知賈禍。且新邦初造，人心不能服貼。廣南阮映福有東山再起之勢，北部黎氏舊黨潛謀復辟，其兄阮文岳亦不能相容。因此，阮文惠在雙方兵戈未息之際，就急於謀求改善與清朝關係，數月之內，幾次遣使臣奉表入關，懇求諒解，乞請冊封。

乾隆如何處理清與阮、黎關係，很是尷尬。經過再三的愼重考慮，決定從扶黎改爲扶阮。他說：

若集兵會剿，原不難爲搗穴擒渠之計，但該處向多瘴癘，即使收入版圖，照新疆之例，又須分派多員駐紮，而該處貢賦所入必不敷經費，況安南民情反覆，勝國以前，郡縣其地者，

> 不久仍生變故，歷有前車之鑒，朕再四思維，實不值大辦，莫若量寬一線，俾其畏罪輸誠，不勞兵力而可以事之爲愈。[218]

由於事出突然，乾隆還要作些姿態。他一再囑託辦理此事的福康安及仍留邊關的孫士毅，若阮文惠「悔罪乞降」，宜「示以嚴厲」，俟其再四懇求，情詞恭順，「朕自當相機而行」[219]。

五十四年正月二十二日，阮文惠遣使賫降表至諒山，恐清廷不准，先令通事進鎮南關試探。孫士毅認爲，阮文惠「不將內地官兵先行送出，遽請奉表稱藩，明係藉此嘗試」，命守關將領左江道湯雄業將表文擲還。乾隆覺得，僅將表文擲還，「尚不足使之震懼畏懾，以堅其悔罪投誠之念」，阮文惠必欲乞降，須將所俘官兵先行送出，並將殺害提鎮大員的人縛獻，爾後福康安才能代爲轉奏[220]。阮文惠見清方所列條件並不苛刻，立卽查出殺害提鎮大員的人予以正法，又分批送出所俘官兵，第一次送還五百餘人，第二次三十九人，第三次二十八名，第四次十八名。二月九日，阮文惠派陪臣阮有啁、武輝璞二人再次叩關，聲稱已按清方提出的條件辦理，祈請轉奏「上達天聽」。二月底，阮有啁等三度至關前呈表，表文稱阮氏無意與官兵抗拒，「乃官兵殺戮太多，勢難束手就縛，跡似抗衡，臣不勝惶懼，現在已將對壘之人查出正法。伏惟大皇帝體天行化，栽培傾覆，一順自然，恕蠻貊無知之過，諒款關叶奏之誠，樹牧立屏，用祈寵命，俾臣得以保障一方，恪共侯服，則事有統懾，民獲乂安，皆出大皇帝陛下幬覆之仁」[221]。在這篇言詞十分恭順的文內，阮文惠自署阮光平。是年五月之後，兩國來往文書都用這個名字。乾隆因其表文「情詞恭順」，傳諭福康安「開以一線之路」，爲其陳奏。福康安於三月十六日馳抵鎮南關受降。十九日，阮文惠的侄兒阮光顯代表安南出席受降儀式。雙方就阮文惠輸誠納款之事初成定議，但冊封一節，乾隆堅持阮文惠要親詣關前懇求，「僅遣親屬入關進貢，雖係出於悃忱，亦難邀收納」222。此時，乾隆見安南無事，遂降旨撤回廣東、雲南的軍隊，適孫士毅受濕患疾，乾隆令其回京，以兵部尚書補用，福康安移師南寧或桂林休息。五月初，阮文惠再派阮光顯入關，懇請進京覲見，並聲稱俟安南國事稍定，阮文惠定親自到京瞻覲。乾隆對阮文惠不親自乞降，就想「仰邀封號」有些不滿，認爲有背天朝體制，所有貢物，未便收納，並要求阮文惠應於明年八月乾隆八旬萬壽慶典之際來京，阮光顯可於今年七月二十日左右到熱河朝覲，屆時可與蒙古諸王公臺吉同邀筵宴之榮。六月，福康安又呈進阮文惠表文二道，乾隆見其內容「極爲恭謹」，決定封阮文惠爲安南國王，以「正名定分，明示寵榮」，「所有封爵敕印，俟阮光顯入覲返國時，即令齎回」223。嗣後凡有呈進表詞及本國行文之處，均允其書寫國王名號。爲冊封安南國王，福康安請派遣滿洲章京禮部員外郎成林前去黎城。阮文惠聞訊，遣黎春材帶夫役一千名、衛士五百名、馬一百匹，至鎭南關前迎候。成林於九月十三日起程出關，沿途所過村莊，安南百姓夾道歡迎。十月十五日，成林抵黎城，宣旨冊封。阮文惠在乞降之初，爲陣亡清軍官員建祠供祀，以討好乾隆。成林在黎城參觀了廟宇及許世亨等人的牌位，因一些官員姓名未詳，暫時無法立牌，吳文楚代表阮文惠稟報成林，請求開示銜名，以便補祀。成林答應轉奏，於十七日返程。

十一月，阮光顯覲見乾隆後返回安南，途經廣西。總督福康安受命自粵東起身，前往梧州照料出關事宜，正好碰上自安南宣封回來的成林。福康安了解具體情形後，具摺轉達阮文惠的兩點請求：一是求天朝頒示正朔；二是懇請重開水口關，准令商販出入。乾隆令用快遞將五十五年時憲書發往鎭南關，由該國鎭目轉交國王，嗣後每年按此例辦理。至於開關貿易一節，前因雙邊關係緊張而閉關，內地貨物罕有至安南者，嚴重影響該國沿邊百姓的生計，今安南國王已就藩封，自應准其所請。

五十五年三月，阮文惠自義安動身，赴熱河覲見乾隆。隨行有次子阮光垂及吳文楚、鄧文真等一百五十餘人。四月，他們途次諒山。福康安遣成林前往慰問。七月初，阮文惠到達直隸。七月十一日，乾隆在卷阿勝境接見阮文惠，兩國重新恢復了友好關係。

乾隆與阮氏政權修好後，較難處理的是黎氏舊政權的人物。一部分不肯降阮的黎氏舊黨，陸續入關，請求清朝庇護。乾隆批示：「將求進內地之人，就邊地遠近，酌量安插。」凡幫助過清軍作戰的有功人員，分別以千把總、守備等官錄用，生員入內地儒學深造224。爲使不曾脫出的黎氏宗族舊臣免受阮文惠的戕害，乾隆又令福康安曉諭安南新政權能網開一面，使之入「內地存活」。同時，擔心黎氏人數較多，生計拮据，特飭令地方官撥給房屋養贍，賞給銀二百兩225。乾隆的上述作爲，只是出於人道考慮，別無其他目的。他曾向阮文惠解釋：

> 現在黎維祁安插桂林省城，原念其止於無能，不便加之誅謬，酌給養贍，不過等於編氓，已爲再造之恩，並無復令歸國之意，爾卽遣人至黎維祁處看視，亦無不可。226

五十四年三月，乾隆令將黎氏舊人視同編氓。五月，又令黎維祁等人一體薙髮，改用天朝服色227，還指示福康安，當阮光顯赴熱河覲見，途經桂林時，應順便去看視黎維祁。黎維祁說：「我已爲天朝百姓，與他無可言語」，相見有些勉強。阮光顯卻「喜形於色，積疑頓釋」228。但是，黎氏政權的部分舊人，復國之心不死，不甘俯首聽命於乾隆安排。黎侗、李秉道、鄭憲、黎值四人拒不薙髮。黎侗稱：

我係安南人，生死要在安南，非如他人，企圖受用現成衣食。我心目中自有作用謀爲，此來並不想留於內地。現在安南黎氏舊臣義士，願效死力，復仇討阮。諒山之北、太原、山西之海陽、清華等七八處，共有兵三萬餘人，舊主之弟黎維祇亦有兵萬餘人，分布屯集，我此時只欲探聽故主消息，即復出關，別圖舉事。[229]

福康安對此極爲惱怒，建議將抗旨者發往新疆。乾隆念其忠心，又恐其中另有情節，命將四人送京師以備垂問。爾後，乾隆又令黎維祁及其屬下，全部遷入京師，撥歸漢軍旗下。

安南因政權更迭而紛爭，這本是安南國內的事情。乾隆以宗主國之尊，出兵干預，實是對鄰邦的侵犯。他始則支持黎氏，繼而改爲親阮，爲堵塞「爲德不終」的物議，撰《御製安南記事文》，說「興滅繼絕」也要「奉天道」，「黎氏近代以來，鮮有能爲自强之君，或天厭其德乎！」[230]但是，僅用「奉天道」幾個字，焉能遮掩住乾隆武裝干預鄰國主權的不光彩事實。

抗擊廓爾喀入侵

（一）廓爾喀第一次入侵

五十三年六月，正當乾隆調兵遣將準備進攻安南之時，西藏邊境卻被廓爾喀所侵占。

陽布，即今天尼泊爾加德滿都一帶，是肥沃谷地，氣候溫和，宜農宜牧，物產豐富，最早的居民是尼瓦人，又稱巴勒布人。貞觀十五年（西元六四一年），唐太宗以宗室女文成公主嫁給吐蕃松贊干布時，尼泊爾國王阿姆蘇瓦曼也以女妻松贊干布。由於西藏地區與尼泊爾毗鄰，又都信仰佛教，關係密切。十三世紀，尼泊爾處於分裂狀態，環繞著加德滿都山谷就有二十四個部落，廓爾喀是其中之一。雍正十年（一七三二年），二十四個部落中的雅木布、葉楞、庫庫穆三汗遣使赴清朝貢方物。雍正回贈以緞匹、磁器、玻璃等。降至乾隆三十四年（一七六九年），廓爾喀國王博赤納喇舉兵征服各部，建立新王朝，遷都加德滿都。三十八年，英國東印度公司派兵擊敗尼泊爾鄰國不丹，引起廓爾喀不安。廓爾喀國人遣使抵西藏，求助於六世班禪額爾德尼巴丹益喜。班禪致書東印度公司居間調和。

西藏地方與廓爾喀之間有頻繁的經貿關係。西藏以當地所產鹽及內地茶葉販給廓爾喀，廓爾喀則賣給西藏米穀、布、銅、鐵、紙以及珊瑚、珠子、蜜蠟等。西藏缺銅，交易不用銅錢而用銀。西藏的銀元寶由廓爾喀人帶回國，摻以銅鉛，鑄成銀幣，再用來與藏民貿易。廓爾喀原鑄銀幣每枚重一・五錢，九枚銀幣共重一・三五兩，換西藏銀一兩。後來，廓爾喀改鑄純銀錢幣，要求將新幣兌換銀的比值提高一倍。藏民不同意。西藏的鹽，刨自山谷，質量差，商人有時還摻以沙土牟利，廓爾喀人很不滿。後藏聶拉木是廓爾喀赴藏入口處，當地官員提高了商品入口稅，廓爾喀商人叫苦不迭。雙方不斷出現的貿易磨擦，影響了相互關係。但是，構成廓爾喀入侵西藏的導火線，是沙瑪爾巴的投敵招誘。

沙瑪爾巴是六世班禪的親弟弟。四十五年，當乾隆七旬大壽時，六世班禪率呼圖克圖[231]抵京爲帝誦經祝壽，受乾隆屢次賞賜，王公大臣及蒙古顯貴又多厚贈，「無慮數十萬金，而寶冠、瓔珞、念珠、晶玉之鉢、鏤金之袈裟、珍慶，不可勝計」[232]。十一月，班禪因出痘圓寂，這些財物被同父異母弟仲巴呼圖克圖侵吞，既不布施各寺院，又藉口沙瑪爾巴是紅教，不與分惠。沙瑪爾巴心懷不滿，於四十九年投奔廓爾喀，「以後藏之封殖、仲巴之專汰，煽其入寇」[233]。此時廓爾喀國王喇特納巴都爾是博赤納喇之孫，清朝稱之爲王子，因年幼，實權操在皇叔巴都爾薩野手中。五十三年六月，巴都爾薩野以西藏增加商品入口稅、所售食鹽摻沙土等爲名，遣將率兵三千人入侵西藏。其時，藏兵僅有五百名，而且，名曰兵，平時居家，不操練，不防守，戰時更無法徵調，毫無戰鬥力[234]。邊境重鎮聶拉木、濟嚨、宗喀很快相繼失守。廓爾喀繼而圍逼脅噶爾。脅噶爾僅有喇嘛三四百人，岌岌垂危。

七月底，廓爾喀入侵的消息傳到北京。乾隆接連降旨，陸續作出如下部署：第一，駐藏大臣雅滿泰立卽赴後藏，相機處理問題。第二，爲七世班禪安全考慮，把他從札什倫布寺[235]移駐前藏。第三，令四川總督李世傑、提督成德調該省滿洲兵五百名、綠營及明正、裏塘、巴塘等藏族兵三、四千名迅速入藏。第四，命成都將軍鄂輝從鎮壓林爽文起事的臺灣前線，馳驛回川，以備入藏征剿；繼而又授鄂輝爲將軍，成德爲參贊大臣，辦理剿務，並令李世傑移駐打箭爐，就近調度。第五，入藏的三千名兵丁口糧，若從內地調撥，路途遙遠，緩不濟急，應以稍高於市場的時價，動員藏民售賣，且與達賴、班禪以及噶隆商量，請他們將庫藏糧食，作價賣給官軍。後來，達賴表示願無償提供稞麥四千六百石、牛一千一百隻、羊一萬隻。乾隆堅持應照數給價。第六，從山西、陝西以及湖北，各撥銀五十萬兩解交四川，以應軍需。

乾隆很快還發現，兩位駐藏大臣辦事乖張。廓爾喀入侵，「因聶拉木等處第巴妄增稅課所致」，乾隆指出：「國家設立駐藏大臣，原爲辦理地方事務。彼處第巴等濫行增稅，慶麟、雅滿泰平日豈無見聞？……是其平日所司何事！」[236]及至廓爾喀入侵，兩駐藏大臣又籌糧不力。當時，噶隆等藉口聶拉木被占，實難辦糧，只肯出稞麥四千石，慶麟、雅滿泰束手無策。慶麟更是貪生怕死，護送班禪赴前藏後，不肯返回。乾隆惱怒，革去慶麟公爵。理藩院侍郎御前侍衞巴忠曾任過駐藏大臣，又懂得藏語。九月九日，乾隆命巴忠赴藏，經理藏務。

正當乾隆在調兵遣將，準備抗擊廓爾喀入侵之時，西藏地方僧俗當權者卻暗中與入侵者談判，希冀以賠款求退兵。九月二十二日，成德抵藏，得悉這一消息。他向駐藏大臣慶麟詢問具體情況後，一方面「與達賴喇嘛詳加講論」，派人追回談判代表堪布喇嘛[237]，另方面於二十五日將此事上奏乾隆。但是，慶麟、雅滿泰搶先一步將此事報告皇帝。十月七日，乾隆閱二位駐藏大臣奏摺，內云紅教派喇嘛「薩嘉呼圖克圖等私自遣人說和，賊等卽行退回」，很是吃驚，當卽批道：

至薩嘉呼圖克圖等遣人議和，其意雖未始不善，然亦應請示於達賴喇嘛、班禪額爾德尼，會同前往。……若在藏衆喇嘛均可與外夷部落私相往來，尚復成何事體耶！卽和息一事，亦必須倚仗兵威，使賊震怖，方可永遠寧謐。如以心存懦怯，輒往議和，轉爲賊人所輕，安能保其不復滋事！[238]

十月九日，成德奏摺抵京，說仲巴呼圖克圖與薩嘉呼圖克圖「並不先行稟知，卽私自差人議和」[239]。十月，鄂輝奏摺也到北京，「於講和一事竟未提及」，乾隆很不滿。他傳諭軍機大臣說，朕非樂於用兵，「但賊旣犯天朝邊界，若不加之懲創，何以安衆番而靖邊圉？此朕不得已之苦心，屢經降旨訓諭，鄂輝等豈尚不能仰體耶！」他當卽作出二點指示：第一，對於和談內容，巴忠抵藏後，應密行查訪，據實具奏。第二，鄂輝、成德應乘敵人未完全撤退，痛加殲戮。對方如要求和談，卽回復「我等奉命領兵，惟知剿洗」[240]。

儘管乾隆堅決反對和談，他卻無法扭轉局面。西藏僧俗權貴，包括噶隆班第達等，懾於廓爾喀兵威，談判仍在繼續。廓爾喀入侵西藏的目的，並非要擴張領土，意在金銀財富。所以，他們在侵占聶拉木、濟嚨、宗喀、脅噶爾，飽掠之後，就撤出脅噶爾，後退一站在墨爾模駐紮，與西藏地方權貴就退兵條件進行討價還價。十月上旬，成德率部到脅噶爾，準備分兵兩路進攻聶拉木、宗喀、濟嚨等地。十一月六日，又推進到第哩朗古。從第哩朗古至聶拉木、宗喀、濟嚨等處，多是層岩亂石的山道，又因大雪封山，難以前進，軍事進攻受阻，乾隆焦急不安。十二月二日，他傳諭巴忠、鄂輝、成德：

> 將第哩朗古等處之雪，每年何時融化，此事何時始能完結，現在前後辦出米糧、牲畜能否敷用之處，悉心查核具奏。若除現在存糧外，不能再行採買，內地距藏窵遠，又斷難設法運送，或暫爲撤兵，或另籌良策，總期於事有濟。241

軍事進展不順利，使求和情緒滋長。十二月十九日巴忠行抵脅噶爾，就謀求與廓爾喀妥協。鄂輝、成德等亦隨同附和。爲了欺騙皇帝，他們編造了廓爾喀恭順求和的謊言，以掩蓋賠款求和的眞相。他們刻意渲染兩點：第一，說這場戰爭起因於聶拉木地方第巴桑干擅自增稅。廓爾喀商人受害，曾於去年呈表進貢，但噶隆索諾木旺扎勒平日勒索外商，又受桑干賄賂，遂拒絕廓爾喀入貢要求，向駐藏大臣慶麟謊稱廓爾喀「呈詞傲慢」，慶麟不明眞相，「墮其術中」。巴忠把戰爭起因，歸罪於西藏地方官員，爲侵略者辯解，目的是要取得乾隆對廓爾喀的同情與諒解。第二，稱讚廓爾喀溫順。五十四年二月，巴忠奏鄂輝、成德收復宗喀，「巴勒布頭目帶領屬下人等迎接，似欲有所稟報」242。巴忠等人這一套謊言，完全迎合了乾隆的孤傲心態。乾隆一掃「甚切焦思」的情緒，狂妄地說：「巴勒布邊夷小丑，無故斷不敢滋生事端。今據鄂輝等奏，查明起釁情節，果不出朕之所料。」並宣布只要廓爾喀「設誓定界，即行撤兵」243。乾隆做夢也没想到，他所批准的撤兵，不是廓爾喀求和，清朝撤兵；而是西藏賠款，廓爾喀撤兵。

清軍收復宗喀後，西藏僧俗權貴就積極與廓爾喀談判退兵條件。經班第達之子噶隆丹津班珠爾、班禪父親巴勒敦珠布以及沙瑪爾巴等人協商，得到達賴及巴忠等同意，雙方議定，西藏每年以三百個銀元寶，約合內地銀九千六百兩，換得廓爾喀從聶拉木、濟嚨地方退兵。四月，廓爾喀按約撤兵，鄂輝卻恬不知恥上奏：「巴勒布所占地方，業經全行收復，邊界廓清。其大人爲雪所阻，俟天氣晴暖，前來叩見。」244把賠款情節，完全隱瞞下來。六月，鄂輝又奏，巴勒布頭人環跪營門，悔罪乞恩，稱：

> 我等遠在邊外，本與唐古忒和好，常來西藏交易。近因西藏人將我等貨物任意加稅，並於食鹽內摻入砂土，我等實不能堪，冒昧侵犯邊地。今大兵遠來，我等不敢抗拒，望風退回。今蒙將從前在藏滋事之噶布倫並加稅之第巴等均革退治罪，又將辦事駐藏大臣更換，莫不感仰大皇帝公正嚴明，額手稱頌。245

乾隆陶醉於虛構的勝利，迷惑於鄂輝等人的阿諛文章。他降旨詢問巴勒布王子及伊叔眞實名字，準備頒敕封贈。七月十五日，廓爾喀貢使抵札什倫布，十月十日抵打箭爐，十二月抵京。乾隆多次賜宴，並封廓爾喀王子喇特納巴都爾王爵，其叔巴都爾薩野公爵。

廓爾喀入侵，使乾隆感到有必要强化西藏地方吏治與邊防，多次對鄂輝、巴忠說，應將一切善後事宜，悉心妥議，定立章程。五十四年二月十七、十八兩天，他接連傳諭鄂輝，要他參照十六年班第等定立的《酌定西藏善後章程》的成規，就達賴的權力，噶隆、戴綳246、第巴的補放，藏兵的訓練等問題，妥協定議。六月二十七日，軍機大臣議覆鄂輝等條奏設站定界事宜十九條，其中主要內容有：

1. 從前藏抽調一百五十名綠營官兵移駐後藏，在拉子地方添設唐古忒兵二百名。
2. 前藏添設唐古忒兵八百名，在後藏添設唐古忒兵四百名，於綠營內挑取武官，定期分領操練。
3. 令每歲秋收後，動幣項購買米、稞麥三千石，交駐藏糧員，於札什倫布城內建倉收貯。連續採買二年後，以六千石爲常貯額，再按年出陳易新。
4. 西藏所屬寨落，設立第巴管理，缺分甚多，應一體補放，不許擅用家丁代理。
5. 西藏對外貿易，須由老成謹慎的第巴協同該處頭目管理。聶拉木、濟嚨、絨峽三處商品進口稅准減半徵收。外售鹽斤，應於挖出時，交該處第巴查驗成色，酌中定價。[247]

上述十九款規定，還未實施，廓爾喀又第二次入侵西藏。

（二）抗擊廓爾喀第二次入侵

西藏僧俗權貴以賠款求退兵，卻無財力每年支付廓爾喀三百個銀元寶。乾隆五十五年（一七九〇年）秋，廓爾喀派人索款，達賴遣員向對方要求，一次性給若干銀元寶後，撤銷原定「合同」。廓爾喀不答應。五十六年六月，噶隆丹津班珠爾應廓爾喀要求，至聶拉木談判。廓爾喀將丹津班珠爾扣留作索款人質。七月初，廓爾喀第二次入侵西藏，相繼占據聶拉木、濟嚨，燒毀定日各寨落。駐藏大臣保泰驚慌失措，奏請將班禪從札什倫布寺移居前藏。

八月二十二日，乾隆接保泰奏摺，因不明眞相，將廓爾喀興兵索賠，視作一般的債務糾紛，認定是從前鄂輝、巴忠未能將債欠查明清還所致。他不同意將班禪移居前藏，要求保泰只可靜守，不可妄動。巴忠知道底細，懇請赴藏效力，目的是想一手將眞相繼續遮掩下去。乾隆不同意，決定派四川總督鄂輝帶五十名綠營兵赴藏處理。巴忠膽怯，當夜潛出，投河自斃。乾隆以爲巴忠之死「殊堪駭異」，估計到巴忠以御前侍衞自恃，在西藏辦了什麼見不得人的事，但仍沒有看出事態發展的嚴重性。九月五日說，廓爾喀係「極邊小夷，彼此劫掠，乃其常情」，如發兵前往，伊等「望影奔潰，勢必稽顙請降」，屆時若允其降而班師，藏人又不能守約善鄰，每因小利激變，又復呈請辦理，「似此牽纏，殊屬不成事體」[248]，不同意派兵征剿。第二天，他將這道諭旨交給大學士阿桂、兩廣總督福康安閱看，要求他們閱後陳述見解。二十日，他接保泰奏摺，要求將達賴、班禪移居青海泰寧。乾隆責保泰、雅滿泰二位駐藏大臣「竟是無用之物，昏亂已甚」[249]。

廓爾喀第二次入侵，比第一次來勢更凶猛。八月二十日，他們已進兵後藏，繼而洗劫札什倫布寺，不僅摘去該寺塔上鑲嵌的綠松石、珊瑚等，還搬走大半金銀佛像，以及中央政府給班禪的金冊印等。廓爾喀兵包圍札什倫布之前，班禪已被移居前藏。主管後藏事務的仲巴呼圖克圖也已攜帶細軟奔匿。留在廟中的孜仲喇嘛[250]竟在「吉祥天母」神前占卜，說天母神諭，「不可與賊接仗」，以致衆心惑亂，該寺淪入敵手。

九月二十二日，乾隆得知札什倫布被侵占，才意識到局勢嚴重，有「痛加懲創」的必要。他立卽降諭，令成都將軍成德急馳西藏，調福建水師提督奎林接任駐藏大臣。二十五日，乾隆作出了「明歲春融，厚集兵力，分路進討」的決定，並將主持軍務的重任，交給兩廣總督福康安，要福康安趲程來京，面授方略。

十月六日，當乾隆得悉札什倫布寺被搶，拿保泰出氣，令將保泰押至達賴、班禪面前，責打四十板後，用重枷永遠枷號藏地，以示儆戒。十一月十九日，乾隆從達賴的弟弟羅卜藏根敦扎克巴的口中，得知前年廓爾喀第一次入侵時，噶隆丹津巴珠爾等許以每年給銀元寶三百個求退兵眞相，立卽將此事諭知福康安，並指示福康安兩點：第一，「倘廓爾喀提及前此許給銀兩一事」，卽回答此原係噶隆等與廓爾喀頭人私相定議，「實屬錯謬」；第二，此事噶隆告之巴忠，「實係巴忠一人之罪」，鄂輝、成德「不過隨同附和」，以此安定二人之心，俾全力辦理剿務[251]。

爲抗擊廓爾喀侵略者，從五十六年冬季開始，乾隆作了多方面部署。由於鄂輝、成德入藏行動遲緩，乾隆分別革去他們總督、將軍之職，以副都統銜戴罪立功。福康安被授予將軍，後改爲大將軍，寄以統率全師重任。委二等超勇公海蘭察以及駐藏大臣奎林爲參贊。遣在京巴圖魯、章京[252]、侍衞百餘名隨同出征。命吏部尙書、協辦大學士孫士毅署四川總督，負責調兵籌糧。調山東巡撫惠齡赴四川，準備接替年逾七旬的孫士毅。命工部尙書和琳協助孫士毅核辦軍需。乾隆還下令調索倫、達呼爾兵一千名、四川及各土司兵八千名，合原已進藏官兵，共有一萬五千至一萬六千名[253]。至五十七年二月孫士毅報告，已調集軍糧七萬石，足供一萬五千人年餘兵食[254]。乾隆還批准撥庫銀三百萬兩以爲軍費[255]，後又追加二百萬兩[256]。兩淮鹽商洪箴遠等呈稱願捐銀四百萬兩、兩浙商人何永和願捐銀一百萬兩，乾隆准其分別捐銀二百萬兩和五十萬兩以爲軍費[257]。此外，達賴、班禪、噶隆等西藏各級僧俗官員，共自願捐牛一萬五千隻，布達拉宮現存火藥二千四百餘斤、鉛子二萬八千斤、大炮三十餘門，也全部運至軍營候用[258]。

五十七年一月，福康安抵藏。二月十七日，他統兵馳赴邊境。在此之前，卽上年十月二十八日，成德已收復聶拉木。因此，福康安首要任務是攻下濟嚨。廓爾喀派兵增援，濟嚨一時難以攻下。福康安打算分兵兩路，一路潛兵越險，經過濟嚨守敵背後，截其歸路，另一路徑取陽布。四月十八日，乾隆看了福康安上奏的藏地圖樣，立卽否定了分兵兩路的作戰方案，指示應以濟嚨爲進兵正路，並力會攻。九天之後，即四月二十七日，乾隆又指示說：「若不將濟嚨等處逗留之賊攻剿淨盡，由此路乘勝直前，別尋間道，懸軍深入，該處山路叢雜，安保濟嚨等處賊匪，不心生窺伺，擾我後路？」259

根據乾隆集中兵力先打濟嚨的指示，五月上旬官兵冒雨攻圍，在連續奪取擦木要隘、瑪噶爾轄爾甲山梁之後，收復了濟嚨。乾隆聞訊，「以手加額，叩謝天恩。」260

收復濟嚨之後，這場反侵略戰爭被推向廓爾喀境內。熱索橋是廓爾喀門戶，敵方恃險據守。六月初，清軍於上流潛渡，乘敵不備，直前攻撲，奪取熱索橋石卡。九日，清軍推進至雍鴉地方。同時，成德所部也占住德親鼎山，繼而攻下頭卡、二卡、三卡。六月下旬，清軍再克協布魯一帶木城，以及東覺山梁、雅爾賽拉、博爾東拉等地。七月四日，福康安率部裹糧再進，歷噶勒拉、堆補木、特帕朗古橋、甲拉古拉、集木集等處七百餘里，六戰皆捷，殺敵四千餘，清兵抵距陽布僅數十里地的熱索橋261。

廓爾喀陷入了危急狀態。福康安發兵之初，曾檄諭廓爾喀鄰邦哲孟雄、宗木、作木朗、布魯克巴、披楞等聯合進攻廓爾喀，「許事平分裂其地」。但各邦皆觀望不前。及至清軍長驅直入，廓爾喀向披楞求援，「披楞佯以兵船赴援，實陰逼其邊鄙」262。廓爾喀兩面受敵，喇特納巴都爾曾遣使請求孟加拉英國東印度公司以武力支援，遭到拒絕，只好轉而向清朝求和。早在五月底，巴都爾薩野已將聶拉木談判時被俘的清兵王剛以及第巴塘邁等四人遣返，並遞稟福康安，說不知道沙瑪爾巴是壞人，受其唆使，才誘執漢兵，侵擾後藏。如今沙瑪爾巴已死，請求允許認罪投降。福康安一面將廓爾喀求降之事上奏皇帝，另一面向廓爾喀提出請降條件：廓爾喀國王應來軍營叩頭認罪；沙瑪爾巴雖死，應呈驗其焚餘之軀，並將其眷屬徒弟交出；所搶去札什倫布所有財物，應全部交還；以前所立賠款合同應交出查銷。七月八日，廓爾喀遣人回話，答應福康安所提出全部條件，二十七日又遣人交出所搶札什倫布寺銀物等件，以及沙瑪爾巴眷屬及手下喇嘛。

福康安前方受降活動，得到乾隆全力支持。八月十日，乾隆說，今年節氣較早，以往九月過後，藏地冰雪封山，今年下雪必更早。萬一大軍深入，進退兩難，關係重大。應傳諭福康安，如實難進取，卽趁敵人畏懼懇乞，准其具表納貢263。二十二日，乾隆得福康安奏摺，說廓爾喀已於七月八日答應了投降條件，「俟其將合同、札什倫布物件呈交，並送出沙瑪爾巴骨殖、徒弟、跟役，看如何具稟，再相機酌辦」。乾隆閱後批道：「所見甚是」264。同一天，又著傳諭福康安，立卽傳示聖旨，准許廓爾喀請降，「赦其前罪，准令納表進貢，悔罪投誠」265，但作出五條規定：第一，准許廓爾喀每三年或五年遣頭人赴京具表進貢。第二，來藏貿易巴勒布人，願留藏地者，卽編入戶冊，作爲藏民，不願者派兵遣回。第三，在西藏設爐鑄「寶藏」字樣錢，所有巴勒布錢，不許再行使用。第四，自定立疆界後，廓爾喀不許偷越藏界；藏人亦不得私赴廓爾喀禮拜佛塔和貿易。第五，兩名駐藏大臣，向俱駐前藏，嗣後應有一員分駐後藏266。

第二天，乾隆授福康安武英殿大學士兼吏部尚書、孫士毅文淵殿大學士兼禮部尚書，以示嘉獎。八月八日，廓爾喀遣使到福康安營中齎送貢表。九月三日，廓爾喀貢使在侍衞珠爾杭阿的陪同下赴北京。十日與十六日，乾隆又二次傳諭，在大兵撤回之前，要與廓爾喀申明約束，定立地界。他說，應向廓爾喀提出：

> 熱索橋迤西，如協布魯、雍鴉、東覺、堆補木、帕朗古等處皆經大兵攻克，本應卽以此爲後藏邊界，念爾等悔罪投誠，仍行賞還；其熱索橋以內濟嚨、聶拉木、宗喀等處本屬藏地，

雖經汝侵占，現經大兵收復，非如上次講和退還者可比。嗣後應以濟嚨、聶拉木以外爲界。爾部落人等不得尺寸擅越。如有私行偷越者，拿獲即行正法。267

清朝雖是戰勝國，但不向廓爾喀提出領土要求。這表明乾隆沒有擴張野心。

十月三日，乾隆作《御製十全記》曰：「昨准廓爾喀歸降，命凱旋班師詩，有十全大武功之句，蓋引而未發，茲特敘而記之」。所謂「十全武功」指的是：「平準噶爾爲二，定回部爲一，掃金川二，靖臺灣爲一，降緬甸、安南各一，今兩次受廓爾喀降，合爲二。」268因此，乾隆晚年曾以「十全老人」自詡。

（三）強化西藏管理的善後措施

廓爾喀二次入侵，以及西藏地方僧俗權貴背著清中央政府，擅自與廓爾喀訂立賠款退兵「合同」，使乾隆意識到，要保持西藏地方的局勢穩定，就必須採取措施，進一步强化中央對西藏地區的管理。這些措施包括政治軍事經濟以及對外交往等方面。

首先，在乾隆看來，清朝對西藏地方統制不力，其問題的關鍵是噶隆權力太大。廓爾喀二次入侵，都是因噶隆妄爲生事引起的。第一次起因於噶隆索諾木旺扎勒貪贓枉法，第二次起因於噶隆丹津班珠爾擅自與敵人訂立賠款「合同」。至於駐藏大臣，視駐藏爲苦差，缺乏責任感，凡事遷就噶隆，但求無事，任滿回內地。五十六年十二月二十六日，他傳諭軍機大臣說：

衛藏一切事務，自康熙、雍正年間，大率由達賴喇嘛與噶布倫商同辦理，不復關白駐藏大臣，相沿已非一日。達賴喇嘛係清修梵行，惟知葆眞養性離塵出世之人，豈復經理俗務，自必委之於噶布倫。而噶布倫等遂爾從中舞弊，諸事並不令駐藏大臣與聞，又滋生事端，始行稟白，吁求大臣爲之經理。迨至事過，仍復諸事擅行，以致屢次滋釁，成何事體！……向來駐藏大臣，往往以在藏駐紮視爲苦差，諸事因循，惟思年期居滿，幸免於事，即可更換進京。今經此番大加懲創之後，自應另立章程，申明約束，豈可復循舊習。嗣後駐藏大臣與達賴喇嘛，遇有應辦事件，當一一商同辦理，噶布倫等與在藏章京會辦，不得稍有專擅。[269]

乾隆這一措施，通過提高駐藏大臣的地位與權力，加强中央對西藏的管理。西藏事務須由達賴與駐藏大臣協商處理，噶隆不得專擅，削弱噶隆權力。

其次，乾隆決定應當把噶隆、戴綳、第巴等西藏地方官員的任命權收歸中央，由皇帝補放。五十六年九月，乾隆在一道諭旨中指示：

以前西藏戴綳、第巴缺出，皆由達賴喇嘛處定補，曾降旨令駐藏辦事大臣，會同達賴喇嘛商議，揀選補放。至噶布倫責任更要，遇有缺出時，若即將達賴喇嘛議定正陪之人奏效，仍不免徇情滋弊。著交駐藏大臣，嗣後凡噶布倫缺出，會同達賴喇嘛於應升用人內，擇其能事者，秉公選定正陪，於各人名下注明如何出力之處，奏請補用，俟朕補放。[270]

乾隆這一決定，確立了清中央政府對西藏用人行政的統治權，使西藏與內地其他省分一樣，完全隸屬於清朝政府。

第三，創設「金奔巴」[271]制度，改革「呼畢勒罕」[272]即「轉世靈童」的挑選辦法。喇嘛教黃教派認爲，達賴、班禪及其他呼圖克圖都是佛的化身，死後其靈魂可轉世化生。因此，每當達賴、班禪、呼圖克圖去世，就要去尋找轉世化生的「靈童」，以接替其位。在尋找「轉世靈童」過程中，拉穆吹忠即巫師起關鍵作用。拉穆吹忠稱「降神附體，指明地方人家尋覓」。西藏大農奴主貴族往往收買拉穆吹忠，讓自己的子弟被指定爲「呼畢勒罕」。其結果是，呼畢勒罕皆出權貴之家，甚至「率出一族，斯則與世襲爵祿何異」[273]，從而造成僧俗權力合於一門，屢代世襲。乾隆說：「朕思其事，近於荒唐，不足憑信。拉穆吹忠往往受其囑託，假託神言，任意妄指，而藏中人等因其跡涉神異，多爲所愚，殊屬可笑。」[274]爲了揭穿拉穆吹忠的騙局，乾隆作了二件事。其一是，公布一起拉穆吹忠受賄妄指呼畢勒罕事件。五十七年，喀爾喀蒙古三音諾顏部商卓特巴[275]那旺達什，爲營求將土謝圖汗車登多爾濟之子指定作班第達呼圖克圖的呼畢勒罕，竟送銀五十兩、緞一匹、哈達一個給拉穆吹忠。拉穆吹忠即於那旺達什所遞字上批說，車登多爾濟之子是眞呼畢勒罕。其二是，據說拉穆吹忠降神，舞刀自扎，身體無害，是以人皆信之。乾隆指示福康安，親加面試，果能有驗，亦姑聽之。如果不靈，即將拉穆吹忠荒唐不可信之處，當衆曉諭，俾僧俗人等共知其妄。結果，經和琳等當面演試，「授以刀劍，俱各恐懼戰慄」，竟不如內地巫師[276]。通過這兩件事，拉穆吹忠假託神靈附體，徇私舞弊眞相被戳穿。乾隆宣布，嗣後藏民向拉穆吹忠推問吉凶，暫聽其舊，「所有找尋呼畢勒罕一事，永遠不准吹忠指認」[277]。與此同時，乾隆創設「金奔巴」以取代拉穆吹忠挑選轉世靈童。五十七年九月五日，他指派御前侍衛惠倫等，專程護送「金奔巴」入藏。第二年三月，乾隆頒諭說：

朕護衛黃教，欲整飭流弊，因製一金奔巴瓶，派員齎往，設於前藏大昭，仍從其俗，俟將來藏內或出達賴喇嘛、班禪額爾德尼及大呼圖克圖等呼畢勒罕時，將報出幼童內擇選數名，將其生年月日、姓名，各寫一籤，入於瓶內，交達賴喇嘛念經，會同駐藏大臣，在衆前掣籤，以昭公當。278

乾隆還作出規定，如果所找靈童僅有一個，也要在金瓶內放進另一個無姓名的籤牌。如果抽出的是無姓名籤牌，就不能認爲已找到轉世靈童，應另行尋找。乾隆還把「金奔巴」制度推廣到蒙古地區。在京都雍和宮內亦設一金奔巴，「如蒙古地方出呼畢勒罕，即報明理藩院，將年月、姓名繕寫籤上，入於瓶內，一體掣籤，其從前王公子弟內私自作爲呼畢勒罕之陋習，永行停止」279。「金奔巴」制度的建立，把西藏地區宗教領袖的挑選，置於清中央政府的控制與監督之下，扭轉了以往貴族通過內定呼畢勒罕，控制教權，使僧俗權力一體化的局面，對於防止地方權力膨脹以至鬧分裂，都有著重大意義。

第四，整頓西藏地方武裝。西藏地處邊陲，距內地遙遠，在交通不便的年代，日常邊防，應以地方武裝力量爲主。西藏原有唐古忒兵五百名，不僅人數少，且有名無實，其戰鬥力之弱，在廓爾喀二次入侵中已經充分暴露了，亟待整頓加强。五十七年十一月，福康安遵照乾隆聖旨，籌議了番兵章程，經軍機處酌議，皇帝批准實行。章程規定，全藏設藏兵三千名，其中前後藏各一千名，定日、江孜各五百名；帶兵軍官戴綳從原有五名，增至六名，下設如綳、甲綳、定綳各級武官；每名士兵年給青稞二・五石，每名戴綳給莊田一份，每名如綳年給銀三十六兩，甲綳二十四兩，定綳十四・八兩。兵丁技藝應令各將備督同番目訓練，駐藏大臣每次巡查時，應校閱優劣，分別賞罰280。軍隊所需經費，除每年由西藏地方財政撥款二千六百餘兩外，其餘取足於罪犯沙瑪爾巴、仲巴及丹津班珠爾等歸公家產。其中查抄沙瑪爾巴家產，估價變賣六十四萬餘兩，另有各處莊田年收租銀七千一百餘兩，賞給達賴喇嘛，「足敷每年如綳、甲綳、番兵等養贍之用」281。經過整頓，藏兵戰鬥力明顯提高。五十九年二月，乾隆說：「前後藏漢、番官兵，向來最爲儒弱，今經和琳等嚴飭訓練，親加查閱，分別獎懲，使新設番兵皆成勁旅，實爲衞藏所未有。」282

第五，設爐鼓鑄西藏貨幣。西藏地方行使廓爾喀鑄幣，藏民以銀易廓爾喀攙銅鑄幣，不僅存在著換算上的困難，而且造成西藏地區白銀外流。五十六年八月二十二日，乾隆在批准接受廓爾喀投降時，所作五條規定中，就提出要停止使用廓爾喀錢。九月，乾隆又說：

> 我國家中外一統，同軌同文，官鑄制錢通行無滯，區區藏地何必轉用外番幣貨，況伊將所鑄之錢易回銀兩，又復攙銅鑄錢向藏內交易，源源換給，是衞藏銀兩轉被廓爾喀逐漸易換，尤屬不成事體。若於內地鑄錢運往，程站遙遠，口外又多「夾壩」，運送維艱，莫若於西藏地方照內地之例，安設爐座，撥派官匠，卽在彼鼓鑄。駐藏大臣督同員役監製經理，自可不虞缺乏。283

第二年，根據乾隆指示，福康安決定在西藏鑄三種純色銀幣。第一種重一·五錢，每六圓兌換紋銀一兩；第二種重一錢，每九圓兌換紋銀一兩；第三種重〇·五錢，每十八圓兌換紋銀一兩。其中餘銀一錢作爲鑄幣工本。三種銀幣，正面以漢文鑄「乾隆寶藏」，背面用藏文鑄「乾隆寶藏」。五十八年十月，駐藏大臣和琳奏，藏民不願使用重一·五錢銀幣。清朝遂決定取消，全部鑄重一錢與〇·五錢銀幣。

根據乾隆決定與多次指示，五十七年十二月，福康安上奏《籌酌善後章程》六條，經乾隆批准執行。其主要內容有：駐藏大臣除上山觀瞻外，其督辦事務應與達賴喇嘛、班禪額爾德尼平等。自噶隆以下官員及管事喇嘛，事無大小，均應稟知辦理。噶隆、戴綳、商卓特巴等大小官員應立等級補放，不得越次，亦不得以達賴、班禪親屬挑補。二名駐藏大臣同在前藏，但應於春秋兩季輪流赴後藏巡查邊界，順便操兵。

五十八年一月，福康安又奏《酌籌藏內善後章程》十六款，其主要內容有：

接壤藏地各部差人來藏，令邊界營官稟報駐藏大臣驗放。有稟駐藏大臣者，由駐藏大臣給諭。有呈達賴者，俱稟駐藏大臣詳驗，商發諭帖。其寄信噶隆等，亦令呈駐藏大臣與達賴商給回諭，不准噶隆私通信息，違者革退。

藏地邊界如濟嚨、聶拉木、絨轄等處，與廓爾喀相通，向無界址，現各設鄂博，釐定疆域，不准私越。

西藏地方大小官員，向來由達賴挑選世家子弟即「東科爾」中通書算而家殷實者擔任，其餘藏民無進身之路，且不告知駐藏大臣。嗣後應令駐藏大臣與達賴公選。非「東科爾」而技熟力勉的兵丁藏民，亦准由定綳洊升戴綳。其餘辦事官員，仍送「東科爾」按等補用，但不准襲父祖職。

堪布喇嘛係一寺首領，向多營求補放。嗣後各大寺坐床堪布缺出，達賴會同駐藏大臣揀放。小寺堪布仍專會達賴揀選。

藏內各寨百姓供應烏拉[284]夫馬，達賴等向多濫給免差照票。噶隆、戴綳及大喇嘛等莊戶亦多求免差稅牌票。嗣後概行撤銷，惟實著勞績者，令達賴告知駐藏大臣給票免差。

衛藏各寨戶口，增減去留，無從稽核。嗣後令達賴將所管大小廟喇嘛造冊，並令噶隆將衛藏所管地方及呼圖克圖所管寨落戶口，一體造冊，於駐藏大臣衙門及達賴處，各存一份備查。

喇嘛官員人等，向多私用烏拉。嗣後惟公事差遣，准稟明駐藏大臣及達賴，給以印票，標定號數，沿途照用。

衛藏舊制，犯罪贖罰。近年噶隆任意高下，倍罰肥私，甚至挾嫌揑聳達賴，抄沒「番目」家產。嗣後應譯寫罰贖舊例一本，交駐藏大臣酌核擬辦。

達賴賞給噶隆、戴綳等官田，向有事故缺出，不交後任者。請查明隨任交代，不准私占。

各寨徵收租賦，向多牽混。嗣後令商卓特巴按年立限，嚴催清交商上，並查實絕戶荒田，隨時豁賦。

等等。

上述幾個章程，是福康安與八世達賴喇嘛強白嘉措、七世班禪丹白尼馬反覆磋商制定的。爾後，清朝又將幾個章程彙總釐定爲二十九款《欽定西藏章程》頒行。章程的藏文原本存於拉薩大昭寺和札什倫布寺內。通過這些章程，使淸政府强化了對西藏的管理，對西藏地區的政治穩定起了重大作用。

接見英使馬嘎爾尼

前面說過，乾隆中期，英商洪任輝三闖寧波港，非但沒有打開英國對華貿易的新局面，反而導致乾隆關閉閩、江、浙三海關，頒布更嚴格的海外貿易管理條例。但歐洲各國對華貿易並沒有因此止步不前。「中英兩國貿易額每年達幾百萬英鎊」。中國對英國的輸出，以茶葉為最大宗。茶葉已成為英國人日常生活必需品，需要量甚大：

問題在於，除了利潤的考慮而外，有一種主要的中國產品，而在其他地方所買不到的東西，日益成為英國各級社會人士生活上的必需品。茶葉已經成為國人生活上的需要，在我們能夠設法在其他地方用同等價錢購進同等數量和質量的茶葉之前，中國方面的來源無論如何必須加以維持。285

據統計，從乾隆三十七年（西元一七七二年）至四十五年，英國共計從中國進口茶葉五〇七五・九四八一萬磅，每年平均五六三・九九三九萬磅。僅運輸這些茶葉，年需十八艘船286。在中英貿易中，英國嚴重入超。從乾隆三十八年至乾隆四十七年，英國對華貿易的入口費用共花去一百萬磅，其中茶葉七二・二二四五萬磅，生絲二十萬磅，瓷器等二萬磅。巨額的入超，造成英國社會的沉重負擔。英國人抱怨說：「現在英國的金銀價格很高，而中國又缺乏現銀購買外貨。」287但就中國而言，自給自足的自然經濟，不需要外國商品，甚至連對外貿入超於社會經濟發展的促進作用，也缺乏認識，正如英國人所說：

> 在一個相當長的時期中，中國市場上對歐洲商品確是不太需要。外國人在中國購進中國商品所使用的外幣，這在許多需外幣購買外國產品的國家看來是非常可貴的，但在中國卻認爲是換進許多外國硬幣，只是一個麻煩而不是什麼利益。[288]

對於這種狀況，英國方面當然是不會滿意的。他們感到有必要採取有力措施，擴大對華貿易。於是，「在中國經商的一些東印度公司代理人建議派遣一個使節團到北京面見中國皇帝，請求他下一道命令解除英國這些困難」[289]。英國政府採納這一建議，經過認眞愼重挑選，馬嘎爾尼被英國王指定爲來華特使。此人長期從事外交，曾在印度擔任要職，出任過英國駐彼得堡公使，料理過孟加拉事務，富有談判經驗。副手是馬嘎爾尼摯友斯當東。斯當東也曾代表英國政府處理過多起外交事務。使團還有秘書、翻譯、醫生等。爲了向中國炫耀大英帝國的力量和物質文明，英國政府還讓一些化學、天文學、力學等多學科專家參加使團。特使乘坐的「獅子號」，是英國海軍第一流軍艦，艦上配有六十四門大炮。東印度公司還給使團一艘噸位最大的船「印度斯坦」號，以及「豺狼」號等八艘小船。使團成員約一百人，加上各船水手和工作人員共八百餘人。

使團出發之前，英國王寫了兩封信。一封給馬嘎爾尼，交代了此行目的：

> 在中國經商的英國臣民很久以來多於任何其他歐洲各國。……我對於自己的遠方臣民不能不予以應有的關懷，並以一個大國君主的身分要求中國皇帝對於他們的利益予以應有的保護。

英國王這一封信，就是授命馬嘎爾尼代表英國政府與中國皇帝直接談判，要中國政府保護在華貿易的英商利益。另一封信寫給乾隆皇帝。信中，英王大肆吹噓其殖民者的軍威和「仁慈」、「道德」：

在這種精神的指導下，英國的軍事威力雖然遠及世界各方，但在取得勝利之後，英王陛下對於戰敗後的敵人也在最公平的條件下給予同享和平的幸福。……英國現在正與世界各國和平共處，因此英王陛下認爲現在適逢其時來謀求中英兩大文明帝國之間的友好往來。

實際上這是一封充滿狂妄與恫嚇的信件。英王還賦予馬嘎爾尼特權，「在訪華途中，只要馬嘎爾尼特使認爲任何國家可以供給有用的資料，他都有權進行訪問」290。

乾隆五十七年九月，使團從英國樸次茅斯港啓航，直駛中國天津。在此之前，東印度公司董事長佛蘭西斯・培林爵士給兩廣總督寫信，將馬嘎爾尼奉命訪華之事，通知清政府。乾隆五十八年一月，清朝表示同意馬嘎爾尼訪華。但是孤立於世界之外的淸王朝，不僅無知，缺乏外交常識，而且從天朝帝國傳統的虛驕觀念出發，認爲英使是爲「叩祝」乾隆八十壽辰「進貢」而來的，說什麼「閱其情詞，極爲恭順懇摯，因俯允所請，以遂其航海向化之忱」291。乾隆完全看錯了對象，把企圖來敲開中國大門的西方殖民者，看作是要來「誠心效順」天朝的夷邦。五十八年二月二十一日，乾隆降諭沿海各省督撫，指示二條：

第一，該貢使船隻，可能於「閩、浙、江南、山東等處近海口岸收泊」，上述各省督撫「如遇該國貢船進口時，務須派員彈壓稽查，列營擺隊，以示嚴肅」，但不可失之太過，「竟似陳兵備禦」，以致「該國使臣心懷疑懼」。

第二，貢使「或於貢船之便，攜帶貨物前來貿易」，因此要閩、浙、江南三省督撫，應事先行文廣東省，準備「行頭通事人等」，不論貢船在何處上岸，「即飛速行知廣東，令將預備之人派員送到，以便爲之説合交易」292。

乾隆這二條諭令同樣説明，他是根據以往對待周邊國家貢使來華的通常辦法，來接待西方殖民者的到來。

五月，馬嘎爾尼的使團船到達澳門。廣東巡撫郭世勳獲悉後，立即向北京報告。乾隆決定在熱河行宮避暑山莊接見馬嘎爾尼，並降諭駐在天津的長蘆鹽政徵瑞承辦接待工作。五月底，浙江巡撫覺羅長麟報告，英使團船到浙江洋面，並於六月一日從浙江靑龍港出發北上。中旬，英使團船到達天津。直隸總督肯林堂和徵瑞在天津宴請英使，並送給使團一批米麵雞鴨等生活物資。英使團遞交了天體運行儀、地球儀以及裝配有一百一十門重炮巨大英艦模型等八件禮品，在禮品説明書上吹噓説：「英國在歐洲是第一位的海軍强國，素被稱爲海上之王。」293

使團在徵瑞的陪同下到達北京，住進了宏雅園。此時，乾隆已去避暑山莊。七月十八日，英使參觀了圓明園。原先，英使曾傲慢地認爲，禮品體積高大，難以找到安裝地點。但看了正大光明殿之後，即認爲「這個寬廣的大殿正適於陳列禮物」294。乾隆聽後十分得意説：「總不出朕所料。該貢使等從未觀光上國，其前徵瑞説貢品高大，不免誇張其詞。茲一見天朝殿宇輝煌壯麗，即以爲儘容全分。」295可見，乾隆安排參觀圓明園宮殿，是要與西方比物質文明。

爲了便於赴熱河謁見乾隆，使團被移住城内。這時，馬嘎爾尼最擔心的是謁見乾隆的禮節問題。如果按淸政府要求，行三跪九叩禮，這等於英國「表示屈服和順從」，難以接受。如果不行此禮，又怕達不到謁見中國皇帝的目的，完不成英王交給的使命。「這對英國和英屬印度甚至全歐洲商業的關係是重大的」296。馬嘎爾尼給大學士和珅寫去備忘錄，就謁見的禮節進行交涉：「貴國皇帝欽派一位同本使地位身分相同的大員穿著朝服在英王陛下御像前行本使在貴國皇帝面前所行的同樣禮節。……這樣做法就可以使本特使既能向貴國皇帝致敬，而又不損及他所代表的本國國王在世界列強中的崇高地位。」297

七月末，使團動身赴熱河。沿途看了萬里長城。隨團一員叫約翰遜的説，其祖父老約翰遜博士曾講過，「假如他的孫子能參觀一下萬里長城，那將是一件值得驕傲的事」298。到達熱河後，英使與和珅繼續磋商謁見禮節問題。英方堅持「雙方行對等禮」，並説「過去中國把英王禮品寫成『貢品』字樣，已經發生混淆了」299。

乾隆對英使不肯行三跪九叩禮很不滿意。八月五日上諭説：

> 現在英吉利使臣等前來熱河，於禮節多未諳悉，朕心深為不愜。伊等前此進京時，經過沿途各地方官，款接供給未免過於優待，以致該貢使等妄自驕矜，……此等無知外夷，亦不值加以優禮。300

經過反覆磋商，清朝終於答應馬嘎爾尼提出的另一方案，以晉見英王時單腿下跪禮謁見乾隆，但免去英國式的吻手禮節。謁見禮節問題達成協議後，乾隆指示，八月十日在避暑山莊萬樹園，接見正使馬嘎爾尼和副使斯當東。在接見之前，馬嘎爾尼再次拜會了和珅，向和珅提出「關於發展兩國商業對中國有什麼好處的問題」。和珅很客氣地回答：「在特使留在中國期間，這個問題還可從長計議。」301

八月十日清晨，乾隆在萬樹園接見了英國正副使。同時接見的還有緬甸國使臣，以及蒙古諸王、貝勒、貝子、額駙、臺吉等。馬嘎爾尼向乾隆行禮致詞，把裝在鑲有珠寶的金盒裏的英王書信，遞交給乾隆。乾隆賜宴款待，並約請馬嘎爾尼及其隨員，第二天遊覽御花園。第二天淸早，馬嘎爾尼趕往御花園等候乾隆。乾隆到達後，對馬嘎爾尼說：「我現在要去布達拉廟拜佛，因爲你們同我們不是一個宗教，我就不叫你陪我去啦。」於是命和珅、福康安陪馬嘎爾尼遊覽了避暑山莊。

八月十三日，是乾隆生日。馬嘎爾尼帶著隨員到澹泊敬殿行慶賀禮。參加慶典活動的有外國使臣和各王公大臣，慶典活動還舉行了閱兵禮，有八萬名軍隊和一萬二千名官員參加。慶壽連續了幾天，有歌舞、雜技、戲劇和燃放焰火。中國的焰火藝術，使英國人驚嘆不已，「許多設計都是英國人從未見過的，……似乎中國人有隨意把火包裹起來的本領，……焰火的最末一場是偉大壯觀的火山爆發」302。

慶壽活動後，英國使團先行回京。乾隆在熱河看了剛剛譯成中文的英文信件。此時，他才眞正了解到英國使團來華的目的。八月十五日，他給英王寫了覆信，即《勅諭英吉利國王》，回答了英方提出的八項要求。

一、關於英國要求派一人居北京照管貿易一款，乾隆回答：「此則與天朝體制不合，斷不可行」，理由是，「天朝所管地方至爲廣遠，凡外藩到京，驛館供給，行止出入，俱有一定體制，從無聽其自便之制」，「況留人在京，距澳門貿易處所，幾及萬里，伊亦何能照料耶！」

二、關於英國要求在浙江寧波、珠山（舟山）及天津泊船貿易一款，乾隆回答，「皆不可行」。說「向來西洋各國，前赴天朝地方貿易，俱在澳門，設有洋行，收發各貨，由來已久，爾國亦一律遵守多年，並無異語。其浙江寧波、直隸天津等海口，均未設有洋行，爾國船隻到彼，亦無從銷賣貨物。況該處並無通事，不能諳曉爾國語言，諸多未便。」

三、關於英商要求仿效俄國，在京「另立一行，收貯貨物發賣」一款，乾隆回覆，「更斷不可行」。「京城為萬方拱極之區，體制森嚴，法令整齊，從無外藩人等在京開設貨行之事」，「從前俄羅斯人在京設館貿易，因未設立恰克圖以前，不過暫行給屋居住。嗣因設立恰克圖以後，俄羅斯在該處貿易買賣，即不准在京居住」。

四、關於要求在珠山（舟山）羣島借一小島居住一款，乾隆回覆，「天朝無此體制，此事尤不便准行」。「天朝尺土俱歸版籍，疆址森然，即島嶼沙洲，亦劃界分疆，各有專屬」。

五、關於要求在廣州附近撥一小地方居住英商一款，乾隆回答，此「已非西洋夷商歷來在澳門定例。況西洋各國在廣東貿易多年，獲利豐厚，來者日衆，豈能一一撥給地方住耶」。

六、關於要求英商貨物自廣東至澳門，由內河行走，或不上稅或減稅一款，乾隆回覆，「夷商貿易往來，納稅皆有定則。西洋各國均屬相同。此時既不能因爾國船隻較多，徵收稍有溢額，亦不便將爾國上稅之例，獨為減少。惟應照例公平抽收，與別國一體辦理」。

七、關於英國商船入關照例納稅一款。乾隆回答，「粵海關徵收船料向有定稅。今既未便於他處海口設行交易，自應仍在粵海關按例納稅，無庸另行曉諭」。

八、關於要求允許傳教士「任聽」傳教一款，乾隆回答「尤屬不可」。「爾國所奉天主教，原係西洋各國向奉之教。天朝自開闢以來，聖帝明王垂教創法，四方億兆率由有素，不敢惑於異說」。303

英國方面提出的上述八款，可以分作三種情況。其一，符合外交關係準則的，如要求派員在京管理本國對華貿易的商務。乾隆加以拒絕，這顯然是排外防外保守思想的反映。其二，個別條款與清朝所支持的封建傳統文化相牴觸。如要求讓傳教士在中國隨處任意傳教，企圖以西方宗教的蒙昧主義來奴化中國人，這與重視儒學的乾隆當然是格格不入，被乾隆視為有悖於「聖帝明王垂敎」的「異說」，加以抵制。它反映了東西方兩種意識形態的對立。其三，八款中主要內容，尤其是要求在舟山、廣州給地居住，減免內河關稅，這實質上是要求中國政府割讓土地，減免關稅，是對中國主權的侵犯，是英國政府企圖把它的殖民地政策，推行到中國領土上來。乾隆拒絕這些侵略性的條款，維護了國家主權，是完全正確的外交政策。但在覆信中，再一次暴露了孤立於世界之外的中國帝王的愚昧與孤傲。馬嘎爾尼曾就將英王給乾隆的禮物寫作「貢品」一事，向淸政府提出抗議。乾隆無視於此，他給英國王的覆信，竟然用「勅諭」二字，擺出了君臨世界各地的「天朝上國」的架子，這是愚蠢表現之一。覆信中，他重複當年處理洪任輝事件所說過的話：「天朝物產豐盈，無所不有，原不外籍外夷貨物，以通有無，特因天朝所產茶葉、磁器、絲觔爲西洋各國及爾國所必需之物，是以恩加體恤，在澳門開設洋行，俾得日用有資，並沾餘潤。」304 在資本主義已經來臨的時代，在世界貿易已蓬勃發展的時代，在中國社會經濟的發展已落後於西方的時刻，乾隆仍然抱著歷代帝王的老觀點，以爲對外貿易是「天朝加惠遠人」，是對夷邦的恩賜，唯獨看不到與外國做生意對本國經濟發展的促進作用，這是愚昧表現之二。

不過，通過接待馬嘎爾尼使團，特別是閱覽了英王來信，乾隆對西方殖民者總算多少有所了解。他給軍機處諭旨說：

> 英吉利在西洋諸國中，較爲強悍，且聞其向在海洋有劫掠西洋各國商船之事，是以附近西洋一帶夷人，畏其恣橫。今不准其留人在京，該國王奉到勅諭令後，或因不遂所欲，藉詞生事，不可不豫爲之防。305

乾隆從耳聞英國在歐洲的行爲，估計到馬嘎爾尼訪華沒有達到預期目的不會善罷甘休。爲此，他在外交和軍事上採取了預防性措施。

首先，他指派覺羅長麟爲總督赴廣州上任，要他到達廣州後，與巡撫郭世勳「和衷商榷」，嚴密注視英國商人的動靜，並事先作好其他各國商人的安頓工作，「設使該國（英國）無知妄行，或於澳門小有滋擾，該處（廣州）貿易之西洋人等，並非所屬，未必與彼一心，……英吉利卽有詭謀，亦斷不能施其伎倆」306。其次，要求沿海各省整肅軍隊，部署海防。他說：

> 但觀該（英）國如此非份干求，究恐其心懷叵測，不可不留心籌計，預之爲防。因思各省海疆，最關緊要。近年巡哨疏懈，營伍廢弛，必須振作改觀。……今該國有欲撥給近海地方貿易之語，則海疆一帶營汛，不特整飭軍容，並宜預籌防備。卽如寧波之珠山（舟山）等處海島，及附近澳門島嶼，皆當相度形勢，先事圖維，毋任英吉利夷人潛行占據。該國夷人雖能諳悉海道，善於駕駛，然便於水而不便於陸。且海船在大洋，亦不能進內洋也。果口岸防守嚴密，主客異勢，亦不能施其伎倆。……若該國將來有夷船駛至寧波天津等處，妄稱貿易，斷不可令其登岸，卽行驅逐。倘竟抗違不遵，不妨懾以兵威，使知畏懼。此外如山東廟島地方，該使臣曾經停泊，福建臺灣洋面，又係自浙至粵海道，亦應一體防範。307

此時，乾隆已預計到，英國可能對中國沿海進行軍事侵略。半個世紀之後，這種預計終於被證實。

儘管如此，乾隆仍然要求各地方官員，對正在動身回國的英國使團成員，給予妥善照顧。英國使團大部分成員由海道經寧波，然後由廣州回國。而特使馬嘎爾尼於九月三日起程，從內河水路赴廣州，乾隆指派侍郎松筠陪同特使，沿途照料。乾隆不僅回贈英王一批禮物，他還估計到英使團船要在海上度歲，特地寫兩個「福」字，派員趕路交給松筠。一個「福」字送給英王，祝他「永迓新正祥禧」，另一個送給使團，祝使團「吉祥如意，安穩涉洋」[308]。

英國使團在華期間，對中國的自然地理和經濟政治狀況以及社會人情風俗，都有了許多眞實的了解。馬嘎爾尼一行曾驚嘆中國勞動者的聰明才智。在安裝英方禮品行星運行儀時，發現運行儀一塊玻璃在途中被打碎了。英方技術人員束手無策，「一個中國工人居然在一塊彎的玻璃板上刺下一小片玻璃來絲毫不爽地安配上去」。他們對中國風箱甚感興趣，認爲較歐洲直放式風箱先進，「爲了更好地研究它的構造，我們要了一個模型帶回英國」[309]。但是，總的說來，在英國使團的心目中，中國是一個技術落後的國家，尤其是天文和數學等方面。使團成員還認爲，中國的落後原因在於封關自守，「中國自古到今一直都是閉關自守，使他們無由摹仿和學習外國人的經驗和發明」[310]。

通過參加乾隆八旬壽辰慶典活動，英國人也切身體驗到中國皇帝的絕對權威。「在中國崇拜尊敬到這樣地步，以致在人們心裏產生一種敬畏森嚴的情緒」[311]。他們還看到了清朝吏治的腐敗。「在中國以及其他東方國家，下級向上級，當事人向法官，送禮的風氣是很盛行的」。「不過更壞的是，中國的這種送禮並不是明文規定的，所送禮的輕重按人的富有程度爲比例，越富的人送的禮物越要重」。「據說在中國的法庭中，最後決定裁判的仍然是錢，富人勝訴的機會當然多得多。中國官吏的薪金不高，使他們容易接受禮物引誘」[312]。當使團成員看到列隊歡迎使團的士兵手持扇子的景象時，感到滑稽可笑。「當時天氣很熱，有幾個士兵的手裏拿著扇子，是一個奇怪的現象。東方某些國家裏，軍官在檢閱軍隊的時候，可以把傘撐在頭上，軍官既然可以撐傘檢閱軍隊，士兵手裏拿扇子也就不足爲奇了」[313]。

使團的成員，憑著直觀感覺，看到了中國社會的矛盾。「在中國，窮而無靠的人處在官吏的淫威之下，他們沒有任何訴苦伸寃的機會」[314]。「中國老百姓身家性命的安全操在官吏們手中，對於這種命運，他們是不甘心的」，勢必「會引起不可抑止的復仇心理」。「有時由於長期受到巨大壓迫，老百姓忍無可忍而發生了騷亂」[315]。他們還看到「滿漢之間地位懸殊是很大的。任何一個低微的韃靼人（滿族人）在漢人面前都有一種優越感」[316]。「韃靼人的特殊待遇造成韃靼人和漢人之間的隔閡，……隔閡卻越來越深，達到相互仇視的地步」[317]。

英國使團還看到中國人口問題和黃河的水土流失。關於黃河水土流失，據使團的一位成員推算，「在八百七十五萬天內，也就是說在二萬四千年內，黃河的泥土就要填滿了黃海」[318]。

總之，通過英國使團來華訪問，一個龐大而又虛弱的中國，完全暴露給西方殖民者。馬嘎爾尼說：

清帝國好比是一艘破爛不堪的頭等戰艦。它之所以在過去一百五十多年中沒有沉沒，僅僅是由於一般幸運的、能幹而警覺的軍官們的支撑，……但是一旦一個沒有才幹的人在甲板上指揮，那就不會再有紀律和安全了。

他還認爲，「英國從這一變化中將比其他任何國家得到更多的好處」[319]。馬嘎爾尼的描述，無疑會增加西方冒險家來華經營的信心。而使團的副使斯當東回國之後，根據訪華人員的紀錄，編寫了《英使謁見乾隆紀實》，於一七九七年卽清嘉慶二年於倫敦出版。這是向英國資產階級彙報他們訪華情況，當然也會增强西方殖民者對中國的野心。可悲的是，古老的中華帝國的最高統治者，還在「天朝聲威」夢幻中自我陶醉。

三年太上皇

（一）從立儲到「歸政」

三十七年（西元一七七二年）十一月，乾隆首次向諸皇子表示，定於八十六歲時歸政。第二年冬，又「手書應立皇子之名，密緘而藏之」320。此事僅軍機大臣們知道，至於儲君是誰，乾隆對任何人都不透露。由於儲君問題秘而不宣，朝野頗多議論。四十三年九月，乾隆赴盛京謁陵途中，錦縣生員金從善道旁呈詞，條陳四事，其中首條就是請求建儲，並說：「大清不宜立太子，豈以不正之運自待」。乾隆很重視這件事。他清醒估計到，朝野臣民雖不至於如金從善那樣「毀斥本朝」，但由於受漢族歷朝建儲方式的影響，「立儲之說，未必不耿耿潛蓄於心」321。因此決定將自己建儲的思想和作法，公諸天下。當月二十一日，他發表宏論，說太子之名，蓋自周始，爾後歷代相沿。但「朕歷覽諸史，今古異宜，知立儲之不可行，與封建井田等，實非萬全無弊之道」。這個「弊」，就是指容易引起宮廷內外殘酷的權力之爭：

> 蓋一立太子，衆見神器有屬，幻端百起，兄弟既多，所猜嫌宵小且從而揣測者獻媚逢迎，以陷於非；其強者設機謀孽，以誣其過，往往釀成禍變，致父子之間，慈孝兩虧。

他舉出漢武帝、唐太宗、明成祖立儲導致宮廷之禍後，接著又指出：

> 至於立嫡立長之說，尤非確論。漢之文帝最賢，並非嫡子。使漢高（祖）令其嗣位，何至有呂氏之禍。又如唐太宗爲羣雄所附，明永樂亦勇略著聞。使唐祖不立建成而立太宗，明

太祖不立建文而立永樂，則元武門之變，金川門之難，皆無自而起，何至骨肉相殘，忠良慘戮。此立嫡立長之貽害，不大彰明較著乎！[322]

從這一席話可以看出，乾隆總結歷代王朝的教訓，反對通過冊立太子公開立儲的傳統方式，以及立嫡立長的傳統觀念。他採取的是秘密建儲的方式和不立嫡不立長而立賢的建儲原則。確定這種方式與原則的出發點，一是要維護統治核心的穩定，防止因公開立太子而引起統治核心分裂成不同政治集團，互相爭鬥。他對歷史上那一幕幕籲請建儲的鬧劇，作了鞭辟入裏的分析：「蓋從來諫請立儲，動輒徵引古説，自以爲得事君之道，不知其心隱以爲所言若得採納，卽屬首功，可博他日之富貴。名議國是，實爲身保。」[323]是一種政治投機行爲。如此尖銳針砭，對於當時朝野要求建儲的輿論起到了鉗制作用。二是從乾隆家庭實際狀況出發。乾隆登基伊始，曾立皇后富察氏所生嫡子卽皇二子永璉爲儲君，但永璉於二年夭折。乾隆又打算立富察氏所生皇七子永琮爲儲君，永琮不久也殤逝。二個嫡子去世，斷絕了乾隆立嫡念頭，又反省了歷史經驗教訓，從而提出立賢的主張。以「賢」作爲選擇儲君的標準，否定了嫡子長子繼承權，這是歷史的進步。

此時，乾隆不得不同時把已經秘密建儲的事和自己退位計劃，一併公諸於世。他説，此等大事，朕未嘗不計及，已於三十八年冬手書應立皇子之名，密緘藏之。當年冬至時南郊大祀，還默禱上帝，所立儲君，「如其人賢，能承國家洪業，則祈佑以有成；若其不賢，亦願潛奪其算，毋使他日貽誤，予亦得以另擇元良」。他宣布「至乾隆六十年乙卯，予壽躋八十有五，卽當傳位皇子，歸政退閑」，而且表示，如果七旬、八旬以後，「神老稍衰，不能似今之精勤求治」，可以提前退位[324]。至此，乾隆在位六十年歸政的大局，正式確定下來了。

降至五十四年十二月，卽將壽登八旬的乾隆，離歸政只有六年，但仍壯心不已，説「一日未息肩，萬民恆在懷」325。儘管如此，他還是著手爲不久將來的歸政作準備。早在三十五年，他就下令修葺壽寧宮，以爲將來「優遊頤壽之所」。乾隆對藩邸舊居重華宮很有感情，多次要子孫們保持原來陳設規制。説內所陳設大櫃一對乃孝賢皇后嘉禮的妝奩，東首頂櫃存放康熙所賜，西首頂櫃之東存放雍正所賜，其西存放太后所賜，兩頂下所貯是自己在潛邸時常用物件，要求「後世子孫隨時檢視，手澤口澤存焉」326。這實際上是要把重華宮作爲乾隆的永久紀念之所。

五十八年，歸政日期逼近。乾隆決定舉行「嘉惠士林之典」，於次年秋特開歸政恩科鄉試，六十年春再舉行恩科會試，秋季開新皇帝恩科鄉試，新皇帝卽位春季行恩科會試。

五十九年十二月，乾隆降諭普免天下積欠，將「各省節年正耗民欠，及因災緩徵帶徵銀穀」，全部豁免，裨小民「得以戶慶盈寧」327。這次豁免項目，除錢糧外，還有灶戶鹽課、雲南銅廠課等，共計銀約一、三七六萬兩，糧約四五三萬石328。同時，還賞賜八旗兵丁餉糧，自親王以下滿漢各級官員和閑散宗室、覺羅氏八旗兵丁，各賞借半年俸銀或餉銀329。六十年正月，又宣布「破格施恩」，豁免被查抄官員中「實屬無力完繳者」的未完繳銀兩330。二月，降諭加封自己的二位啓蒙老師，福敏晉贈太師，蔡世遠加贈太傅331。

乾隆有著强烈權力慾。隨著退位日期的逼近，他多次宣布退位不放權，國家最高權力要掌握在自己手中。六十年二月，刑部對二個小案處理不當，乾隆借題目做文章説：

不特朕未歸政以前，斷不肯任其矇混，卽歸政以後，朕亦豈肯置天下之事於不問！維時若臣下等敢於嘗試，更當重治其罪，決不因歸政而稍存寬貸也。332

乾隆挑選他登基六十周年紀念日，即乾隆六十年九月三日，公布儲君人選。這一天，他御勤政殿，召集諸皇子皇孫和王公大臣，取出當年存放在乾清宮「正大光明」匾後的密詔，公同閱看，宣布皇十五子永琰爲太子，明年改元嘉慶。永琰同時改爲顒琰，移居毓慶宮，生母令懿皇貴妃贈孝儀皇后。此時，乾隆當著太子與王公大臣的面宣布：

至朕仰承昊眷，康疆逢吉，一日不至倦勤，即一日不敢懈弛。歸政後凡遇軍國大事及用人行政諸大端，豈能置之不問！仍躬親指教，嗣皇帝朝夕敬聆訓諭，將來知稟承，不致錯失，豈非國家之大慶。333

這就是說乾隆退位並不意味著權力轉移。一切軍國大事及用人行政等重大決策，必須由乾隆過問。嘉慶只能在一旁「敬聆訓諭」，將來才不至於辦錯事。「嗣皇帝」實際上還只是一位「見習」皇帝，只能參加祭祀、經筵、耕耤、大閱、傳臚等禮儀活動。

十月，乾隆又宣布了明年傳位大典有關事宜，決定屆時頒發傳位詔，退位後乾隆稱太上皇，諭旨稱敕旨，自稱仍用朕字。新皇帝稱嗣皇帝。太上皇與嗣皇帝起居注分別纂修。臣僚題奏，凡遇「天」、「祖」字，高四格抬寫，太上皇高三格抬寫，皇帝高二格抬寫。太上皇生日稱萬萬壽，嗣皇帝生日稱萬壽。同時，還命令明年「寶泉寶源二局錢文，乾隆嘉慶年號各半分鑄」334。

嘉慶元年（一七九六年）元旦，退位的日子終於到來。乾隆御太和殿，親授顒琰皇帝之寶。鴻臚寺官員上天安門城樓，宣讀太上皇傳位詔，重申在京各部院和各省督撫「題奏事件，悉遵前旨」335。四日，爲慶賀「紀元周甲，躬舉授受上儀」盛典，乾隆與嘉慶御壽寧宮、皇極殿舉行千叟宴。這是清朝第三次舉行千叟宴。第一次在康熙五十二年（一七一三年）慶賀皇帝六十壽辰。第二次是乾隆五十年（一七八五年）慶賀皇帝七十五壽辰。第三次千叟宴，乾隆八十六歲，所有入宴者年齡，從第二次的六十歲以上，提高到七十歲以上，但文武官員仍准六十歲以上入宴。當時赴宴者多達三千人。

授受大典舉行才半個月有餘，就發生湖廣總督畢沅奏摺不按規定格式書寫的事件。乾隆認爲這是無視自己的最高權威，降旨斥責：

本年傳位大典，上年秋間卽明降諭旨頒行中外，一切軍國事務，朕仍親理，嗣皇帝敬聆訓誨，隨同學習。其外省題奏事件，並經軍機大臣等奏定款式，通行頒發。畢沅等並不遵照辦理，是何意見？……卽自嘉慶元年以後，內而部院各衙門，外而督撫大吏，章奏事件，亦皆朕躬綜覽，隨時訓示，豈有因授受之典，卽自暇自逸，置政事於不問乎！[336]

畢沅因此被交部議處。

乾隆退位後，官吏的升遷任免權仍然在握。歷年在熱河引見文武官員，是乾隆了解官僚隊伍的重要方式，日久形成規制。這一規制被保留下來。嘉慶元年四月，在他卽將赴避暑山莊前夕，要求吏、兵二部，將知縣、武備以上應行引見者，由該部堂官輪流帶往熱河。乾隆歸政期間，還處置了一批不稱職的官吏。如嘉慶二年（一七九七年），江西巡撫陳淮因罪被乾隆革職[337]。四月，原任福建巡撫姚棻患風痺開缺，乾隆命田鳳儀補授，他還同時任命了福建布政使、江西巡撫、江西按察使、廣東巡撫、廣東按察使等官員[338]。同時，他將牟利營私的參贊大臣額勒春，從烏里雅蘇臺拿問回京，革職治罪[339]。五月十三日，嘉慶「方澤大祀」，許多官員没有按例陪祀，被乾隆降旨交部議處[340]。九月，盧溝橋操演火炮，親王綿恩没有親自到場，被乾隆罰俸半年[341]。副都統齊哩克齊護送察哈爾馬匹赴襄陽府，因沒有直接護送到軍營，被乾隆革職[342]。

這時期的經濟大權也控制在乾隆手中，凡田賦及其他捐稅的蠲免，都是他批准的。如嘉慶元年七月，湖北湖南因受白蓮教起事影響，乾隆准許緩徵半年錢糧。當年，承德府是第五次普免錢糧的輪免之年，又適逢傳位授受，乾隆、嘉慶同駐避暑山莊，因而決定該府各州縣明年再免錢糧一次[343]。嘉慶二年三月，乾隆幸盤山，降勅豁免所過沿途州縣錢糧[344]。三年五月，乾隆去避暑山莊，降勅說：以往巡幸到此，每次僅蠲免錢糧十分之三，「今歲朕春秋八旬有八，同皇帝啓鑾，諸事吉祥」，著免四成[345]。

嘉慶前三年，軍事大權更歸太上皇一人獨攬。在這期間，苗民暴動於湘黔，白蓮教起事於川楚陝。鎮壓這二方面的指揮權，操在乾隆手中，誠如他自己所說：「一切軍務機宜，俱朕酌指示。」[346]

太上皇期間，乾隆依然集政權、財政、軍權於一身，所以降至嘉慶三年，他乾脆丟掉「歸政」二字，而代之以「訓政」，說：「三載以來，孜孜訓政。」[347]

（二）鎮壓湘黔苗民起事

乾隆歸政，不是在昇平的鼓樂聲中進行。他退位前夕，湘黔川交界山區爆發了苗民起事；歸政伊始，白蓮教徒又發難於川楚陝三省。在階級搏鬥的喊殺聲中，乾隆交給嘉慶的是動蕩不安的江山。

湖南、貴州、四川三省交界的松桃廳（今松桃苗族自治縣）、永綏廳（今湖南花垣縣）、鳳凰廳（今湖南鳳凰縣）、乾州（今湖南吉首縣西南乾州鎮）、保靖（湖南今縣）和秀山（四川今縣），座落於萬山之中，是苗族聚居地，清朝的駐軍營汛間錯相望。隨著改土歸流政策的推行，這些地區被迅速納入封建政治經濟體制中。這固然有利於各民族間經濟文化交流，但苗族人民也被套上了沉重的封建政治壓迫與經濟剝削的沉重枷鎖。派往苗族地區的胥吏和駐軍中的百戶、外委，百般凌辱苗民。據記載：

往時百戶與辦苗外委，多外間奸民承充，遇苗戶事件，敲骨吸髓，無所不至。甚至一苗在案，闔寨被害。348

清政府雖嚴禁漢人進入苗族地區，但「改土歸流」後，大批漢族地主和高利貸者卻接連來到湘黔邊區，被稱爲「客民」。他們大多通過高利貸盤剝苗民，掠取土地：

苗寨中富民放賬，其息甚大。錢一千、穀一石，一二年加息數倍。不能償，折以山地衣服。雖受其盤剝，而仰以爲生，或即所折山地轉求佃耕，或易以他山地爲之佃耕，聽其役使，生死惟命。349

因此，苗族地區嚴重地存在著「客民」與苗民的對立，它實質上是封建剝削者與貧苦苗民的階級矛盾。正是這一矛盾的激化，導致了苗民暴動。

早在乾隆五十二年（一七八七年），鳳凰廳勾補寨苗民，爲反抗官府欺壓，就在石滿宜帶領下占山反抗，但很快被鎮壓下去。五十九年末，松桃廳大塘汛大寨營苗民石柳鄧、永綏廳黃瓜寨苗民石三保等，聚集在鳳凰廳鴨保寨百戶吳隴登家，商量於翌年正月十八日三廳同時起事。由於機密洩露，石柳鄧被迫提前發難，於正月十三日攻占大塘汛，包圍了松桃廳和銅仁附仁的盤石營和正大營。十九日，黃瓜寨石三保、蘇麻寨吳半生、鴨保寨吳隴登和乾州平隴寨吳八月同時暴動。苗族軍攻取乾州倉庫，相繼殺同知宋如椿、巡檢江瑤、鎮筸鎮總兵明安圖、永綏協副將伊薩納，又進攻滾牛坡，奪清軍糧運，殺雲南鶴麗鎮中營游擊永舒、四川阜和協左營都司班第。三廳一州起事，鼓舞了鄰近各地苗民，保靖永順寨張廷仲率衆數千人造反，四川秀山和貴州思南、印江及鎮遠四十八溪苗民也羣起響應。

二月，湘黔苗民起事的消息傳到北京。乾隆急忙作出三路會剿松桃的部署。南路令雲貴總督福康安起赴銅仁，由南向北進攻正大、松桃。時四川總督和琳從衞藏進京，正在邛州途中。乾隆命他速赴秀山，先剿平秀山附近苗軍，然後率部東進。原湖廣總督福寧新調兩江總督尚未赴任，乾隆命他從鎮筸由北向南進攻。乾隆指示福康安說：「逆苗竟敢戕害鎮將，殺斃多兵，不法已極。查辦時不得不痛加懲創，使之震慴畏懼，不敢復萌故智。」[350]乾隆決心對造事的苗民大開殺戒。

南路清軍進展較順利。二月中旬，福康安抵銅仁，十九日夜，他與總兵花連布分路進攻，在盤塘坳與苗軍激戰。二十六日，清兵攻下正大營，繼而又包圍了永綏廳嗅腦及松桃廳。石柳鄧引兵撤往湖南，與石三保會師合圍永綏城。西路千餘名官兵在和琳率領下，於二月十七日到達秀山。和琳又招聚附近漢屯兵二千餘人，攻下秀山附近的炮木山、黃坂一帶苗寨後，引兵東向與福康安會師。北路軍由福寧與湖廣提督劉君輔率領，本欲分路進剿，但剛出發不久，就遇苗兵阻擊，只好撤回鎮筸。福寧上疏訴苦：「賊匪忽聚忽散，處處需要堵截。」[351]受乾隆嚴詞斥責。

三月，福康安與和琳合兵攻打永綏城附近的土司。苗軍蜂擁而上，與官兵激戰三晝夜後，主動放棄了對永綏城的包圍，回兵據守苗寨。乾隆獲知石柳鄧據大營寨、石三保據黃瓜寨、吳隴登據鴨保寨，即時命令福康安、和琳分路直前，合兵征剿。爲了牽制敵人，苗軍分兵從永綏後路攻打花園，阻截清軍糧道。總兵花連布押運貴州糧餉，途中遭伏擊，險些喪命。餉運被阻，軍心不穩。乾隆卻果斷地要求福康安、和琳不必顧及運道，唯併力合攻黃瓜寨，而把打通糧道的責任交給福寧。福寧只得率六千官兵從瀘州出發，攻打乾州，在苟琶岩與苗軍遭遇。清軍立刻瓦解，福寧匿輜重中逃命，自此益發不敢與苗軍對陣。苗軍遂出瀘溪巴斗山，先後攻浦市、瀘溪、麻陽，復逼鎮筸，再圍永綏城。

按照乾隆的指示，四月下旬，福康安、和琳率部攻破黃瓜寨大山，石三保脫險而去。接著，清軍又破蘇麻寨和上下西梁，吳半生負傷逃走。五月十七日，福康安、和琳率兵至大烏草河。「該處大山一道，地勢險峻，所有鴨保、鴉酉、天星寨等處遠近山勢，約略可觀」352。由於接連打勝仗，福康安產生了輕敵情緒，加上河水猛漲，他竟頓兵不進，將軍務交給花連布，自己則「日置酒高會」353。六月三日，乾隆降諭福康安，待大烏草河無益，應設法進兵。爲了配合軍事圍剿，六月二十六日，乾隆發出詔書，除吳半生、石柳鄧、石三保、吳八月和一些「彰明較著」的苗軍首領罪在不赦外，其餘人只要投降，「俱可無庸深究」354。這一招撫政策，收到了分化瓦解苗軍的效果。從六月底至七月初，新任湖廣總督畢沅招安了苗族頭人石上進、石大貴等，在辰州、乾州一帶撫輯苗寨二百六十餘355。

七月，福康安部渡過大烏草河抵達古丈坪，與鎮筸福寧部會合。乾隆又調雲貴兵二千名增援。八月，劉君輔再解永綏城之圍。此時，清軍已擺開了全面進攻的態勢。

爲了對付清軍的追剿，苗軍五、六千人集結在鴨保、平隴各寨，並推平隴寨首領吳八月爲「吳王」。九月，清軍破高多寨，吳半生兵敗被俘。乾隆封福康安爲貝子、和琳一等宣勇伯，並指令他們攻打鴨保寨。十月，清軍破天星寨。吳八月眼看鴨保寨危在旦夕，率兵從平隴寨趕來支援。

此時，乾隆指示福康安、和琳「應卽用計離間，或設法招徠」356。清軍遵諭展開招撫攻勢，「苗酋許以官爵花翎，散苗優以金錢」357。在清朝的利誘下，吳隴登叛變。吳隴登原是苗寨百戶，曾參與鎮壓石滿宜暴動，他率衆起義，本出於政治投機。他鼓動鴨保寨苗軍出山投降，被吳八月制止。吳隴登竟縛吳八月、隴五觔等苗軍領袖獻給清軍，以換取花翎頂戴。

十二月，清軍破擒頭陂、騾馬硐，打開了通向平隴、乾州的門戶。嘉慶元年（一七九六年）正月克連營山，二月攻下壁多山、高吉陀。求勝心切的乾隆這時降諭福康安等，說平隴一帶山溪險阻，苗軍負嵎抗拒，若專由此一路進攻，未免稽遲，應一面由平隴虛攻，另遣偏師潛僻路取乾州。福康安貫徹了乾隆這一軍事部署，四月間當清軍推進到距平隴僅三十里之時，另遣軍直趨乾州。但是，爲了奪取攻破乾州的大功，清軍各將領竟相互牽制，阻於河溪（今湖南吉首縣東南）不進。軍士因不習水土，中暑毒死者日衆。五月，石三保雖兵敗被俘，但清軍主帥福康安也染病身亡。六月，和琳率部克乾州後，卽命都統額勒登保進攻平隴。八月，和琳亦病死。乾隆急忙調署廣州將軍明亮、提督鄂輝赴軍營，會同額勒登保併力攻打平隴寨。九月，清軍奪取平隴隘口。十二月，石柳鄧兵敗戰死，其子石老喬等被俘。歷時二年波及湘黔川三省的苗民起事，終於被血腥鎮壓下去。

（三）鎮壓川楚陝白蓮教起事

乾隆當太上皇期間，發生的川楚陝白蓮教起事，是中國封建社會最後一次大規模的農民戰爭。這次事件，是乾隆後期黑暗政治的產物，是日趨尖銳的階級矛盾的爆發。而川楚陝三省交界的廣袤山區，成爲這次起事的基地，並非偶然。三省邊境毗連，高山森林緜亙數百里。三省及河南、江西、安徽等地流民，多攜老帶幼，進入深山老林墾荒耕種，僑寓者多達「數百萬計」358。他們伐木支橼，架棚棲身，被稱爲「棚民」。山區有鐵、煤等豐富礦產資源，又盛產竹、木耳、石菌等。不少商人挾資進山，利用豐富資源和棚民廉價勞動力，辦鐵廠、煤廠、紙廠、木廠和鹽井。棚民除耕山外，還以傭工爲生，身受地主和雇主殘酷壓榨，又備受衙役與地痞流氓的敲勒欺凌。「山民受其凌虐，無可告訴，無爲申理，囂然無復有生之樂」359，所以反抗情緒格外强烈。

乾隆前期，清政府曾在全國各地嚴厲取締白蓮教。可是，白蓮教非但没有銷聲匿跡，傳播卻日益廣泛。川楚陝交界山區流傳著白蓮教三大支派：劉松、劉之協師徒倡導的三陽教，宋之清、齊林建立的西天大乘教，艾秀、王應琥組織的收元教。三教派雖各自獨立，各成系統，但都宣傳彌勒降世，輔佐牛八。抬出「牛八」即「朱」字的旗號，就具有反清復明的政治色彩。乾隆五十九年（一七九四年）夏，陝西興安府西天大乘教首先被清政府破獲，繼而四川大寧縣收元教組織也遭破壞。乾隆降旨在湖北、四川、陝西、河南、安徽、甘肅等省嚴緝白蓮教骨幹。降至當年十一月，各教派首領劉松、宋之清、王應琥、齊林等相繼被捕，慘遭殺害，僅有劉之協逃脱，清政府仍窮搜不已。面對官府的血腥捕殺，教徒們被迫拿起武器，殊死反抗。嘉慶元年（一七九六年）正月七日，荊州枝江、宜都兩縣萬餘名教徒，在張正謨、聶傑人率領下首先發難，各地聞風而起，烈火迅速蔓延至長陽、長樂、當陽、竹山、保康等縣。二月，年僅二十歲的齊林妻子王聰兒（又稱齊王氏），與姚之富在襄陽教區起事。

湖北叛軍蜂起，清朝急忙調兵遣將，部署鎮壓。三月十七日，乾隆命湖廣總督畢沅赴荆州收復當陽，命湖北巡撫惠齡赴枝江、宜都剿殺聶傑人。繼而又調西安將軍恆瑞、熱河總管鄂輝等入湖北協助畢沅、惠齡，命副都統永保由烏魯木齊趕往西安，總統剿務。不久，聶傑人投降變節，清軍全力進軍當陽張正謨。四月，清朝重新部署兵力，對叛軍採取分路剿殺策略：陝甘總督宜綿駐商州，剿辦鄖縣鄖西一帶；永保、恆瑞剿辦竹谿至保康一帶；畢沅剿辦當陽、遠安、東湖一帶；惠齡剿辦枝江、宜都一帶；鄂輝剿辦襄陽、谷城一帶；四川總督孫士毅剿辦與四川接壤的來鳳一帶[360]。爲了配合軍事剿殺，四月二十三日，乾隆頒布招撫諭：

湖北奸民聚衆滋事，……凡賊人黨與，無論被賊脅迫煽惑，聽從爲逆者，一經投出，均當免其治罪。卽素日誤習邪教之人，若能及早省悟，自行投出，亦概與免死。倘有能將賊首目斬獲擒獻者，不但不治以從賊之罪，並當優加獎賞。[361]

起事初期，各支隊伍彼此缺乏配合，各自爲戰，且多固守城鎮或深山老林，被動防禦，因而很快被清軍各個擊破。唯有王聰兒、姚之富率領襄陽軍，採取流動作戰的靈活戰術。三月，王、姚率部攻襄陽不克，過樊城，移師鍾祥。六月，張正謨兵敗被俘殺，清軍合兵攻打鍾祥，分路堵剿。王、姚率衆從東南方向張家集一帶脫險而去。乾隆降旨切責永保。十一月，王聰兒等犯棗陽，復渡滾河而西，破呂堰，奔向光化、谷城，圍河南巡撫景安於鄧州魏家集。乾隆斥責永保擁兵萬餘，對叛軍僅尾追而不迎擊，將永保逮捕下獄，由惠齡代總統軍務。

正當湖北叛軍的鬥爭陷於困境時，四川白蓮教異軍突起。嘉慶元年（一七九六年）九月十五日，達州白蓮教首領徐天德舉事於當地亭子鋪，旬日間有衆萬人。接著，王三槐等暴動於東鄉，也聚衆萬人。界連漢南的川東各州縣迅速燃遍烽火。乾隆命陝西巡撫秦承恩、四川總督英善率兵進剿。這些人貪生怕死，畏懼不前。叛軍越戰越勇，十一月撲殺清總兵袁國璜、何元卿、都司百壽等。十二月，又有巴州羅其清等起於方家坪、通江冉文濤等起於王家寨、太平龍紹周等起於南津關。除夕，徐天德、王三槐等揮師攻破東鄉城。白蓮教迅速在四川形成燎原之勢，清朝急忙調陝甘總督宜綿赴達州指揮征剿。廣州將軍明亮、都統德楞泰等一批悍將也移師入川。嘉慶二年春，在四川地方鄉勇的配合下，清軍先後攻破張家觀、清溪場、金峨寺、重石子、香爐坪等叛軍。在白蓮教徒中享有很高威望的孫士鳳在戰鬥中陣亡，徐天德、王三槐等部都陷入困境。

五月，湖北王聰兒、姚之富部和李全以及王廷詔部合爲一路，由紫陽白馬石北渡漢水進入陝西。乾隆對惠齡只能跟在叛軍後面轉十分惱怒，奪惠齡官銜世職花翎，由宜綿總統軍務。叛軍沒有久留陝西，迅速分道入川。王、姚部由通江竹峪關進入四川，與四川軍會師於東鄉。川楚各支叛軍約定按青、黃、藍、白分號，並確立掌櫃、元帥、先鋒、總兵、千總等職建制。這時，清軍從各處調集兵馬會剿東鄉。爲了打破敵人圍剿，八月，王聰兒、姚之富率本部經雲陽、奉節，沿江東下，再入湖北。沿途百姓響附，人數增至數萬，聲勢大振。李全則踞開縣南天洞、火焰壩，旋奔襲雲安場，謀攻夔州。徐天德圍打巴州，羅其清、冉文濤攻儀隴。史稱「川楚賊氛愈熾」[362]。九月，爲了對付叛軍的分股流動作戰，清朝制定分兵專剿的軍事計畫：王聰兒、姚之富「尤爲賊中緊要之犯」，責明亮、德楞泰「專心設法擒獲」；責成宜綿剿殺四川徐天德、王三槐、羅其清、冉文濤；責都統威勇侯額勒登保剿殺巴東叛軍；責將軍觀保等剿殺老木園陳崇德部；責惠齡、恆保剿殺安康李全部。「彼此各辦各賊，不拘何路，擒獲賊首，卽屬該處帶兵大員之功。何路任賊縱逸，卽係該處帶兵大員之罪」[363]。爲了加强清軍的指揮力量，十月間乾隆令宜綿回任陝甘總督，命湖廣總督勒保總統軍務。十二月，勒保對各路清軍訪察之後，認定官軍征剿不力的癥結，在於對付不了叛軍流動作戰的戰術。他說：

……川陝楚三省犬牙交錯，綿亙數千里，崇山峻嶺，處處有險可恃，有路可逃。及官兵

> 擇隘堵禦，賊又向無兵處滋擾，以致有賊之地無兵，有兵之地無賊。[364]

爲此，他建議以層層逼剿對付流動作戰。鑒於「陝楚兵多賊少，川省兵少賊多」，一方面要求陝楚各路官兵嚴密截堵，不許叛軍從陝楚入川；另方面從川東開始進剿，清一路再進一路。乾隆同意勒保的征剿設想。

嘉慶三年五月，王聰兒、姚之富以高均德偏師從漢中踹淺渡越北岸，直奔城固、洋縣，吸引了明亮、德楞泰主力，自己則率大隊人馬乘虛從石泉渡漢水，再與高均德會師，東向漢陰。乾隆降旨責明亮捨王、姚主力而窮追高均德，「正墮賊計」，殆誤軍機，奪職戴罪立功。

二月，王聰兒、姚之富、高均德由鎮安、山陽北上。李全、王廷詔則分道由城固、南鄭北出寶雞，向東攻打眉縣、盩厔。叛軍原計劃分別從西從南兩個方向合攻西安。時陝西巡撫秦承恩母死，本應丁憂回籍。乾隆特准他在任守制。秦承恩唯恐西安有失，急忙從興安回防。李全先遣軍王士奇部在焦家鎮、屹子村被清總兵王文雄擊潰，而王、姚部也被明亮、德楞泰咬住。叛軍會師攻打西安計畫未能實現，王、姚率部從陝西山陽退往湖北鄖西，在石河、甘溝敗於清軍，繼而被圍困於鄖西三岔河的卸花坡山溝，糧盡水絕。王聰兒、姚之富不甘被俘，跳崖自盡。

王、姚部雖被撲殺，但仍有數支隊伍實力可觀。六月，清軍重新調整分路征剿計畫。陝西由宜綿、額勒登保負責，專剿劉成棟部；湖廣總督景安負責堵截由川入楚叛軍；惠齡、德楞泰等專剿李全、高均德部，如果李全與羅其清、冉文濤合師，惠齡、恆瑞、明亮、德楞泰則合爲一路，併力兜擊；勒保專剿王三槐部，「各剿各股，責有攸歸」[365]。

七月，被勒保圍困於雲陽安樂坪的王三槐投降。乾隆欣喜若狂，說「朕於武功十全之外，又復親見掃除氛祲，成取鉅功」[366]。除了勒保晉封公爵外，寵臣和珅亦因「贊襄機宜」，從伯爵晉公爵，戶部尚書福長安也封侯爵。

王三槐投降後，所部歸冷天祿指揮。十月，冷天祿從安樂坪突圍轉移新寧。其他各支叛軍如王光祖、包正洪、蕭占國、張長庚等部也分別攻打江北涪州、忠州等地。徐天德則率部直趨大竹、鄰水。就在這一時刻，嘉慶四年（一七九九年）正月三日，乾隆去世。臨死前，他「以軍務未竣，深留遺憾」[367]執著嘉慶的手「頻望西南」[368]。

太上皇一死，嘉慶掌握了實權。正月四日，他頒諭說，鎮壓白蓮教起事，歷經數年，糜餉至數千萬兩之多而尚未蕆功者，「總由帶兵大臣及將領等全不以軍務爲事，惟思玩兵養寇，籍以冒功升賞，寡廉鮮恥，營私肥橐」[369]。爲了加强軍事力量，他撤換了統兵官員。任命勒保爲經略大臣，各路帶兵將領均受節制。罷年老多病的宜綿陝甘總督之職，令「才具本短」的陝西巡撫秦承恩回家守制。不久，又將秦承恩以「從未身親督率」等罪，解京下獄。三月，又罷湖廣總督景安之職。經過一番整頓，雖然强化了清軍的指揮，但直至嘉慶九年，波及湖北、四川、陝西、河南、甘肅五省的白蓮教事變，才最終被平定下去。

白蓮教起事雖然失敗了，但它沉重地打擊了清王朝的統治。如果說，王倫起事是乾隆朝從盛入衰的轉折；那麼，川楚陝的白蓮教事變，則宣告維持百餘年的「康乾盛世」至此結束，大清帝國在迅速滑坡。

（四）乾隆去世，和珅垮臺

晚年的乾隆意滿志驕。不僅以建立「十全武功」的「十全老人」自詡，對自己的健康狀況也充滿信心，多次說朕「壽開九秩，精神康健，視聽未衰」[370]。不過，他還是對自己的身後事作出了安排。清入關後，順治、康熙、雍正三位皇帝的陵墓，分別稱孝陵、景陵和泰陵。孝陵、景陵座落遵化，泰陵在易州。乾隆即位時，本想在泰陵附近建自己的陵墓，後考慮到後世子孫「亦思近依祖父建陵」，與東路的孝陵、景陵「日遠日疏」，因而改在東路勝水峪建陵。嘉慶元年十二月，他指示爾後嗣皇帝的陵墓，應選在西路。東西兩路「承承繼繼，各依昭穆次序，迭分東西，一脈相聯」[371]。對於神位的安排，乾隆也作了交代。他要求在壽皇殿中龕供康熙聖容，左龕供雍正聖容，日後自己的聖容供在右龕[372]。

嘉慶三年十一月四日，嗣皇帝率諸王、貝勒、貝子及內外文武大臣，奏請庚申年（嘉慶五年，西元一八〇〇年），舉行太上皇九旬萬萬壽慶典。乾隆心花怒放，說朕「躬躋上壽，一堂五世，慶衍雲礽」，答應依「康熙六十年及乾隆五十五年朕八旬萬壽典例備辦」，並要求「專派大臣董辦」[373]。但就在這一年冬，乾隆偶感風寒之後，健康狀況急速下降，飲食漸減，視聽不能如常，老態頓增。四年（一七九九年）元旦，他在乾清宮受賀禮，翌日病危，第三天去世，享年八十九歲。

乾隆去世，嘉慶親政。他立即動手翦除和珅集團。

乾隆晚年，和珅竊取了愈來愈大的權力。他把自己的黨羽吳省蘭、李潢、李光雲等都安插在部院侍郎、卿等要職，把持樞廷，事多專決。軍機處記名人員，他可以擅自撤換。嘉慶二年，首席軍機大臣阿桂病死，由和珅接替。他「乘高宗（乾隆）昏耄，頗有挾太上皇以號令皇帝（嘉慶）之勢」[374]。和珅公然擅改成章，用印文傳示各部院衙門及各直省督撫，給皇帝的奏摺，必須另繕寫一份，封送軍機處。軍機大臣王杰、董誥雖受乾隆器重，但因不肯依附和珅，受到排擠。嘉慶三年，董誥丁母憂畢還京，和珅「遏不上聞」，以致乾隆屢問「董誥何時來」，直至乾隆一次出宮，見道旁跪著董誥，才發現這位軍機大臣。和珅一手遮天，竟至於此。他甚至敢於藉口腿疾，騎馬直進皇宮左門，過正大光明殿，「乘坐大椅轎抬入大門，肩輿出入神武門」375。乾隆所批諭旨，和珅可以「因字跡不甚識，將摺尾裁下，另擬進呈」376。和珅得意忘形，把君臣尊卑之別，全然置之不顧。當然，和珅也明白，乾隆年事已高，能否控制住未來新皇帝，對他至關重要。乾隆六十年（一七九五年）九月二日，當他得知皇帝要立永琰爲太子時，搶先給永琰「先遞如意，漏洩機密」，以討好新主子。他對嘉慶不放心，多方阻止嘉慶的親信升擢。傳授大典舉行過後，乾隆本打算調永琰的老師、兩廣總督朱珪入閣。永琰作詩向老師祝賀。事被和珅偵知，他向乾隆密告：「嗣皇帝欲市恩於師傅。」377乾隆遂罷朱珪之召。和珅還把心腹吳省蘭安插在嘉慶身邊，「與之錄詩草，覘其動靜」，實爲坐探。三年（一七九八年）春，嘉慶頒諭將於冬季舉行大閱之典，和珅竟通過乾隆降勅，「現在川東教匪雖將次剿除完竣，但健銳營、火器營官兵尚未撤回，本年大閱著停止」378，公然拂逆未來天子的意志。

對於和珅驕橫跋扈，嘉慶內心憎恨，表面上卻十分恭謹，「凡於政令，惟和珅是聽，以示親信，俾不生疑懼」379，甚至揚言自己要倚和珅治天下380。嘉慶的韜晦策略，麻痺了和珅，使和珅對未來有了安全感。因此，他把乾隆病危消息，僅僅當作新聞，「出向外廷人員敍說，談笑如常」381，他作夢也沒想到，乾隆去世，自己的末日也來臨。

乾隆去世當天，嘉慶就把和珅軟禁起來，名義上任命和珅與成親王永瑆、大學士王杰、尚書福長安等負責辦理喪儀，但要求和珅、福長安「晝夜守直殯殿，不得任其出入」382。正月四日，在斥責征剿白蓮教不力的詔書中，嘉慶矛頭直指軍機大臣，「內而軍機大臣，外而領兵諸將，同爲不忠之輩」383，指責對象當然是首席軍機大臣和珅。五日，嘉慶宣布御門聽政，決定「於用人行政一切事宜，皆得封章密奏」[384]，把政治權力收歸手中。他還同時表示要效法先帝，「以求言爲急務」，不能僅聽「一二人之言」。嘉慶這些舉措，實際上是向內外廷臣發出向和珅開刀的信號。於是御史廣興、鄭葆鴻，給事中廣泰、王念孫等，相繼上疏彈劾和珅。八日，嘉慶降諭逮捕和珅、福長安，並宣布嗣後一切陳奏事件，「俱應直達朕前，俱不許另有副封關會軍機處。各部院文武大臣亦不得將所奏之事，預先告知軍機大臣」[385]。同時，任王杰爲首席軍機大臣，命成親王永瑆、前任大學士署刑部尚書董誥、兵部尚書慶桂等爲軍機處行走，命儀親王永璇總理吏部，永瑆總理戶部，調兵部尚書慶桂爲刑部尚書。馳驛安徽，調巡撫朱珪入京直尚書房。山東巡撫伊江阿得知乾隆去世，馳驛赴京遞送奏摺，被嘉慶派人截獲。伊江阿奏摺內附有給和珅書信，勸和珅「節哀」，而於嘉慶「無一字提及」。嘉慶惱怒之下，將伊江阿發配伊犁。嘉慶還把和珅集團中主要人物左都御史吳省蘭革職回籍，侍郎李潢降爲編修，太僕寺卿李光雲以原品休致，大學士蘇凌阿罷官去看守乾隆陵墓裕陵。十五日，嘉慶宣布和珅二十條大罪，十八日賜和珅自盡，福長安斬監候，被押往和珅監所，跪視和珅自盡後，再押回獄，秋後處決。嘉慶還查抄了和珅「累至數十百萬」的家產[386]。

鏟除和珅政治集團，是嘉慶力圖革除乾隆晚期敗政的主要舉措。但是，十九世紀中國封建社會已逼近歷史盡頭，嘉慶不可阻止清王朝走向沒落的頹勢。

註釋

1 俞蛟：《臨清寇略》。
2、3 秦震鈞：《守臨清日記》。
4 俞蛟：《臨清寇略》。
5 硃批奏摺，乾隆三十九年九月十五日舒赫德奏。
6 俞蛟：《臨清寇略》。
7、8《乾隆實錄》卷九六六。
9 俞蛟：《臨清寇略》。
10 硃批奏摺，乾隆三十九年九月三十日舒赫德奏。
11 錄副奏摺，乾隆三十九年十月初三日舒赫德等摺；《乾隆實錄》卷九六八。
12《乾隆實錄》卷九六七。
13《乾隆實錄》卷九六六。
14《乾隆實錄》卷九六八。
15《乾隆實錄》卷九六七。
16《乾隆實錄》卷九六八。
17《乾隆實錄》卷九六六。
18 硃批奏摺，乾隆三十九年十月二十四日舒赫德奏。
19《乾隆實錄》卷九七一。
20、21 慕壽祺：《甘寧青史路》卷十八。
22 張捷夫：《從蘇四十三的起義看教徒鬥爭的階級實質》，載《中國農民戰爭史集刊》第四輯。
23 龔景瀚：《循化志》卷八《回變》。
24、25《乾隆實錄》卷一一二七。
26《乾隆實錄》卷一一二八。
27《乾隆實錄》卷一一三〇。
28《乾隆實錄》卷一一二九。
29《乾隆實錄》卷一一三一。
30《乾隆實錄》卷一一三六。
31《乾隆實錄》卷一一三〇。
32《乾隆實錄》卷一二〇七。
33《乾隆實錄》卷一二二一。
34 金城：《浣霞摸心記》卷上。
35《宮中檔雍正朝奏摺》第五輯第五〇六頁。
36 軍機處月摺包，第二七七六箱，一四〇包，三三三二〇號，轉引自莊吉發《乾隆十全武功研究》第一九九頁。
37 鄭光策：《上福節相論臺事書》，見《皇朝經世文編》卷八四，《兵政》。

38 盧德嘉：《鳳山縣採訪冊·兵事上》。
39 《乾隆實錄》卷一二七一。
40 王先謙：《東華錄》乾隆朝卷一〇四。
41 《乾隆實錄》卷一二七二。
42 《乾隆實錄》卷一二七三。
43 《乾隆實錄》卷一二七八。
44 《乾隆實錄》卷一二七九。
45、46 王先謙《東華錄》乾隆朝卷一〇五。
47 昭槤：《嘯亭雜錄》卷六《臺灣之役》。
48 《欽定平定臺灣紀略》卷二五。
49 《乾隆實錄》卷一二八五。
50 《乾隆實錄》卷一二八六。
51 《乾隆實錄》卷一二九二。
52 王先謙：《東華錄》乾隆朝卷一〇六。
53 《乾隆實錄》卷一二九四。
54 《乾隆實錄》卷一三〇〇。
55 《乾隆實錄》卷一二八五。
56 《軍機處錄副奏摺》，見《康雍乾時期鄉城人民反抗鬥爭資料》下冊第七九六頁。
57 《乾隆實錄》卷一二七二。
58 《乾隆實錄》卷一二七五。
59 《軍機處錄副奏摺》。
60 林衡道：《臺灣古跡概覽》第三章。
61 王先謙：《東華錄》乾隆朝卷一〇七。
62 《乾隆實錄》卷一三〇四。
63 《乾隆實錄》卷一二九七。
64 王先謙《東華錄》乾隆朝卷一〇七。
65 道光《彰化縣志·兵防志》。
66 《清代文字獄檔》第一輯《謝濟世著書案》。
67 《乾隆實錄》卷一五一。
68 《清代文字獄檔》第一輯《謝濟世著書案》。
69 《清代文字獄檔》第二輯《陳兆安著書案》。
70 《國朝耆獻類徵初編》卷一八《孫嘉淦傳》。
71 昭槤：《嘯亭雜錄》卷七《孫文定公》。
72 《乾隆實錄》卷四二九。
73 《乾隆實錄》卷四三六。
74 中國歷史檔案館：乾隆硃批奏摺，十七年十二月初五日鄂容安奏。
75 《乾隆實錄》卷四〇七。
76、77 《乾隆實錄》卷四二九。
78 《乾隆實錄》卷四八四。
79 《清代文字獄檔》第一輯《胡仲藻堅磨生鈔案》。

80 昭槤：《嘯亭雜錄》卷一《不喜朋黨》。
81 《乾隆實錄》卷五〇五；《清代文字獄檔》第八輯《朱思藻弔時語案》。
82 《乾隆實錄》卷五三六。
83、84 《乾隆實錄》卷五三七。
85 《乾隆實錄》卷五四〇。
86 《清代文字獄檔》第二輯《蔡顯〈閒漁閒閒錄〉案》。
87 《清代文字獄檔》第二輯《齊召南跋齊周華〈天臺山遊記〉案》。
88 《清代文字獄檔》第八輯《徐鼎試卷書有平緬表文案》。
89 《清代文字獄檔》第八輯《閻大鏞〈俁俁集〉案》。
90 《清代文字獄檔》第一輯《丁文彬逆詞案》。
91 《清代文字獄檔》第二輯《劉裕〈大江滂書〉案》。
92 《清代文字獄檔》第八輯《林志功捏造諸葛碑文案》。
93 《清代文字獄檔》第八輯《王道定〈汗漫遊草〉案》。
94 《乾隆實錄》卷四七六。
95 《乾隆實錄》卷九二九。
96 《乾隆實錄》卷九六四。
97 《清代文字獄檔》第四輯《李驎〈虬峯集〉案》。
98 《清代文字獄檔》第二輯《屈大均詩文及雨花臺衣塚案》；《乾隆實錄》卷九七〇。
99 《乾隆實錄》卷九七〇。
100 《清代文字獄檔》第三輯《澹歸和尚〈偏行堂集〉案》。
101 《清代文字獄檔》第七輯《徐玉振爲父刊刻行述案》。
102 《清代文字獄檔》第四輯《石卓槐〈芥圃詩集〉案》。
103 《清代文字獄檔》第五輯《魏塾妄批江統〈徙戎論〉案》。
104 《清代文字獄檔》第五輯《戴移孝〈碧落後人詩集〉案》。
105 《清代文字獄檔》第五輯《程明湮代作壽文案》。
106 《清代文字獄檔》第五輯《卓長齡〈憶鳴詩集〉案》。
107 《清代文字獄檔》第四輯《李驎〈虬峯集〉案》。
108 《清代文字獄檔》第八輯《王道定〈汗漫遊草〉案》。
109 《清代文字獄檔》第三輯《王爾揚撰李範墓誌銘稱皇考案》。
110 《清代文字獄檔》第四輯《黎大本私刻〈資孝集〉案》。
111 《清代文字獄檔》第一輯《高治清〈滄浪鄉志〉案》。
112 《清代文字獄檔》第七輯《方國泰收藏〈濤浣亭詩集〉案》。

113《清代文字獄檔》第七輯《回民海富潤攜帶回字經及漢字經五種案》。
114《清代文字獄檔》第八輯《喬廷英李一互訐詞句悖逆及喬廷英家藏明傅梅〈雉園存稿〉案》。
115《清代文字獄檔》第四輯《祝庭諍〈續三字經〉案》。
116《清代文字獄檔》第四輯《黃檢私刻其祖父黃廷桂奏疏案》。
117《清代文字獄檔》第六輯《尹嘉銓爲父請謚並從祀文廟案》。
118《清代文字獄檔》第七輯《王珣遣兄投遞字帖案》。
119《清代文字獄檔》第四輯《智天豹編造〈本朝萬年書〉案》。
120《清代文字獄檔》第四輯《艾家鑒試卷書寫條陳案》。
121《清代文字獄檔》第八輯《馮起炎注解易詩二經欲行投呈案》。
122《清代文字獄檔》第三輯《賀世盛〈篤國策〉案》。
123《清代文字獄檔》第五輯《吳英攔輿獻策案》。
124《清代文字獄檔》第四輯《劉翱供狀案》。
125 李祖陶：《邁堂文略》卷一《與楊蓉諸明府》。
126《朝鮮李朝實錄中的中國史料》下編卷一〇。
127《朝鮮李朝實錄中的中國史料》下編卷一一。
128 昭槤：《嘯亭雜錄》卷八《內務府定制》。
129 昭槤：《嘯亭雜錄》卷八《蘇相國》。
130《上諭檔》，中國第一歷史檔案館藏。
131《清史稿》卷三四五《景安傳》。
132《乾隆實錄》卷一一五四。
133《朝鮮李朝實錄中的中國史料》下編卷一一。
134 昭槤：《嘯亭雜錄》卷七《徐端》。
135《乾隆實錄》卷一二五四。
136、137《乾隆實錄》卷一二五六。
138、139、140《乾隆實錄》卷一二五七。
141《乾隆實錄》卷一二五九。
142《清史稿》卷三二二傳論。
143《乾隆實錄》卷九七一。
144《乾隆實錄》卷一一四八。
145《乾隆實錄》卷一一六二。
146《乾隆實錄》卷一一六四、一一六五。
147《乾隆實錄》卷一一七四。
148《乾隆實錄》卷一一六九。
149《乾隆實錄》卷一一七三。
150《乾隆實錄》卷一二四九。
151《乾隆實錄》卷一二五二。

152 《清史稿》卷三三二《賓光鼐傳》。
153 《乾隆實錄》卷一二五五。
154 《乾隆實錄》卷一二五六。
155、156 《乾隆實錄》卷一二五八。
157 《乾隆實錄》卷一二六〇。
158、159、160、161 《乾隆實錄》卷一二六一。
162 《乾隆實錄》卷一二六五。
163 《乾隆實錄》卷一一六七。
164 《乾隆實錄》卷一一四五。
165 《乾隆實錄》卷一一五九。
166 《乾隆實錄》卷一四二〇。
167 《乾隆實錄》卷一四七九。
168 《乾隆實錄》卷一一〇二。
169 《乾隆實錄》卷一一三〇。
170 《乾隆實錄》卷一一四〇；卷一一四六。
171 《乾隆實錄》卷一三五二。
172 《乾隆實錄》卷一三五。
173 《乾隆實錄》卷五五九。
174 《乾隆實錄》卷五七〇。
175 《清朝文獻通考》卷二〇二《刑考》八。
176 《清朝文獻通考》卷二〇二《刑考》六。

177 牟潤孫：《論乾隆時期的貪污》，《大公報在港復刊卅周年紀念文集》下卷。
178 《密記檔》，見《文獻叢編》第二五輯。
179、180、181 《乾隆實錄》卷一三六七。
182 《乾隆實錄》卷一三七〇。
183 《乾隆實錄》卷一三六七。
184 《乾隆實錄》卷一三六八。
185 《乾隆實錄》卷一三六九。
186 《乾隆實錄》卷一三七二。
187 魏源：《聖武記》卷六《乾隆征撫安南記》。
188 師範：《征安南紀略》，《皇朝經世文編》卷八七《兵政》。
189 《清史稿》卷五三二《屬國傳》二越南。
190 《乾隆實錄》卷一二〇二。
191 《大南實錄》正編第一紀卷二。
192 師範：《征安南紀略》，《皇朝經世文編》卷八七《兵政》。
193 魏源：《聖武記》卷六《乾隆征撫安南記》。
194、195、196 《乾隆實錄》卷一三〇七。
197 《乾隆實錄》卷一三〇八。
198 《乾隆實錄》卷一三一一。

199《乾隆實錄》卷一三二二。
200《乾隆實錄》卷一三二一。
201《乾隆實錄》卷一三二二。
202、203《乾隆實錄》卷一三二四。
204《乾隆實錄》卷一三二六。
205《乾隆實錄》卷一三二五。
206、207、208《乾隆實錄》卷一三二八。
209《乾隆實錄》卷一三二七。
210《乾隆實錄》卷一三二八。
211、212《乾隆實錄》卷一三二九。
213《欽定安南紀略》卷二五。
214《欽定越南史通鑒綱目》卷四七。
215《大南正編列傳初集》卷三〇，轉摘（越）潘輝黎：《越南民族歷史上的幾次戰略決戰》第二〇九頁。
216《欽定越南史通鑒綱目》卷四七。
217、218、219《乾隆實錄》卷一三三一。
220《乾隆實錄》卷一三三二。
221《軍機處月摺包》，乾隆五十四年二月阮光平稟文，轉摘莊吉發《乾隆十全武功研究》，第三八七頁。
222《乾隆實錄》卷一三三七。
223《乾隆實錄》卷一三三三。

224、225《乾隆實錄》卷一三三六。
226《乾隆實錄》卷一三三七。
227《乾隆實錄》卷一三三八。
228《欽定安南紀略》卷二一。
229《欽定安南紀略》卷二五。
230《乾隆實錄》卷一三三七。
231呼圖克圖，蒙古語，「呼圖克」意爲壽，「圖」意爲有，合稱意爲「有壽之人」。清朝常以此稱號授蒙藏地區喇嘛教大活佛，其地位僅次於達賴、班禪。西藏大呼圖克圖可出任地方官。
232《淸史稿》卷五二五《西藏傳》。
233魏源：《聖武記》卷五《乾隆征廓爾喀記》。
234《乾隆實錄》卷一三二三。
235札什倫布，西藏喇嘛教格魯派著名寺院，位於今日喀則縣境尼色日山下。
236《乾隆實錄》卷一三一二。這裏所説第巴，是作爲西藏内某一地方官員的小第巴。作爲藏王的大第巴，已於乾隆十六年被取消。
237《乾隆實錄》卷一三一五，西藏各寺首領稱堪布喇嘛。
238、239、240《乾隆實錄》卷一三一四。
241《乾隆實錄》卷一三一九。

242《乾隆實錄》卷一三三二。
243《乾隆實錄》卷一三三三。
244《乾隆實錄》卷一三三六。
245《乾隆實錄》卷一三三二，文中所云噶布倫，即噶隆又一譯音。
246 戴綳，又作代奔、代本、戴琫，西藏地方政府軍職。
247《乾隆實錄》卷一三三三。
248《乾隆實錄》卷一三八六。
249《乾隆實錄》卷一三八七。
250 孜仲喇嘛，又作「濟仲喇嘛」，西藏地方政府僧官。
251《乾隆實錄》卷一三九一。
252 巴圖魯，滿語勇士意思，清朝多以爲稱號，賜給作戰有功者。章京，清代軍職官名。
253《乾隆實錄》卷一四〇〇。
254《乾隆實錄》卷一三九六。
255《乾隆實錄》卷一三九七。
256《乾隆實錄》卷一四〇六。
257《乾隆實錄》卷一三九六，一三九七。
258《乾隆實錄》卷一三九八。
259《乾隆實錄》卷一四〇一。
260《乾隆實錄》卷一四〇六。
261 昭槤：《嘯亭雜錄》卷六《廓爾喀之降》。
262 魏源：《聖武記》卷六《乾隆征廓爾喀記》。
263《乾隆實錄》卷一四一〇。
264、265、266《乾隆實錄》卷一四一一。
267《乾隆實錄》卷一四一二。
268《乾隆實錄》卷一四一四。
269《乾隆實錄》卷一一九三。
270《乾隆實錄》卷一三八七。
271 奔巴，藏語瓶的意思。金奔巴，即金瓶。
272 呼畢勒罕，蒙古語對轉世的稱呼。
273《乾隆實錄》卷一四二七。
274《乾隆實錄》卷一四一七。
275 清代文獻稱西藏或部分蒙古地區管理庫藏及財賦收支機構爲商上，其主管官員爲商卓特巴，設二至四人。
276、277《乾隆實錄》卷一四二七。
278《乾隆實錄》卷一四二四。
279《乾隆實錄》卷一四二七。
280《乾隆實錄》卷一四一八。
281《乾隆實錄》卷一四三三。
282《乾隆實錄》卷一四五六。
283《乾隆實錄》卷一三八七。

284 烏拉，滿語、蒙古語、藏語中均爲差役之意。
285《英使謁見乾隆紀實》第二六頁，商務印書館一九六三年版下同。
286《英使謁見乾隆紀實》第五四二至五四三頁。
287《英使謁見乾隆紀實》第五四九頁。
288、289《英使謁見乾隆紀實》第二四頁。
290《英使謁見乾隆紀實》第三九至四〇頁。
291《乾隆實錄》卷一四二一。
292《乾隆實錄》卷一四二三。
293《英使謁見乾隆紀實》第二五〇頁。
294《英使謁見乾隆紀實》第三一八頁。
295《乾隆實錄》卷一四三三。
296《英使謁見乾隆紀實》第三二〇，三二一頁。
297《英使謁見乾隆紀實》第三二六頁。
298《英使謁見乾隆紀實》第三二五頁。
299《英使謁見乾隆紀實》第三五九頁。
300《乾隆實錄》卷一四三四。
301《英使謁見乾隆紀實》第三六二頁。
302《英使謁見乾隆紀實》第三八〇頁。
303、304、305、306《乾隆實錄》卷一四三五。
307《乾隆實錄》卷一四三六。
308《乾隆實錄》卷一四三七。
309《英使謁見乾隆紀實》第三九一頁。
310《英使謁見乾隆紀實》第五一一頁。
311《英使謁見乾隆紀實》第三七七頁。
312《英使謁見乾隆紀實》第四八一頁。
313《英使謁見乾隆紀實》第二七二頁。
314《英使謁見乾隆紀實》第四七六頁。
315《英使謁見乾隆紀實》第三九五頁。
316《英使謁見乾隆紀實》第三五三頁。
317《英使謁見乾隆紀實》第三八三頁。
318《英使謁見乾隆紀實》第四四四頁。
319 克拉默・賓編《出使中國：據馬嘎爾尼勳爵謁見乾隆紀實》，倫敦一九六二年版，轉引自納羅奇茨等編著《遠東國際關係史》第九八頁。
320、321《乾隆實錄》卷一〇六六。
322、323、324《乾隆實錄》卷一〇六七。
325《乾隆實錄》卷一三四五。
326《乾隆實錄》卷一四八九。
327《乾隆實錄》卷一四六六。
328 據《乾隆實錄》卷一四六六至一四七八記載統計。
329《乾隆實錄》卷一四六六。

330《乾隆實錄》卷一四六八。
331《乾隆實錄》卷一四七〇。
332《乾隆實錄》卷一四六九。
333《乾隆實錄》卷一四八六。
334《乾隆實錄》卷一四八九。
335、336《乾隆實錄》卷一四九四。
337、338、339、340《乾隆實錄》卷一四九六。
341、342《乾隆實錄》卷一四九七。
343《乾隆實錄》卷一四九五。
344《乾隆實錄》卷一四九六。
345《乾隆實錄》卷一四九八。
346《乾隆實錄》卷一四九四。
347《乾隆實錄》卷一四九九。
348嚴如熤：《苗防備覽》卷二二《雜識》。
349嚴如熤：《苗防備覽》卷八《風俗》。
350、351《乾隆實錄》卷一四七二。
352《乾隆實錄》卷一四八〇。
353《清史稿》卷三三四《花連布傳》。
354《乾隆實錄》卷一四八一。
355《乾隆實錄》卷一四八五。
356《乾隆實錄》卷一四九〇。
357魏源：《聖武記》卷七《乾隆湖貴征苗記》。
358嚴如熤：《三省邊防備覽》卷一四卓秉恬《川陝老林情形亟宜區處疏》。
359嚴如熤：《三省邊防備覽》卷一一《策略》。
360《嘉慶實錄》卷四。
361《乾隆實錄》卷一四九四。
362《清史稿》卷三四四《勒保傳》。
363《嘉慶實錄》卷二三。
364《嘉慶實錄》卷二五。
365《嘉慶實錄》卷三一。
366《乾隆實錄》卷一四九九。
367《嘉慶實錄》卷三七。
368、369《嘉慶實錄》卷三八。
370《乾隆實錄》卷一四八六。
371、372《乾隆實錄》卷一四九五。
373《乾隆實錄》卷一四九九。
374《嘉慶三年太上皇帝起居注・朱希祖序》。
375《嘉慶實錄》卷三七。
376李孟符：《春冰室野乘・和珅供詞》。
377《清史稿》卷三四〇《朱珪傳》。
378《嘉慶三年太上皇起居注》。

379《朝鮮李朝實錄中的中國史料》下編卷一二。
380 昭槤：《嘯亭雜錄》卷一《今上侍和珅》。
381《嘉慶實錄》卷三七。
382《朝鮮李朝實錄中的中國史料》下編卷一二。
383、384、385《嘉慶實錄》卷三七。
386《嘉慶實錄》卷四〇。

第五章　風流天子

「書生」皇帝

（一）飽學之君

乾隆自幼受漢滿文化薰陶，執政後又勤學不逮，遂成一多才多藝之君。就文化素養而言，歷代帝王除乃祖康熙之外，無人可望其項背。

乾隆重視中國的傳統文化，對於渺視讀書人的言行，很不以爲然。有一次，他針對某些督撫每每用「書生不能勝任」或「書氣未除」參奏屬員，嚴厲駁斥說：

> 人不讀書，……有不可救藥者。……朕惟恐人不足當書生之稱，而安得以書生相戒乎！若以書生相戒，朕自幼讀書宮中，講誦二十年，未嘗少輟，實一書生也。……至於「書氣」二字尤其貴，沉浸醞釀而有書氣，更集又以充之，便是浩然之氣。人無書氣，即爲粗俗氣、市井氣，而不可列於士大夫之林矣。1

這位以「書生」自詡的皇帝，深受宋儒影響，把「理」視爲世界萬物的主宰。雍正七年（西元一七二九年），皇帝在上書房揮毫寫下一副對聯：

立身以至誠爲本，讀書以明理爲先。

那時僅有十九歲的弘曆，遂以這副對聯的上下二句，各著論一篇。〈讀書以明理爲先〉一文寫道：

天地之間，萬事萬物莫不有理。理者，天之經，地之義，民之行也。是故日月星辰之朔望躔度，陰陽寒暑四時之推遷往來，皆天地之氣也，而有乾健於穆不已之理主宰乎其中。山川河嶽，百穀草木之麗乎地以生者，亦莫不賴坤元載厚之理以爲之根柢。人性之仁義禮智，賦乎天之正理也，因之而見爲惻隱、羞惡、辭讓、是非之情，及變化云爲萬有不齊之事。由是觀之，天下事物孰有外於理哉。故聖人之教人講學，亦曰明理而已矣。蓋理者，道也。道之大，原出於天，其用在天下，其傳在聖賢，而賴學者講習討論之功以明之。六經之書，言理之至要也，學者用力乎明理之功以觀六經，則思過半矣。

日月星辰的運行，寒暑四時的變化，百穀草木的成長，都是受「理」的主宰。在人世間，「理」還賦予人們仁義禮智的本性。「蓋理者，道也。道之大原出於天」。顯然，乾隆是一個客觀唯心主義者。在他看來，「聖賢」的職責，就在於傳道、傳理。讀聖賢的「六經」，應該「用力乎明理之功」。這裏，所謂用力讀書，實際上是要求人們去自我完善道德修養。

乾隆還把「理」與封建綱常聯繫在一起。他說：

所謂明理者，明其所當然與其所以然。所當然者，父子當親，君臣當義，夫婦當別，長幼當序，朋友當信之謂也。所以然者，父之所以慈，子之所以孝；君之所以仁，臣之所以忠；夫之所以率，婦之所以從；長之所以愛，幼之所以恭；朋友之所以責善輔仁之謂也。知其所當然，然後信之篤，而不誤於歧趨。知其所以然，然後喻之深而不能以自己。2

在乾隆看來，讀書以明理爲先，明的只不過是封建倫理關係。而且，弘曆强調的是和諧的相輔相成的父子、君臣、夫婦、長幼、朋友關係。作爲君、父、夫、長、友的一方，也必須有仁、慈、率、愛等道德觀念，作爲臣、子、婦、幼等另一方也就有忠、孝、從、恭和責善輔仁等道德觀念。這種强調雙方和諧的道德雖然流於空洞説教，但畢竟是對以尊凌卑，以上欺下暴戾行爲的否定。

乾隆還經常在經筵講論中發表對儒學經典的見解。他的講論，每每能結合政治實踐。如二十三年（一七五八年）二月，他在仲春經筵上講《書經》中「思其艱以圖其易，民乃寧」二句：

夏不能不雨，冬不能不寒，於其常也。而民猶有怨咨者，非怨雨寒也。力耕桑而不得飽食煖衣，斯其艱也。……治人者豈可不思其艱乎？思其艱當圖其易。而易正不易圖也，必也生衆食寡，爲疾用舒。3

百姓之「艱」，在於「力耕桑而不得飽食煖衣」，「治人者」要想到這一點，應該透過發展生產，達到「生衆食寡，爲疾用舒」，才能解決「民艱」。可見，乾隆不是死讀書。他能結合國計民生的現實，詮釋儒家經典。

乾隆精通歷史。他非常强調「正統」史觀。這當然有其政治目的。

愛新覺羅氏以少數民族統治者的身分，建立君臨全國的封建王朝。但要把這一政權長久地穩固在人們的心中，還需要鏟除在漢族士大夫頭腦中根深柢固的華夷之辨的傳統觀念。爲此，乾隆既重視清王朝建國歷史，也重視歷史上少數民族政權的歷史地位。乾隆四十年（一七七五年）

七月，他閱讀元代脫脫等人修撰的《金史》，對編纂者「妄毀金朝」很不滿意，說「夫一代之史，期於傳信。若逞弄筆鋒，輕貶勝國，則千秋萬世之史，皆不足信，是則有關於世道人心者甚大」[4]。乾隆多次說過封建「正統」論應當是修史的基本觀點：

朕之釐正書法，一秉至正。非於遼金有所偏向。蓋歷代相承，重在正統。如匈奴在漢，頡利在唐。……即宋室遠際凌夷，然自徽（宗）、欽（宗）以上，其主位號猶存，書法尚宜從舊。若五季時，中國已瓜分瓦解，不獨石晉爲遼所立，即梁唐諸代，亦難與正統相衡，猶之南宋以後，不得與漢唐北宋並論也。且朕意在於維持正統，非第於歷代書法爲然。惟我開國之初，當明末造，雖其國政日非，而未及更姓改物，自宜仍以統系予之。至本朝順治元年，定鼎京師，一統之規模已定，然明福王猶於江南僅延一線，故「綱目」之篇，及《通鑑輯覽》所載，凡我朝與明交兵事蹟，不令概從貶斥。而於甲申三月，尚不遽書明亡。惟是天心既已厭明，福王又不克自振，統系遂絕……蓋能守其統，則人共遵王，失其統，則自取輕辱，實古今不易之通義也。[5]

乾隆「正統」論，表面看來是對歷史的尊重。他說，清滅明，雖然續接明朝的正統地位，但有個過程。南明福王小朝廷尚在，明統一線尚存。南明覆滅，明統緒絕，上天才完全集統於有清。所以，清是接替明而獲得正統。這裏，乾隆實質是要强調大清的正統地位。乾隆「正統」觀與元末楊維楨所著宋遼金《三史正統辨》是一致的。楊維楨這篇文章，在本人《東維子文集》中不載，被陶宗儀收錄在《輟耕錄》中。文章認爲，「今日之修宋遼金三史者，宜嚴於正統與大一統之辨」。所謂「正統」，楊維楨認爲，指的是「萬年正閏之統」，亦即以皇帝年號爲象徵的皇權。但皇權並非任何人都可謀取。它一方面「繫於天數盛衰之變」，是一種由「天數」所決定的「天命」；同時也是「出於人心是非之公」，在人世間體現爲民心或民意，而且它又由聖人所闡述，「立於聖人之經，以扶萬世之綱常」，成爲治世的最高道德準繩。所以，楊維楨的「正統」論實質是天命論與道德論相結合的皇權神聖論，即所謂「統出視天命人心之公」[6]。楊維楨還認爲，正統「起於夏後傳國，湯武革世」，一脈相傳。但是，具有「正統」地位的王朝，不一定都居於「大一統」的政治地位，如三國時蜀漢和南宋政權。宋遼金對峙時期，正統在宋，不在遼或金。楊維楨認爲元朝是「接宋統之正者」，反對把元看作是接遼、金之統。楊維楨的《正統辨》曾被《四庫全書》館的編纂者視爲「持論紕繆」，要從《輟耕錄》中刪除。惟有乾隆看出「正統」論的現實政治意義，多次肯定「其論頗正，不得謂之紕繆」[7]，說「《正統辨》使天下後世曉然《春秋》實大公至正，無一偏奇之見」，其文應予保存。乾隆宣傳正統論，是要反對華夷之辨。既然「正統」是天命與人心的產物，是治世綱常，那麼對於居「正統」地位的清王朝，對於夷狄問題，也不必考究了。乾隆說：「至於東夷西戎，南蠻北狄，因地而名，與江南河北山左關右何異。孟子云舜爲東夷之人，文王爲西夷之人，此無可諱，亦不必諱。但以中外過於軒輊，逞其一偏之見，妄肆譏訕，毋論桀犬之吠。」[8]

乾隆還寫了不少史論文章，縱談古今治亂興衰。他尤其重視歷代帝王的統治經驗，評論明君御世之術。他認爲，要治理好天下，除了帝王本身的道德修養之外，還要搞好君臣關係。他在〈上下交而其志同論〉中說：

> 夫天下安寧，治登上理，必賴明良一德，咨謀啟沃，然後上下一心，庶績允凝而萬方順

則也。《易》曰「上下交而其志同」，可以覘治世之氣象矣。蓋天高而地下，君尊而臣卑，勢之當然也。君之不可下於臣，猶天之不可卑於地。然天地之形不可交，而以氣交。上下之分不可交，而以心交。故陰陽和而萬物順，上下交而萬民化。此天地之常經，古今之通誼也。上下一心，君臣相得則治，反之則亂……。9

君臣尊卑之別，猶如天地上下之分。但天地以氣相交，才使萬物和順。君臣也要以心相交，才能使天下得到治理。

乾隆還認爲，皇帝治理天下，必須任賢能，採嘉言：

夫天下之治亂，繫於人臣之邪正。而人臣之邪正，又在人君之用與不用也。10

在一篇題爲〈嘉言罔攸伏論〉文中，乾隆以古爲鑑，詳細論述了國君能否納諫從善，是國家興衰治亂所攸關。文章首先提出，國君個人認識有局限性，應當兼採衆智：

蓋天下之智有不同，而天下之理無一定。故恃一人之智以爲智，不若兼千百人之智以爲智。人君雖明，足以照萬邦，燭萬事，然大下千百人之智又何能盡兼？萬事之至賾至動，參錯不齊者，又何能盡明？所賴人臣陳善閉邪，補袞之所闕，使嘉言讜論日聞於前，然後微燭隱政無不通，而明無不照。然人臣之能盡言者，由人君有以啟之矣。11

再高明的皇帝，也不可能獨照萬物，洞察一切，必須賴人臣陳善閉邪。而人臣能否做到言無不盡，關鍵在於國君能否鼓勵人臣講話。乾隆這一席話，說得相當動人。接著，他還比較了漢、唐、宋幾位皇帝的治績。漢文帝雖「仁厚儉約有餘」，但缺乏「骨鯁之臣」，宋仁宗有韓琦、富弼、范仲淹、歐陽修諸臣卻不能用。唯有唐太宗得房玄齡、杜如晦、魏徵等，「終日陳言繩愆糾謬，唐太宗屈己從之。貞觀之風，遠過於文帝仁宗者，職此之由。由是觀之，納諫聽言顧不亟哉。」桀、紂、幽、厲和秦始皇，就是因拒諫，甚至殺害敢於講眞話的大臣，才導致滅國絕嗣。歷史確實給乾隆以有益的啟迪，增長了他的治國才幹，所以，他多次說：「朕幼讀書，頗諳治理。」[12]

（二）愛作詩情韻寡淡

乾隆帝尤愛作詩，「若三日不吟，輒恍恍如有所失」[13]。據統計，他在位六十年間，所作的詩多達四萬一千八百多首。即位以前《樂善堂集》中千餘首與退位以後作的詩，尚不在此數。

乾隆帝寫詩數量之多，令人咋舌，但其中佳作甚少，絕大部分詩缺乏詩味，讀來有同嚼蠟，有的還頗晦澀費解。

出手快，不加錘鍊，是乾隆作詩基本風格。他說，寫詩「豈必待研警句，興之所至因筆拈」。這種隨興拈筆，不求韻律的作品，難免徒有詩的格式，而無詩的韻味。如〈免除宿遷等地部分正賦〉長詩中云：

> 因思時巡免正賦，十分之三常則耳。
> 數縣瘠土應倍憐，益三至五斯可矣。

通常減免的數額是正賦的十分之三，這幾縣土地瘠磽，增免三分，共計免五分可以了。這與其說是詩，勿寧說是宣布免徵田賦的數目，韻味索然，意境全無。有時，他爲了硬拼成五言或七言一句，甚至不惜任意刪改名詞。如「哈薩克」減一字作「哈薩」；「札什倫布」增一字作「札什煥倫布」。

乾隆詩不僅少韻，而且寡情。這是由作者思想、個性和生活經歷所決定。乾隆滿腦君主至尊至貴觀念，臣民對他要絕對地忠順。他的人際關係，是主宰與服從、統治與被統治、恩賜與被恩賜的關係。除了懷念亡妻富察氏等少數詩篇之外，他的詩總是充滿了主宰者的孤傲、統治者的權威和恩賜者的「慈悲」。如乾隆三十年（一七七〇年）他第四次南巡至淸江浦，作〈淸道河雜詠〉：

迎鑾黎庶聚猶多，雨裏那曾笠與簑。
愛敬眞如子於父，可無惠保計如何。

衆多的黎庶在雨中迎駕，既無笠也無簑。他們對我眞像兒子對父親那樣崇敬，我應當向他們施什麼恩惠呢？這種高踞百姓之上以救世主自命的人，對風雨中的黎庶，怎麼可能寫出富有情感的詩呢？歷來吟農夫耕作的詩不少，乾隆在潛邸時也作過一首〈古體詩‧觀割麥〉：

麥苗入夏結穗黃，東壠西壠碩且長。
老農此日走田畈，腰鐮遍割樂歲穰。
笑看黃雲各成片，密莖隨手行行亂。
肩挑背負曬檐頭，饘粥有餘他不羨。
呼兒莫逐飛來雀，令渠亦識收成樂。[14]

作者以皇子的身分，在一旁觀看麥收，他只能就勞動的場景作表面描繪。農夫勞動的艱辛，他無法體會。至於用「呼兒莫逐飛來雀」來襯托農夫收穫的喜悅，更是大謬不然。這首詩，作者要歌頌的僅僅是皇清太平盛世。

乾隆經常以詩說教。這類詩尤其低劣。他在《讀杜牧集》五律詩中說：「所輸老杜者，一飯不忘君。」杜牧不如杜甫之處，就因爲杜甫具有「一飯不忘君」的忠君思想。這種評判，倒是非常符合乾隆身分。八年（一七四三年），他東巡回京路過山海關，在關外憑弔孟姜女的墓與祠，寫下〈姜女祠〉：「千古無心誇節女，一身有死爲綱常。」被秦朝暴政奪去愛情的孟姜女，萬里尋夫，哭倒長城，這一傳說是對封建帝王的控訴。但在乾隆筆下，孟姜女成爲維護封建綱常的楷模。這種隨意改鑄傳說中人物形象的詩，自然引不起人們的共鳴，缺乏感染力。

乾隆自稱「十全老人」，自詡有「十全武功」。但是所有的戰爭，他無一親征。他靠前線奏摺指揮戰爭，也是憑奏摺歌詠戰爭。所以，乾隆寫戰爭的詩雖然很多，卻不可能有眞切的意境描繪，自然也難以去撥動吟者的心弦。他寫戰爭的詩，僅僅是流露出勝利者意滿志驕的情緒，或者乾脆以詩來表彰建功將士。如〈御午門受俘馘〉：

> 函首霍占來月窴，傾心素坦款天閶。
> 理官淑問寧須試，驃騎窮追實可臧。
> 西海永清武大定，午門三御典昭祥。
> 從今更願無斯事，休養吾民共樂康。

霍集占傳首京師，乾隆午門受馘，典禮隆重，躊躇滿志，希望從今後「西海永清」，可以「休養吾民」。這種紀事詩，作者洋洋自得，但詩味淡如水。又如十四年，岳鍾琪協助經略傅恆平定大金川後還京，乾隆帝作〈岳鍾琪入覲詩賜之〉：

劍佩歸朝矍鑠翁，番巢單騎志何雄！
功志淮蔡無漸李，翼奮澠池不獨馮。
早建奇勳能鼓勇，重頌上爵特褒忠。
西南保障資猷略，前席敷陳每日中。

這首詩，頭二句還對這位老將作形象化的描繪，餘下的均係褒詞，充其量是用詩的格式寫成的一紙獎狀。

不過，乾隆畢竟是有作爲的皇帝。他對國計民生，尤其是農業生產是關心的。在靠天吃飯的年代，他特別關心的是水與旱。淫雨或久旱，都會令他坐立不安。四十九年三月他第六次南巡到達江蘇，還掛念著陝北、河南、山東等地的旱情。五日，他傳旨詢問以上三省曾否續得雨澤，說「朕念切雨暘，時深廑注耶」[15]。十一日，在蘇州府，半夜夢醒聽得雨聲，遂作〈夜雨〉：

夜雨打船窗，恰值清醒夢。
入耳適宜聽，披衾不覺冷。
卽南已增潤，懷北牽懷永。
須臾幸漸稀，無眠以耿耿。

他從江南下雨，又想北方三省。在「憶北牽懷永」一句後面，注釋道：「時北省正望雨之際，未知此澤遍及否？」作者對農事憂念縈懷，情躍紙上。這一首是乾隆數萬首詩中不可多得的佳作。

乾隆在位期間，屢次出巡，因而對民間疾苦，多少有一些了解。如〈石門驛〉一詩，寫的是七年他去遵化東陵路上看到的一個在地租與賦稅重壓之愁苦的老農：

路旁一農父，倚仗愁默默。……租吏下鄉來，款按完賦額。吏去業主來，逋欠坐求責。吾農三時勞，曾無一日適。我聞淒然悲，執政無良劃。罔民焉可爲，恆產究安則。翁其善保軀，展轉增嘆息。

詩中，作者從老農終歲勞勤，卻爲租賦逋欠所逼，而對自己「執政無良劃」作了反省。身爲封建帝王，能寫出這樣的詩，可謂難得。

乾隆自己說過：「予向來吟詠，不屑爲風雲月露之辭。每有關政典之大者，必有詩記事。」[16]乾隆帝愛作詩，但他首先是一個皇帝。不吟風雲月露，以詩紀政事，符合他的身分。正因爲如此，乾隆帝的詩，是乾隆朝歷史的寫照，是可靠的歷史資料。他的詩，史料價值遠遠高於文學價值。

家庭生活

（一）對兩位皇后的不同感情

封建帝王歷來多妻。衆多后妃，身分不同，地位高低懸殊。清康熙以後，內宮典制定局，皇帝的后妃分八個等級：皇后一人，皇貴妃一人，貴妃二人，妃四人，嬪六人，貴人、常在、答應無定數。這一大羣后妃，分居東西十二宮。東六宮是景仁、承乾、鍾粹、延禧、永和、景陽。西六宮是永壽、翊坤、儲秀、啟祥、長春、咸福。

乾隆一生后妃不下四十位，數量之多，在清代帝王中僅次於康熙。他先後冊立過兩位皇后，卽富察氏與烏喇那拉氏。乾隆六十年（一七九五年）令皇貴妃魏佳氏因其生子永琰立爲太子，冊贈孝儀皇后。但魏佳氏時已去世二十年。

第一位皇后富察氏，是乾隆原配福晉，比乾隆小一歲。她是察哈爾總督李榮保之女。富察氏曾祖父哈什屯是清朝開國功臣，祖父米思翰又是康熙親信。乾隆的內閣大學士傅恆是她的弟弟。雍正五年（一七二七年）七月，當富察氏十六歲時，被冊封作弘曆嫡福晉，乾隆二年（一七三七年）立爲皇后。富察氏爲人恭儉，平日不戴珠翠，以通草絨花爲飾，每年還按關外傳統技藝，用鹿羔細皮絨作荷包送給皇帝，以示不忘本。她與乾隆伉儷情篤。有一次，乾隆帝患癰甫癒，醫囑應靜養百日。這一百天中，富察氏每夜在皇帝寢宮外居住奉侍[17]。她居攝六宮，上以孝伺奉皇太后，「朝夕承歡」，下撫視諸妃所生各皇子一如己出，因而獲得內宮一片稱頌聲，自妃嬪至宮人皆心悅誠服。乾隆視她爲賢內助，曾說：「朕得以專心國事，有餘暇以從容冊府者，皇后之助也。」[18]

富察氏先後生二男二女。大兒子卽二皇子永璉，死於乾隆三年，只有九歲。第二兒子卽皇七子永琮，乾隆帝已內定建儲爲太子，又於十二年除夕這一天因出痘去世。三十六歲的富察氏中年失子，其悲痛可想而知，「乃誕育佳兒，再遭夭折，殊難爲懷」[19]。

一個月後，卽乾隆十三年二月四日，富察氏含悲隨駕東巡。當月下旬到達曲阜祭孔廟，繼而登泰山。三月四日，回輿抵濟南，「微感風疾」，病情似乎並不重，也没有引起皇帝注意。乾隆在濟南活動繁忙。四日幸趵突泉，五日閱兵，還乘興張弓，連射皆中的。又到舜廟行禮，到千佛山行香。六日，閱視濟南府，泛舟大明湖，詣歷下亭，至北極廟拈香。七日，再幸趵突泉。皇后經過幾天將息，已覺漸癒，十一日回鑾至德州，半夜卻與世長辭。皇帝悲慟不已，奉皇后梓宮兼程返京。三月十七日到達京師，停柩長春宮。旋即乾隆降旨，九天內不辦事，並批准總理喪儀王大臣奏請，諸王以下文武官員俱齋宿二十七天，縞素二十七日，百日才可剃頭。外省文武官員從奉到諭旨時起，應摘冠纓齊集公所，哭臨三天。乾隆初年，貴妃高佳氏去世，乾隆諡以慧賢皇妃。富察氏在旁曾說，「吾他日期『孝賢』可乎？」乾隆應她生前的要求，果然給諡「孝賢皇后」。十月二十七日，孝賢皇后被安葬在風景秀麗的勝水峪地宮，皇帝奠酒舉哀。

乾隆對富察氏感情是眞摯的。爲悼念亡妻，他作《述悲賦》，寫道：「痛一旦之永訣，隔陰陽而莫知」；「縱糟糠之未歷，實同共而共辛」；「制淚兮淚滴襟，强歡兮歡匪心」；「對嬪嬙兮想芳型，顧和敬兮憐弱質」；「入椒房兮闃寂，披鳳幄兮空垂」[20]。這位叱咤風雲的皇帝，對妻子哀思也是那樣纏綿深沉。他多次南巡，望濟南繞道而過，怕的是觸景傷情。乾隆三十年，他第四次南巡時寫道：

濟南四度不入城，恐防一入百悲生；
春三月昔兮偏劇，十七年過恨未平。[21]

孝賢皇后的去世，還惹起了幾場政治風波。各地方官獲悉皇后去世，紛紛呈表向皇帝請安，並要求晉京叩謁梓宮。所有表章都用「銜哀泣血，五中如裂」、「哀痛慘裂，伏地呼搶」等誇張語言，來表達自己對皇后去世的悲痛之情。乾隆心裏明白，這一切都不是「出於中心之誠」，但他仍然要求每一個官員要「以君臣義重」具摺請安，以示誠悃。特別是旗員，「沐恩尤爲深重」，「義當號痛奔赴」。爲此，各省滿洲督撫、提督、將軍、都統、總兵官等，凡得悉皇后「大事」而不行奏請來京號痛者，皆諭令降二級留用，或銷去軍功紀錄。據統計，因此而受處分的滿洲官員達五十三名，其中包括兩江總督尹繼善、閩浙總督哈爾吉善、湖廣總督塞楞額、漕督溫著、浙江巡撫顧琮、江西巡撫開泰、河南巡撫碩色、安徽巡撫納敏等。

在備辦皇后的喪禮中，又有一大批官因失職而受處分。

四月二十日乾隆發現，孝賢皇后的冊文中，「皇妣」二字，譯成滿文時，誤作「先太后」，氣憤地斥責說：「從來翻譯有是理乎？此非無心之過，文意不通可比。」管理翰林院的是刑部尚書汪克敦。乾隆認定，因前些時期在張廷玉問題上「解其協辦大學士之故，心懷怨望」22，是有意的，擬斬監候，秋後處決（後獲赦）。其他如滿族尚書盛安、吏部侍郎德通、翰林院侍讀學士塞爾登等有關官員均受處分。五月，工部辦理諡皇后寶冊，「甚屬粗鄙」，該部主要官員「以大不敬罪」受到處分23。在冊諡皇后時，「禮部未議王公行禮之處，於禮未協」，堂官交部議處。乾隆還發現，皇后靈前祭品，辦理草率，將經管的光祿寺卿增壽保、沈起元降級調用。

因觸犯國喪百日內不許剃頭的規定而獲罪官員就更多了。乾隆雖降旨在孝賢喪期百日內，文武各官不許剃頭。但大清會典律例中沒有這條規定。所以，被參百日內剃頭者愈來愈多。六月十二日，乾隆又發布命令，已經發覺百日內剃頭者，要他們「自當參處」，即自動請求處分。其餘未發覺，概不另飭查；但「旗人本屬當知，若有喪心之徒，不在此寬免之例」24。實際上，不管是滿族還是漢族官員，百日內剃頭都受到處分。如閏七月發現，江南總河周學健於皇后「大事後二十七日甫畢即已剃頭」，他的下屬全部在百日內剃頭，乾隆立即將周學健「逮捕治罪」。江南總督尹繼善明知不奏，革職留用25。不久，乾隆帝又獲悉，湖廣總督塞楞額、湖北巡撫彭樹葵、湖南巡撫楊錫紱以及兩省文武官員俱已剃頭，嚴厲斥責說：「況君臣上下之所以維繫者，以有名分。若於名分所在，慢忽而不知敬畏，渺忽而漠不相關，則紀綱凌替，人心澆漓，將不可問。所關至爲重大。」[26] 滿洲官員塞楞額著革職，漢籍官員彭樹葵、楊錫紱革職留用。

富察氏喪服期間，乾隆多次暴怒，懲辦了衆多官員。這些舉措近乎反常，遠遠超出對皇后的敬愛之情。這一年，金川戰事失利，皇帝心情不好，動輒怒火中燒，淫威濫施，從而使官吏遭殃。

富察氏去世之後，皇太后要乾隆立烏喇那拉氏爲皇后。乾隆雖「心有不忍」，但「內治需人」，於十三年七月一日立嫻貴妃那拉氏爲皇貴妃，並答應於皇帝四十歲大慶之先、皇后喪過二十七個月之後，冊封爲皇后。

烏喇那拉氏，是佐領那爾布女兒，事弘曆於潛邸，是爲側福晉。乾隆二年（一七三七年）封嫻妃，七年進貴妃。乾隆此時封她爲皇貴妃，代行皇后職責，統攝六宮。那拉氏地位不斷上升，説明乾隆對她還是很寵愛的。十五年八月一日，她被冊立爲皇后，皇帝頒詔天下，褒譽她「孝謹性成，溫恭夙著」[27]。這八字評語，説明那拉氏平日行爲謹慎，對皇帝溫順體貼。乾隆歷次出巡，那拉氏皆伴駕隨行。三十年，乾隆第四次南巡到達杭州時，那拉氏先是忤旨，繼而剪髮。這引起乾隆惱怒，命令她先行返京。三十一年七月，在乾隆秋獮木蘭期間，那拉氏憂憤而死。乾隆命以皇貴妃禮葬在裕妃園寢，沒有得到皇后的應有待遇，與富察氏死後的大操大辨，更不可同日而語。御史李玉鳴爲那拉氏喪禮過於潦草，上疏叫枉，結果被「革職鎖拿，發往伊犁」[28]。

那拉氏在杭州忤旨剪髮，以及死後葬禮降格，在當時社會上引起頗多議論。四十一年七月，山西高平人候選吏目嚴譄，向大學士舒赫德投書，內有「請議皇后」一項。嚴譄被逮捕審訊。他供述：

（我曾在都察院當吏目）自二十五年役滿回籍後，三十一二年，在本籍卽聞皇上南巡路上，有皇后得了不是，先行回京之事。及三十三年我到京師，聽見皇后已故，並未頒詔，又有御史將禮部參奏，當卽發遣，我心裏就想這個御史爲人梗直。

又供說：

我那時在山西本籍，卽聞有此事。人家都說皇上在江南要立一個妃子，納皇后不依，因此挺觸，將頭髮剪去。這個話說的人很多。29

那拉氏在杭州忤旨剪髮，乾隆諱莫如深。卽使在處理嚴譜案件，也是遮遮掩掩。乾隆降諭舒赫德等，要他們在京秘密審訊，然後將結果「密奏」，「不必解赴行在，恐致無識之徒妄加猜疑」。就乾隆性格而論，如果那拉氏所諫並非納妃之事，街頭巷尾所議是無稽之談，他一定大發宏論，予以駁斥。可是，乾隆卻沉默不語，實際上是無法辯解。還應當考慮到，皇帝納妃本是尋常事，皇后竟剪髮抗爭，所納之女肯定是不符合封建道德標準。不過，作爲天下母儀的皇后，竟然剪髮，皇帝尊嚴自然受嚴重侵襲。乾隆如此惱恨那拉氏，蓋出於此。從此他不再立皇后。

（二）寵愛來自回部的容妃

衆多的后妃中，乾隆較寵愛的，是一位來自新疆維吾爾族妃子，宮中賜號容妃。

容妃身世，《淸史稿・后妃傳》僅有寥寥數語：

容妃，和卓氏，回部臺吉和扎麥女，初入宮，號貴人，累進爲妃，薨。

「和扎麥」是維吾爾語對「和卓」的尊稱，意卽「我的和卓」。據學者考證，這位「和扎麥」就是三等臺吉帕爾薩。另一說，容妃生父阿里和卓，帕爾薩是她的叔叔。阿里是回部第二十九世和卓，與布拉尼敦、霍集占同出和卓家族。阿里的兒子卽容妃之兄圖爾都，對大小和卓叛淸行徑，持反對態度。乾隆二十三年（一七五八年），將軍兆惠所部被困黑水營時，圖爾都發兵攻打喀什噶爾所屬英吉沙爾，緩解了大小和卓木對兆惠所部壓力，使兆惠轉危爲安。圖爾都因功於乾隆二十七年封晉國公，而容妃叔叔額色楞先於乾隆二十四年因軍功受封輔國公。

二十四年九月，當圖爾都進京之時，乾隆降旨命兆惠班師時，帶圖爾都家口進京。第二年二月，兆惠班師返京時，容妃與她的六叔帕爾薩等隨同到達。二月四日，容妃入宮，封貴人，給賜甚豐。這一年她二十七歲，宮中認爲她姓「和卓」，所以稱「和貴人」。二年後，卽二十七年五月，她晉封爲容嬪，三十三年六月，她三十五歲時又晉封容妃。

容妃入宮後，乾隆尊重她的生活習慣、宗教信仰和本民族的特殊愛好。二十六年正月，容妃入宮未滿一年，維族雜技藝人也被召入宮中，表演玩小羊、玩繩杆、鬥羊等本民族傳統節目。容妃始終信奉伊斯蘭教，以至於在她死後棺木上有手書的阿拉伯文《古蘭經》。二十三年，乾隆曾於西內建「寶月樓」（卽今之新華門）。容妃進宮後，又於寶月樓牆外特建「回子營」，又建回教禮堂，供維吾爾族人禮拜。容妃平日在宮中仍是本民族衣著打扮。因此，三十三年六月封妃之前，頒旨說：「容嬪封妃，現無滿洲朝冠、朝服、吉服，應賞給其項圈、耳墜、數珠。」[30]宮中還設有維族廚師，專門爲容妃做飯。容妃有時也讓自己的廚師，燒作民族風味進獻皇帝。如四十六年正月五日，在齋宮晚膳時，回回廚師燒了兩道名菜「穀倫杞（抓飯）」和「滴非雅則（洋葱炒的菜）」，受到皇帝的讚賞。

容妃還屢次隨駕出巡。她不僅隨駕出關外木蘭哨鹿，而且還到過江南。三十年乾隆第四次南巡時，隨行的后妃中除皇后那拉氏，還有令貴妃、慶貴妃、容嬪、永常在和寧常在。隨行的王公大臣中，也有容妃的哥哥圖爾都。這兩位來自天山腳下的兄妹，領略到蘇杭等地碧山綠水的秀麗風光。在下江南的途中，容妃受賞賜的食品，有不少是用羊肉、雞、鴨烹飪的。三十六年，她又隨駕東巡泰山，到曲阜拜謁孔廟。四十六年，她隨駕到盛京，在八月二十日、二十四日兩次賜膳中，其他妃子賞的是野豬肉，唯容妃一次賞鹿肉，一次賞狍肉。

在宮中，容妃也多次得到賞賜。按宮中典制，貴人每年賞銀一百五十兩。升爲嬪之後，賞銀增至三百兩。三十八年，容妃四十歲生日，受賞無量佛一尊、玉如意一盒九柄，以及青玉壽星、銀晶象耳雙環瓶、瑪瑙靈芝杯等大批珍玩。

乾隆對容妃的家屬也給優厚待遇。二十五年四月，乾隆將宮女巴朗賞給圖爾都爲妻。四十三年，圖爾都死後無子，由侄兒托克托襲輔國公。五十五年，容妃叔叔額色楞死，其子喀沙和卓本來要降等承襲，但乾隆加恩批准仍襲輔國公。五十六年，又因其勤奮奉職，加封鎮國公。容妃的堂弟額色尹從子瑪木特於乾隆四十四年卒，子巴巴襲二等臺吉。四十八年又議定，巴巴如無功績，死後乃子降襲四等臺吉。但是，乾隆五十三年又改定「世襲二等臺吉罔替」[31]。乾隆給容妃家族的優厚待遇，絕不僅僅是愛屋及烏，更重要的是希望通過這些政策，與維吾爾族上層人物拉好關係。

五十三年四月十九日，容妃與世長辭，終年五十五歲。臨死前，她把大量物品，贈送給宮中后妃、公主、太監、宮女以及娘家的圖爾都、額色尹妻子和自己的姐妹，死後，容妃被安葬在今河北省遵化縣裕陵妃園寢內。

容妃死後，有關香妃的傳說逐漸流傳開來。尤其是辛亥革命之後著的稗乘野史，如《滿清十三朝宮闈秘史》、《清稗類鈔》、《清朝野史大觀》等，或說容妃本是小和卓霍集占之妃，或說是大和卓布拉尼敦之女，在清軍平定回疆之時，被生致入宮。此女天姿國色，體有異香，被乾隆納爲妃子，號香妃。香妃因承寵遭妒，諸妃共譖於皇太后。皇太后乘乾隆外出，將香妃賜死。另一種說法是，香妃入宮之後，袖藏白刃，欲殺乾隆以報民族仇恨。太后得知後，將香妃賜死。一九一四年，原北平故宮陳列所舉辦一次轟動一時的展覽，展出十餘張美人像油畫，說是乾隆時宮廷畫家意大利人郎世寧所作，其中一幅戎妝女子畫，是香妃像，並作簡介說：

香妃者，回部王妃也。美姿色，生而體有異香，不假熏沐，國人號之曰香妃。或有稱其美於中土者，清高宗聞之，西師之役，囑將軍兆惠一窮其異。回疆既平，兆惠果生得香妃，致之京師，帝於西內建寶月樓居之。樓外建回營，毳幕韋鞲，具如西域式。又於武英殿之西浴德室，仿土耳其建築，相傳亦爲香妃沐浴之所。蓋帝欲藉種種以悅其意，而內稍殺其思鄉之念也。詎妃雖被殊眷，終不釋然，嘗出白刃袖中示人曰，國破家亡，死志久決。然決不效兒女汶汶徒死，必得一當以報故主。聞者大驚。但帝雖知其不屈，而卒不忍捨也。如是數年，皇太后微有所聞，屢誡帝弗往，不聽。會帝宿齋宮，急召妃入，賜縊死。有圖卽香妃戎妝像，佩劍矗立，赳赳有英武之風，一望而知爲節烈女子。

這次展覽，實物和圖文三者並茂，又是故宮所辦，人們信以爲眞。香妃的故事，海外也廣泛流傳，日本、美國還出版了有關香妃的文字。實際上，那一位心懷民族仇恨的香妃，子虛烏有。在乾隆後宮，只有一位爲民族和睦團結作過有益貢獻的容妃。

（三）兒女們的命運

乾隆帝有兒子十七個，女兒十個。

乾隆本人長壽，但兒子大多數短命。其中二歲夭折的二人——皇七子永琮和未命名的皇九子；三歲夭折的二人——未命名的皇十子和皇十三子永璟；四歲夭折的二人——皇十四子永璐和未命名的皇十六子；九歲夭折的一人——皇二子永璉。二十五歲至二十六歲死亡的四人——長子永璜、皇三子永璋、皇五子永琪、皇十二子永璂，皇四子永珹活到三十歲，皇六子永瑢活到四十七歲。因此，乾隆晚年，身邊只有四個兒子，即皇八子永璇、皇十一子永瑆、皇十五子永琰、皇十七子永璘。

皇后富察氏生了二個兒子，即皇二子永璉和皇七子永琮。永璉生於雍正七年（一七二九年），由雍正帝命名，「隱然示以承宗器之意」[32]。此子「聰明貴重，氣宇不凡」。乾隆元年（一七三六年）七月，乾隆按乃父所創秘密建儲辦法，召集大臣，將立儲密詔，置於乾清宮「正大光明」匾之後。所立儲君就是永璉。可惜的是，永璉短命，乾隆三年十月偶染寒疾，一病不起。乾隆痛失愛子，輟朝五日，將永璉追謚端慧皇太子。富察氏所生第二子又死於乾隆十二年十二月。乾隆傷心之餘說：

> 皇七子永琮，毓粹中宮，性成夙慧，甫及二周，岐嶷表異。聖母皇太后因其出自正嫡，聰穎殊常，鍾愛最篤。朕亦深望教養成立。……而嫡嗣再殤，推求得非本朝自世祖章皇帝以至朕躬，皆未有以元后正嫡紹承大統者。豈心有所不願，亦遭遇使然耳，似此竟成家法。乃朕立意私慶，必欲以嫡子承統，行先人所未曾行之事，邀先人所不能獲之福，此乃朕過耶。[33]

皇帝雖然可以駕御一切，但主宰不了命運之神。面對著兩個嫡子夭折，乾隆竟哀嘆起「家法」，相信是家族命運使他不可能以「嫡子」繼承大統。

乾隆長子永璜，生母也姓富察氏，事弘曆於潛邸。她死於雍正十三年（一七三五年）。皇三子永璋，生母蘇佳氏。乾隆十三年（一七四八年）三月，皇后富察氏病逝東巡途中，永璜、永璋因爲沒有哀傷的表示，受乾隆嚴厲譴責。最初，乾隆還僅斥大阿哥「茫然無措，於孝道禮儀，未克盡處甚多」。永璜的幾位師傅、俺達也因「未盡心教導」之罪，受罰俸處分。及至皇后喪事滿百日，對永璜譴責升級了，而且涉及永璋。六月二十一日，乾隆說：

試看大阿哥年已二十一歲，此次於皇后大事，伊一切舉動尚堪入目乎？父母同幸山東，惟父一人回鑾至京，稍具人心之子，當如何哀痛，乃大阿哥全不介意。……若將伊不孝之處表白於外，伊尚可忝列人世乎！今事雖已過，朕如不顯然開示，以彼愚昧之見，必謂母后崩逝，兄弟之內惟我居長，日後除我之外，誰克肩承重器，遂致妄生覬覦。……從前以大阿哥斷不可立之處，朕已洞鑑，屢降旨於訥親傅恆矣。至三阿哥，朕先以爲尚有可望，亦降旨於訥親等。今看三阿哥亦不滿人意。年已十四歲，全無知識。此次皇后之事，伊於人子之道竟不能盡。……此二人斷不可繼承大統。……大阿哥係朕長子，三阿哥亦稍長。如果安靜守分，日後總可膺王、貝勒之封。……伊等若敢於朕前微露端倪，朕必照今日顯揚其不孝之罪，即行正法。……今滿洲大臣內，如有具奏當於阿哥之內，選擇一人立皇太子者，彼卽係離間父子，惑亂國家之人，朕必將伊立行正法，斷不寬貸。34

這道諭旨，不僅斷絕了永璜、永璋繼位的念頭，使乾隆與皇長子、皇三子之間關係緊張，而且建儲一事被宣布暫時擱置。這一年，三十八歲的乾隆春秋正鼎盛。他的兒子，除了已死的兩個嫡子與皇長子、皇三子之外，其他均在九歲以下。他還要用一段時間進行考察挑選。然而，永璜遭此打擊，不到兩年卽身亡，被追封定親王。乾隆二十五年年僅二十六歲的永璋也去世，被追封循郡王。

皇四子永珹生於乾隆四年，皇五子永琪生於乾隆六年，皇六子永瑢生於乾隆八年，皇八子永璇生於乾隆十一年。乾隆對他們的學習抓得很緊。二十年正月二十六日，乾隆偶然到尚書房，「甫及未初，……並不聞皇子讀書之聲，行走各員，多半不到」。乾隆對各皇子「試之以詩，雖依韻完篇，而全無精義」。他說「不意平日怠惰，不能盡心課讀至此」。幾位老師全部被罰俸三年[35]。在這幾位皇子中，永珹於乾隆二十八年出繼給履親王允祹爲後，於四十二年去世，諡履端親王。皇五子永琪，年少卽學騎射，嫻淸語。這二項被視作淸王室看家本領，受歷朝帝王重視。永琪自然也就得到乾隆鍾愛，於三十年封榮親王。除去死後追諡之外，永琪在諸皇子中是第一個封王的。可惜，四個月後他因病去世。皇六子永瑢也是一個人才，工繪畫，通天算，於乾隆二十四年出繼爲慎郡王允禧之後，封貝勒；三十七年封質郡王，五十四年再晉封親王。他還是《四庫全書》十六名正總裁官之一，又當過總管內務府大臣，主持過皇帝的七旬、八旬萬壽慶典，朝野都認爲皇帝屬意永瑢，是太子當然人選[36]。皇八子永璇「爲人輕躁，作事顛倒」，「沉湎酒色，又有腳病，素無人望」[37]，三十五年曾因私自外出，受乾隆斥責。

皇十一子永瑆是一位頗負盛名的書法家，「幼時握筆，卽波磔成文」，成年後學習並發展了明末董其昌用前三指握管懸腕書法，號稱「撥燈法」。士大夫得其「片紙隻字，重若珍寶」。乾隆很喜歡這個兒子，多次幸其府第，特命刊其字帖，親自作序頒行。永瑆也是《四庫全書》總裁官之一，五十五年封成親王。但他「天性陰忮，好以權術馭人。持家苛虐，護衞多以非罪斥革」。

據說，有一天他所乘的馬倒斃，下令烹以代膳，「是日即不舉爨，其嗇吝也若是」[38]。嘉慶四年（一七九九年）永瑆受命軍機處行走，總理戶部三庫。清代以親王領軍機處，從永瑆開始。

皇十二子永璂，因其生母烏喇那拉氏忤旨剪髮，也失寵於乾隆，四十一年年僅二十五歲便死去。乾隆幾個成年去世的兒子均受追封，惟永璂沒有謚爵，可見其受冷落程度。皇十七子永璘，與皇十五子永琰是同母兄弟，不好讀書喜音樂，愛嬉遊，然性格詼諧，爲人直厚，護衛們可以當衆與他倨傲嬉笑。年輕時常微服出遊，間爲狹巷之樂。乾隆很討厭這個兒子。五十四年十一月，皇六子、十一子、十五子都封王，他僅封貝勒。不過，他很知趣。乾隆後期，幾個阿哥都在覬覦皇位。他卻對兄長們說：「使皇帝多如雨點，亦不能滴吾頂上。惟求諸兄見憐，將和珅邸第賜居，則吾願足矣。」[39]果然，和珅垮臺後，他得到和珅住宅的一部分，並晉封慶郡王。

乾隆帝十個女兒中，夭折五個。他們是皇長女、皇二女、皇五女、皇六女、皇八女。壽命最長的，是皇三女固倫和敬公主。她是皇后富察氏所出，生於雍正九年（一七三一年），乾隆十二年（一七四七年）嫁給色布騰巴勒珠爾。色布騰巴勒珠爾是順治皇帝從女端敏公主額駙班第的孫子，乾隆十七年晉襲親王，二十三年授理藩院尚書。三十八年任金川參贊大臣時，上疏彈劾率兵征剿金川的主帥大學士溫福，獲罪奪爵幽禁。木果木溫福喪師殞命，乾隆再度起用色布騰巴勒珠爾爲參贊。四十年死於軍中。皇四女和碩和嘉公主，是皇貴妃蘇佳氏所出。乾隆二十五年嫁給福隆安，乾隆三十二年去世，年僅二十三歲。福隆安是忠勇公大學士傅恆次子，曾先後任兵部、工部尚書，軍機處行走。乾隆三十四年傅恆病逝，第二年福隆安襲一等忠勇公。皇七女固倫和靜公主和皇九女和碩和恪公主，都是皇十五子永琰同母所生的姐姐。和靜公主下嫁給超勇王策凌的孫子拉旺多爾濟。公主本人死於乾隆四十年，年僅二十歲。和恪公主於乾隆三十八年嫁給武毅謀勇公兆惠的兒子扎蘭泰。時兆惠已死，扎蘭泰承爵位。皇十女固倫和孝公主，生於乾隆四十年。乾隆老年得女，且長像酷似自己，因而愛如掌上明珠。他曾對公主說：「汝若爲皇子，朕必立汝儲也。」[40]四十三年，公主生母惇妃汪氏笞宮婢至死。乾隆認爲這是宮中罕見案件，若不從重處置，於情法未爲平允，但念她曾生育公主，量從末減，降妃爲嬪。不久又封爲妃。降而復升，這與乾隆寵愛和孝公主不無關係。和孝公主長大後，性剛毅，能挽十力弓，曾男裝隨駕校獵射鹿，乾隆益發喜愛，未出嫁就賜以乘金頂轎。乾隆五十四年，和孝公主嫁給和珅的兒子豐紳殷德。那時，和珅勢雖焰，聲名狼藉。公主對豐紳殷德說：「汝翁受皇父厚德，毫無報效，惟賄日彰，吾代汝憂。他日恐身家不保，吾必遭汝累。」有一天，豐紳殷德在以畚鍤撥雪兒戲，公主責之曰：「汝年已逾冠，尙作痴童戲耶。」[41]乾隆死後，和珅家產被籍沒。嘉慶爲了照顧和孝公主，將和珅的住宅、花園以及熱河寓所的一半留給這位小妹妹。豐紳殷德一家政治上一落千丈，經濟上也顯得拮据，全靠和孝公主治家有方，「內外嚴肅，賴以小康」[42]。嘉慶十五年（一八一〇年）豐紳殷德病死後，和孝公主還得到嘉慶多次恩賜。道光三年（一八二三年），和孝公主病逝，年四十九歲，道光親臨靈堂祭奠。

註釋

1《乾隆實錄》卷五。
2《樂善堂集》卷一《讀書以明理爲先論》。
3《乾隆實錄》卷五五六。
4《乾隆實錄》卷九八七。
5《乾隆實錄》卷一〇三四。
6 陶宗儀：《輟耕錄》卷三《正統辨》。
7《乾隆實錄》卷一一四二。
8《乾隆實錄》卷一一六八。
9《樂善堂集》卷一《上下交而其志同論》。
10《樂善堂集》卷五《褚遂良論》。
11《樂善堂集》卷二《嘉言罔攸伏論》。
12《乾隆實錄》卷一六二。
13《清高宗御製詩初集・跋》。
14《樂善堂集》卷一五《觀割麥》。
15《乾隆實錄》卷一二〇〇。
16《（乾隆）御製詩餘集》卷二《惠山園八景》詩注。
17 陳康祺：《郎潛紀聞二筆》卷九《孝賢皇后》。
18《乾隆實錄》卷三一八。
19《乾隆實錄》卷三〇五。
20《清史稿》卷二一四《后妃傳》。
21 乾隆《御製三集》卷四五《四依皇祖南巡過濟南韵》。
22《乾隆實錄》卷三一三。
23《乾隆實錄》卷三一五。
24《乾隆實錄》卷三一六。
25、26《乾隆實錄》卷三三一。
27《乾隆實錄》卷三七〇。
28《乾隆實錄》卷七六五。
29《清代文字獄檔》第三輯《嚴譜私擬奏摺請立正宮案》。
30《內庭賞賜例》三。
31《回疆通志》第四卷。
32《乾隆實錄》卷七八。
33《乾隆實錄》卷三〇五。
34《乾隆實錄》卷三一七。
35《乾隆實錄》卷四八一。
36《朝鮮李朝實錄中的中國史料》卷一〇。
37《朝鮮李朝實錄中的中國史料》卷一一。

38 昭槤：《嘯亭雜錄》卷二《成王書法》、卷五《成哲王》。

39 昭槤：《嘯亭續錄》卷五《慶僖王》。

40、41、42 昭槤：《嘯亭續錄》卷五《和孝公主》。

附錄　乾隆帝大事年表

中國紀年	西　元	乾隆歲數	記　　事
康熙五〇	一七一一	一	八月十三日，生於雍王邸（後改雍和宮），取名弘曆。父胤禛，康熙帝四子，母鈕祜祿氏，四品典儀凌柱之女。
五八	一七一九	九	開始接受庶吉士福敏的啟蒙教育。
六一	一七二二	十二	三月，弘曆被胤禛引見給康熙，備受康熙喜愛，被帶回宮中「養育撫視」。入秋，隨康熙住避暑山莊，住萬壑松風讀書。 十一月，康熙病故，胤禛卽皇帝位，明年改元雍正，弘曆成了皇子。
雍正元年	一七二三	十三	正月，雍正命署翰林院掌院學士朱軾、徐元夢等對弘曆進行系統的儒學教育。 八月十七日，秘密建儲，弘曆爲內定嗣君。
五	一七二七	十七	七月成婚，嫡妻富察氏係察哈爾總督李榮保之女。
八	一七三〇	二十	秋，將自己十四歲以來詩文輯成《樂善堂文鈔》付梓，莊親王允祿、果親王允禮、大學士鄂爾泰、張廷玉、朱軾等十四人爲詩集作序，爲繼位作輿論準備。

一一	一七三三	二十三	二月，弘曆封爲寶親王。
一三	一七三五	二十五	八月二十三日，雍正崩，弘曆卽皇帝位。 二十四日，頒布數道諭旨，按乃父遺志准鄂爾泰、張廷玉配享太廟。又派張廣泗替代平苗無功的張照，總理苗疆事務。 二十五日，頒諭嚴禁太監向內宮走遞朝廷信息，干擾政局。又招朱軾還京辦事，改派大學士嵇曾筠總理江南總河浙江海塘工程。 九月三日，御太和殿正式卽位，頒詔天下，改明年爲乾隆元年。又豁免各省民人拖欠十年以上錢糧。 十月令將阿其那（卽允禩）、塞思黑（卽允禟）子孫，收入玉牒，復歸宗室。取消對鄉鎮村落零星買賣所收的「落地稅」。確定對西北準部噶爾丹策零的策略，以防守對進攻，以斷絕貿易逼對方和議。 十一月，將張照革職拿問，重新處理曾靜、張熙案，磔曾靜、張熙於市。 十二月，頒勸減租佃諭。
乾隆元年	一七三六	二十六	正月十七日，宣布從西北撤兵。 三月四日，以甘肅巡撫許容未及時賑濟固原、環縣等處災民，被革職解京治罪。 五月，減輕山東益都「欽租地」稅額。 七月，取消雍正所創的「老農頂戴制度」。 八月，下諭「永除新疆（貴州古州）苗賦」。

			十月，豁免湖北江夏等十九州尚未攤入地賦的所謂「重丁銀」。 十一月，下令將固安、新城、霸州、永清設立的八旗井田實驗區改爲屯田。 十二月，批准張廣泗所奏苗疆善後事宜三款。
二	一七三七	二十七	十二月，冊立嫡福晉富察氏爲皇后。
三	一七三八	二十八	正月，定以侍郎阿克敦爲正使，御前三等侍衛旺扎爾、乾清門頭等臺吉額默根爲副使，隨準部使者達什赴準噶爾部議和。 七月，工部尚書趙宏恩受賄事發，革職發往臺站效力。
四	一七三九	二十九	九月，處理弘晳集團案。允祿革親王，停雙俸，罷去所有職務。弘晳永禁於景山東菜園，子孫除出宗室。弘昌革貝勒，弘普革貝子，弘昇永遠圈禁，弘晈不革王號，永遠停俸。 十一月，晉封西藏貝勒頗羅鼐爲郡王，其長子珠爾默特車布登爲輔國公，次子珠爾默特那木扎勒爲札薩克一等臺吉。 十二月，同意準噶爾部派人到北京和肅州貿易，每四年一次，人數限二百名和一百名。
五	一七四〇	三十	正月，宣布「禁八旗私行典賣承買地畝」。 五月，福建巡撫王士任納賄貪贓，被逮入獄。

六	一七四一	三十一	正月，決定恢復木蘭秋獮。 三月，以御史仲永檀參奏步軍統領鄂善，並牽涉大學士張廷玉、趙國麟、徐本等多人，命怡親王弘曉、和親王弘晝、大學士鄂爾泰等會審此案，賜鄂善自裁。 七月，奉皇太后赴木蘭圍場，詔免所經州縣本年田賦十分之三。 八月，開始行圍活動，並接見賜宴蒙古諸王公臺吉等。 九月，返回圓明園。又重審謝世濟《大學注》一案。 十二月，採納左都御史劉統勳關於裁抑張廷玉親族升轉之事的建議。
七	一七四二	三十二	四月，頒布漢軍旗人「出旗爲民」政策。 七月，削去禮部尚書趙國麟職務，命在咸安宮效力。 十二月，以左副都御史仲永檀將留中密奏洩於詹事鄂容安，命莊親王允祿、履親王允祹、和親王弘晝會同大學士張廷玉等審理。罷鄂容安官職，留上書房行走，鄂爾泰受降級處分，仲永檀下獄。
八	一七四三	三十三	正月，仲永檀死於獄。 九月，規定外洋貨船來閩粵貿易，帶米一萬石以上，免徵貨銀十分之五，帶米五千石以上，免徵貨銀十分之三。
一〇	一七四五	三十五	四月，鄂爾泰病死，遵守雍正生前諾言，令將其配享太廟，首席軍機大臣職由訥親擔任。 六月，普免全國錢糧。 七月，以建昌鎮總兵袁士弼爲總統，發兵進剿瞻對土司。

一一	一七四六	三十六	六月，瞻對之役結束，加封川陝總督慶復太子太保銜。降諭緝拿雲南、貴州、四川、江蘇、直隸、湖廣、江南、江西、山西等省的大乘教首領。批准雲南邊境外茂隆礦廠課減半抽收，一半賞給葫蘆國首長。 九月，定制從明年起，專委大員分批巡閱各省營伍，三年內各省閱視一遍。 十一月，宣布「邪教」追查結束，但大乘教書籍、圖記仍繼續收繳銷毀。
一二	一七四七	三十七	三月，西藏頗羅鼐病故，其子珠爾默特那木扎勒襲封郡王。調張廣泗爲川陝總督，入川同慶復商討進剿大金川事宜。 八月，查明征剿瞻對，瞻對頭人班滾脫走，命革川陝總督慶復職，交刑部監候。
一三	一七四八	三十八	正月，准張廷玉辭去兼管的吏部事務。 三月，頒布嚴禁「邪教」諭旨。又皇后富察氏隨駕東巡逝去，諡「孝賢皇后」。 四月，命首席軍機大臣訥親爲經略大臣，馳赴川西指揮軍事。起用岳鍾琪，以提督銜往金川聽候調遣。 七月，立嫻貴妃那拉氏（佐領那拉布之女）爲皇貴妃。 九月，張廣泗以玩兵養寇交刑部治罪，訥親革職，自備鞍馬赴北路軍營效力贖罪。命大學士傅恆以經略金川事兼管川陝總督印務。

			十一月，因糧價居高不下，降旨恢復徵收各地過關糧食稅。 十二月，御瀛臺親鞫張廣泗，以老師糜餉立斬張廣泗。
一四	一七四九	三十九	正月，斬訥親於軍前。決定撤兵金川。封傅恆「忠勇公」。 二月，以傅恆、岳鍾琪撫降大金川土司莎羅奔，賜傅恆四團龍補褂、寶石頂戴等，加封岳鍾琪太子少保銜。 十月，降諭定於十六年正月，巡幸江南。 十一月，同意張廷玉以原官帶伯爵銜致仕。 十二月，削去張廷玉伯爵，仍許配享。
一五	一七五〇	四十	四月，降諭不許張廷玉配享。 五月，西藏局勢惡化，珠爾默特那木扎勒調兵運炮，陰謀叛亂。 八月，冊封那拉氏爲皇后。 九月，革去張廷玉大學士銜。又準部宰桑薩喇爾（勒）率部屬千餘戶內投，命編爲佐領，授散秩大臣職。 十月，以西藏局勢惡化，命策楞、岳鍾琪籌劃進兵。駐藏大臣傅清、拉布敦在誅叛亂頭目珠爾默特那木扎勒時殉職。 十一月，命岳鍾琪、策楞率兵三千入藏平定叛亂。
一六	一七五一	四十一	正月，奉太后自京師動身，首下江南，宣布蠲免所經山東州縣本年田賦十分之三。 二月，宣布增取江蘇、安徽、浙江三省歲試文童名額，特准兩淮綱

			鹽食鹽每引賞加十觔。 三月，奉太后臨視江寧織造機房，詣明孝陵祭明太祖朱元璋。又批准《西藏善後章程》十三條款。 五月，奉太后返回北京。 六月，以貴州安順府查獲孫嘉淦僞奏疏，指令全國各地追查僞疏稿炮製者和傳播者。又御太和殿接見緬甸貢使及茂隆廠課長吳尚賢。 十月，指令雲貴總督碩色扣押茂隆廠課長吳尚賢。
一八	一七五三	四十三	正月，定江西千總盧魯生、南昌守備劉時達爲造孫嘉淦僞奏疏案主犯。 二月，命將盧魯生凌遲處死，劉時達及盧魯生之子俱斬監候，其餘人犯從寬釋放。 八月，訓斥舒赫德要與準部達瓦齊修好。
一九	一七五四	四十四	五月，宣布明年擬兩路進兵，直抵伊犁。 十一月，駐蹕熱河召見阿睦爾撒納，又加封他爲親王，訥默庫、班珠爾爲郡王，發布征準噶爾部文告。
二〇	一七五五	四十五	正月，以阿睦爾撒納爲定邊左副將軍出北路，薩喇爾爲定邊右副將軍出西路，擬於二月間進剿達瓦齊。 三月，胡仲藻以《堅磨生詩鈔》獲罪立斬，鄂昌賜自盡，史貽直致仕回籍，又將鄂爾泰從賢良祠中撤出。

四月，英國商人洪任輝率船到寧波貿易。
六月，回部伯克霍集斯計擒達瓦齊獻於軍前，以準噶爾部蕩平，檄令兩路撤兵。
八月，阿睦爾撒納叛清。
九月，封噶勒藏多爾濟爲綽羅斯汗，車凌爲杜爾伯特汗，沙克都爾曼爲和碩特汗，巴雅爾爲輝特汗，重建四衞拉特。
十月，獻俘京師，免達瓦齊死罪，加恩封親王，入旗籍，賜第京師。

二一　一七五六　四十六

正月，以朱思藻《弔時語》中有「暴君污吏，長君逢君」等語，命將他發配黑龍江。命玉保掛先鋒任，追尋阿睦爾撒納。全面實施開戶家奴出旗爲民政策。
五月，授達瓦黨阿爲定邊右副將軍，旋補定西將軍出西路，哈達哈爲定邊左副將軍出北路配合，追剿叛軍。

二二　一七五七　四十七

正月，以成袞扎布爲定邊將軍，車布登扎布署定邊左副將軍，定於三月間再剿阿睦爾撒納。又命兆惠曉諭大小和卓木「酌定貢賦章程」，前來陳奏。第二次下江南。
三月，命兆惠成袞扎布分路出擊。
四月，洪任輝第二次到寧波貿易。
五月，副都統阿敏道被大小和卓木殺害，回部叛亂，命平定厄魯特後即揮師征回部。

			六月，以段昌緒抄存吳三桂反清檄文，降旨處斬，原任布政使彭家屏家藏明季野史，處斬監候。 七月，令理藩院行文俄羅斯薩納特衙門，要求對方遵約遣回阿睦爾撒納。 八月，指示理藩院行文駁斥俄羅斯通過陰葛達河、額爾袞河、黑龍江運送糧食的無理要求，又飭令黑龍江邊防臺站官兵加意防範。 十一月，宣布洋船「只許在廣州收泊貿易」，關閉閩、浙和江蘇海關。 十二月，授特勒伯克爲烏梁海總管，暫定科布多爲游牧地。
二三	一七五八	四十八	正月，批准在黑龍江靠近俄羅斯邊境增設卡座七十處，「委員巡查，日一會哨」。宣布大小和卓木罪狀，命兆惠、雅爾哈善率師平叛。 二月，大金川與革布什咱土司因親構釁。 三月，降諭將斬、絞、緩決各犯納贖之例永行停止。 四月，以雅爾哈善爲靖逆將軍總理回部事務，調兆惠返京休整。以各土司聯合攻打大金川，乾隆決計實施「以番攻番」政策。 八月，降旨取消對恰克圖地區的貿易禁令。 九月，廢除貪官在限內完贓可以減刑的舊例。
二四	一七五九	四十九	正月，以雅爾哈善失職罪論斬。黑水營解圍，封兆惠武毅謀一等公。 二月，命兆惠自阿克蘇取葉爾羌，富德由特穆爾圖諾爾或烏什取喀什噶爾。

			四月，洪任輝第三次到寧波貿易，被清方阻截。洪任輝繼續北上天津，聲稱上京遞狀伸冤。 六月，降旨將洪任輝呈詞中指控的粤海關監督李永標革職。 七月，大小和卓木逃往巴達克山國，旋被殺。降旨定回部各城伯克等官員的品級。 八月，授意兩廣總督李侍堯等召見英、法、荷等五國商人代表，宣布剔除海關陋規。批准烏梁海人遷往阿爾泰山以南之額爾齊斯。 九月，命兆惠將舊伯克霍集占族戚及伯克霍集斯遷居北京。 十月，命將英商洪任輝圈禁澳門三年。以西北兩役告竣，頒《御製開惑論》宣示天下。 十一月，撰《御製平定回部告成太學碑》等。 十二月，批准李侍堯所奏防範外夷條例。
二五	一七六〇	五十	二月，回部容妃入宮，封貴人。五月，大金川土司莎羅奔病故，子郎卡襲職。
二六	一七六一	五十一	七月，批准在伊犁與烏魯木齊之間安設村莊，駐兵屯田，設臺站二十一處。
二七	一七六二	五十二	正月，第三次下江南。 五月，回部容貴人封為容嬪。

			九月，授明瑞爲總管伊犁等處將軍，伊犁將軍自此始。大金川土司攻打黨壩，各土司集兵抗拒。 十二月，命鑄烏梁海左右翼總管印，分別頒授察達克、圖布新。是年，全國人口逾二億。
二八	一七六三	五十三	八月，諭烏里雅蘇臺將軍成袞扎布率兵前往庫克烏蘇、色畢地方，拆毀非法入境的俄羅斯人木柵屋宇。 九月，下令暫停恰克圖地區的中俄貿易。
二九	一七六四	五十四	六月，四川總督阿爾泰赴京請訓。工部尚書阿桂奉旨巡邊，暫署川督。乾隆指示阿桂等，可明諭各土司，集衆往攻大金川，繼續執行「以番攻番」政策。
三〇	一七六五	五十五	正月，第四次下江南。 二月，烏什事變爆發。 四月，以阿克蘇辦事大臣邊特哈、參贊大臣那世通辦理烏什事務不利，論斬。又命阿桂前往幫助明瑞。 五月，下旨克復烏什城後進行屠殺報復。 十二月，因緬甸連年內犯，命雲貴總督劉藻帶兵追擊入侵邊境的緬軍。

三一	一七六六	五十六	正月，普免各省漕糧。 二月，一批官員抗擊緬甸入侵不力受處罰，參將何瓊詔、游擊明浩、守備楊坤被正法，劉藻降補湖北巡撫，命楊應琚接任雲貴總督。 七月，聽信楊應琚，決定對緬甸發動戰爭。皇后那拉氏憂憤而死，命以皇貴妃禮葬在裕妃園寢。 十一月，楊應琚出師攻緬甸。
三二	一七六七	五十七	正月，楊應琚征緬失利。 二月，遣御醫往雲南視楊應琚，調其次子楊重英馳永昌襄助一切軍務。 三月，命明瑞替代楊應琚繼續征緬。 六月，楊應琚被解往避暑山莊，命其自盡。 九月，命明瑞分兵兩路直搗緬都。 十二月，以蠻結之役，封明瑞爲一等誠嘉毅勇公。
三三	一七六八	五十八	二月，聞征緬失敗明瑞死訊。授大學士傅恆經略緬甸，阿里袞、阿桂爲副將軍，舒赫德爲參贊大臣，鄂寧爲雲貴總督。 八月，下令取消恰克圖地區對俄貿易禁令。
三四	一七六九	五十九	八月，批准傅恆水路並進征緬作戰計畫。 十一月，聞副將軍阿里袞病歿陣前，降旨撤兵，同意與緬甸息兵議和。

三五	一七七〇	六十	正月，第二次普免全國地丁的錢糧。駁回緬甸「欲通貿易」的請求，堅持對方應先奉表求貢的原則。 三月，未見緬甸奉表，命阿桂選精銳襲擊緬境。 十一月，土爾扈特部在渥巴錫汗率領下毅然起程從伏爾加河流域返回祖國。
三六	一七七一	六十一	六月，命參贊大臣巴圖濟爾噶勒馳赴伊犁辦理接待土爾扈特安置事宜。又派額駙色布騰巴勒珠爾前往迎接渥巴錫等至熱河行在。又命陝甘總督吳達善從藩庫撥銀二十萬兩解往巴里坤、烏魯木齊備用。 七月，指令西安巡撫文綬緊急援助土爾扈特人棉襖、氈衣等物品。免去阿爾泰四川總督職，以德福代之，出兵討伐小金川。命溫福、阿桂自雲南入川。 八月，降德福爲三等侍衛，赴伊犁聽差。 九月，御木蘭圍場伊綿峪接見渥巴錫、舍楞一行。又封渥巴錫爲卓哩克圖汗，策伯克多爾濟爲布延圖親王，舍楞爲弼哩克郡王。 十月，授舍楞爲盟長，將所部遷至科布多及阿爾泰附近。命溫福以定邊副將軍銜馳往成都，主持征伐金川軍務。
三七	一七七二	六十二	正月，降諭蒐集天下古今羣書，準備編纂大型叢書。 五月，以四川總督桂林征小金川兵敗奪職，調文綬入川接替，又授阿桂爲參贊大臣指揮南路進攻小金川。

八月，批示理藩院行文駁斥俄羅斯要求遣還渥巴錫等人的威脅。
十一月，首次向諸皇子表示，將於八十六歲歸政。
十二月，以小金川獲捷，授溫福爲定邊將軍，阿桂、豐升額爲右副將軍，三路進討大金川。

三八	一七七三	六十三	二月，定叢書之名爲《四庫全書》，强調按經史子集四部分類，突出儒家經典。 閏三月，批准大學士劉統勳荐舉，任命紀昀、陸錫熊爲總辦，以姚鼐、程晉芳、任大椿、汪如藻、翁方綱爲纂修，以余集、邵晉涵、周永年、戴震、楊昌霖等在分校上行走。 四月，批准渥巴錫所部遷至珠勒都斯游牧。 六月，以木果木之敗，溫福死，恩賞一等伯爵，世襲罔替，入祀昭忠祠，旋即削去，又命阿桂任定邊將軍繼續進軍兩金川。 十一月，以小金川事定，指示阿桂做好善後工作。 十二月，將應當皇子之名寫好「密緘而藏之」。又宣布自己將在乾隆六十年乙卯傳位皇子。
三九	一七七四	六十四	正月，命阿桂分三路進攻大金川。 八月，大金川索諾木獻屍求降，指示阿桂「不當以受降完結」。又山東王倫起事，標誌乾隆朝由盛轉衰。 九月，命舒赫德赴山東指揮鎮壓王倫。

			十一月，就屈大均詩文案，發布《呈獻違礙書籍諭》。又命收繳民間私藏鳥槍。 十二月，批准直隸總督周元理提出在全國範圍內推行保甲制度。
四〇	一七七五	六十五	閏十月，下令處理違礙書籍《偏引堂集》、《皇明通紀》及《喜逢春傳奇》案。
四一	一七七六	六十六	二月，以清軍蕩平金川全境，下令撤兵。 四月，龍袍袞服御午門受獻俘禮。 十一月，下令四庫全書館詳核違礙書籍。
四二	一七七七	六十七	正月，皇太后去世，第三次普免全國地丁錢糧。
四三	一七七八	六十八	九月，批駁「立嫡立長之説」，主張以「賢」作爲選擇儲君的標準。
四四	一七七九	六十九	三月，降諭再次中止對俄貿易，至次年恢復。
四五	一七八〇	七十	正月，第五次下江南。 三月，授和珅議政王大臣。 八月，舉行七旬萬壽慶典，普免全國漕糧。 十月，擢和珅《四庫全書》館正總裁兼理藩院尚書。

四六	一七八一	七十一	三月，甘肅爆發伊斯蘭教新教徒蘇四十三領導的回民事件，命和珅、阿桂前往督辦。又，王亶望貪污案發，命將勒爾謹、王亶望處斬，陸續受牽連而被處死者五十名，發遣者四十六名。 五月，指示阿桂徹底鎮壓蘇四十三殘餘，並拆毀所有新教教堂。 十二月，《四庫全書》第一部繕寫完成。
四七	一七八二	七十二	七月，令抄三份《四庫全書》藏於南三閣。 九月，以閩浙總督陳輝祖侵吞王亶望查抄贓物，命將其處斬監候，其他參預人員發配新疆，或往河南以河工效力。
四九	一七八四	七十四	正月，第六次南巡。 二月，駐蹕江寧府接見安南使臣，並賜安南國王「南交屏翰」之匾。 四月，以田五起事，降旨陝甘總督李侍堯帶兵鎮壓。 五月，又命福康安、侍衞內大臣海蘭察帶兵前往協助李侍堯。 八月，下令禁止天主教的傳播。
五〇	一七八五	七十五	以登基五十年「國慶」，舉行「千叟宴」，三千人與宴。
五一	一七八六	七十六	四月，以浙江學政竇光鼐揭發浙江虧空，派阿桂前往查辦。 五月，以兩廣總督富勒渾家奴殷士俊案發，命將富勒渾革職。 六月，宣布浙江虧空案完結。 七月，御史曹錫寶彈劾和珅家人劉禿子，命將曹錫寶革職留任。

			八月，命阿桂返回杭州，會同江蘇巡撫閔鶚元重審浙江虧空案。 九月，頒旨處理虧空案有關人員；原浙江巡撫福崧、布政使兼杭州織造盛桂革職。阿桂及現任浙江巡撫伊齡阿及參與審理此案的江蘇巡撫閔鶚元俱交部議處。竇光鼐升任署光祿寺卿。 十二月，以臺灣林爽文起事，命閩浙總督常青率兵鎮壓。
五二	一七八七	七十七	正月，以泉州、興化、廣東籍客民幫助清軍鎮壓林爽文起事，令予以嘉獎。 二月，命李侍堯接替常青總督職，常青以將軍銜赴臺坐鎮指揮。 七月，令福康安帶海蘭察、舒亮、普爾普及增援清軍赴臺，扭轉了臺灣戰局。 十一月，諭將諸羅縣改名爲嘉義縣。
五三	一七八八	七十八	正月，以臺灣總兵柴大紀劣跡昭彰，降旨革職解京治罪。林爽文等被清軍捕獲押往北京審訊。 四月，批准福康安增設臺灣地方佐員的請求。回部容妃逝世，被安葬在裕陵妃園寢內。 六月，緬甸奉表稱臣納貢。命兩廣總督孫士毅赴廣西龍州辦理安南王眷內投事宜。 七月，命四川總督李世傑、提督成德調兵入藏抵禦廓爾喀的入侵。 八月，同意孫士毅先期調兵預備出征安南的建議。

			九月，令許世亨帶官員三千名，擇期出兵安南，又命巴忠入藏經略一切事務。 十月，批准孫士毅率兵征安南。 十一月，清軍進抵黎城，黎維祁復國。 十二月，諭孫士毅退兵。
五四	一七八九	七十九	正月，阮文惠率部敗清軍。福康安受命往廣西取代孫士毅。乾隆決定扶持阮文惠。 三月，命福康安代表清朝接受阮文惠的輸誠議和。 四月，西藏僧俗當權者以每年賠款銀元寶三百個求廓爾喀退兵。 五月，諭安南使臣阮光顯一行於七月趕往熱河參加賜宴。令黎維祁一體薙髮，改用清朝服色。 六月，冊封阮文惠爲安南國王，又命禮部員外郎成林往黎城宣旨冊封。 十一月，按朝鮮例，頒給安南《時憲書》。又開水口關以通貿易。
五五	一七九〇	八十	正月，第四次普免全國地丁錢糧。 七月，在熱河卷阿勝境接見安南國王阮文惠，兩國重新恢復友好關係。十一月，尹壯圖參奏「議罪銀」制度獲罪。
五六	一七九一	八十一	二月，免去尹壯圖內閣大學士，以內閣侍讀仍帶革職留用，八年無過方准開發。

			九月，廓爾喀第二次犯境，命成都將軍成德入藏，調福建水師提督奎林爲駐藏大臣。又決定明年春厚集兵力，分路進討。決定西藏噶隆、戴綳、第巴等地方官員的任命權收歸中央，由皇帝補放。 十二月，革去鄂輝、成德總督、將軍之職，以副都統銜戴罪立功。 授福康安爲大將軍入藏抗擊廓爾喀。
五七	一七九二	八十二	八月，以福康安擊敗廓爾喀第二次入侵，授武英殿大學士兼吏部尚書。 九月，諭福康安撤兵前，應與廓爾喀申明約束，定立地界。批准在西藏創立「金奔巴」制度挑選轉世靈童。 十一月，諭福康安整頓西藏地方武裝。 十二月，批准有關西藏《籌酌善後章程》六條。
五八	一七九三	八十三	二月，英馬嘎爾尼使團來訪，降諭沿海各省以「夷邦」貢船例處理。 五月，定在熱河行宮接見英使馬嘎爾尼。 八月，在避暑山莊萬樹園接見英正副使及緬甸貢使，並以《勅諭英吉利國王》一信交付英使，作爲對英方八項要求的回答。 九月，派松筠護送英使馬嘎爾尼至廣州。
五九	一七九四	八十四	二月，以石柳鄧等領導湘黔苗民起事，命雲貴總督福康安、四川總督和琳、原湖廣總督福寧分三路會剿。

			八月，普免全國漕糧。 九月，清軍鎮壓了苗民，降旨封福康安爲貝子，和琳爲一等宣勇伯。 十二月，詔免天下積欠，除錢糧外，包括灶戶鹽課及雲南銅廠課等項。是年，全國人口共三億一千三百萬人。
六〇	一七九五	八十五	正月，豁免被查抄官員「無力完繳者」的未繳銀兩。 九月御勤政殿召集諸皇子皇孫及王公大臣，宣布皇十五子永琰爲太子，明年改元嘉慶。永琰改名顒琰，移居毓慶宮，生母由懿皇貴妃贈孝儀皇后。 十月，定明年傳位，稱太上皇，新皇帝稱嗣皇帝。又令明年第五次普免全國地丁錢糧，命寶泉、寶源二局錢文乾隆、嘉慶年號對半分鑄。閩浙總督伍拉納、福建巡撫浦霖因貪贓被處死。
嘉慶元年	一七九六	八十六	正月，御太和殿授顒琰皇帝之寶，又御壽寧宮、皇極殿舉行千叟宴。 三月，以川楚白蓮教起事，命湖廣總督畢沅、湖北巡撫惠齡及西安將軍恆瑞、熱河總管鄂輝、副都統永保等前往鎮壓。 八月，以福康安、和琳相繼病歿，命廣州將軍明亮、提督鄂輝赴軍營接替。 九月，命陝西巡撫泰承恩、四川總督英善進攻川東白蓮教。 十一月，斥永保不力，逮捕下獄，命惠齡總統進剿軍務。

二	一七九七	八十七	五月，斥惠齡不力，奪官銜世職，由宜綿總統軍務。八月，阿桂死，命和珅任首席軍機大臣。十月，命宜綿回任陝甘總督，以湖廣總督勒保總統軍務。
三	一七九八	八十八	三月，襄陽白蓮教首領王聰兒、姚之富兵敗投崖死。
四	一七九九	八十九	正月三日，乾隆去世。八日，嘉慶降諭逮捕和珅、福長安。十五日，宣布和珅二十條罪狀，十八日賜和珅自盡。查抄和珅家產「累至數十百萬」。 四月，諡乾隆爲高宗純皇帝。 九月，葬於裕陵。

歷史，

中國史

乾隆傳

作者	唐文基 羅慶泗
發行人	王春申
編輯指導	林明昌
營業部兼任編輯部經理	高　珊
責任編輯	徐　平
封面設計	吳郁婷
封面題字	侯吉諒
校對	趙蓓芬
印務	陳基榮
出版發行	臺灣商務印書館股份有限公司
地址	23150 新北市新店區復興路43號8樓
電話	(02) 8667-3712 傳真：(02) 8667-3709
讀者服務專線	0800056196
郵撥	0000165-1
E-mail	ecptw@cptw.com.tw
網路書店網址	www.cptw.com.tw
網路書店臉書	facebook.com.tw/ecptwdoing
臉書	facebook.com.tw/ecptw
部落格	blog.yam.com/ecptw

局版北市業字第 993 號
臺灣一版一刷：2001 年 6 月
臺灣二版一刷：2015 年 2 月
臺灣二版二刷：2015 年 5 月
定價：新台幣 600 元

本書由人民出版社授權臺灣商務印書館出版發行，僅限中國大陸以外地區銷售

ISBN 978-957-05-2982-1

乾隆傳 ／ 唐文基、羅慶泗 著. --臺灣二版. --新
北市：臺灣商務，2015. 02
面； 公分. --（中國史 人物傳記）

ISBN 978-957-05-2982-1（精裝）

1. 清高宗 2. 傳記

627.4 103026107

廣　告　回　信
板橋郵局登記證
板橋廣字第1011號

免　貼　郵　票

23150
新北市新店區復興路43號8樓
臺灣商務印書館股份有限公司　收

請對摺寄回，謝謝！

傳統現代　並翼而翔

Flying with the wings of tradtion and modernity.

讀者回函卡

感謝您對本館的支持，為加強對您的服務，請填妥此卡，免付郵資寄回，可隨時收到本館最新出版訊息，及享受各種優惠。

■ 姓名：＿＿＿＿＿＿＿＿＿＿ 性別：□ 男 □ 女

■ 出生日期：＿＿＿＿年＿＿＿＿月＿＿＿＿日

■ 職業：□學生 □公務(含軍警) □家管 □服務 □金融 □製造
□資訊 □大眾傳播 □自由業 □農漁牧 □退休 □其他

■ 學歷：□高中以下（含高中）□大專 □研究所（含以上）

■ 地址：＿＿＿＿＿＿＿＿＿＿

■ 電話：(H) ＿＿＿＿＿＿ (O) ＿＿＿＿＿＿

■ E-mail：＿＿＿＿＿＿＿＿＿＿

■ 購買書名：＿＿＿＿＿＿＿＿＿＿

■ 您從何處得知本書？
□網路 □DM廣告 □報紙廣告 □報紙專欄 □傳單
□書店 □親友介紹 □電視廣播 □雜誌廣告 □其他

■ 您喜歡閱讀哪一類別的書籍？
□哲學．宗教 □藝術．心靈 □人文．科普 □商業．投資
□社會．文化 □親子．學習 □生活．休閒 □醫學．養生
□文學．小說 □歷史．傳記

■ 您對本書的意見？（A/滿意 B/尚可 C/須改進）
內容＿＿＿＿編輯＿＿＿＿校對＿＿＿＿翻譯＿＿＿＿
封面設計＿＿＿＿價格＿＿＿＿其他＿＿＿＿

■ 您的建議：＿＿＿＿＿＿＿＿＿＿

※ 歡迎您隨時至本館網路書店發表書評及留下任何意見

臺灣商務印書館 The Commercial Press, Ltd.
23150新北市新店區復興路43號8樓 電話：(02)8667-3712
讀者服務專線：0800-056196 傳真：(02)8667-3709
郵撥：0000165-1號 E-mail：ecptw@cptw.com.tw
網路書店網址：www.cptw.com.tw 網路書店臉書：facebook.com.tw/ecptwdoing
臉書：facebook.com.tw/ecptw 部落格：blog.yam.com/ecptw

紫禁城平面示意圖

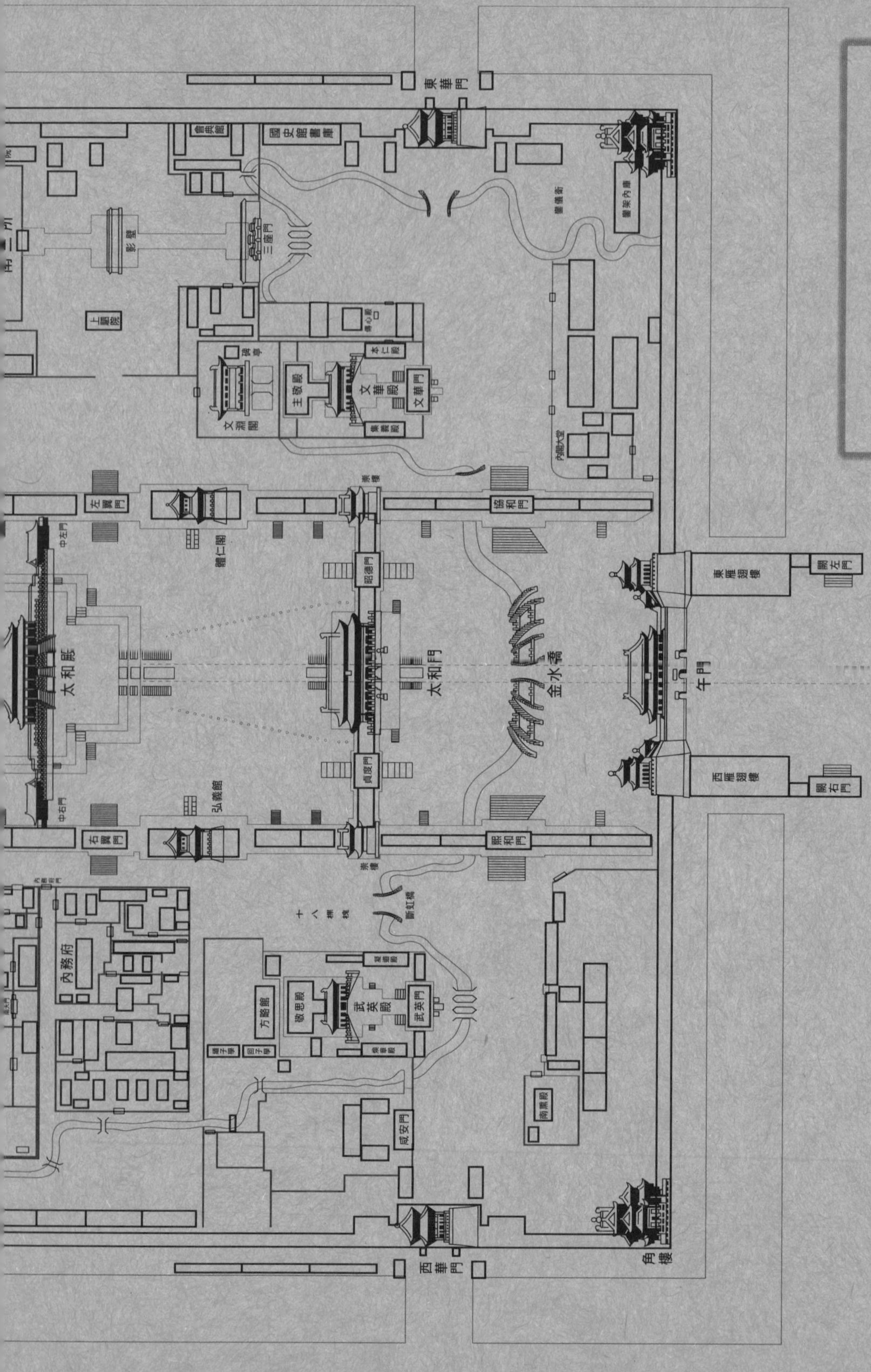
東華門
國史館書庫
會典館
鑾駕內庫
三座門
影壁
上駟院
傳心殿
本仁殿
主敬殿
文華殿
文華門
集義殿
文淵閣
碑亭
內閣大堂
左翼門
崇樓
協和門
體仁閣
中左門
昭德門
太和殿
太和門
金水橋
午門
東雁翅樓
闕左門
西雁翅樓
闕右門
貞度門
弘義館
中右門
右翼門
熙和門
十八槐
斷虹橋
內務府
凝道殿
敬思殿
武英殿
武英門
方略館
煥章殿
咸安門
南薰殿
西華門
角樓